JN412433

CATIA 기초
(Part Design)

이동우 · 심재준 · 최석창 공저

머리말

CATIA는 국내외 자동차, 항공 및 기타 제조업 분야에서 주로 사용하고 있는 3차원 CAD 프로그램으로 대학교에서는 공학 분야에서 많이 배우고 있는 프로그램이다.

본서는 CATIA를 처음 입문하는 초보자와 학생들의 교재용으로 집필하였다. 또한, CATIA 프로그램의 많은 기능 중에서 Surface 모델링이나 Hybrid 모델링과 같은 복잡한 고급모델링을 배우기 전, 기초적인 기능에 충실하도록 Solid를 이용한 단품 모델링(Sketcher와 Part design Workbench)에 한하여 기술하였으며, 예제를 따라하면서 명령어에 대한 이해를 돕도록 모델링 따라하기 형식으로 구성하였다.

책을 출간하는 일은 기쁨과 후회를 동반하는 것 같다. 최선을 다해 만들었다고 느끼지만 검토할 때마다 부족한 점이 눈에 많이 들어오는지 모르겠다. 부족한 부분은 차후 보완하여 더 좋은 책이 나오도록 노력하겠다.

끝으로 한권의 책이 나오기까지 도와주신 기한재 출판사 여러분께 깊은 감사를 드린다.

겨울의 끝자락에서 봄을 기다리며

저자 일동

Chapter 1 **Part Design 들어가기/7**

마우스 사용법 ··· 10

초기 설정 : Sketcher Workbench에 Grid 및 Constraint 표시 ··· 11

Chapter 2 **Profile/13**

Profile ··· 15

Operations ··· 17

Chapter 3 **Constraints/19**

Constraints ··· 21

Chapter 4 **Sketcher 따라하기/23**

따라하기 1 : 100 × 100 사각형 ··· 25

따라하기 2 : Profile 명령어 1 ··· 31

따라하기 3 : Profile 명령어 ··· 40

따라하기 4 : 자르기 명령어 활용 ··· 54

따라하기 5 : Tangency 적용(경계조건 접점 적용) ··· 68

따라하기 6 : 구성요소(Construction Element) 활용 ··· 81

Chapter 5 Part Design 명령어/91

명령어 : PAD ··· 93

명령어 : POCKET ··· 94

명령어 : EDGE FILLET ··· 95

명령어 : CHAMFER ··· 95

명령어 : SHAFT ··· 96

명령어 : GROOVE ··· 97

명령어 : RIB ··· 98

명령어 : SLOT ··· 98

Chapter 6 Part Design 따라하기/105

따라하기 1 : Pad & Pocket 명령어 ··· 107

따라하기 2 : PAD & Edge Fillet 명령어 ··· 125

따라하기 3 : Shaft 명령어 ··· 137

따라하기 4 : Rib 명령어 ··· 150

따라하기 5 : Plane 명령어 ··· 167

따라하기 6 : Circular-Pattern 명령어(스퍼 기어) ··· 182

따라하기 7 : Shell, Hole, Stiffener, Mirror 명령어 ··· 219

따라하기 8 : Pad 옵션 활용 ··· 257

[Chapter 1]

Part Design 들어가기

CATIA 실행 후, 아래와 같은 화면이 뜨면,
오른쪽 상단의 닫기(①) 명령어를 이용하여 창을 닫음

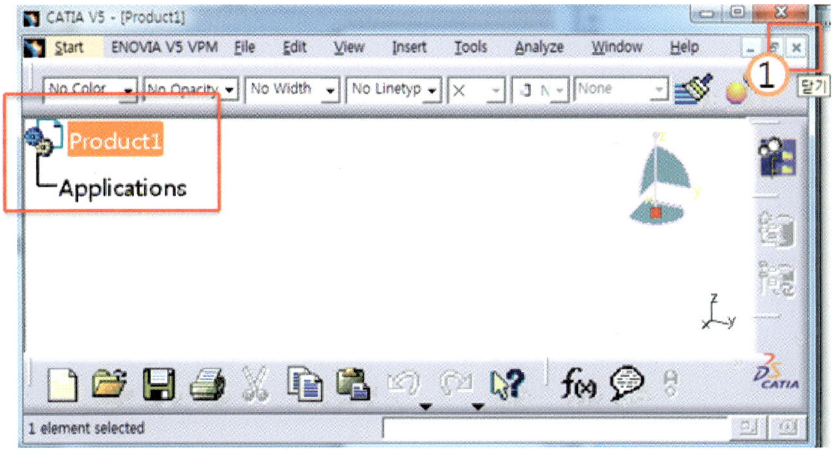

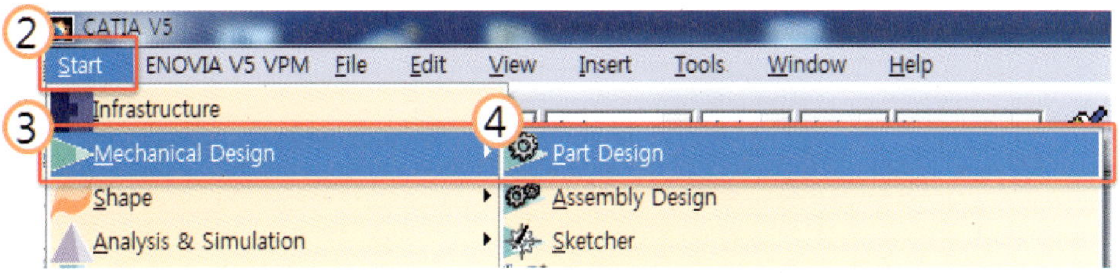

왼쪽 상단의 Start(②) 클릭 ➪ Mechanical Design(③) 클릭
➪ Part Design(④) 클릭

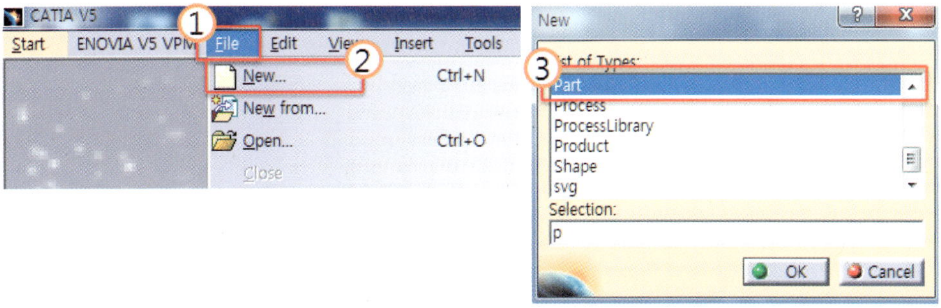

왼쪽 상단의 File(①) 클릭 ➪ New...(②) 클릭 ➪ Part(③) 클릭

마우스 사용법

마우스 버튼	기능
왼쪽 버튼	선택
중간 버튼(휠 버튼)	이동
오른쪽 버튼	관련 Menu 표시

마우스를 이용한 이동, 회전, 확대 및 축소

Pan(이동 : ✥)
마우스 중간 버튼(휠 버튼)을 누른 상태에서 마우스를 상하좌우로 이동

Rotate(회전 : ○)
마우스 중간 버튼(휠 버튼)과 마우스 왼쪽 버튼을 순서대로 동시에 누른 상태에서, 마우스를 상하좌우로 이동

Zoom(확대 및 축소 : ↕)
Rotate(회전) 상태에서 마우스 왼쪽 버튼 해제 후, 마우스를 상하로 이동

초기 설정 : Sketcher Workbench에 Grid 및 Constraint 표시

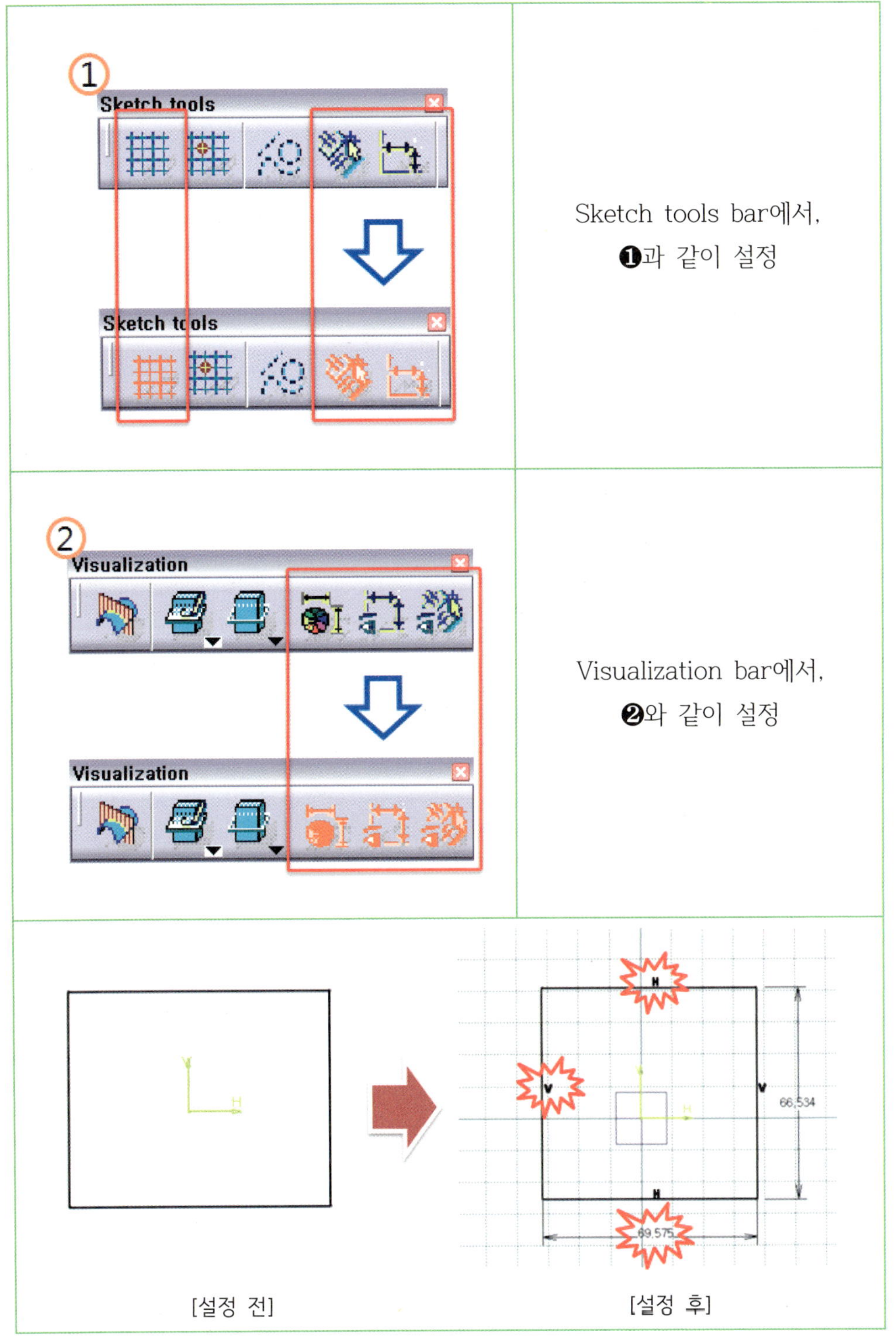

[Chapter 2]

Profile

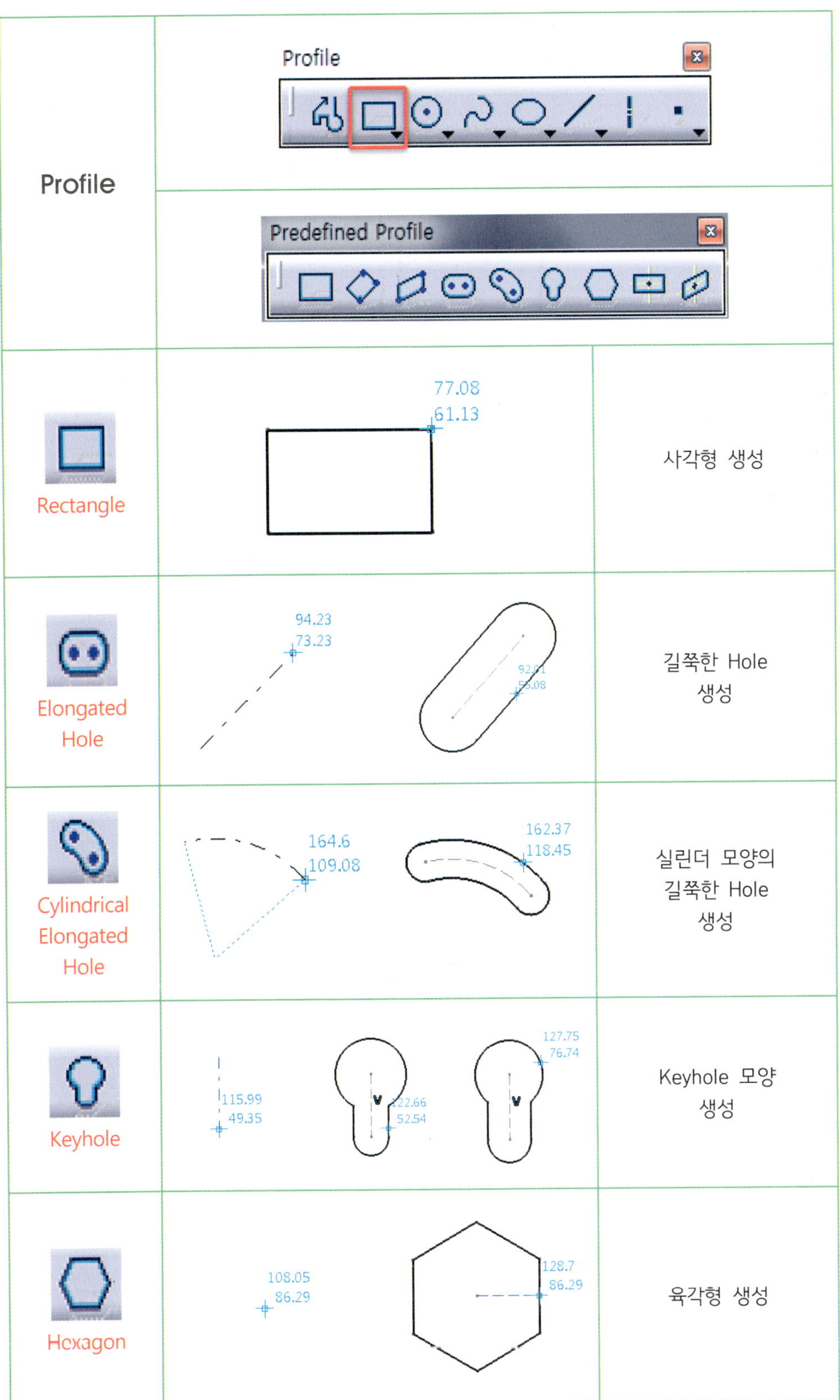

Profile	Profile / Predefined Profile	
Rectangle	77.08 61.13	사각형 생성
Elongated Hole	94.23 73.23	길쭉한 Hole 생성
Cylindrical Elongated Hole	164.6 109.08 / 162.37 118.45	실린더 모양의 길쭉한 Hole 생성
Keyhole	115.99 49.35 / 122.66 52.54 / 127.75 76.74	Keyhole 모양 생성
Hexagon	108.05 86.29 / 128.7 86.29	육각형 생성

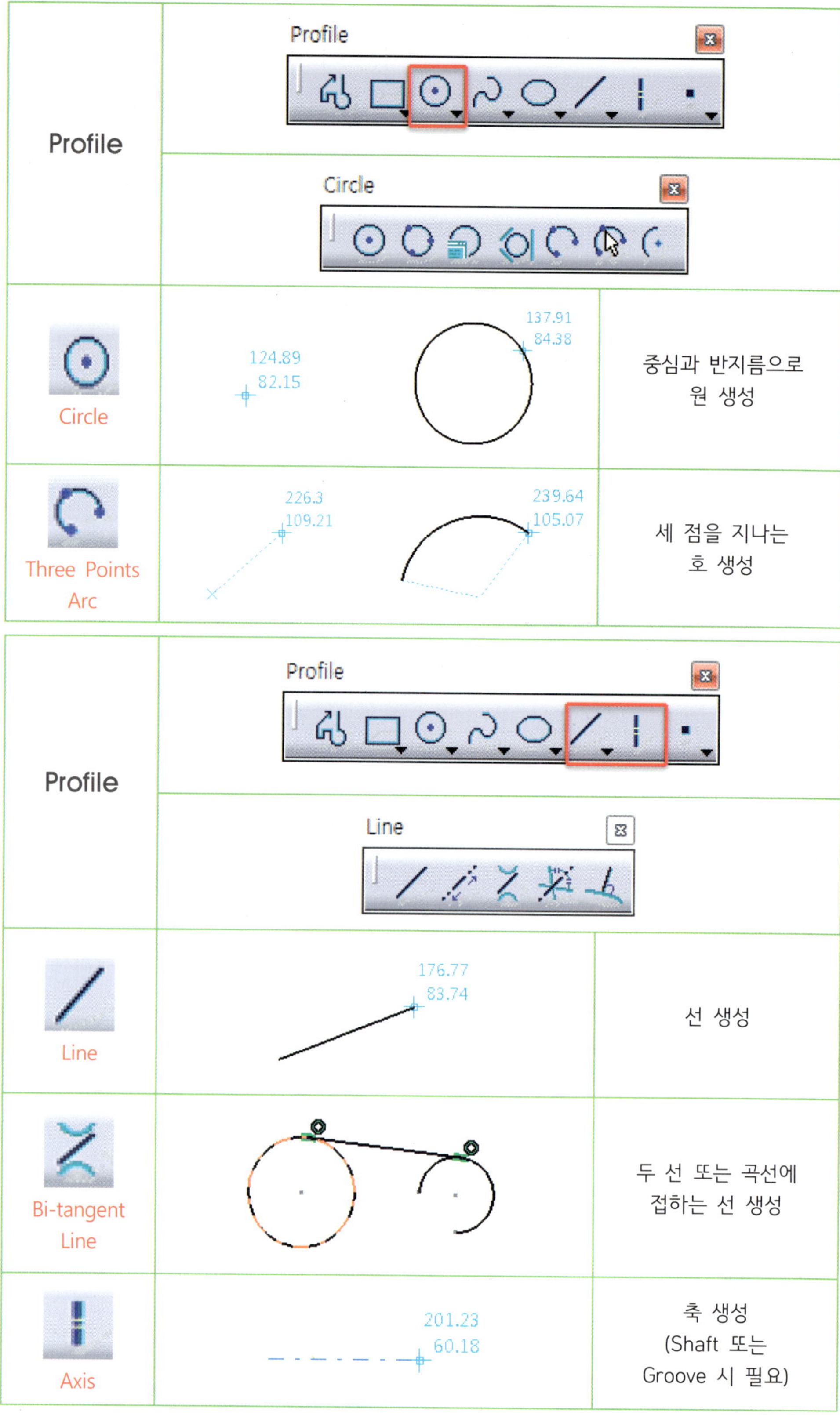

Profile	Profile / Circle	
Circle	124.89 82.15 / 137.91 84.38	중심과 반지름으로 원 생성
Three Points Arc	226.3 109.21 / 239.64 105.07	세 점을 지나는 호 생성

Profile	Profile / Line	
Line	176.77 83.74	선 생성
Bi-tangent Line		두 선 또는 곡선에 접하는 선 생성
Axis	201.23 60.18	축 생성 (Shaft 또는 Groove 시 필요)

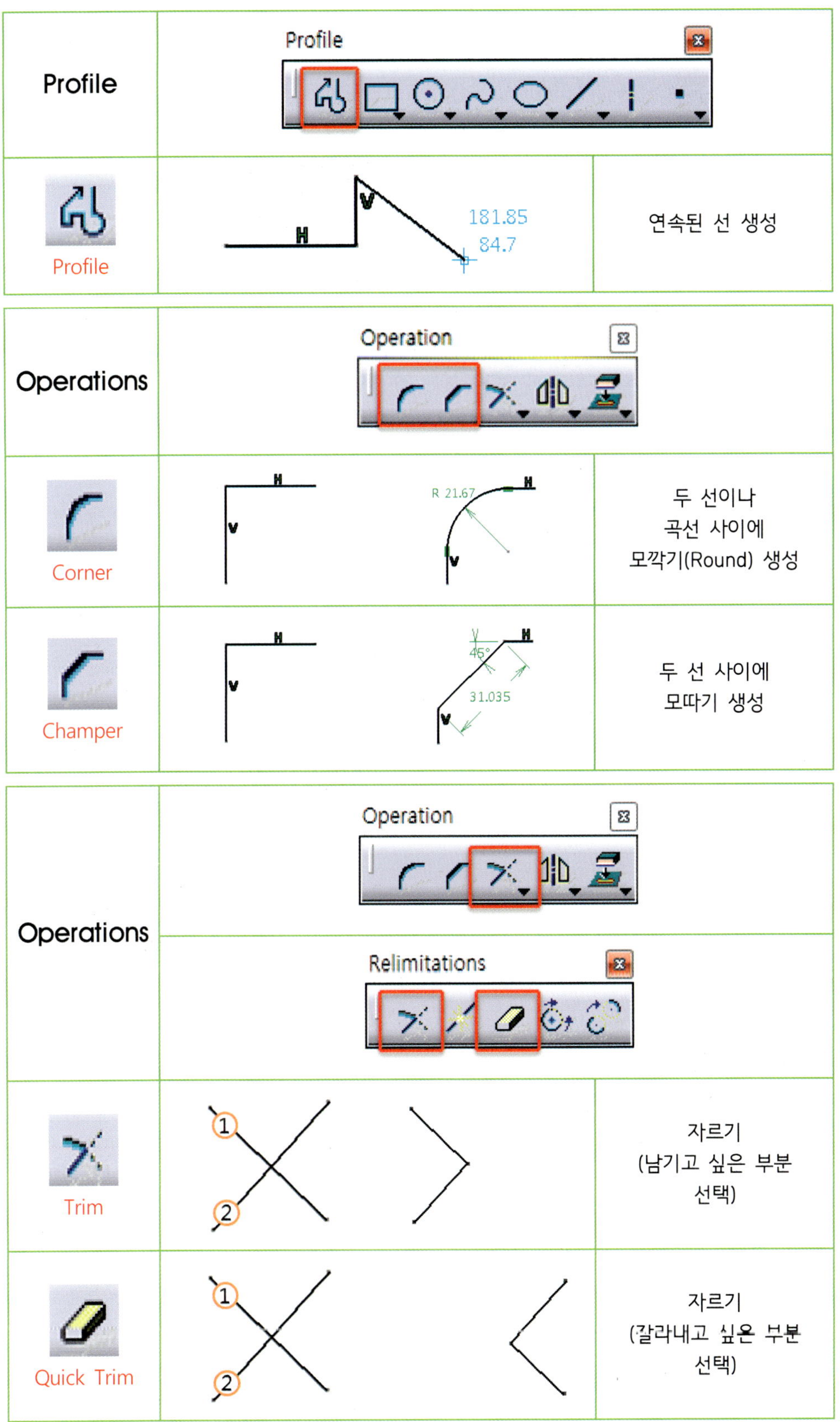
Profile
Profile
Profile
181.85
84.7
연속된 선 생성
Operations
Operation
Corner
R 21.67
두 선이나
곡선 사이에
모깍기(Round) 생성
Champer
45°
31.035
두 선 사이에
모따기 생성
Operations
Operation
Relimitations
Trim
1
2
자르기
(남기고 싶은 부분
선택)
Quick Trim
1
2
자르기
(잘라내고 싶은 부분
선택)

[Chapter 3]

Constraints

Constraints	Constraint		
	Symbol	Constraint Type	Description
Dimensional Constraints	10	Distance	두 요소(점, 선 등) 사이의 거리 설정
	20	Length	선의 길이 설정
	45°	Angle	두 선 사이의 각도 설정
	R 70	Radius	원의 반지름 설정
	D 100	Diameter	원의 지름 설정
	D 50	Semimajor axis /Semiminor axis	타원의 장/단축 설정
Geometrical Constraints		Symmetry	각 개체를 축을 중심으로 대칭으로 복사
	○	Coincidence	두 요소를 일치
	⊙	Concentricity	두 요소의 중심을 일치
		Tangency	두 요소를 접하게 설정
		Parallelism	두 요소를 평행하게 설정
		Perpendicular	두 요소를 직각으로 설정
	H	Horizontal	선을 수평하게 위치
	V	Vertical	선을 수직하게 위치

Chapter 4

Sketcher 따라하기

따라하기 1 : 100 × 100 사각형

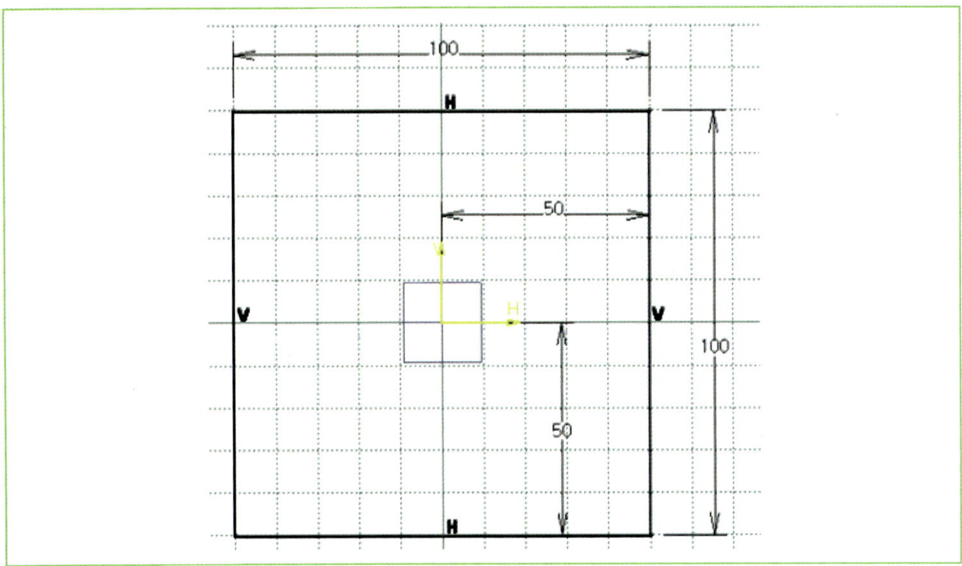

1. Part Design 들어가기

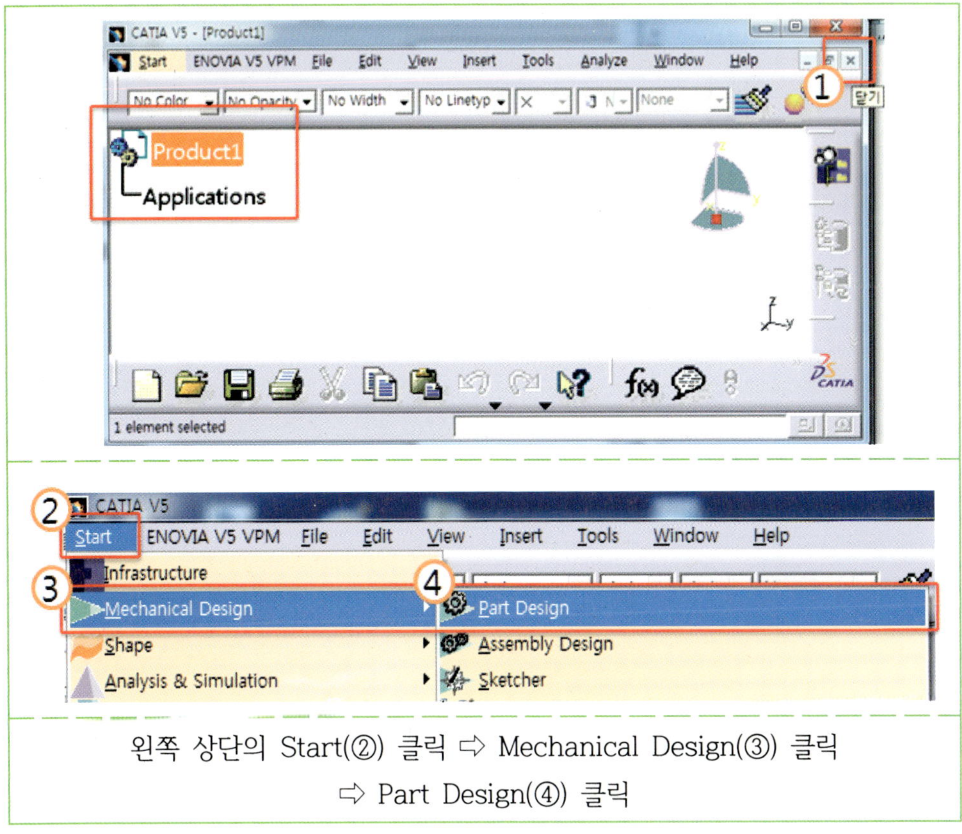

왼쪽 상단의 Start(②) 클릭 ⇨ Mechanical Design(③) 클릭
⇨ Part Design(④) 클릭

2. 초기 설정 : Constraint의 SmartPick 일부 옵션 해제

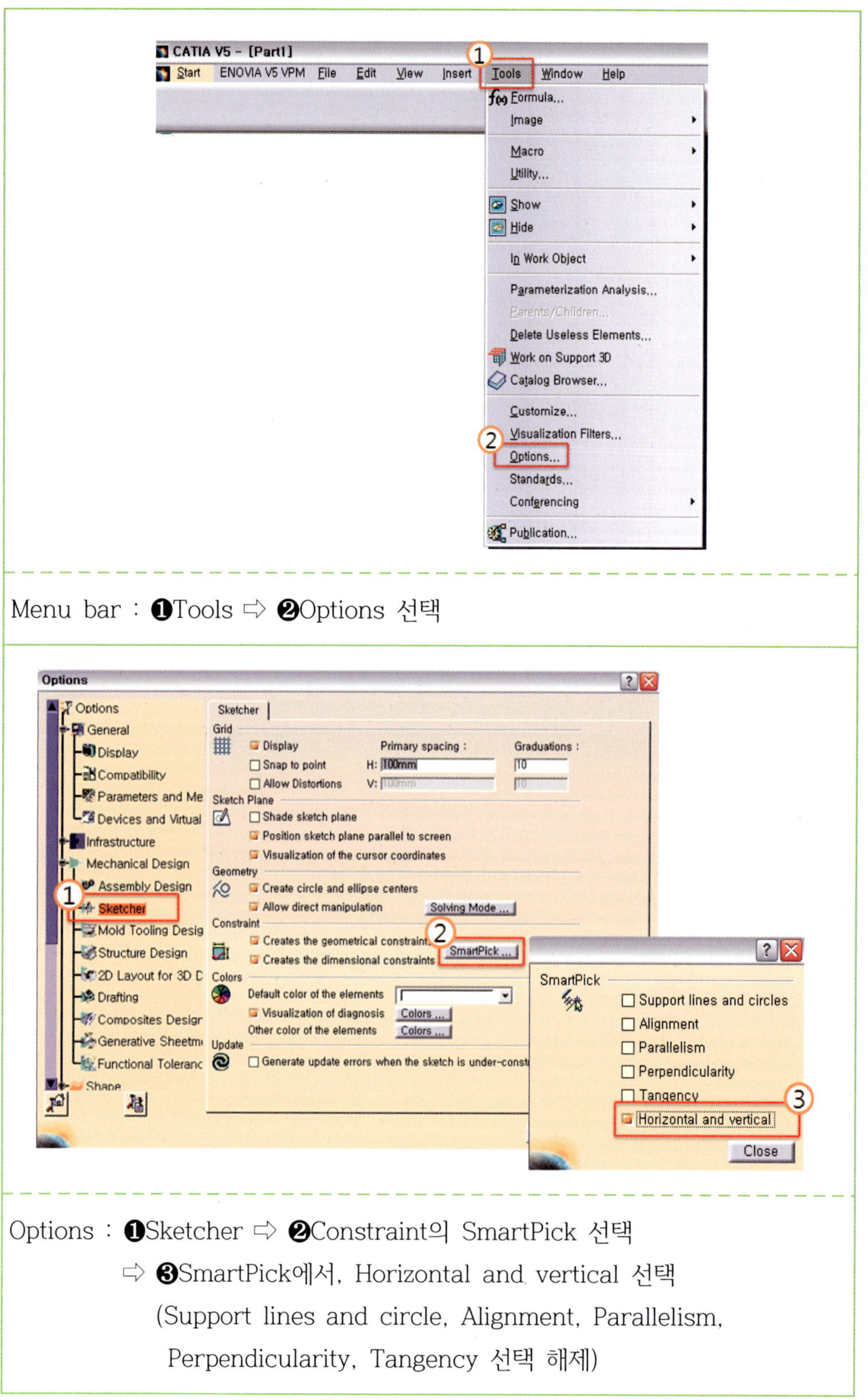

Menu bar : ❶Tools ⇨ ❷Options 선택

Options : ❶Sketcher ⇨ ❷Constraint의 SmartPick 선택
⇨ ❸SmartPick에서, Horizontal and vertical 선택
(Support lines and circle, Alignment, Parallelism, Perpendicularity, Tangency 선택 해제)

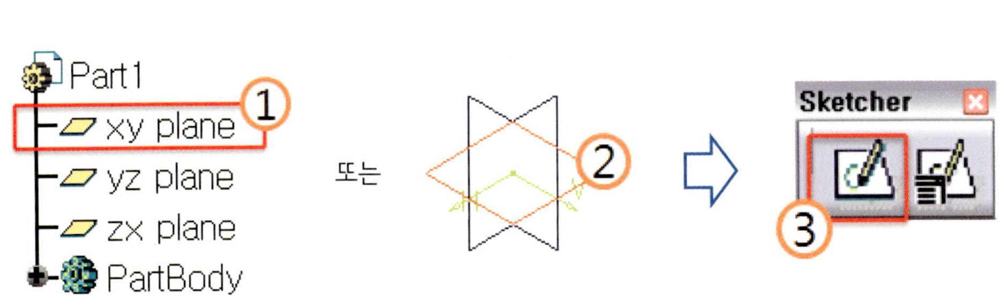

Sketch 평면으로 이동하기 위하여, 평면(❶ 또는 ❷)을 마우스로 클릭
Sketcher bar에서 Sketch 명령어(③)를 클릭

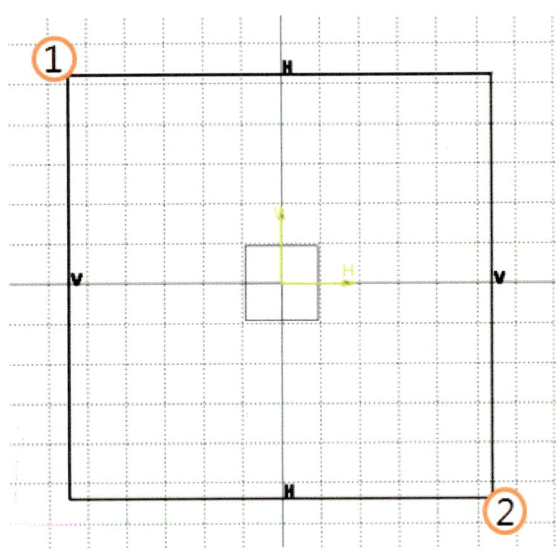

Profile bar ⇨ Rectangle 명령어를 이용하여, H축과 V축이 사각형 중심에
위치하도록 적절한 위치에 마우스로(①, ②지점) 클릭
(일반적으로 한눈금당 10mm이므로 100×100크기에 맞게 대략적으로 클릭)

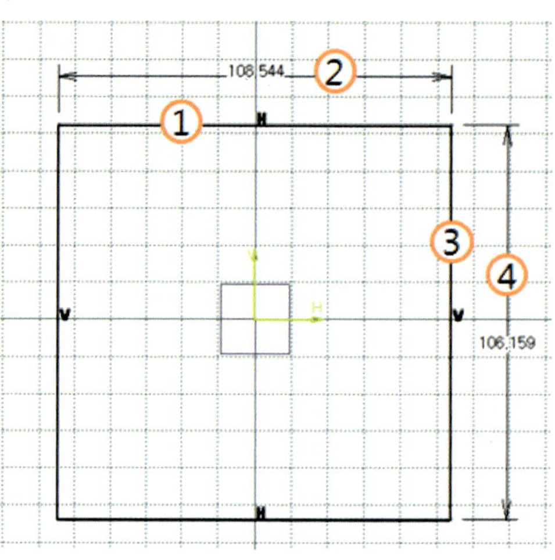

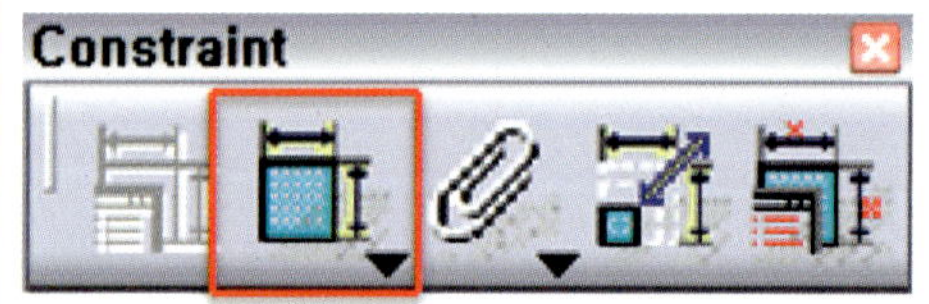

Constraint bar ⇨ Constraint
명령어를 마우스로 더블 클릭
(더블 클릭 ⇨ 명령어 연속실행)

선(①)을 마우스로 클릭 ⇨ 위치②에 클릭
선(③)을 마우스로 클릭 ⇨ 위치④에 클릭
명령어 연속실행 해제 ⇨ 연속실행한 명령어를 마우스로 클릭

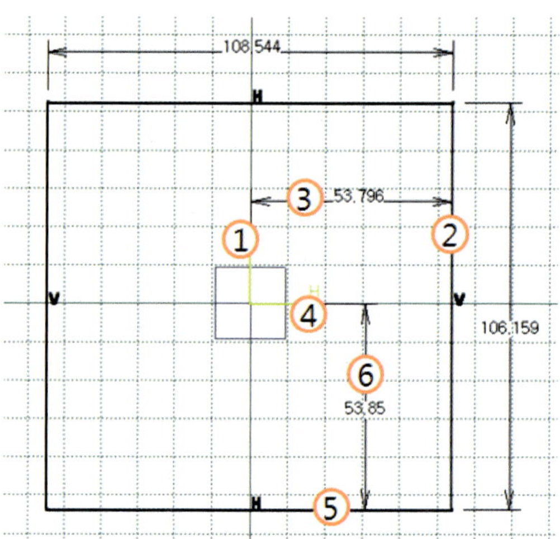

Constraint bar ⇨ Constraint 명령어를 마우스로 클릭
V축(①)과 선(②)을 마우스로 차례로 클릭 ⇨ 위치③에 클릭
Constraint bar ⇨ Constraint 명령어를 마우스로 클릭
H축(④)과 선(⑤)을 차례로 마우스로 클릭 ⇨ 위치⑥에 클릭

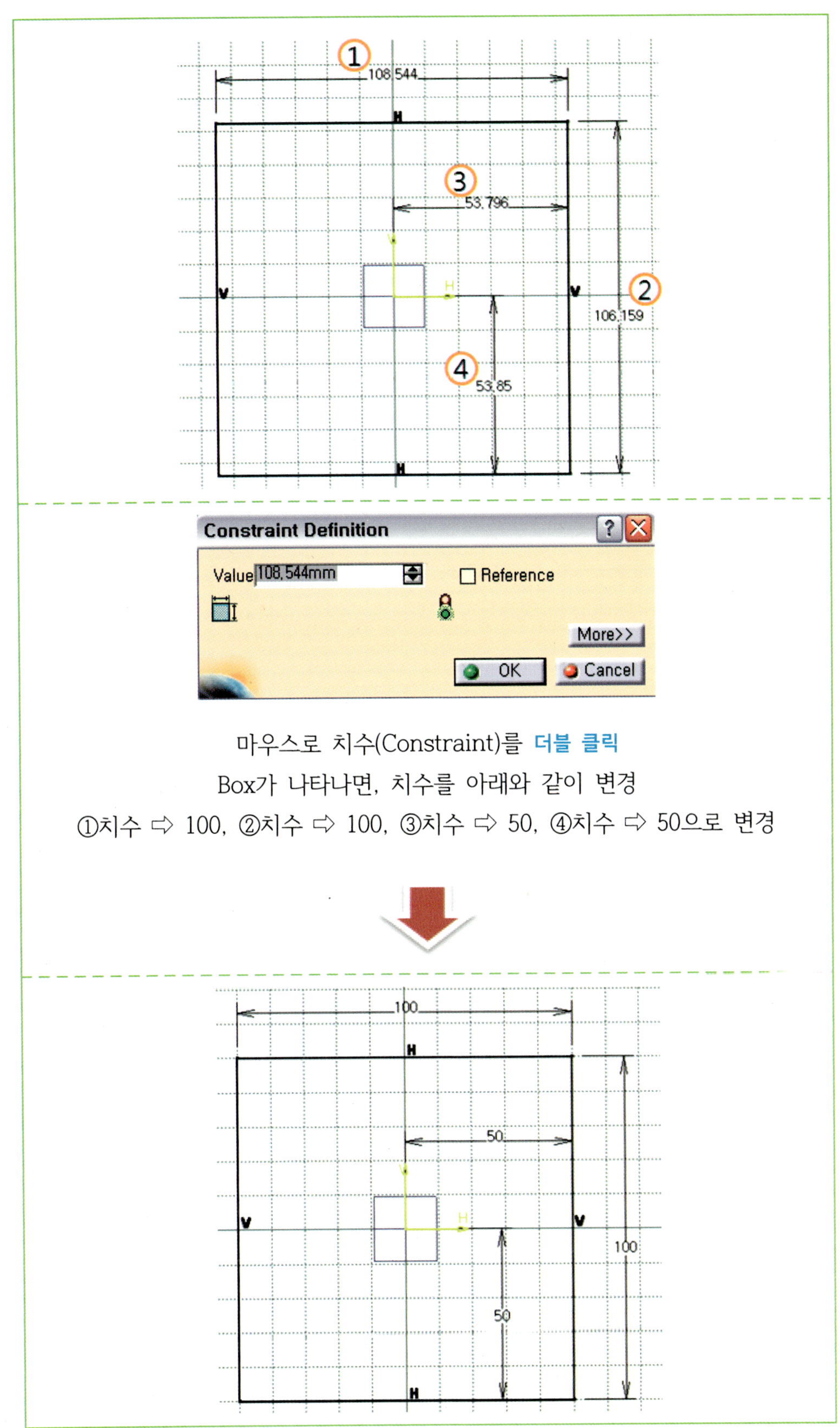

마우스로 치수(Constraint)를 **더블 클릭**

Box가 나타나면, 치수를 아래와 같이 변경

①치수 ⇨ 100, ②치수 ⇨ 100, ③치수 ⇨ 50, ④치수 ⇨ 50으로 변경

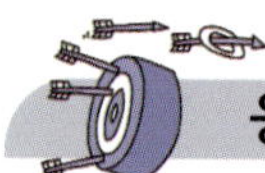

응용 : 도형(사각형, 원) 그리기

[아래 그림과 같은 Constraint을 부여하여 도형 그리기]

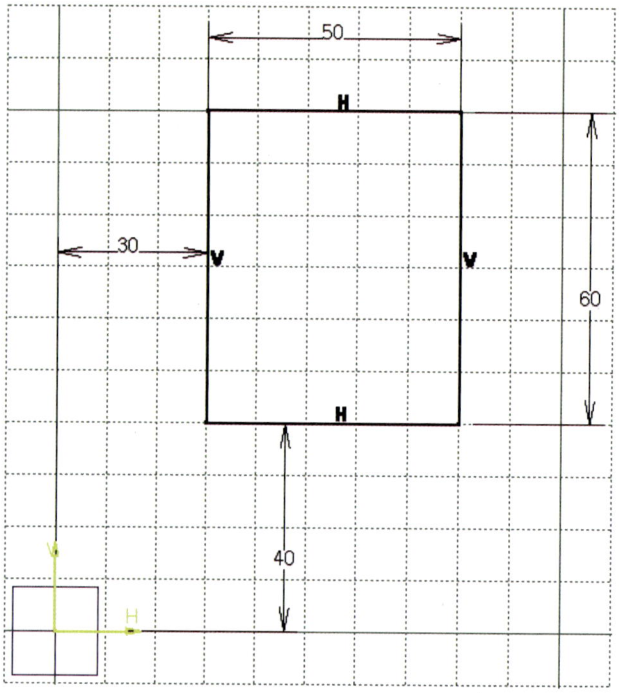	원점을 중심으로, H축에서 40mm, V축에서 30mm 떨어진, 50×60 사각형
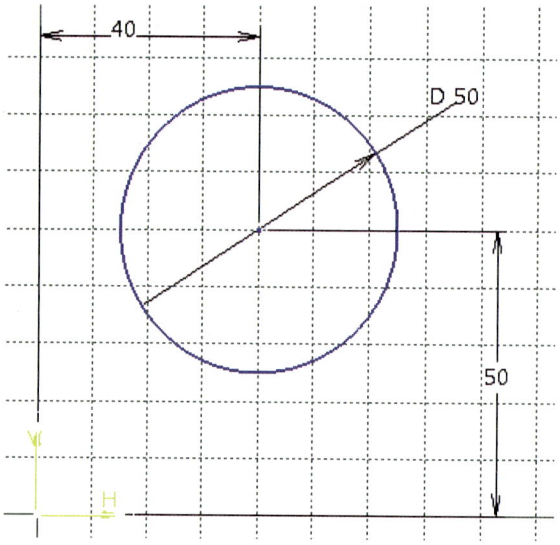	원의 중심점을 활용하여 Constraint 부여 ⇨ Coincidence(○) Constraint 사용

1. [Profile 명령어를 이용하여 한 번에 그리기]

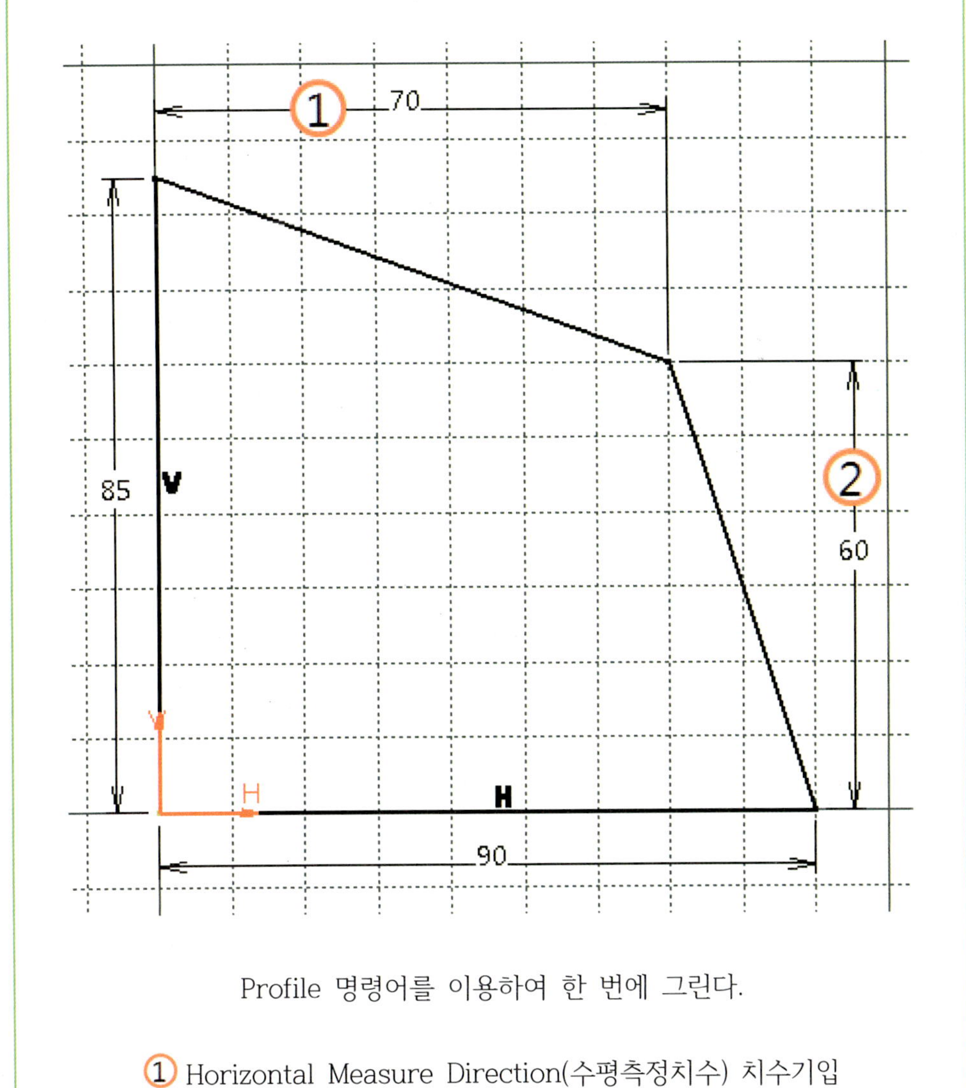

Profile 명령어를 이용하여 한 번에 그린다.

① Horizontal Measure Direction(수평측정치수) 치수기입

② Vertical Measure Direction(수직측정치수) 치수기입

2. Part Design 들어가기

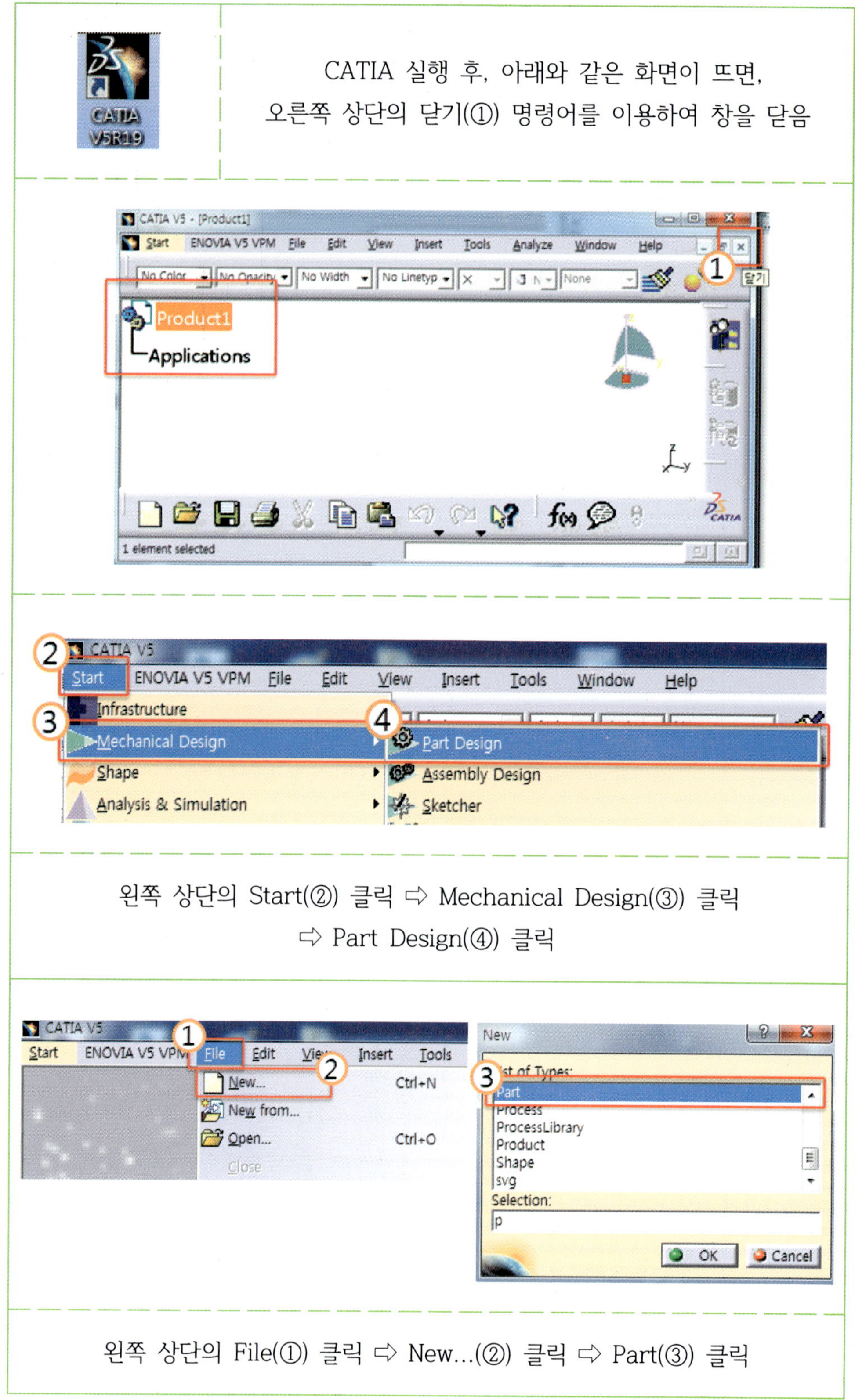

CATIA 실행 후, 아래와 같은 화면이 뜨면,
오른쪽 상단의 닫기(①) 명령어를 이용하여 창을 닫음

왼쪽 상단의 Start(②) 클릭 ⇨ Mechanical Design(③) 클릭
⇨ Part Design(④) 클릭

왼쪽 상단의 File(①) 클릭 ⇨ New...(②) 클릭 ⇨ Part(③) 클릭

3. 초기 설정 : Constraint의 SmartPick 일부 옵션 해제

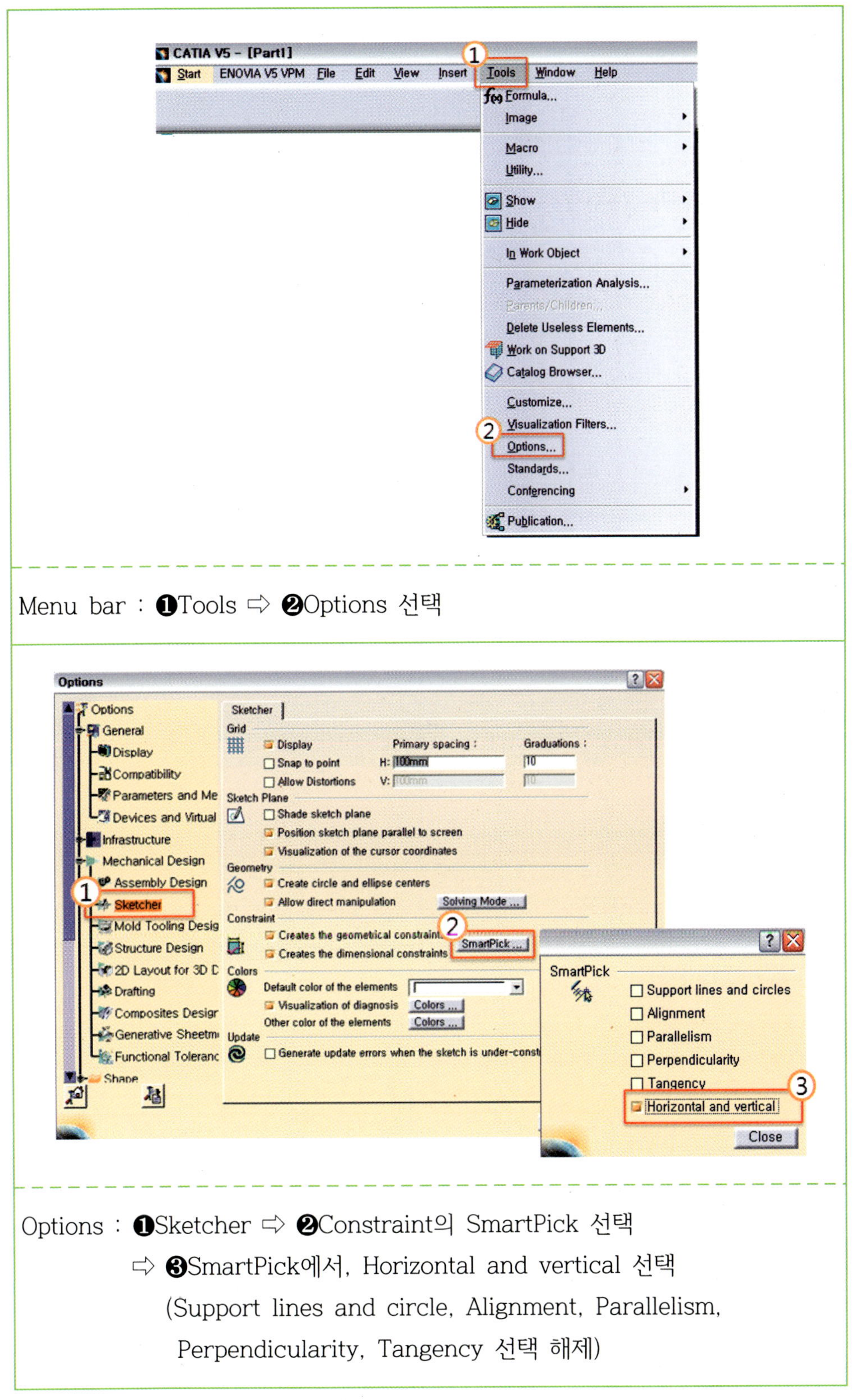

Menu bar : ❶Tools ⇨ ❷Options 선택

Options : ❶Sketcher ⇨ ❷Constraint의 SmartPick 선택

⇨ ❸SmartPick에서, Horizontal and vertical 선택

(Support lines and circle, Alignment, Parallelism, Perpendicularity, Tangency 선택 해제)

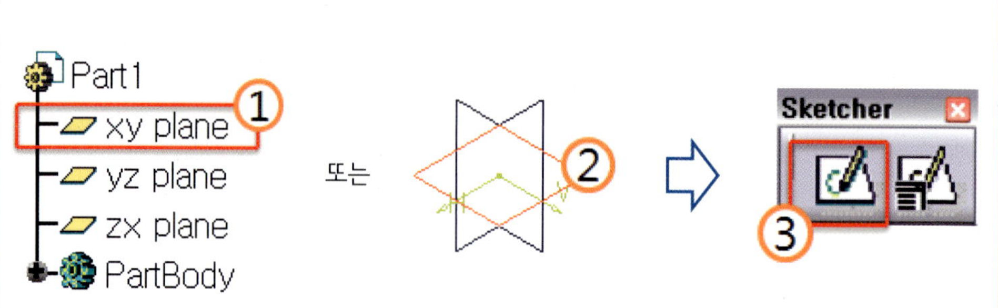

Sketch 평면으로 이동하기 위하여, 평면(① 또는 ②)을 마우스로 클릭
Sketcher bar에서 Sketch 명령어(③)를 클릭

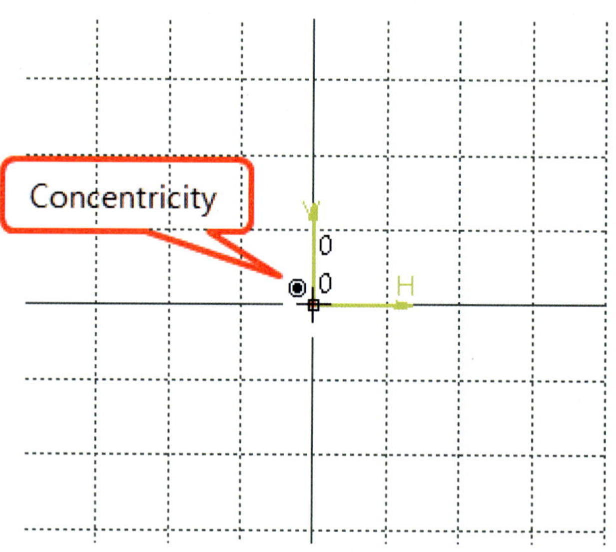

Profile bar ⇨ Profile 명령어 클릭

마우스를 H축과 V축이 교차하는 원점으로 이동시켜 ◉기호(Concentricity)가 나타나면 클릭

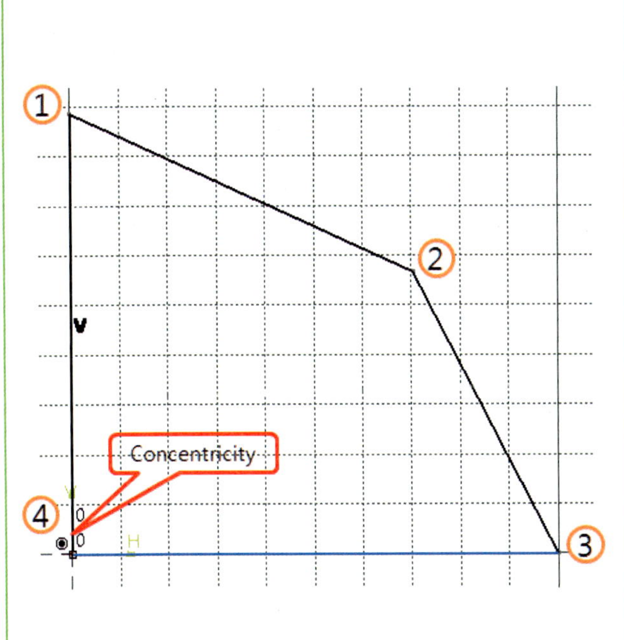

도면 치수와 비슷하게
①에서 ④까지 순서대로 마우스
클릭

수직선 긋는 법
⇨ 마우스를 위로 이동시켜, 선이
파란색으로 변경되면 마우스로
클릭

점(④) 클릭 시 ⇨
◉기호(Concentricity)가
나타나면 클릭

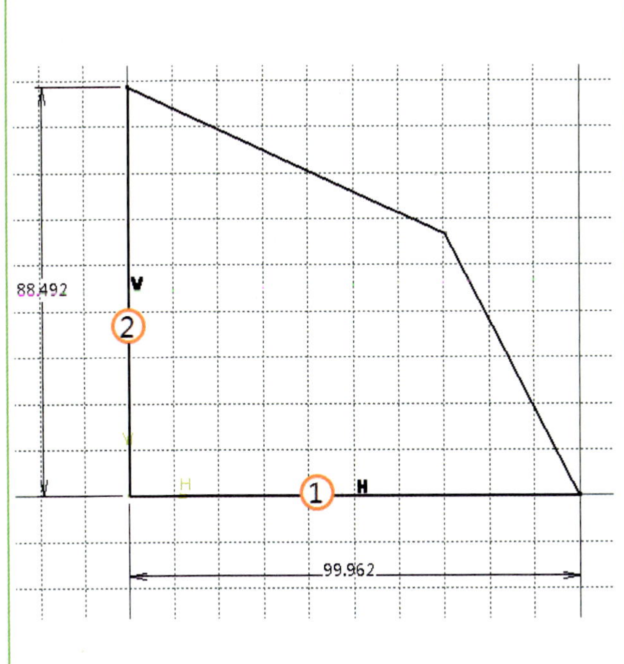

Constraint bar
⇨ Constraint 명령어를
마우스로 더블 클릭(연속실행)

Constraint 부여
⇨ 선(①) ~ 선(②)

각 Constraint를
더블 클릭하여
아래와 같이
치수 변경
①치수 ➜ 90
②치수 ➜ 85

(⇨ 연속실행해제 : 키보드의
Esc키 두 번 클릭)

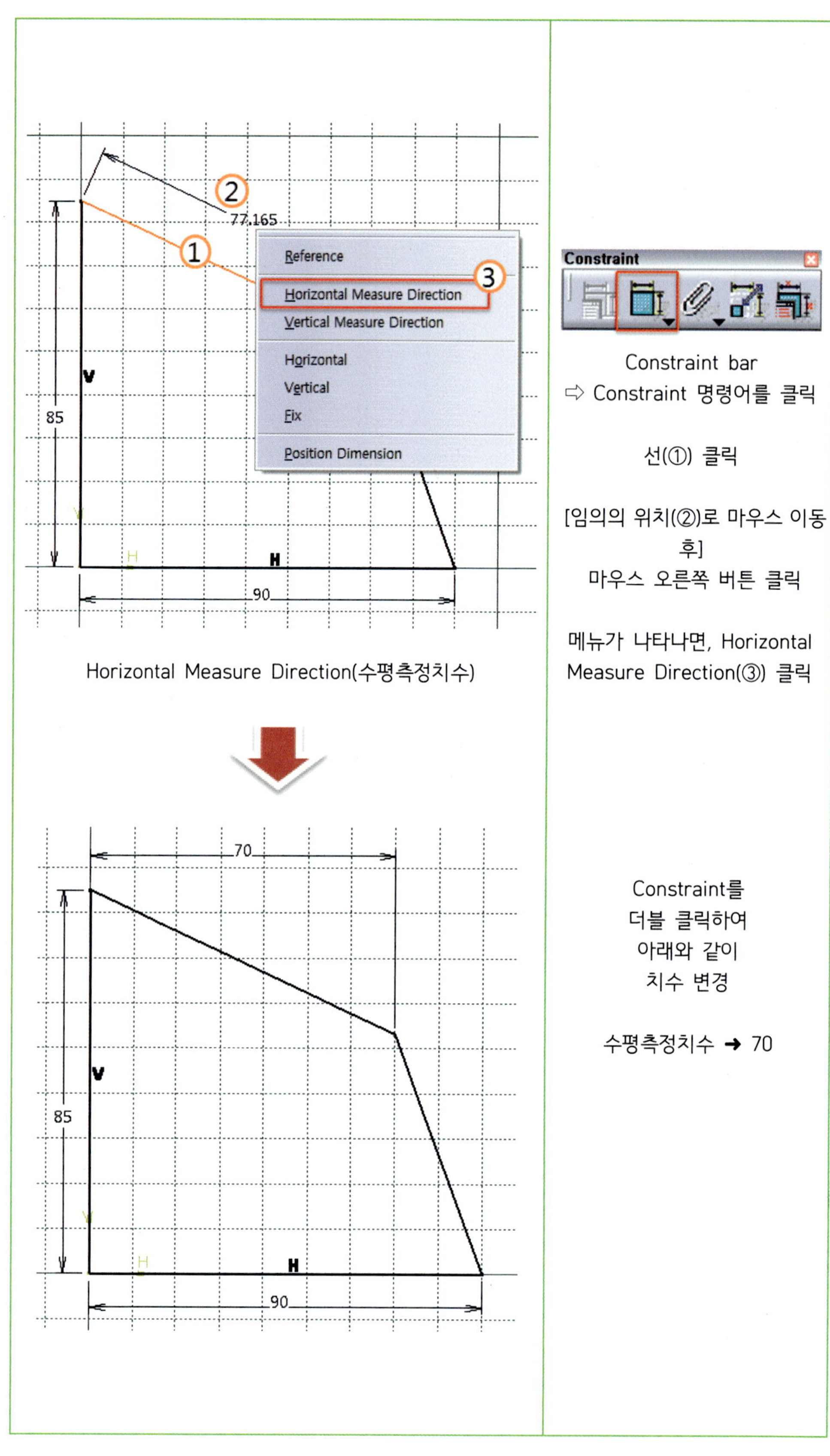

Horizontal Measure Direction(수평측정치수)

Constraint bar
⇨ Constraint 명령어를 클릭

선(①) 클릭

[임의의 위치(②)로 마우스 이동 후]
마우스 오른쪽 버튼 클릭

메뉴가 나타나면, Horizontal Measure Direction(③) 클릭

Constraint를
더블 클릭하여
아래와 같이
치수 변경

수평측정치수 ➜ 70

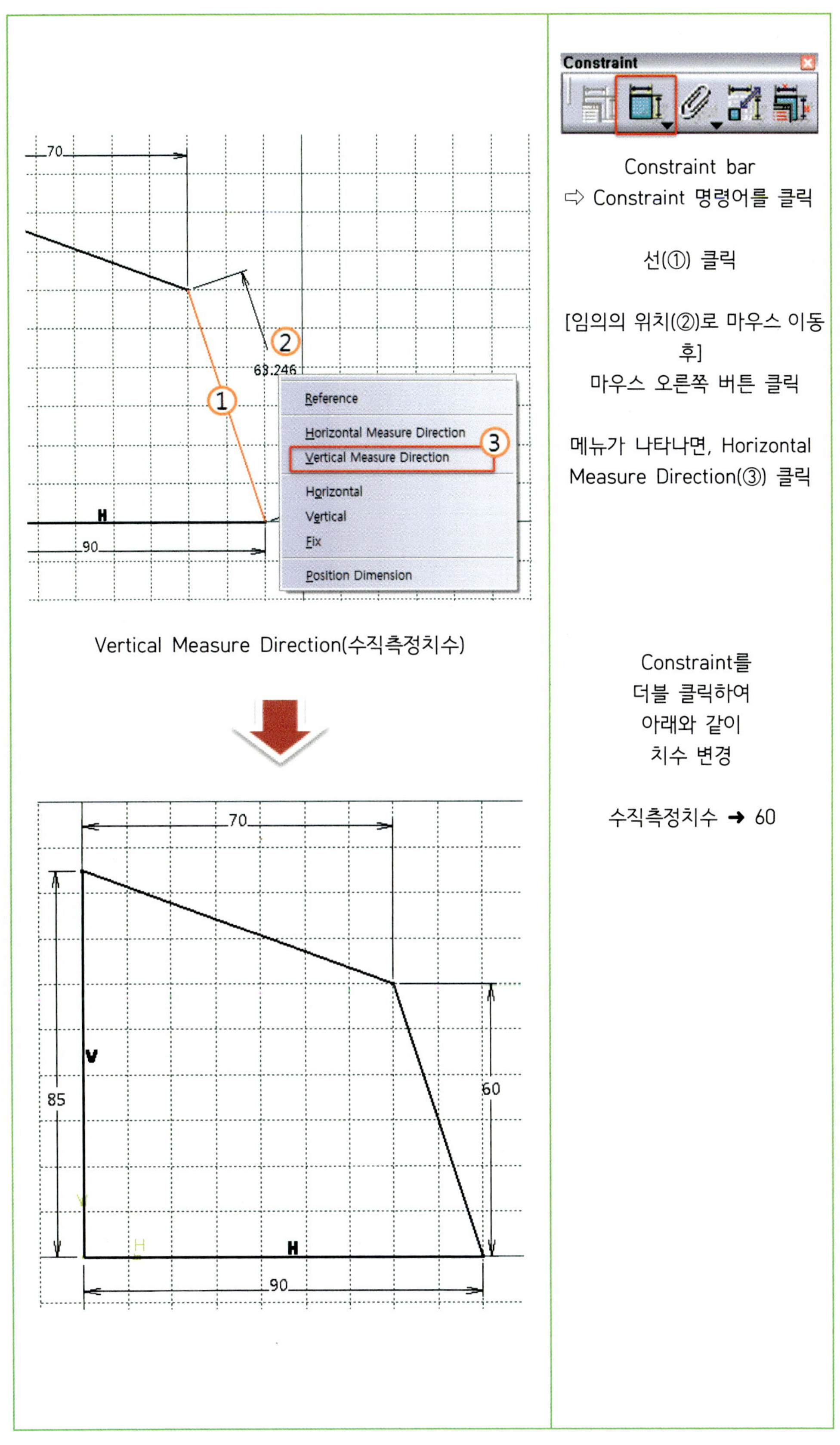

Vertical Measure Direction(수직측정치수)

Constraint bar
⇨ Constraint 명령어를 클릭

선(①) 클릭

[임의의 위치(②)로 마우스 이동 후]
마우스 오른쪽 버튼 클릭

메뉴가 나타나면, Horizontal Measure Direction(③) 클릭

Constraint를
더블 클릭하여
아래와 같이
치수 변경

수직측정치수 ➜ 60

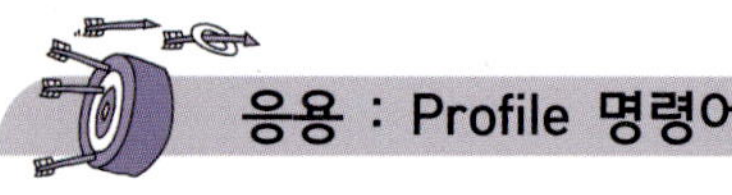

응용 : Profile 명령어

[Profile 명령어를 이용하여 한 번에 그리기]

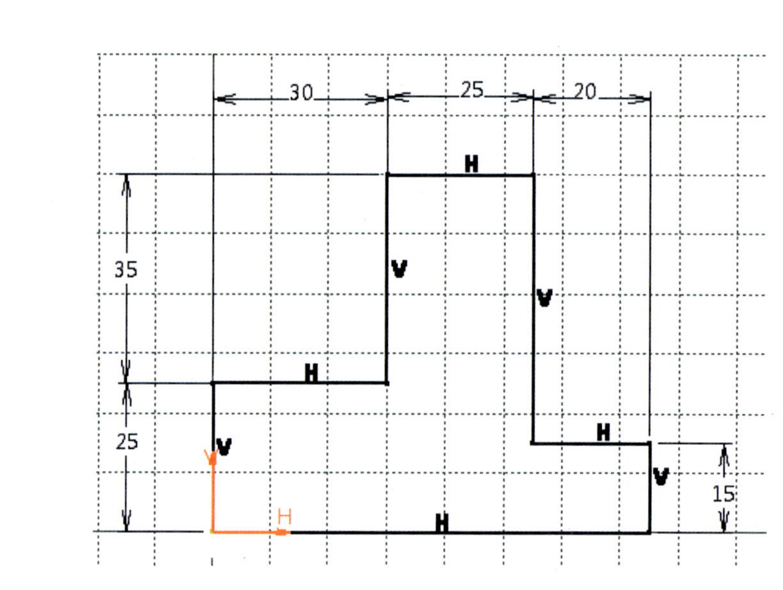

원점을 기준으로 그리기

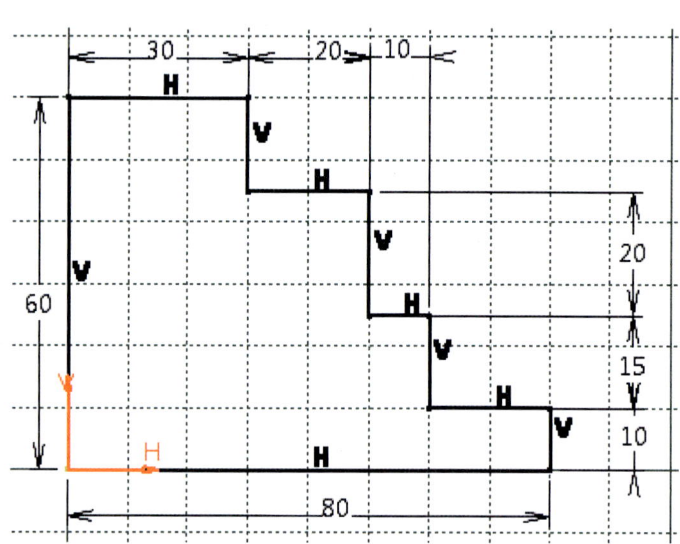

원점을 기준으로 그리기

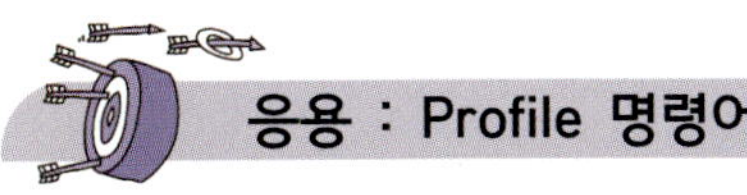

응용 : Profile 명령어

[Horizontal Measure Direction/Vertical Measure Direction 치수기입]

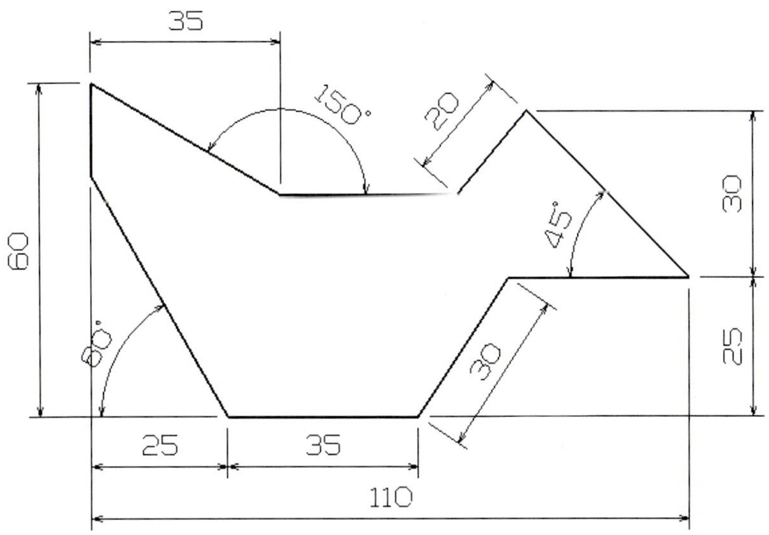

[도면]

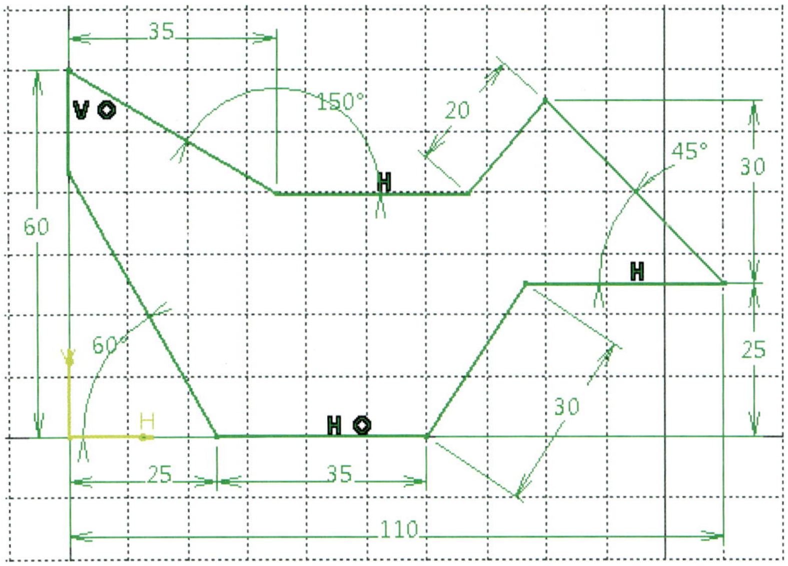

[Constraint]

따라하기 3 : Profile 명령어

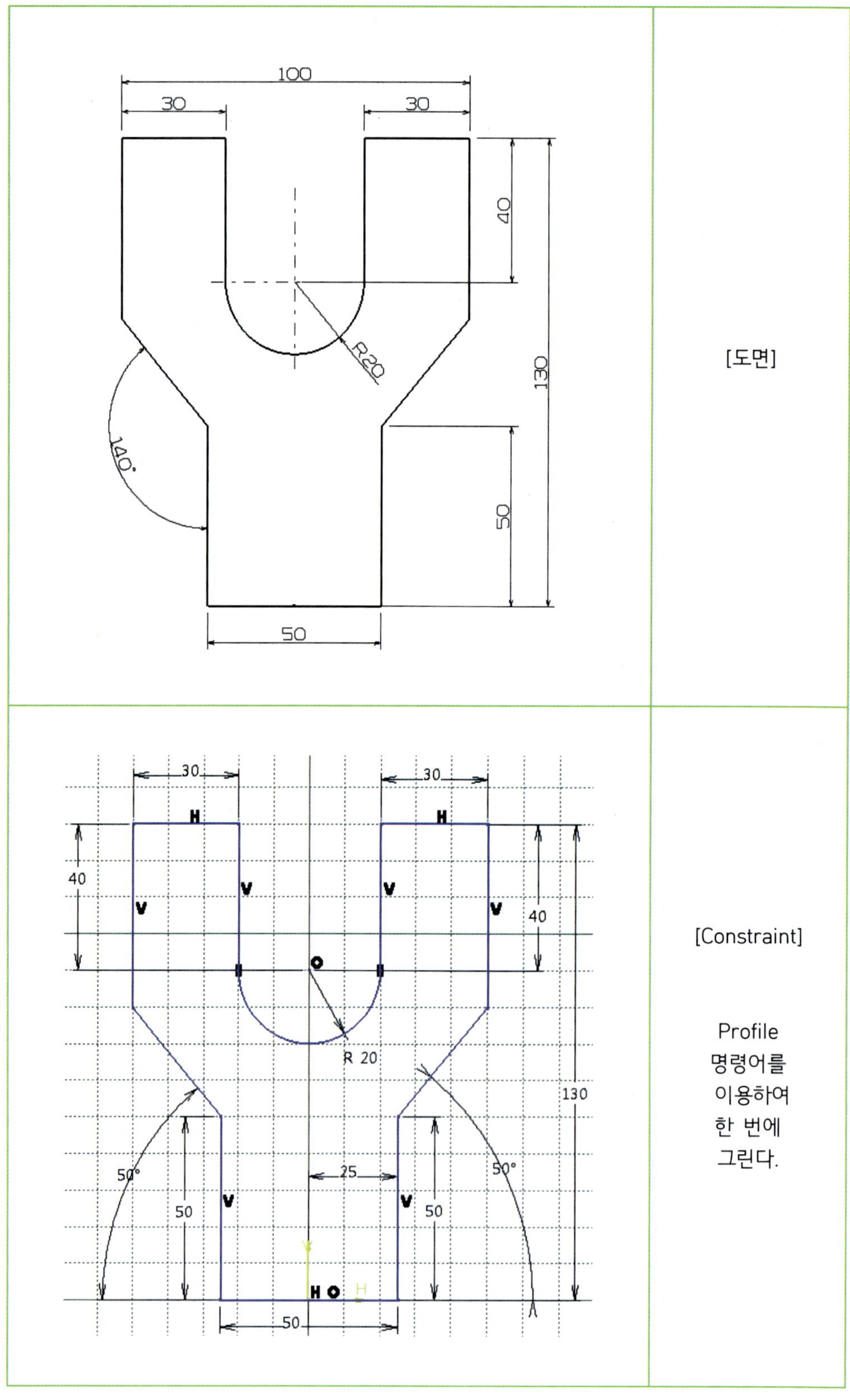

1. Part Design 들어가기

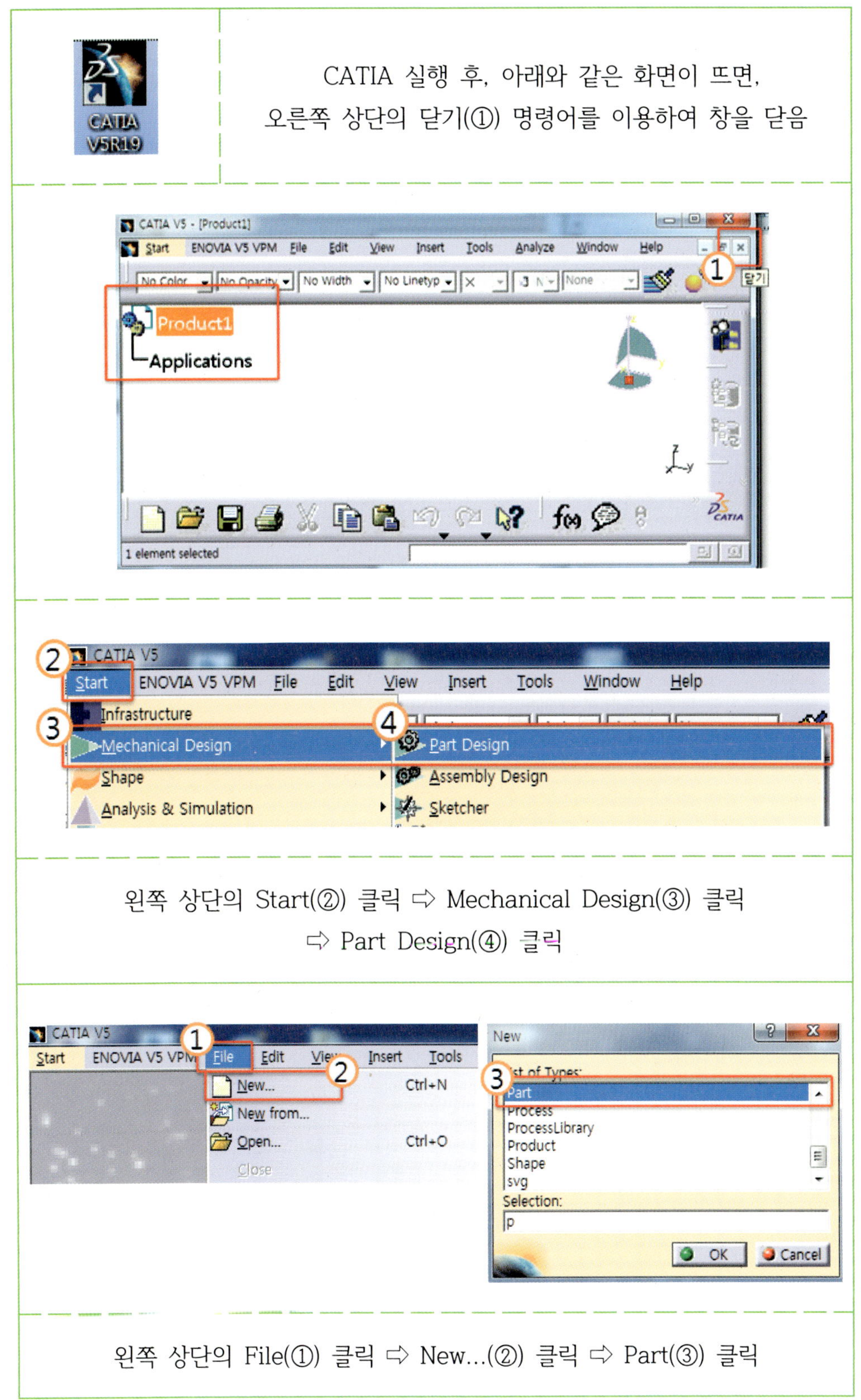

CATIA 실행 후, 아래와 같은 화면이 뜨면,
오른쪽 상단의 닫기(①) 명령어를 이용하여 창을 닫음

왼쪽 상단의 Start(②) 클릭 ⇨ Mechanical Design(③) 클릭
⇨ Part Design(④) 클릭

왼쪽 상단의 File(①) 클릭 ⇨ New...(②) 클릭 ⇨ Part(③) 클릭

2. 초기 설정 : Constraint의 SmartPick 일부 옵션 해제

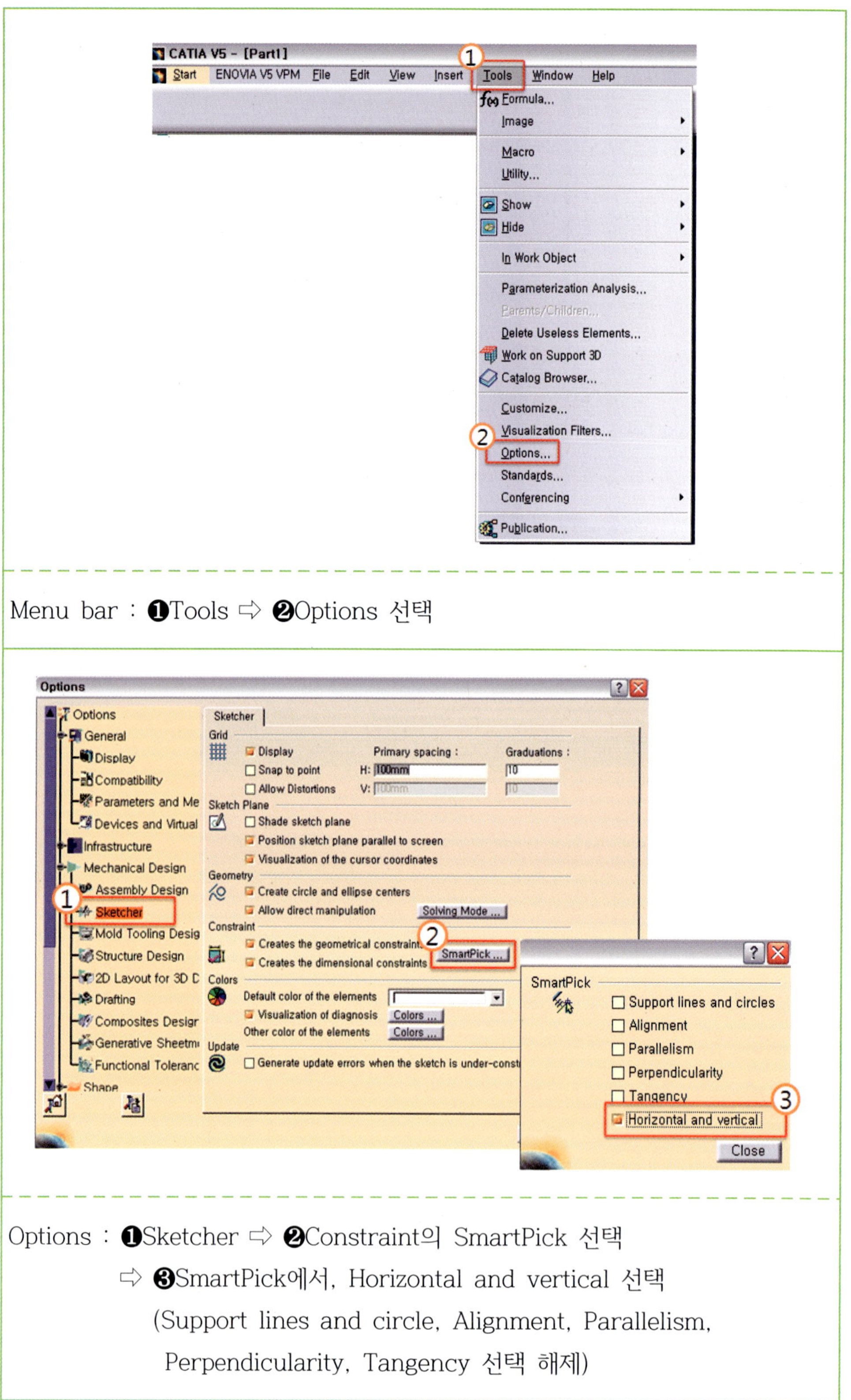

Menu bar : ❶Tools ⇨ ❷Options 선택

Options : ❶Sketcher ⇨ ❷Constraint의 SmartPick 선택

⇨ ❸SmartPick에서, Horizontal and vertical 선택

(Support lines and circle, Alignment, Parallelism, Perpendicularity, Tangency 선택 해제)

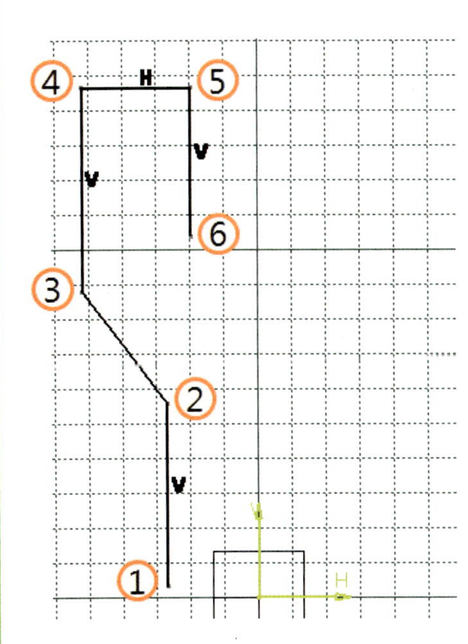

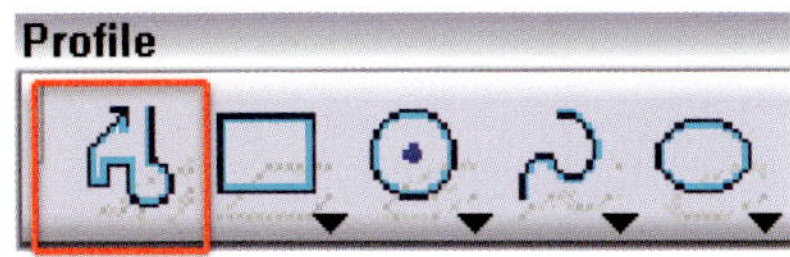

Profile bar ⇨ Profile 명령어 클릭
도면 치수와 비슷하게
①에서 ⑥까지 순서대로 마우스 클릭

(수평선 또는 수직선 긋는 법
⇨ 마우스를 상하좌우로 이동시켜, 선이
파란색으로 변경되면 이때 마우스로 클릭)

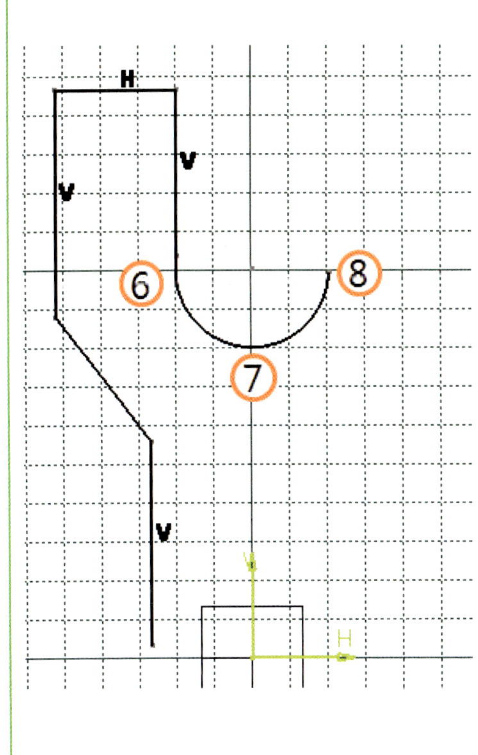

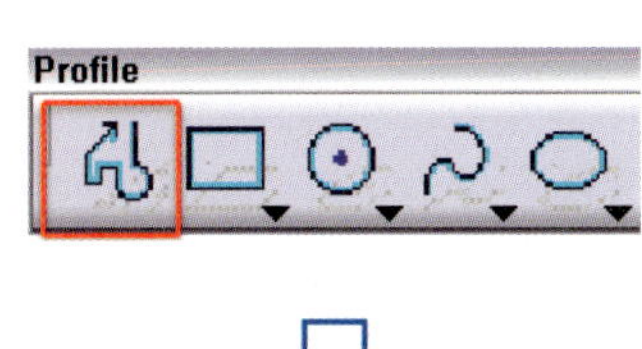

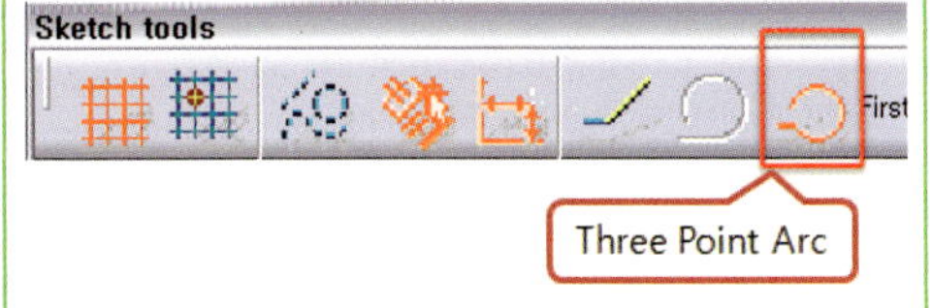

Sketch tools bar에서
"Three Point Arc" 옵션 클릭
순서대로 ⑦, ⑧ 마우스 클릭

(Profile bar 내의 명령어를 실행하면, Sketch
tools bar에
실행 명령어에 대한 옵션이 나타남)

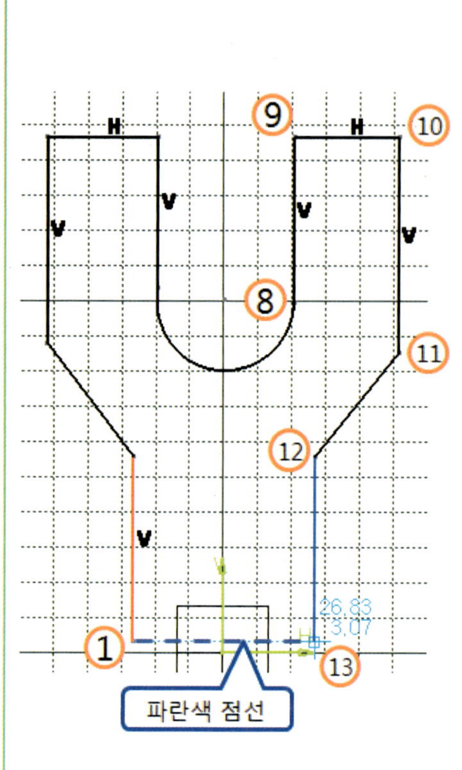

도면 치수와 비슷하게
⑨에서 ⑬까지 순서대로 마우스 클릭

(⑬번 클릭은 마우스를 이동시켰을 때 ①번과 ⑬번 사이에 파란색 점선이 생겼을 때 클릭
⇨ ①번과 ⑬번의 위치가 같아짐
: 동일 수평선상에 놓여짐)

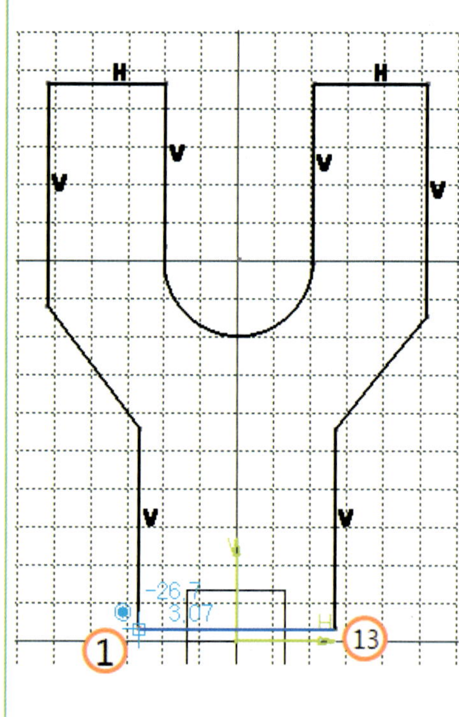

마지막으로, 마우스를 이동시켜
①번 클릭

(①번을 클릭할 때 ◉기호(Concentricity)가 나타나면 클릭)

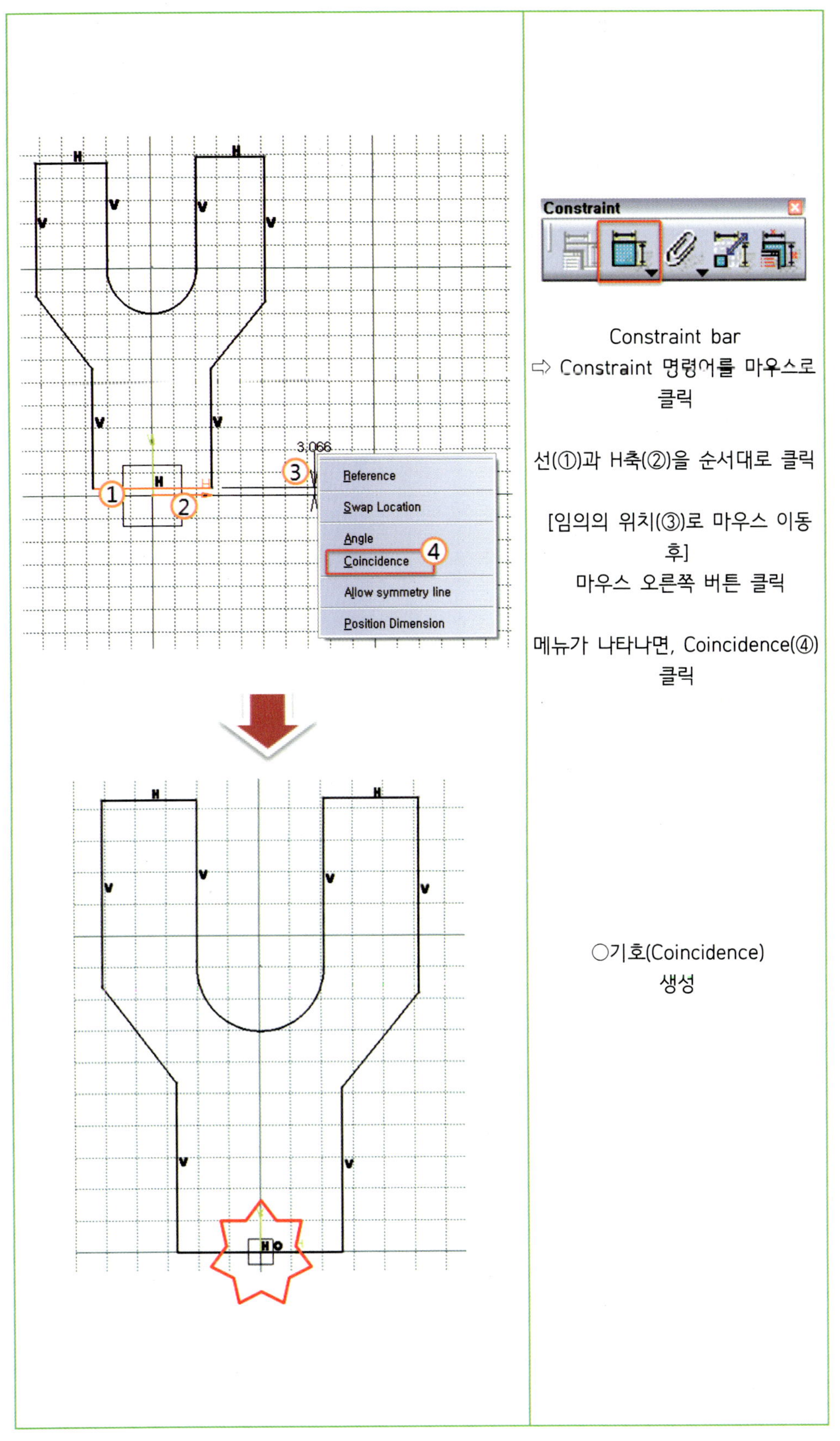

Constraint bar
⇨ Constraint 명령어를 마우스로 클릭

선(①)과 H축(②)을 순서대로 클릭

[임의의 위치(③)로 마우스 이동 후]
마우스 오른쪽 버튼 클릭

메뉴가 나타나면, Coincidence(④) 클릭

○기호(Coincidence) 생성

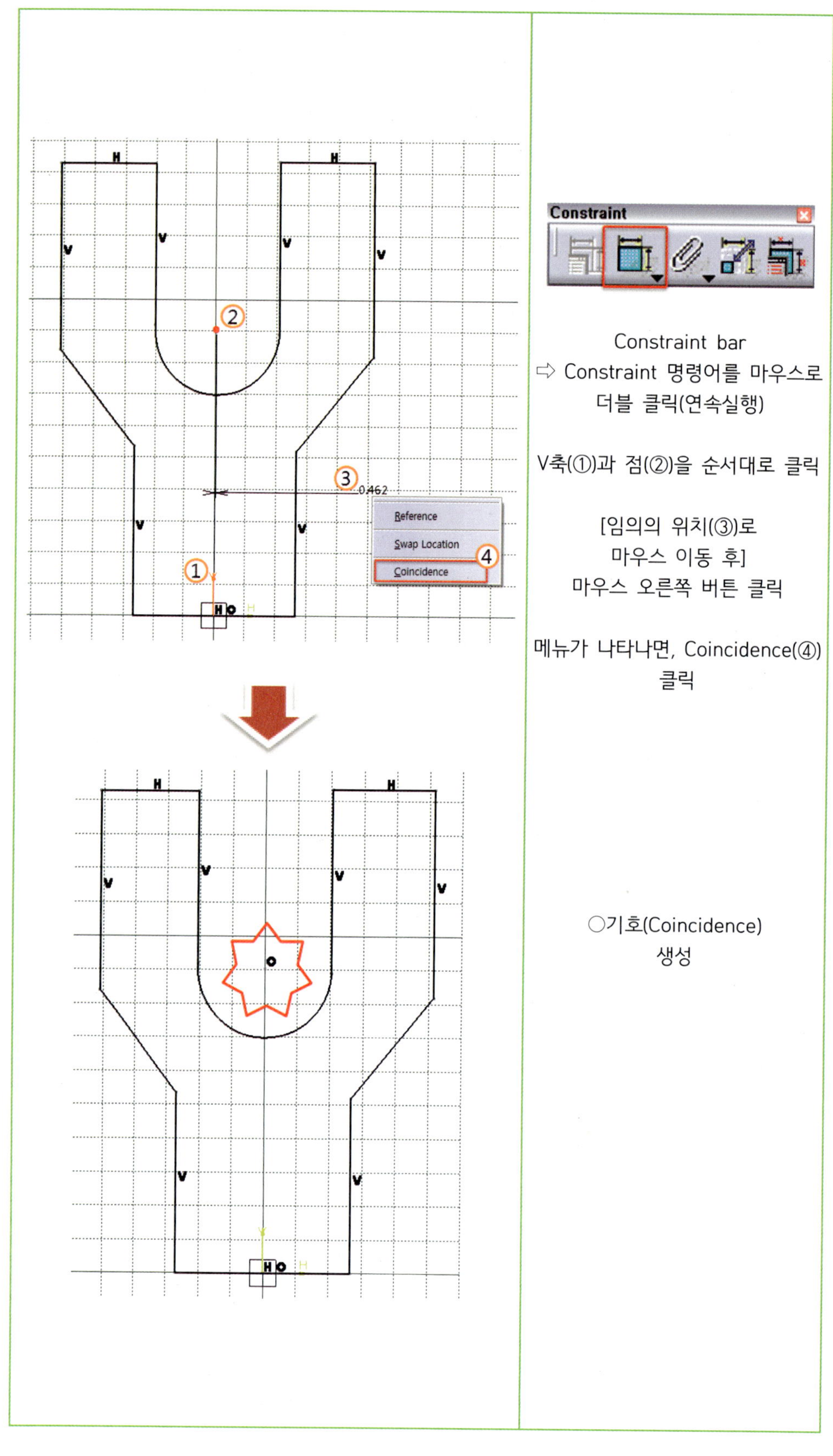
Constraint
0.462
Reference
Swap Location
Coincidence
Constraint bar
⇨ Constraint 명령어를 마우스로 더블 클릭(연속실행)
V축(①)과 점(②)을 순서대로 클릭
[임의의 위치(③)로 마우스 이동 후]
마우스 오른쪽 버튼 클릭
메뉴가 나타나면, Coincidence(④) 클릭
○기호(Coincidence) 생성

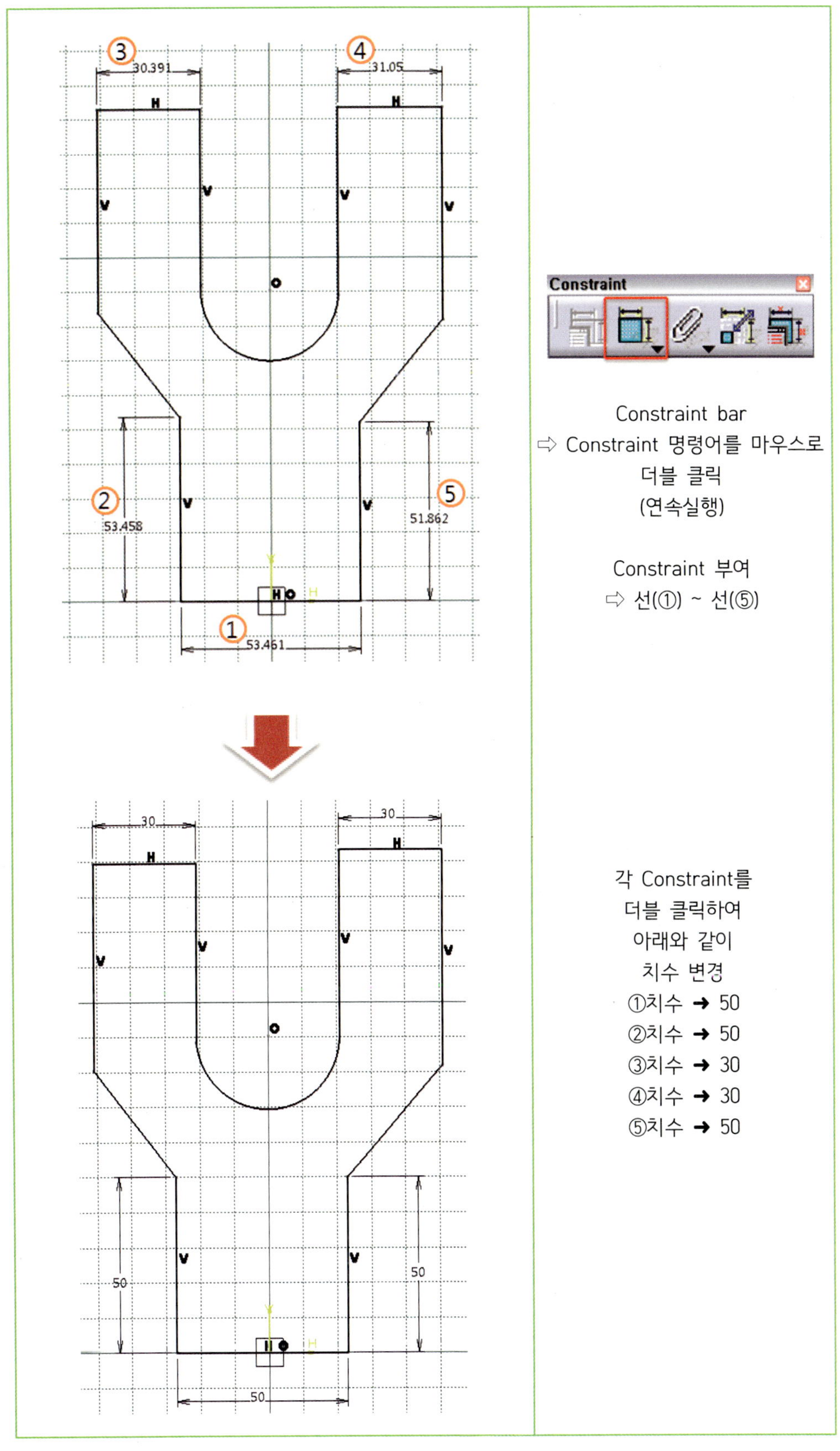

Constraint bar
⇨ Constraint 명령어를 마우스로 더블 클릭
(연속실행)

Constraint 부여
⇨ 선(①) ~ 선(⑤)

각 Constraint를 더블 클릭하여 아래와 같이 치수 변경
①치수 → 50
②치수 → 50
③치수 → 30
④치수 → 30
⑤치수 → 50

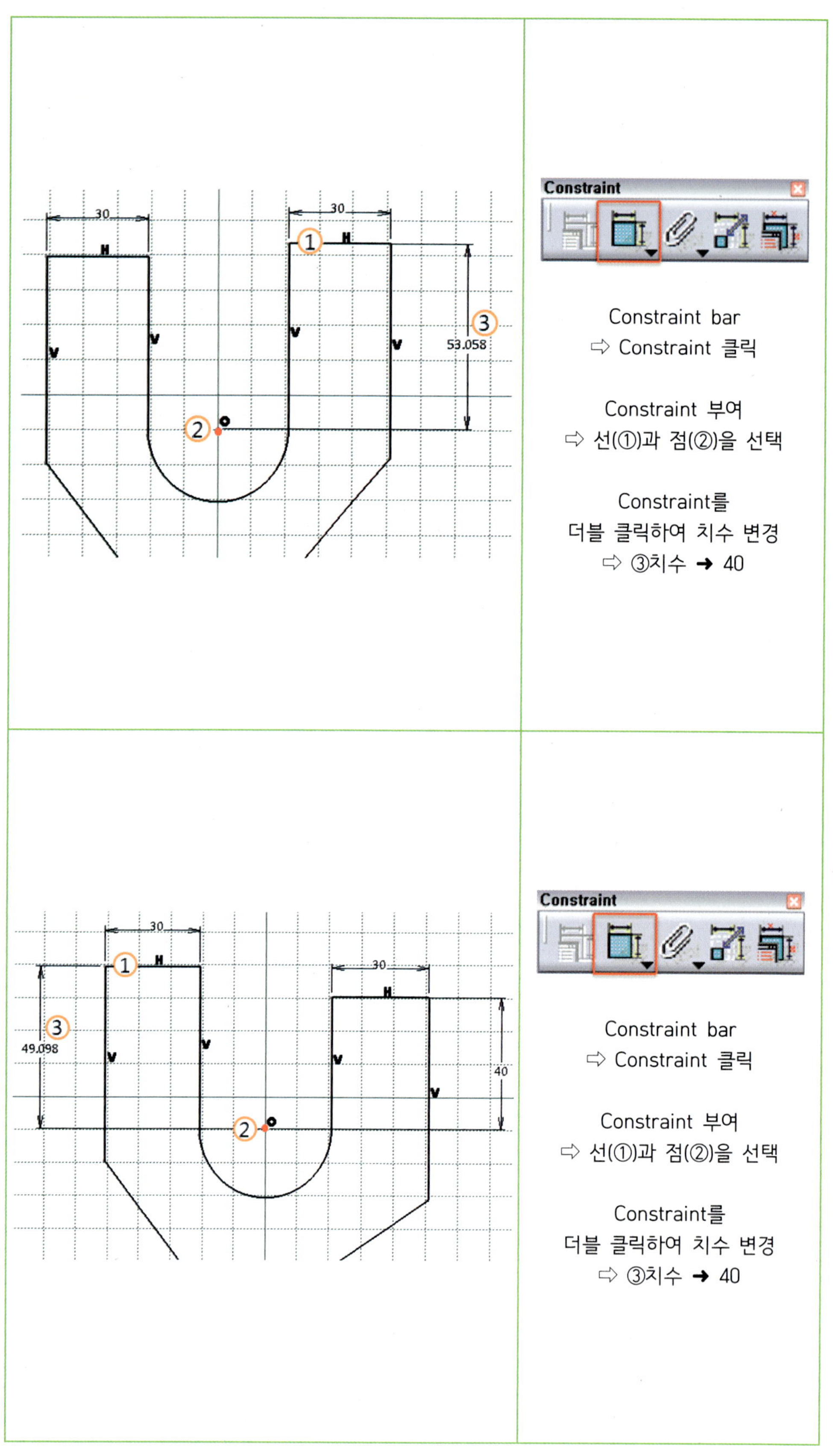
Constraint
30
30
53.058
Constraint bar
⇨ Constraint 클릭
Constraint 부여
⇨ 선(①)과 점(②)을 선택
Constraint를
더블 클릭하여 치수 변경
⇨ ③치수 ➜ 40
Constraint
30
30
49.098
40
Constraint bar
⇨ Constraint 클릭
Constraint 부여
⇨ 선(①)과 점(②)을 선택
Constraint를
더블 클릭하여 치수 변경
⇨ ③치수 ➜ 40

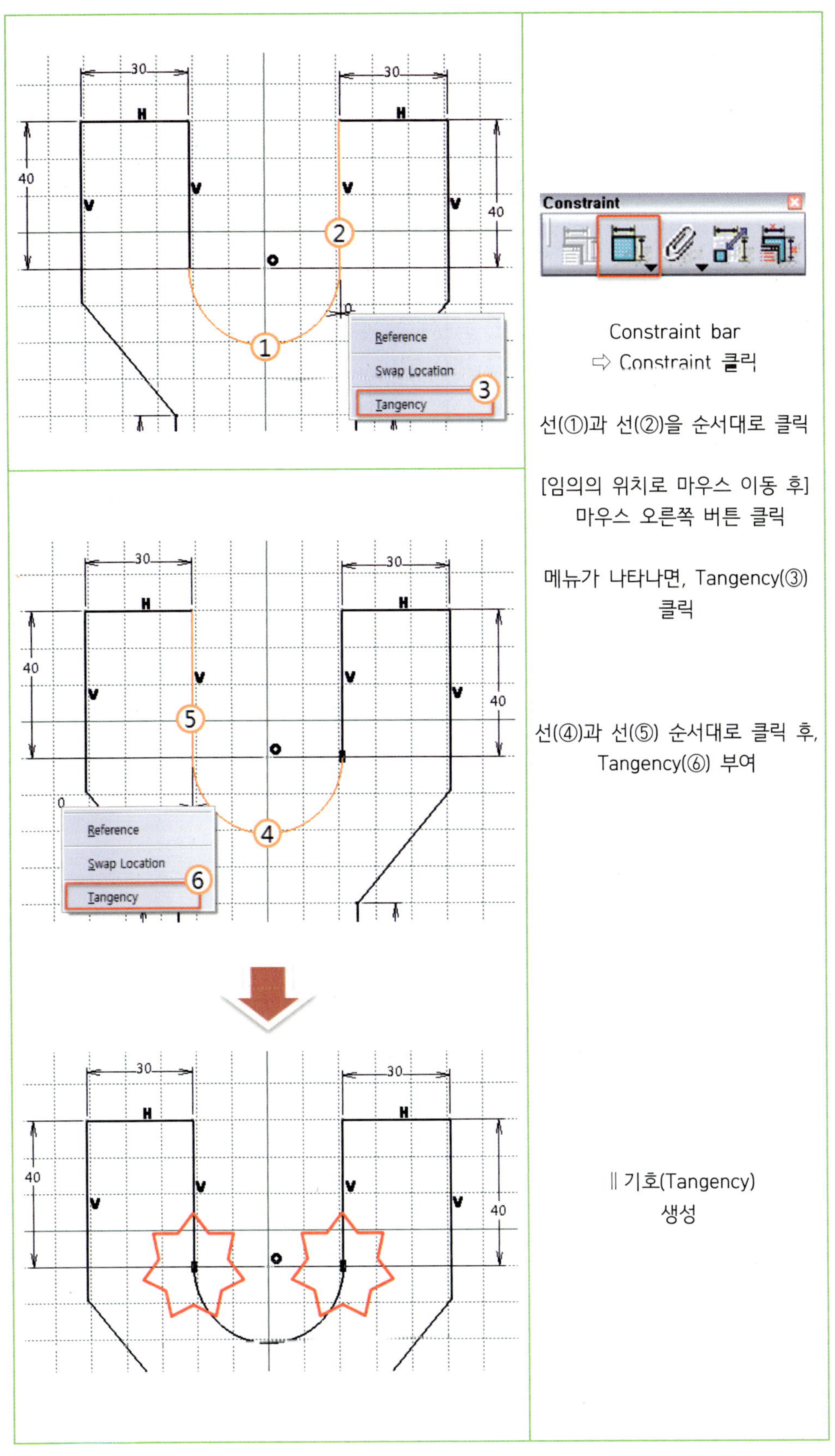

Constraint bar
⇨ Constraint 클릭

선(①)과 선(②)을 순서대로 클릭

[임의의 위치로 마우스 이동 후]
마우스 오른쪽 버튼 클릭

메뉴가 나타나면, Tangency(③)
클릭

선(④)과 선(⑤) 순서대로 클릭 후,
Tangency(⑥) 부여

∥ 기호(Tangency)
생성

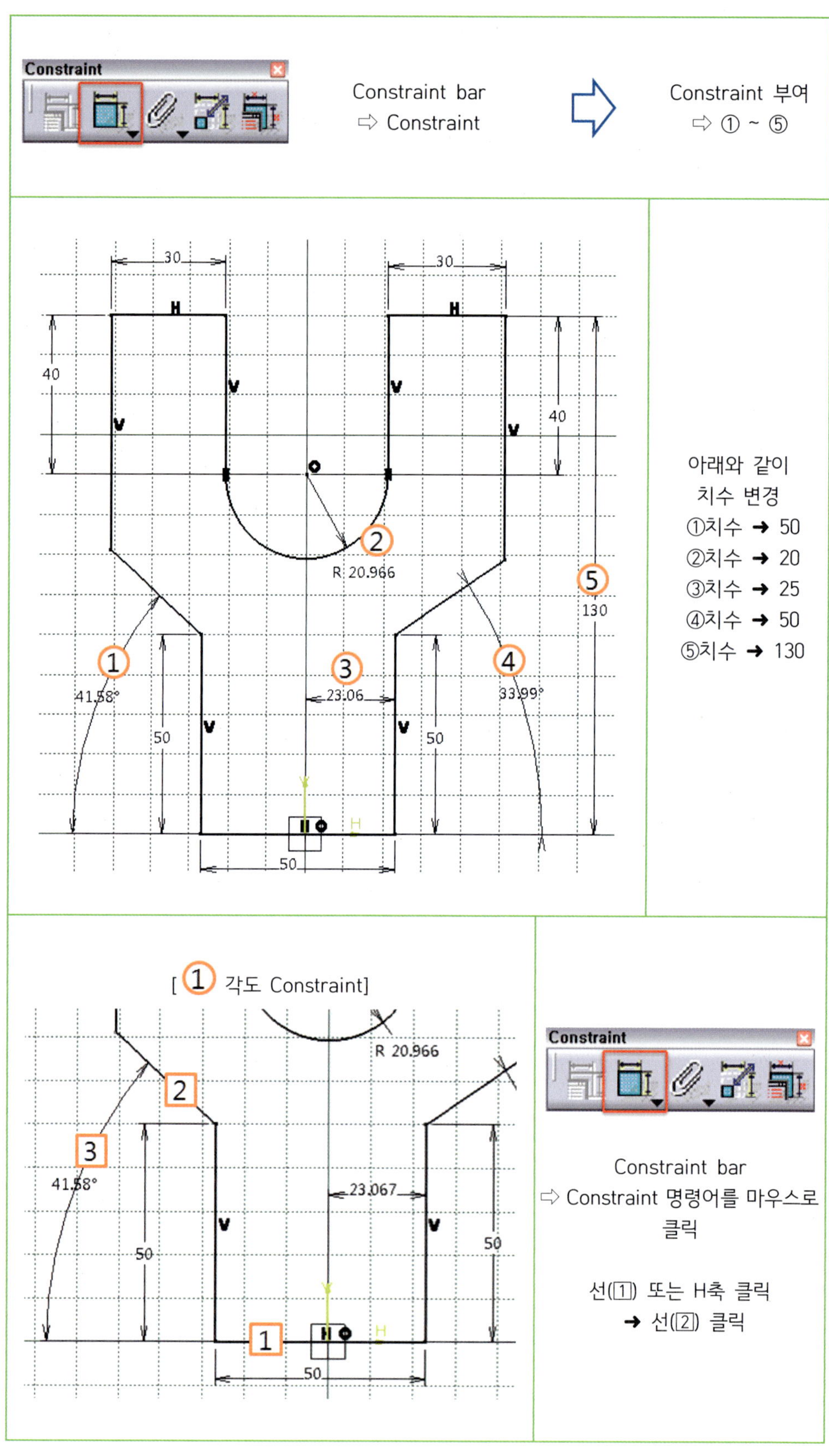
Constraint
Constraint bar
⇨ Constraint
Constraint 부여
⇨ ① ~ ⑤
30
30
40
40
R 20.966
130
41.58°
23.06
33.99°
50
50
50
아래와 같이
치수 변경
①치수 ➜ 50
②치수 ➜ 20
③치수 ➜ 25
④치수 ➜ 50
⑤치수 ➜ 130
[① 각도 Constraint]
R 20.966
41.58°
23.067
50
50
50
Constraint
Constraint bar
⇨ Constraint 명령어를 마우스로
클릭
선(1) 또는 H축 클릭
➜ 선(2) 클릭

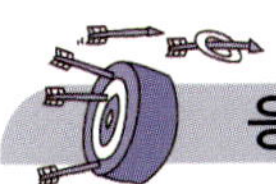

응용 : Profile 명령어

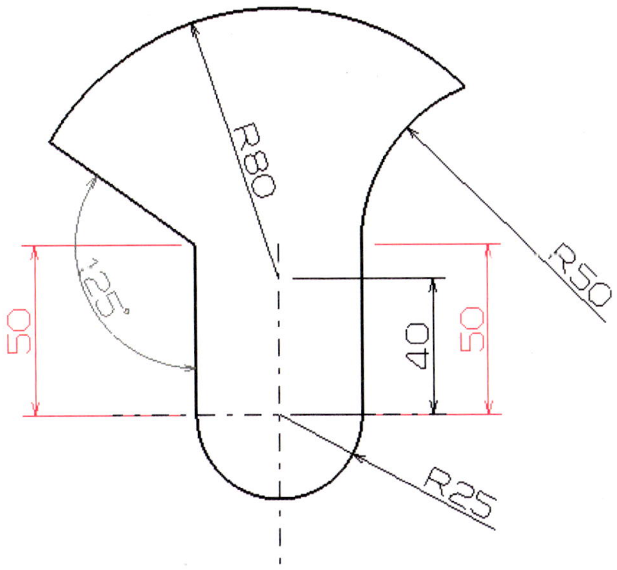

[도면]

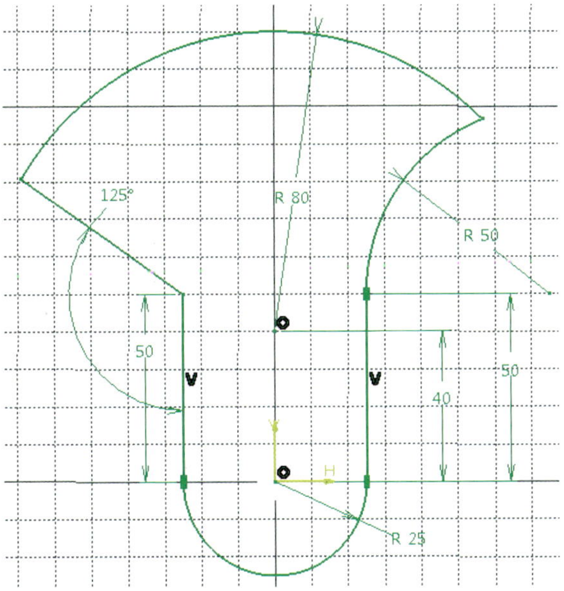

[Constraint]

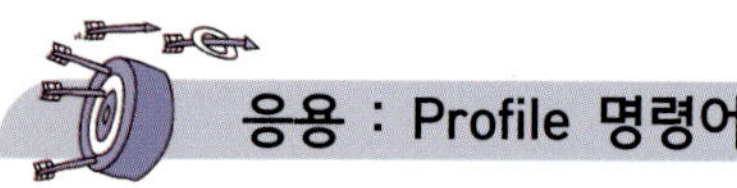

응용 : Profile 명령어

[Horizontal Measure Direction/Vertical Measure Direction 치수기입]

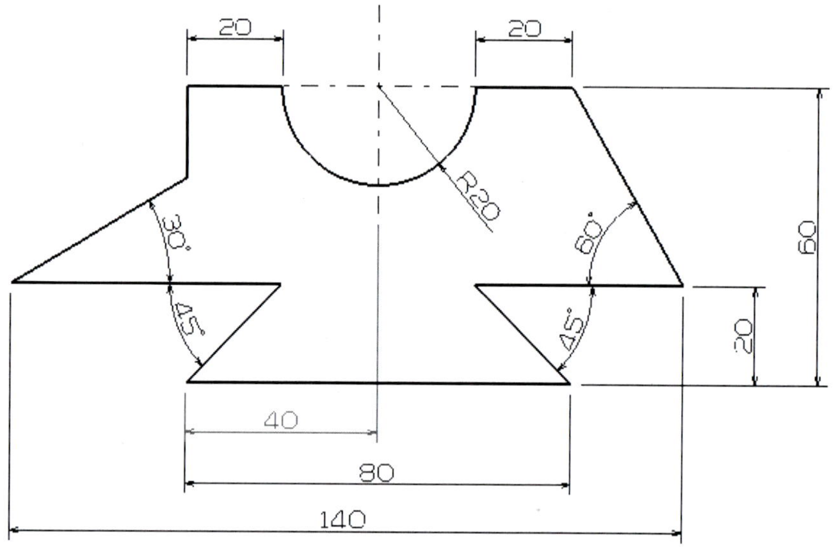

[도면]

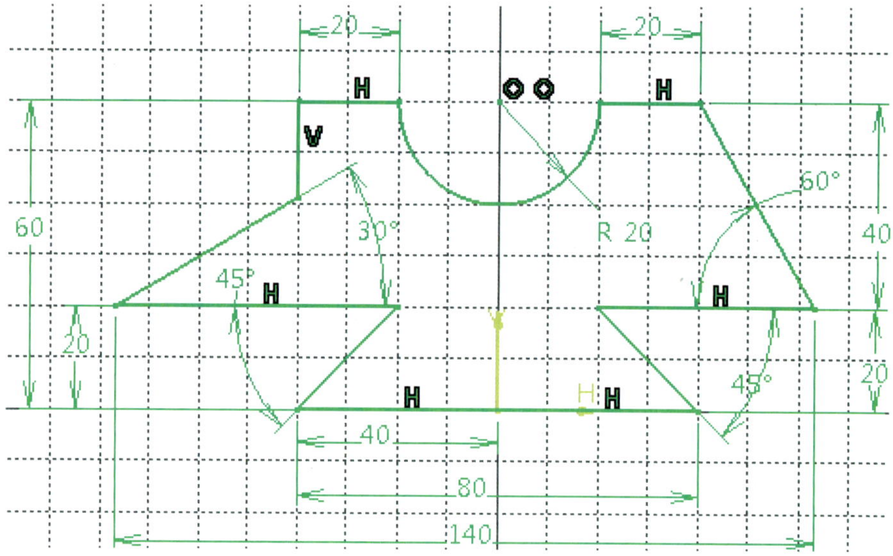

[Constraint]

응용 : Profile 명령어

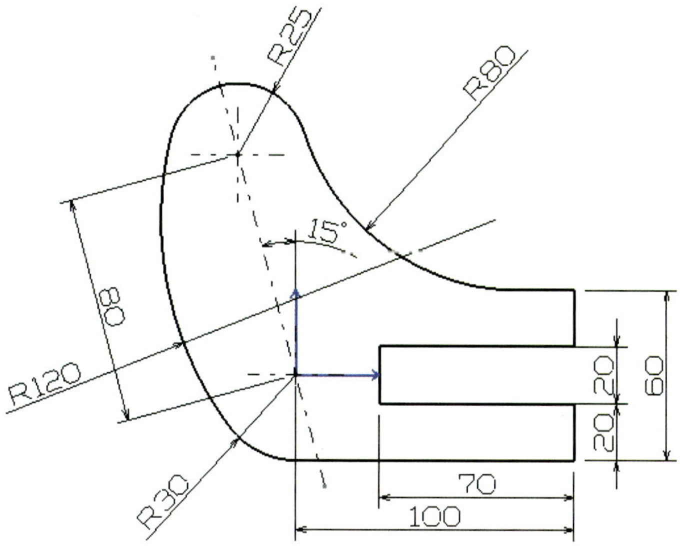

[도면]

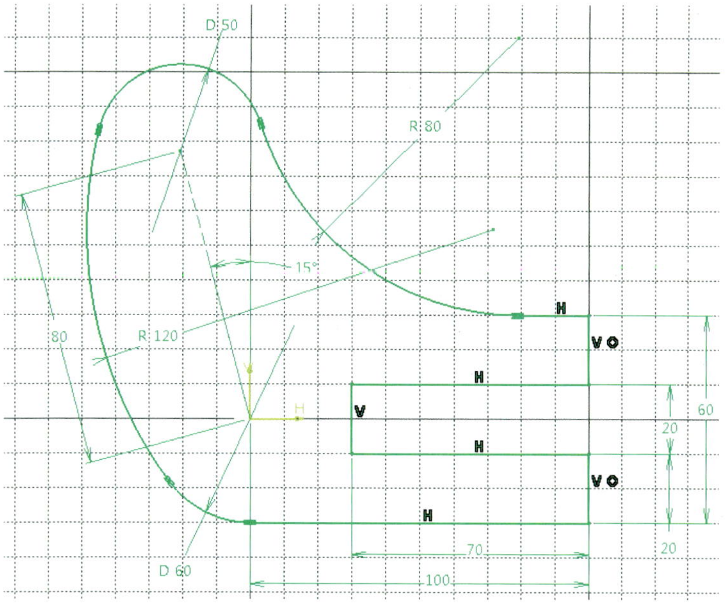

[Constraint]

따라하기 4 : 자르기 명령어 활용

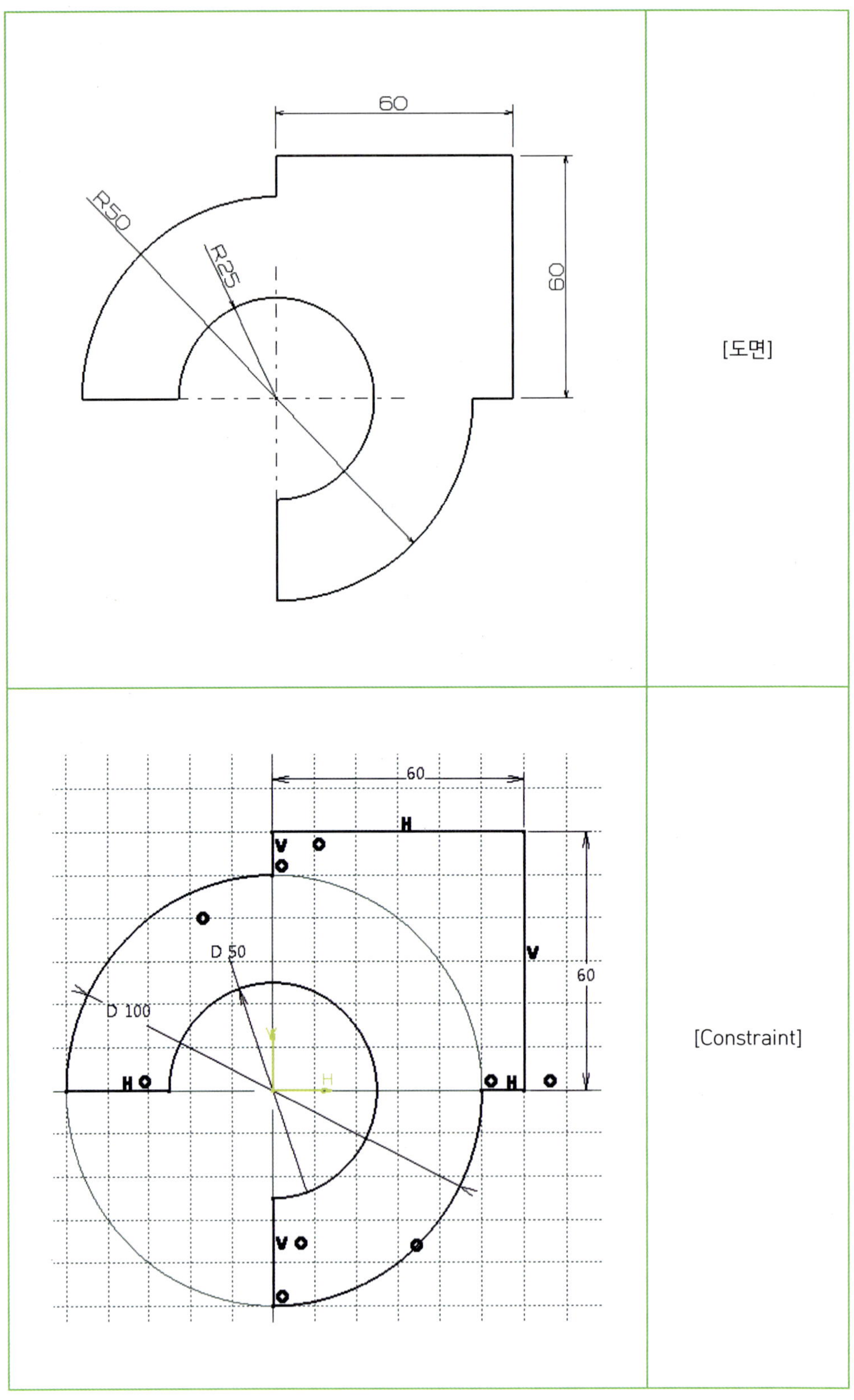

1. Part Design 들어가기

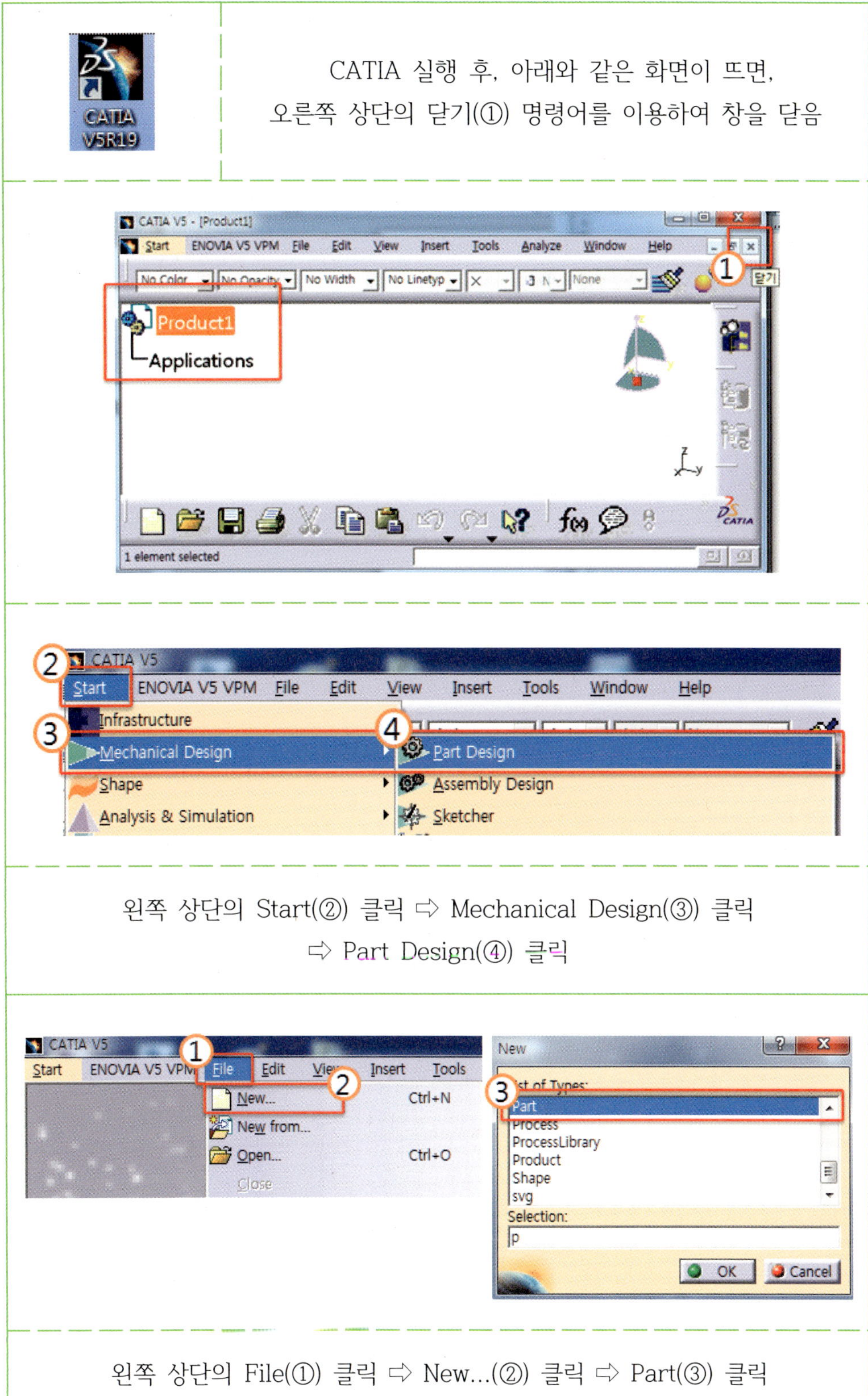

2. 초기 설정 : Constraint의 SmartPick 일부 옵션 해제

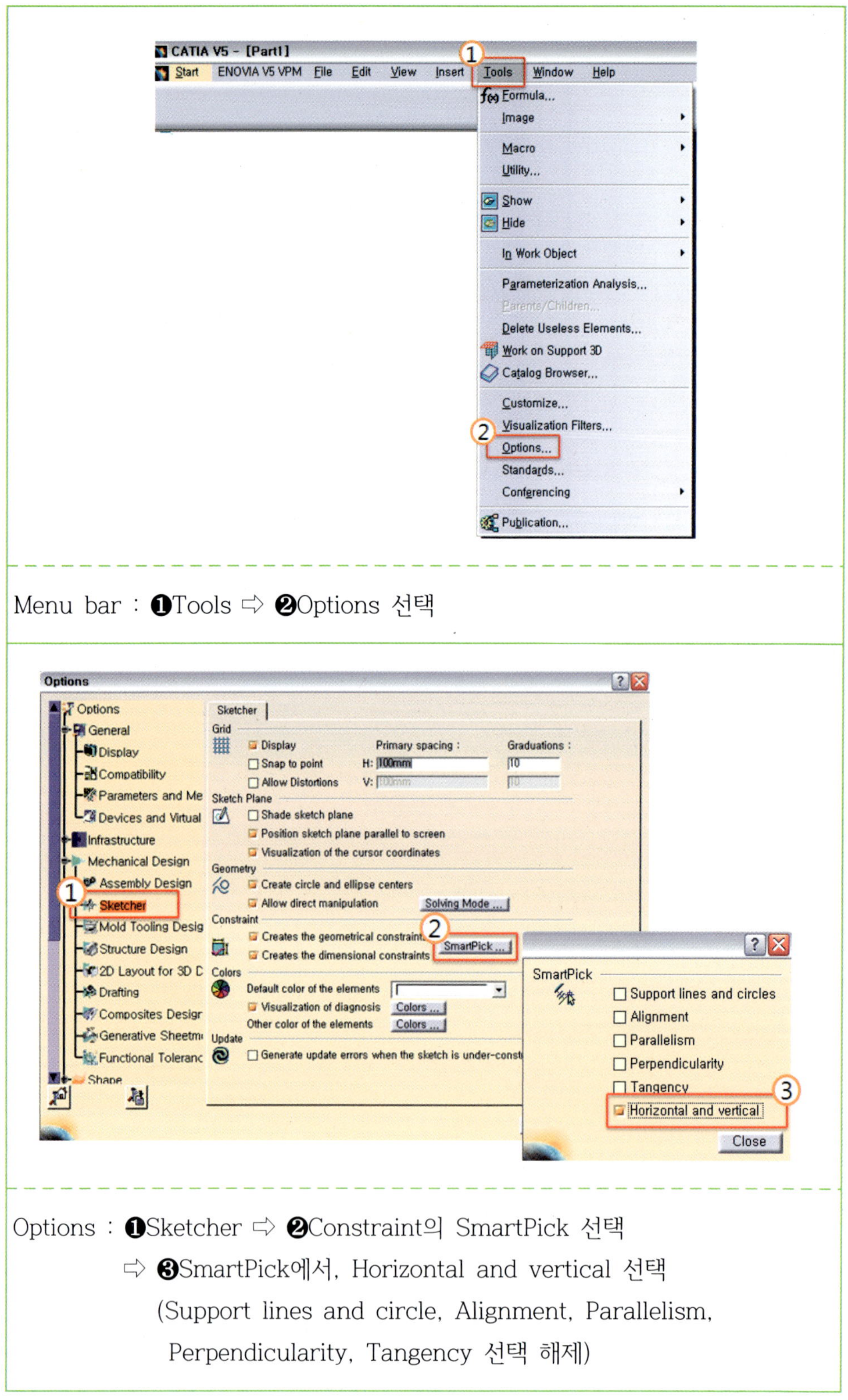

Menu bar : ❶Tools ⇨ ❷Options 선택

Options : ❶Sketcher ⇨ ❷Constraint의 SmartPick 선택

⇨ ❸SmartPick에서, Horizontal and vertical 선택
(Support lines and circle, Alignment, Parallelism, Perpendicularity, Tangency 선택 해제)

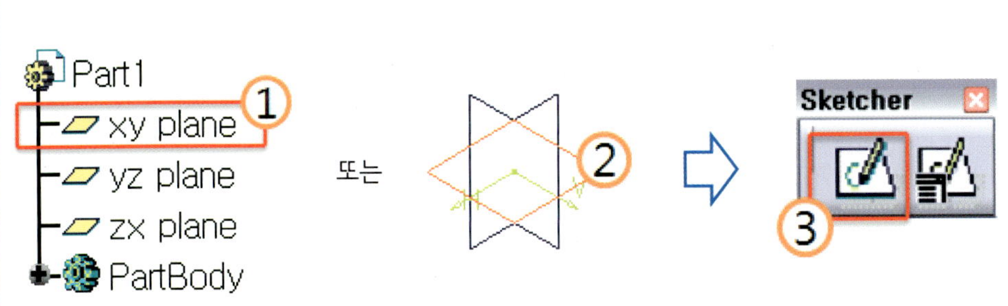

Sketch 평면으로 이동하기 위하여, 평면(① 또는 ②)을 마우스로 클릭
Sketcher bar에서 Sketch 명령어(③)를 클릭

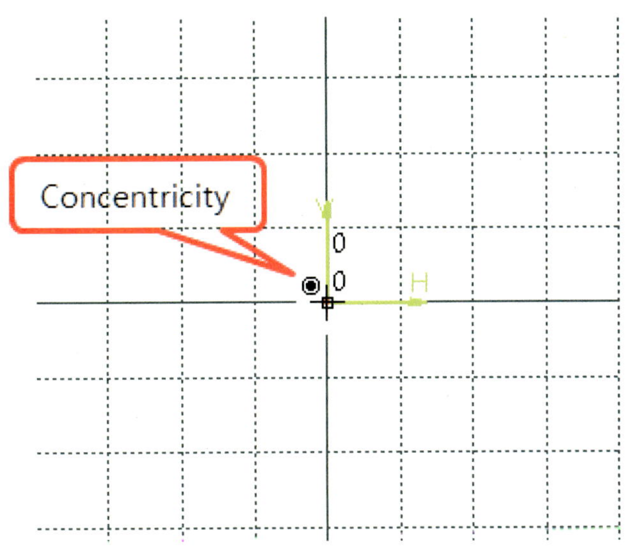

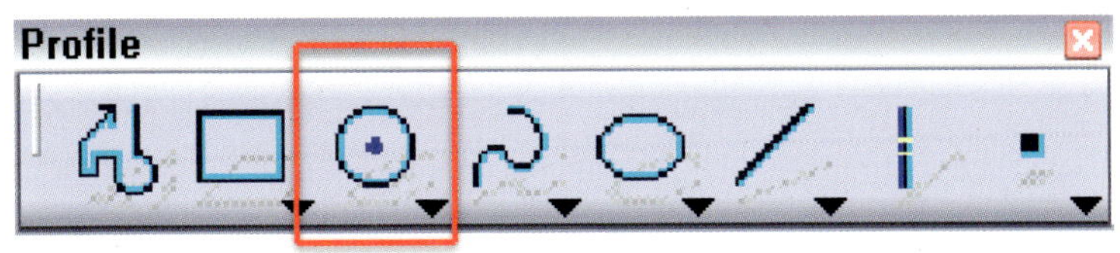

Profile bar ⇨ Circle 명령어 더블 클릭

마우스를 H축과 V축이 교차하는 원점으로 이동시켜 ◉기호(Concentricity)가 나타나면 클릭

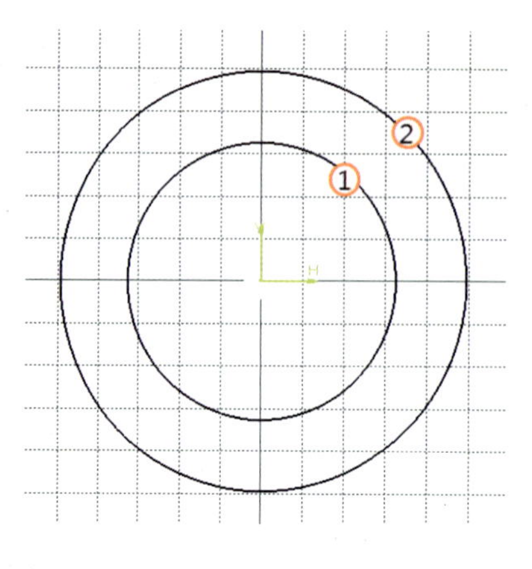 	아래 원의 치수와 비슷하게 원(①)과 원(②)을 생성 [원의 치수] 원① ➜ ∅ 50 원② ➜ ∅ 100
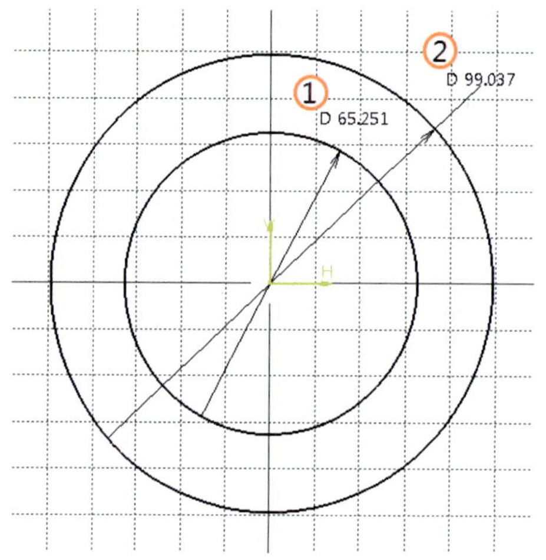 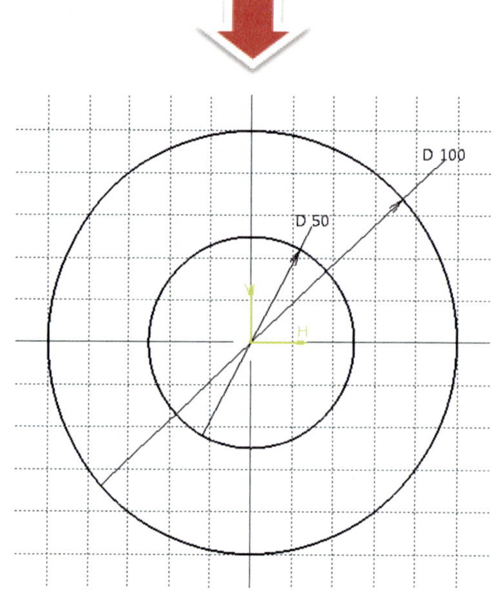 	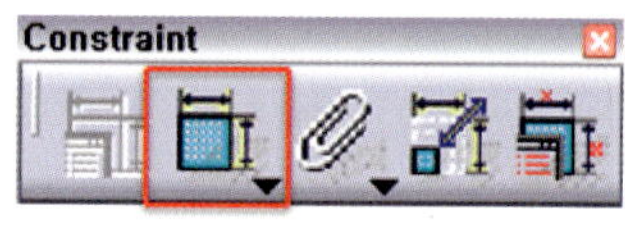 Constraint bar ⇨ Constraint 명령어를 마우스로 더블 클릭(연속실행) Constraint 부여 ⇨ 원(①), 원(②) 각 Constraint를 더블 클릭하여 아래와 같이 치수 변경 ①치수 ➜ 50 ②치수 ➜ 100 (⇨ 연속실행해제 : 키보드의 Esc키 두 번 클릭)

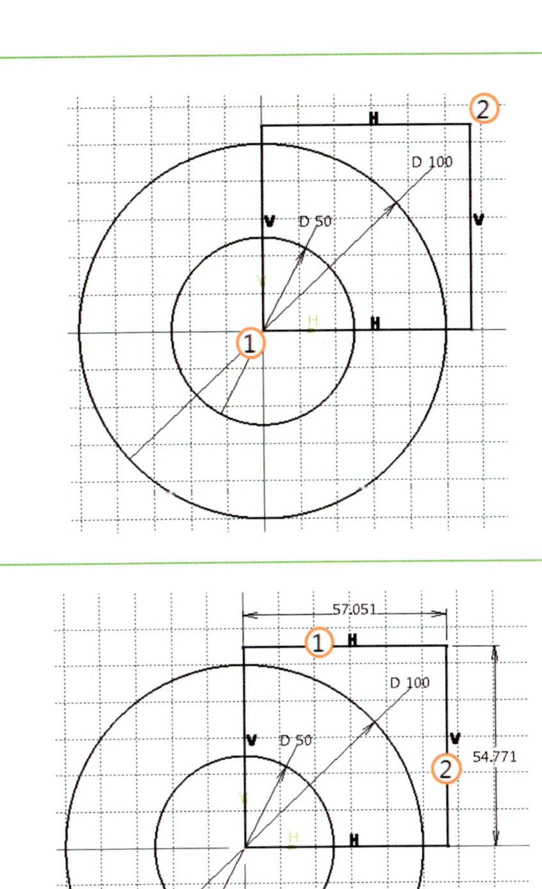

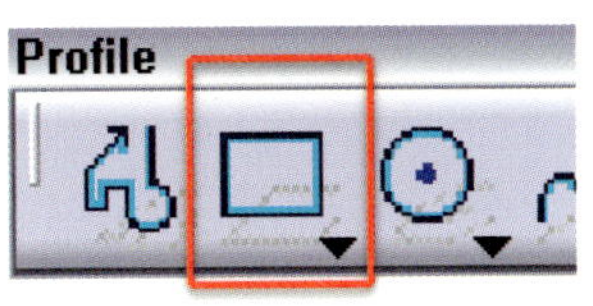

Profile bar ⇨ Rectangle 명령어 클릭

원점(①) 클릭 후, 적절한 위치에 마우스로 (②지점) 클릭

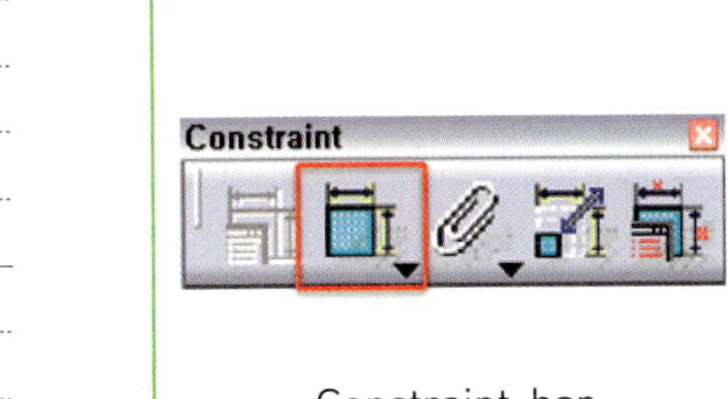

Constraint bar ⇨ Constraint 명령어를 마우스로 더블 클릭(연속실행)

Constraint 부여 ⇨ 선(①), 선(②)

각 Constraint를 더블 클릭하여 아래와 같이 치수 변경

선(①)치수 ➜ 60
선(②)치수 ➜ 60

(⇨ 연속실행해제 : 키보드의 Esc키 두 번 클릭)

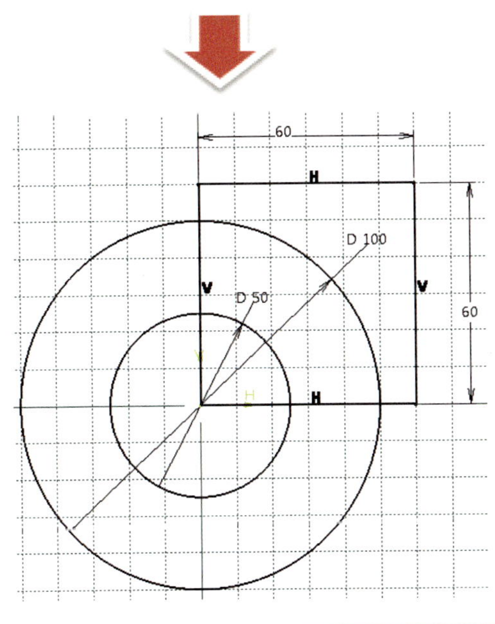

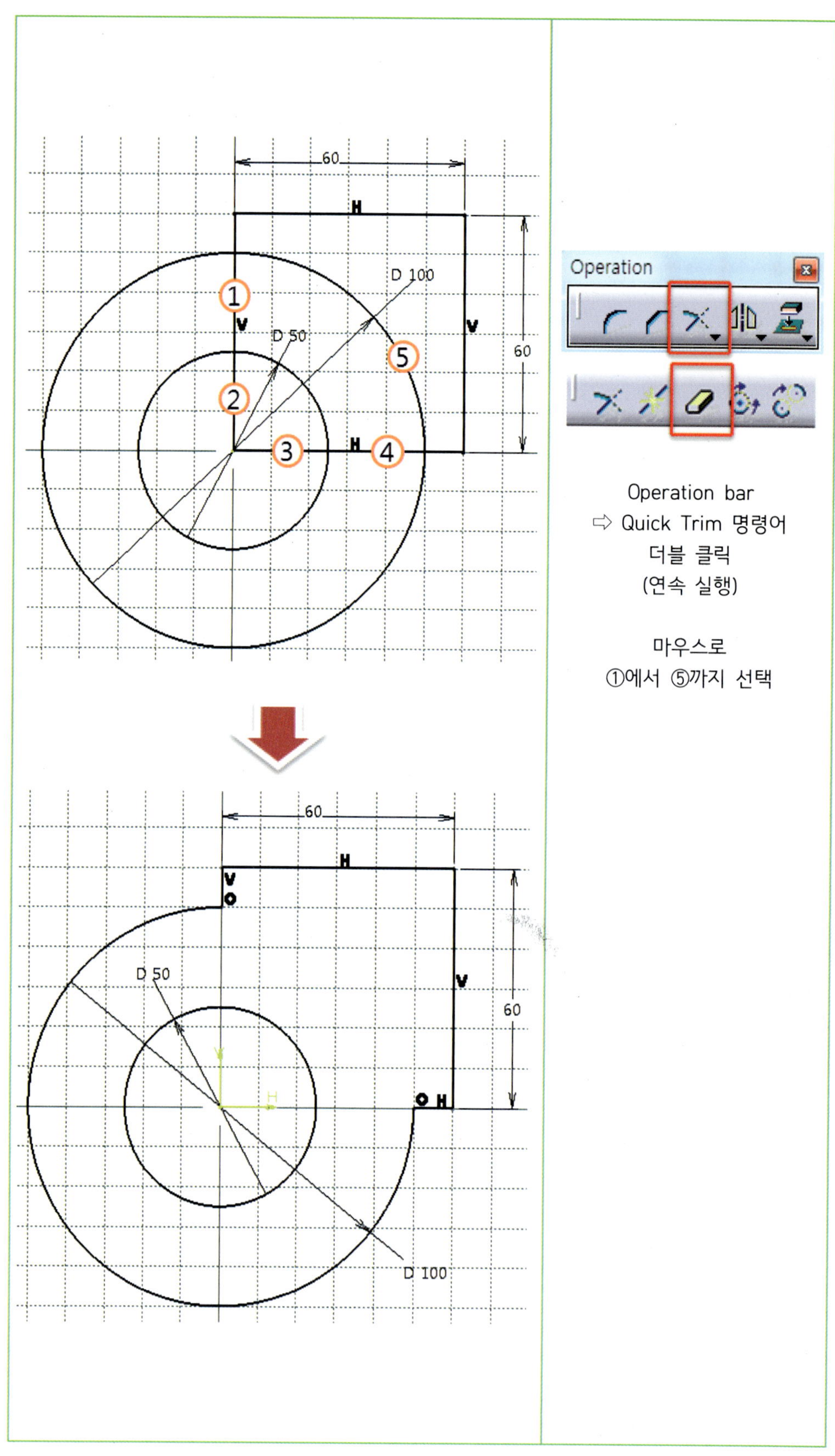

Operation bar
⇨ Quick Trim 명령어
더블 클릭
(연속 실행)

마우스로
①에서 ⑤까지 선택

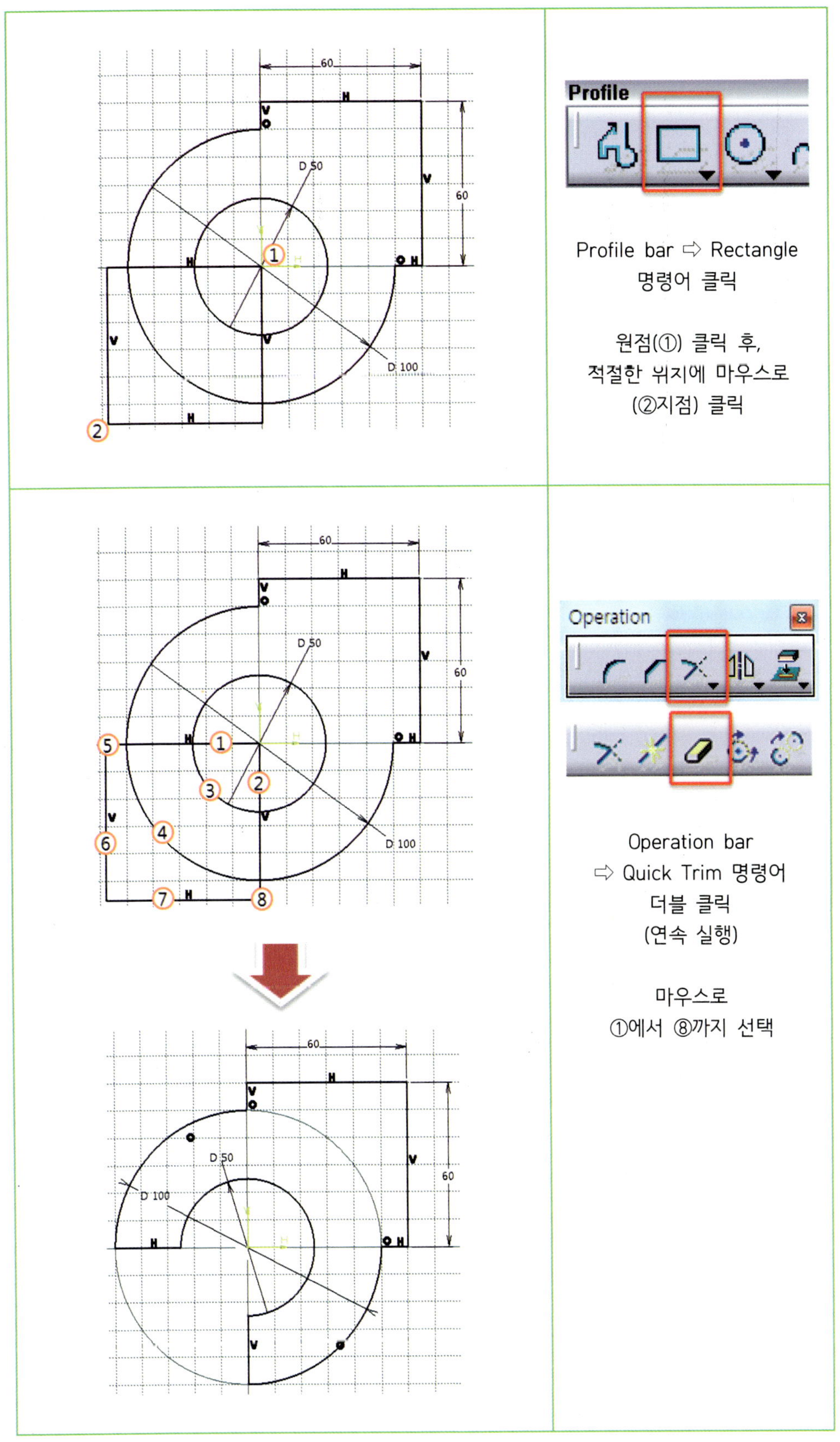
Profile
Profile bar ⇨ Rectangle
명령어 클릭
원점(①) 클릭 후,
적절한 위치에 마우스로
(②지점) 클릭
Operation
Operation bar
⇨ Quick Trim 명령어
더블 클릭
(연속 실행)
마우스로
①에서 ⑧까지 선택

3. Constraint 확인

1. 하얀색 : 불완전 경계조건(경계조건이 부여 되지 않음)
 ➜ 하얀색 선을 마우스로 클릭하여 상하좌우로 이동시 도형이 흐트러짐
 ➜ 하얀색 선이 초록색이 되도록 Constraint 부여
2. 초록색 : 완전 경계조건(경계조건이 완전하게 부여 됨)
 ➜ 초록색 선을 마우스로 클릭하여 상하좌우로 이동시 도형이 움직이지 않음

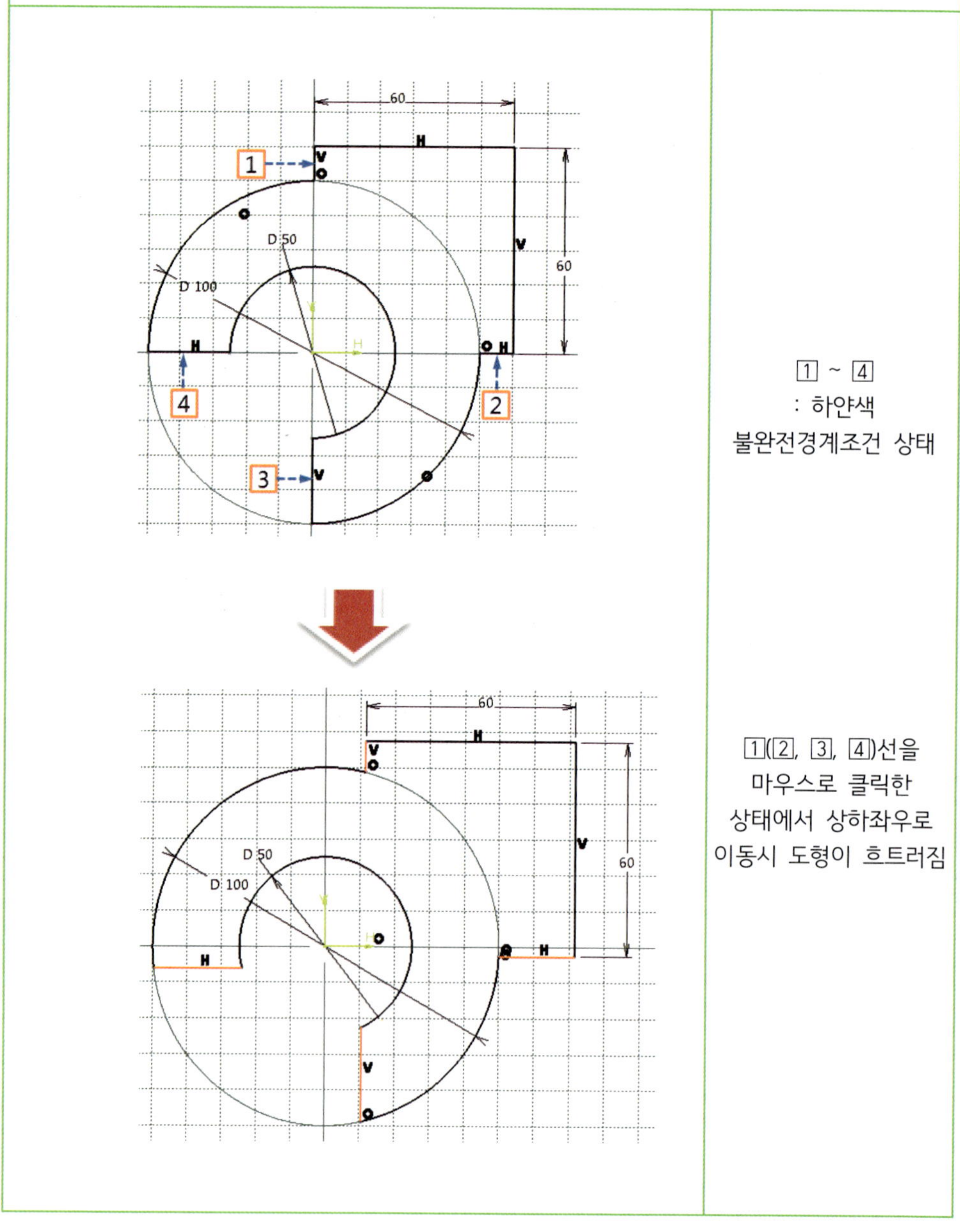

1 ~ 4
: 하얀색
불완전경계조건 상태

1(2, 3, 4)선을
마우스로 클릭한
상태에서 상하좌우로
이동시 도형이 흐트러짐

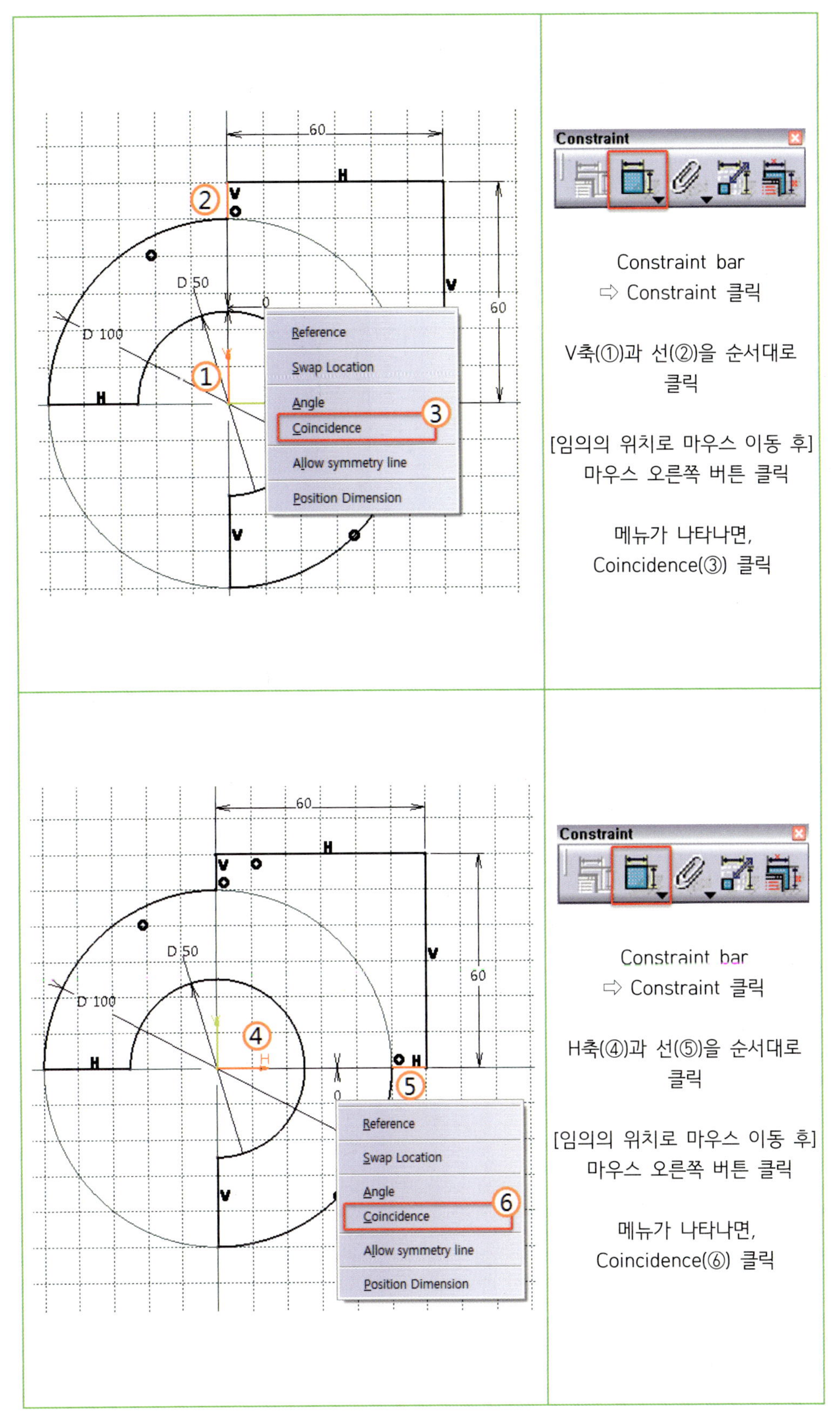
60
H
V
V
60
D 50
D 100
H
V
Reference
Swap Location
Angle
Coincidence
Allow symmetry line
Position Dimension
Constraint
Constraint bar
⇨ Constraint 클릭
V축(①)과 선(②)을 순서대로 클릭
[임의의 위치로 마우스 이동 후] 마우스 오른쪽 버튼 클릭
메뉴가 나타나면, Coincidence(③) 클릭
60
H
V
V
60
D 50
D 100
H
H
V
Reference
Swap Location
Angle
Coincidence
Allow symmetry line
Position Dimension
Constraint
Constraint bar
⇨ Constraint 클릭
H축(④)과 선(⑤)을 순서대로 클릭
[임의의 위치로 마우스 이동 후] 마우스 오른쪽 버튼 클릭
메뉴가 나타나면, Coincidence(⑥) 클릭

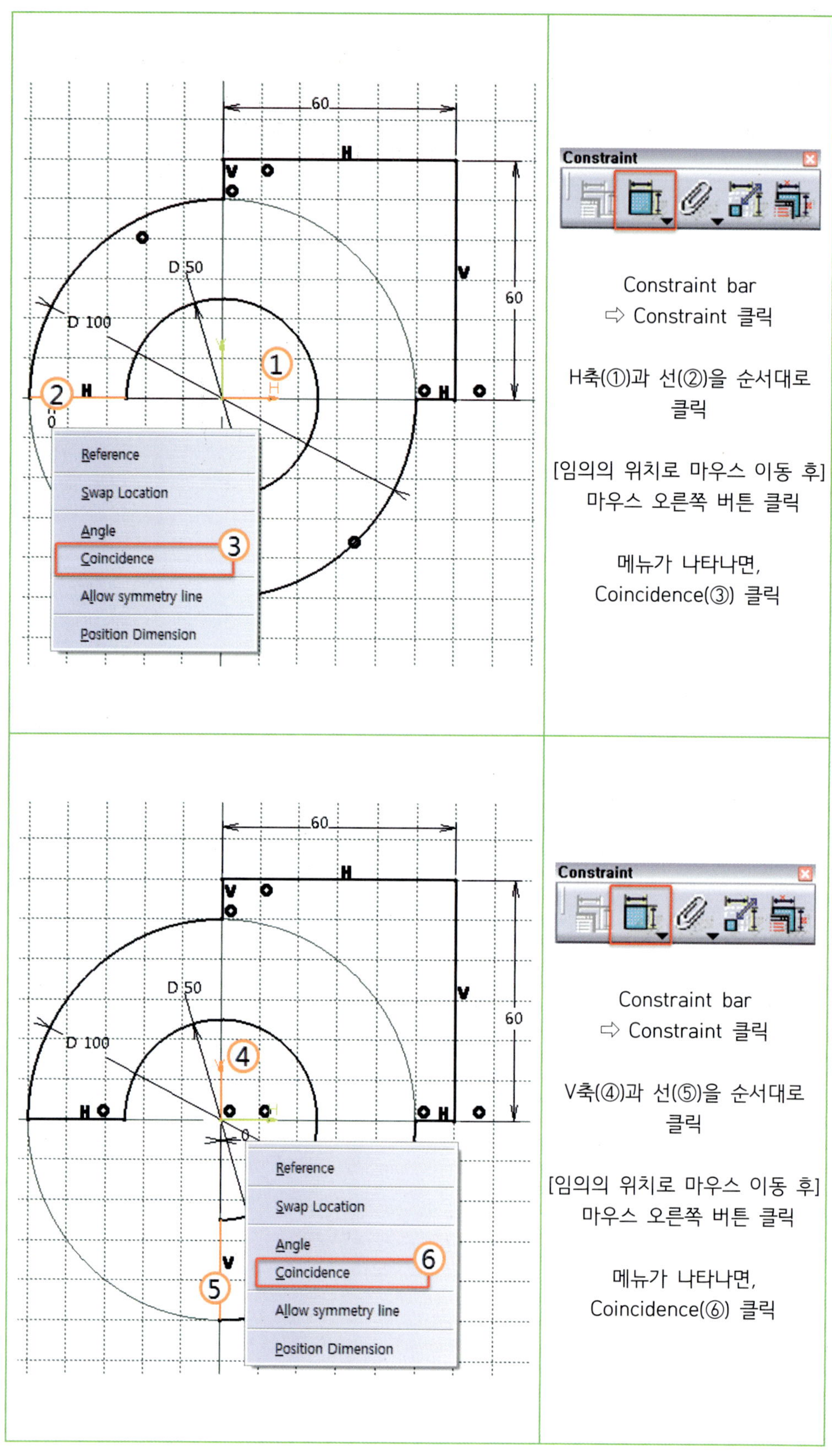
60
H
V
D 50
D 100
60
1
2
H
Reference
Swap Location
Angle
Coincidence
3
Allow symmetry line
Position Dimension
Constraint
Constraint bar
⇨ Constraint 클릭
H축(①)과 선(②)을 순서대로
클릭
[임의의 위치로 마우스 이동 후]
마우스 오른쪽 버튼 클릭
메뉴가 나타나면,
Coincidence(③) 클릭
60
H
V
D 50
D 100
60
4
H
V
5
Reference
Swap Location
Angle
Coincidence
6
Allow symmetry line
Position Dimension
Constraint
Constraint bar
⇨ Constraint 클릭
V축(④)과 선(⑤)을 순서대로
클릭
[임의의 위치로 마우스 이동 후]
마우스 오른쪽 버튼 클릭
메뉴가 나타나면,
Coincidence(⑥) 클릭

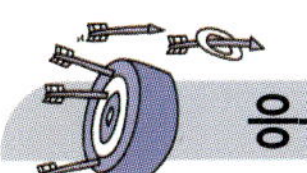

응용 : 자르기 명령어 활용

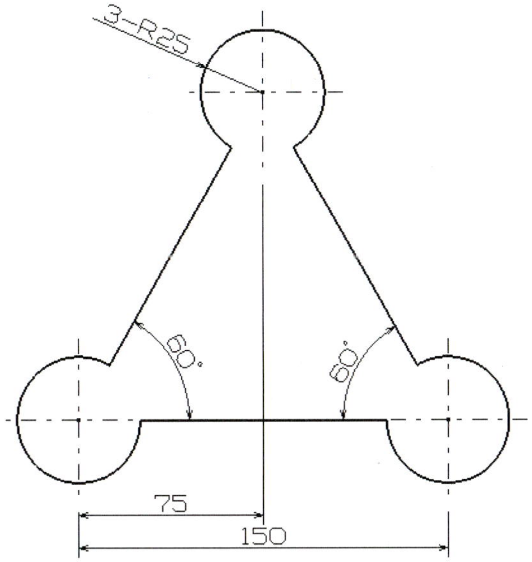

3-R25
60°
60°
75
150

[도면]

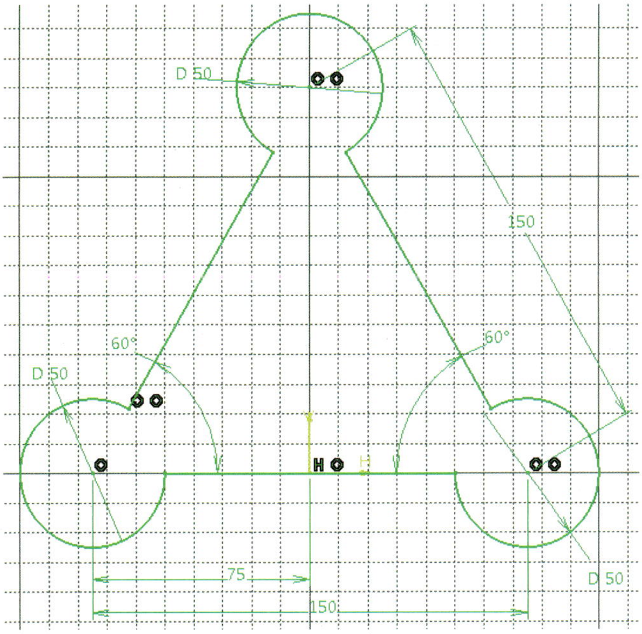

D 50
150
60°
60°
D 50
D 50
75
150

[Constraint]

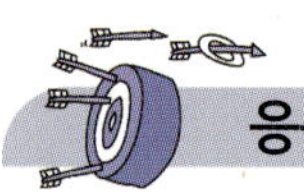

응용 : 자르기 명령어 활용

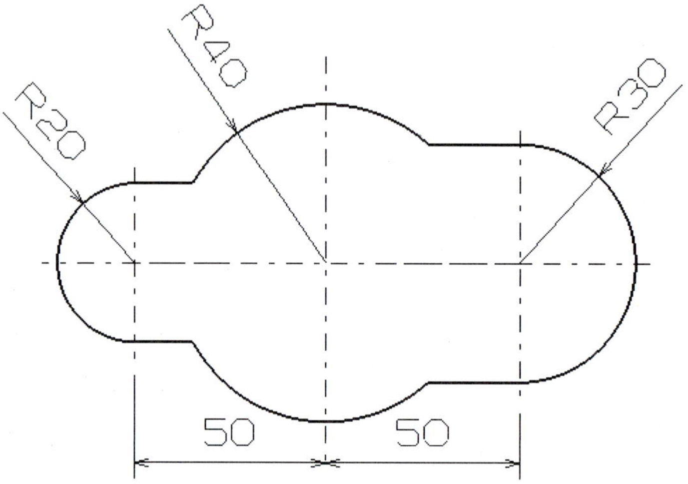

[도면]

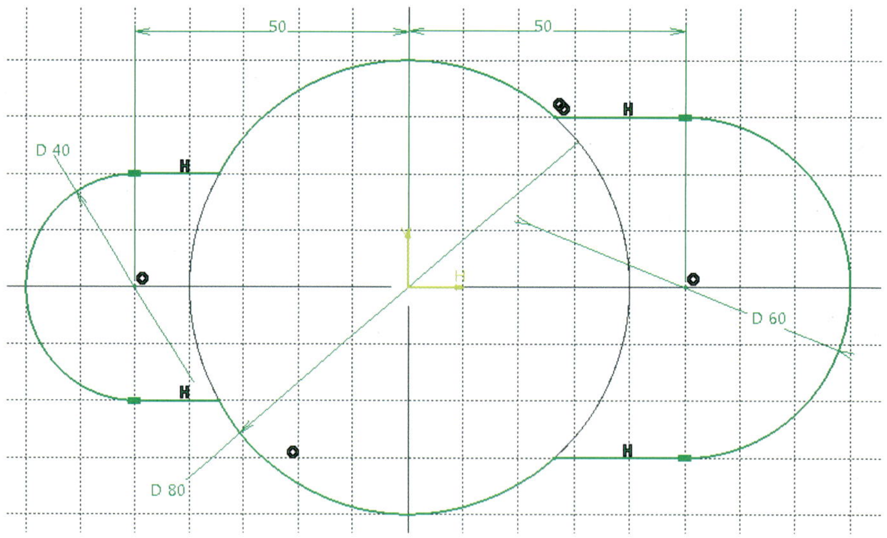

[Constraint]

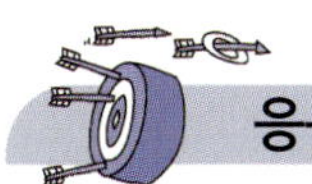

응용 : 자르기 명령어 활용

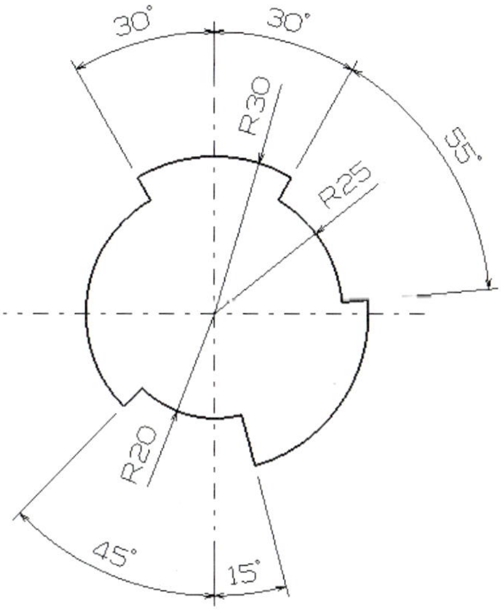

[도면]

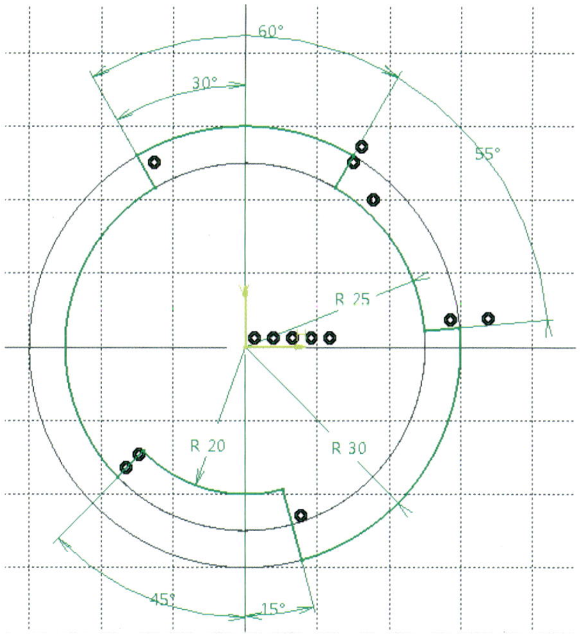

[Constraint]

따라하기 5 : Tangency 적용(경계조건 접점 적용)

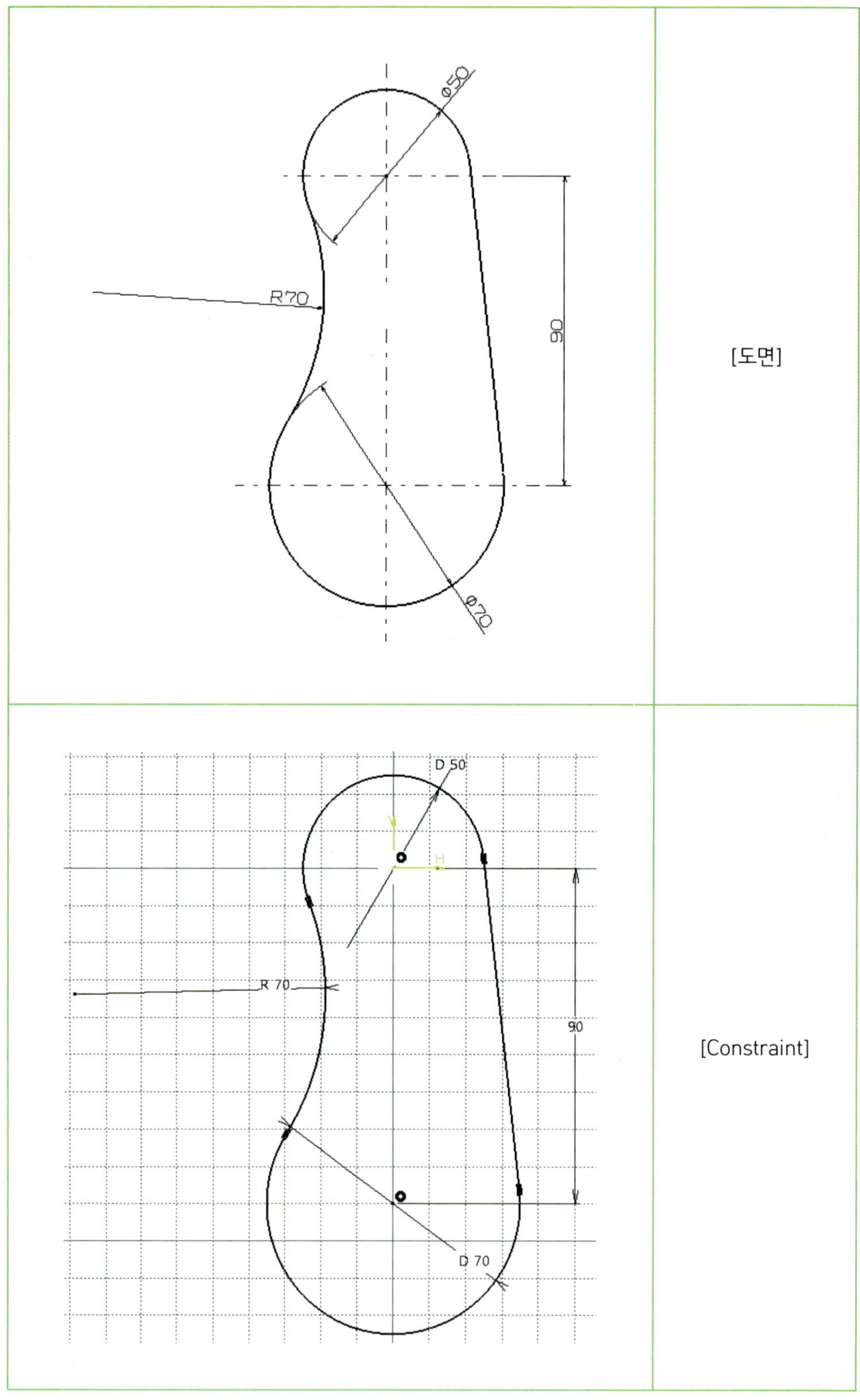

1. Part Design 들어가기

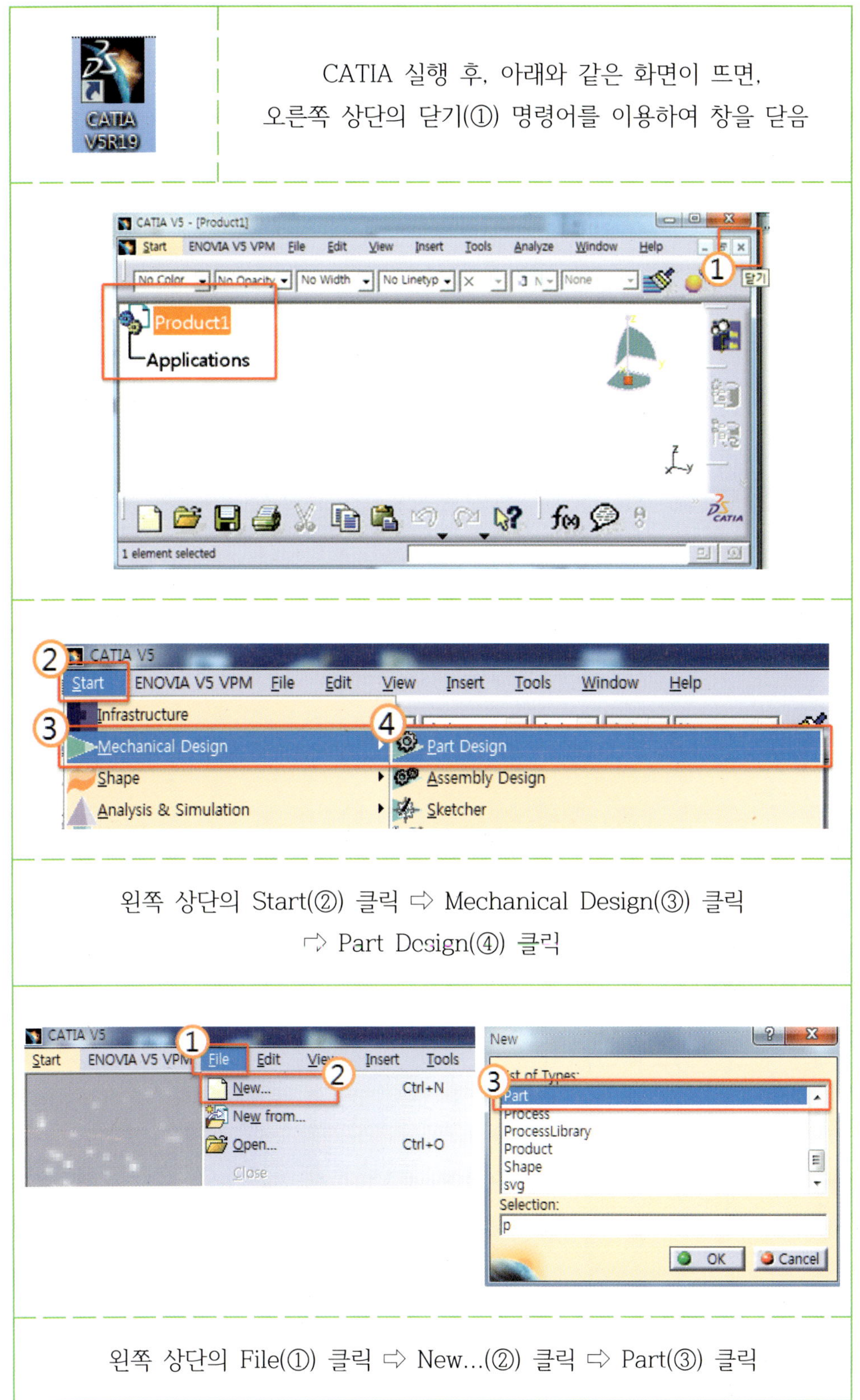

CATIA 실행 후, 아래와 같은 화면이 뜨면,
오른쪽 상단의 닫기(①) 명령어를 이용하여 창을 닫음

왼쪽 상단의 Start(②) 클릭 ⇨ Mechanical Design(③) 클릭
⇨ Part Design(④) 클릭

왼쪽 상단의 File(①) 클릭 ⇨ New...(②) 클릭 ⇨ Part(③) 클릭

2. 초기 설정 : Constraint의 SmartPick 일부 옵션 해제

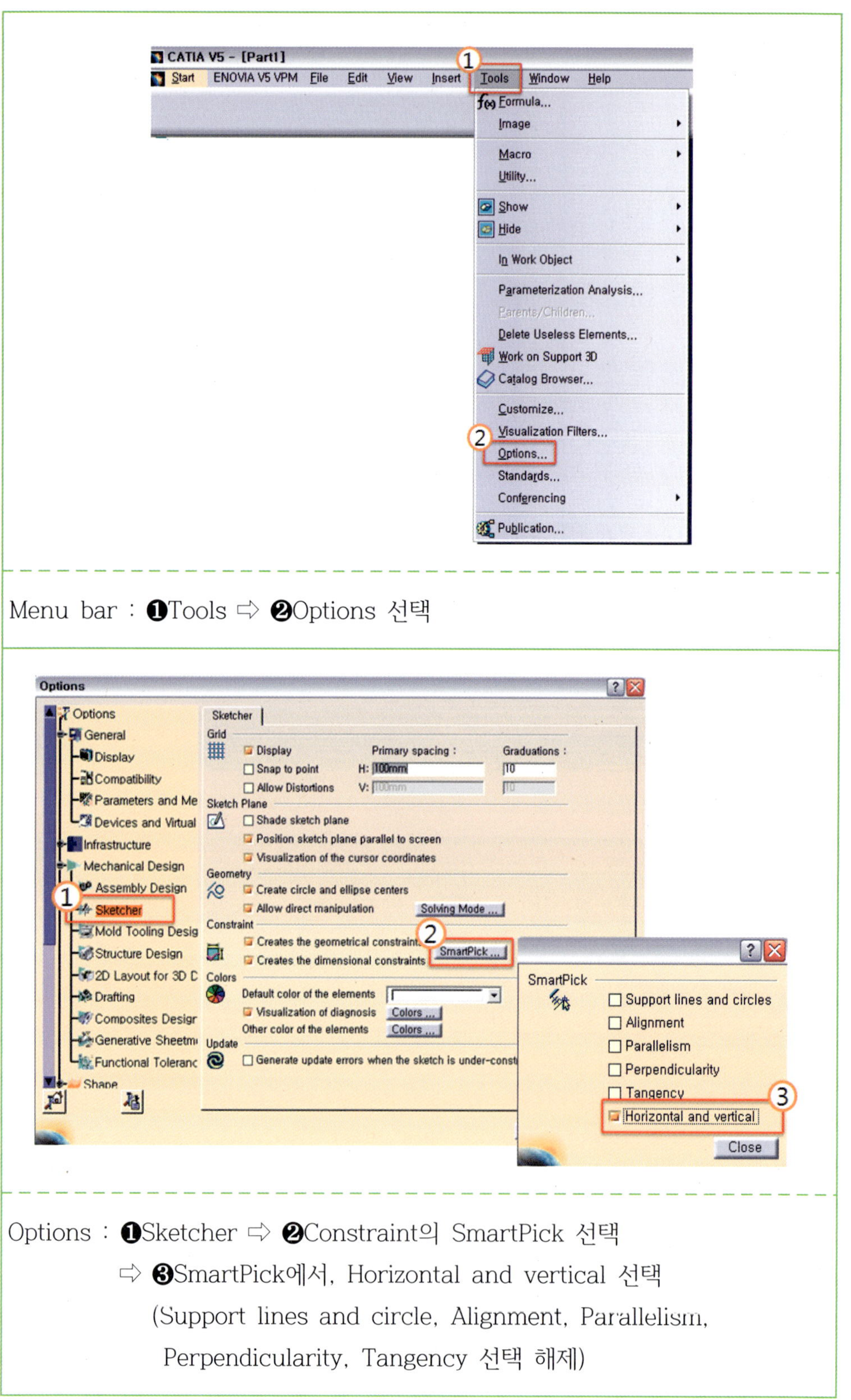

Menu bar : ❶Tools ⇨ ❷Options 선택

Options : ❶Sketcher ⇨ ❷Constraint의 SmartPick 선택

⇨ ❸SmartPick에서, Horizontal and vertical 선택

(Support lines and circle, Alignment, Parallelism, Perpendicularity, Tangency 선택 해제)

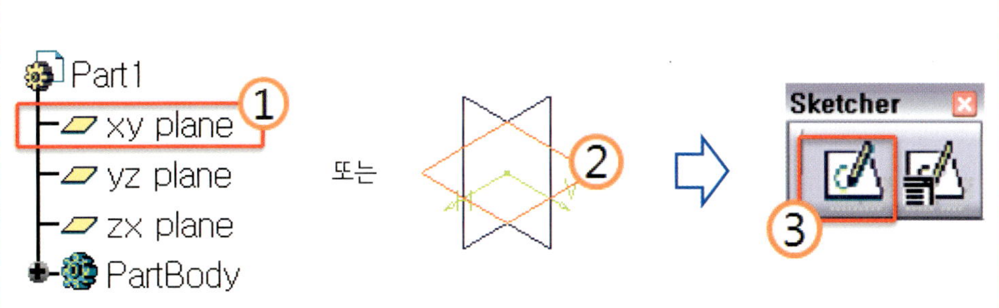

Sketch 평면으로 이동하기 위하여, 평면(① 또는 ②)을 마우스로 클릭
Sketcher bar에서 Sketch 명령어(③)를 클릭

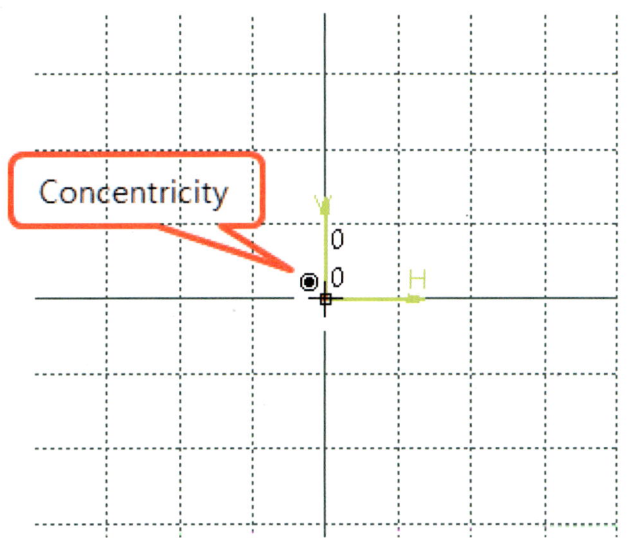

Profile bar ⇨ Circle 명령어 더블 클릭

마우스를 H축과 V축이 교차하는 원점으로 이동시켜 ◉기호(Concentricity)가 나타나면 클릭

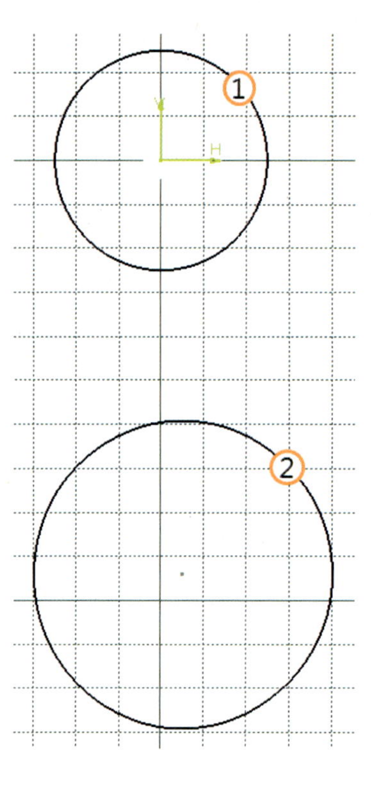

아래 원의 치수와 비슷하게
원(①)과 원(②)을 생성

[원의 치수]

원① → ∅ 50

원① → ∅ 70

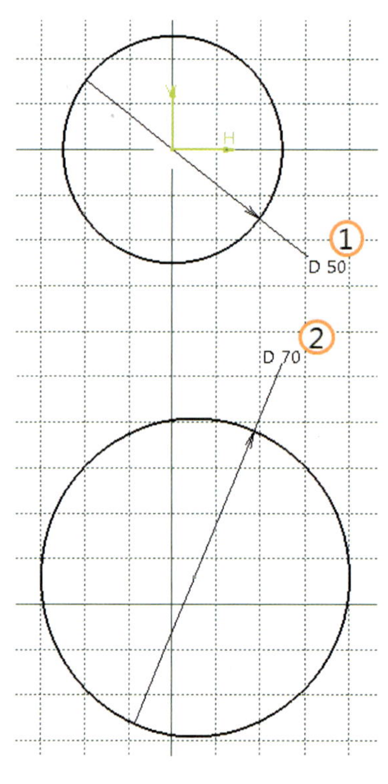

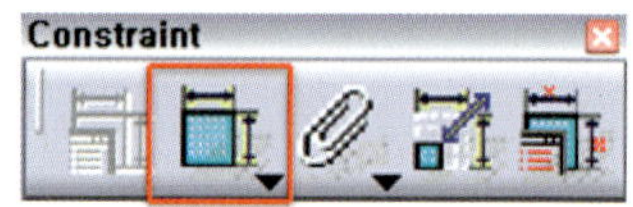

Constraint bar
⇨ Constraint 명령어를
마우스로 더블 클릭

양쪽 원에
Constraint(①, ②) 부여

각 Constraint를
더블 클릭하여
아래와 같이
치수 변경

원(①)치수 → 50
원(②)치수 → 70

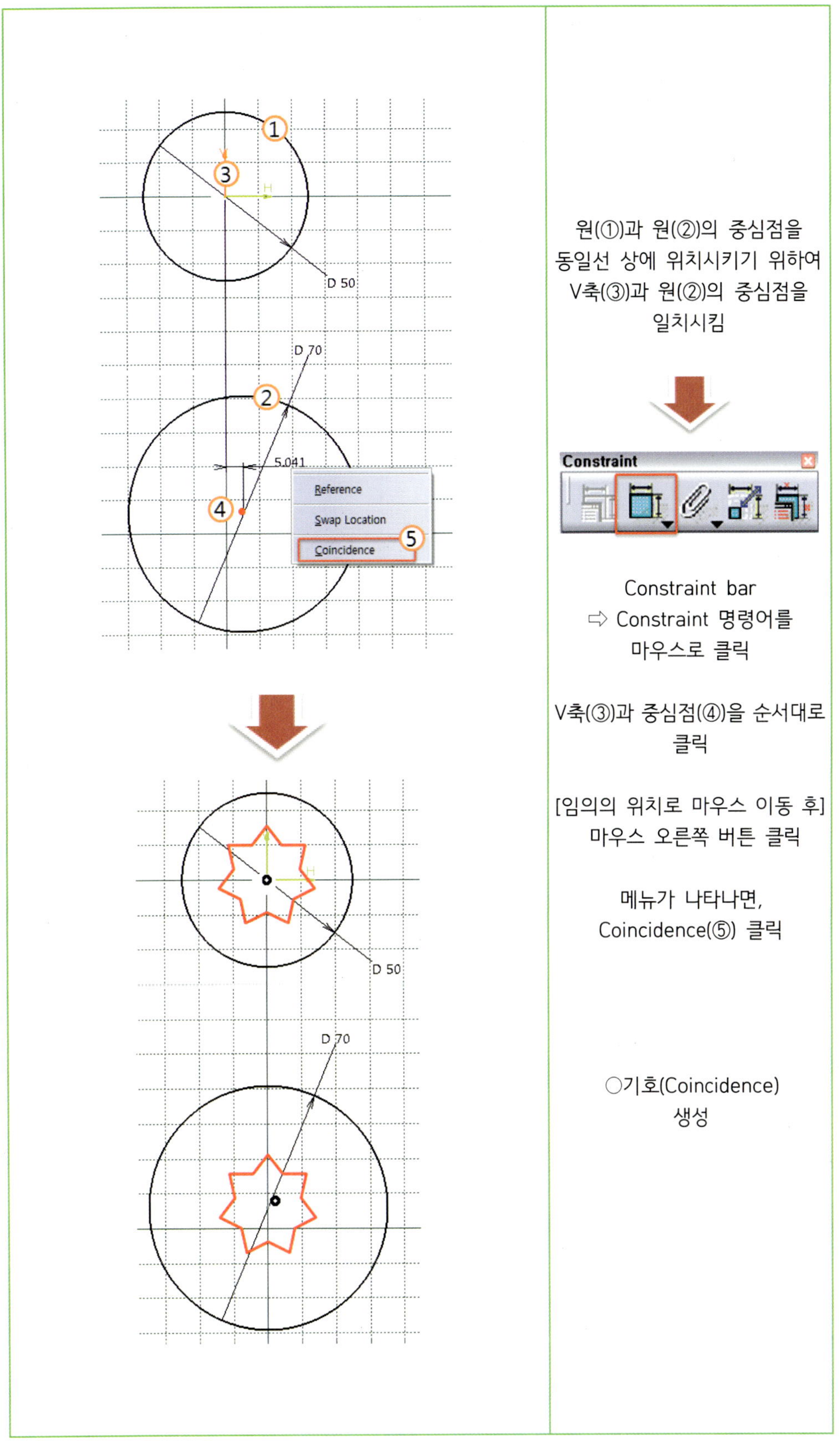

원(①)과 원(②)의 중심점을 동일선 상에 위치시키기 위하여 V축(③)과 원(②)의 중심점을 일치시킴

Constraint bar
⇨ Constraint 명령어를 마우스로 클릭

V축(③)과 중심점(④)을 순서대로 클릭

[임의의 위치로 마우스 이동 후] 마우스 오른쪽 버튼 클릭

메뉴가 나타나면, Coincidence(⑤) 클릭

○기호(Coincidence) 생성

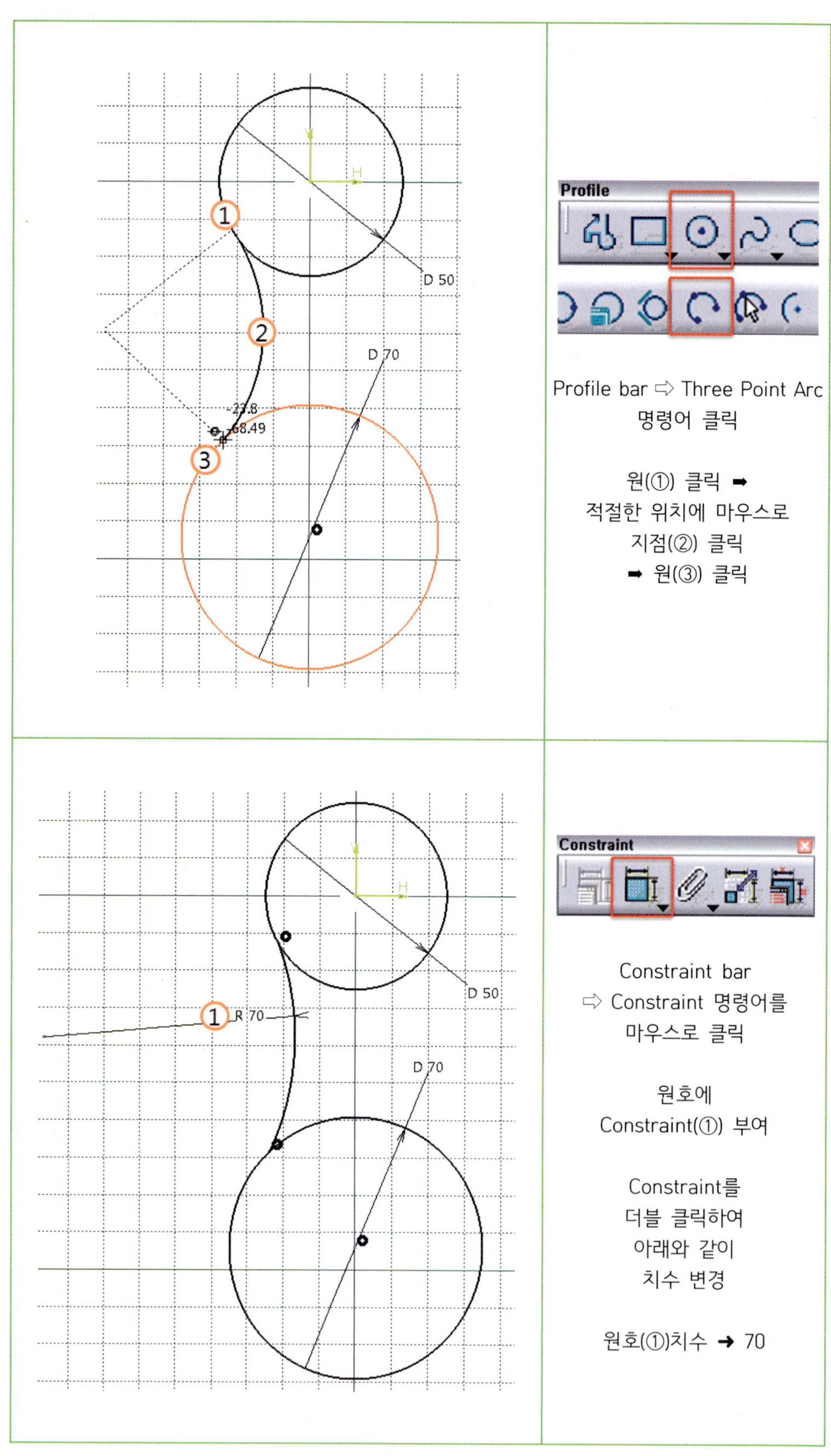
D 50
D 70
-23.8
-68.49
Profile
Profile bar ⇨ Three Point Arc
명령어 클릭
원(①) 클릭 ➡
적절한 위치에 마우스로
지점(②) 클릭
➡ 원(③) 클릭
R 70
D 50
D 70
Constraint
Constraint bar
⇨ Constraint 명령어를
마우스로 클릭
원호에
Constraint(①) 부여
Constraint를
더블 클릭하여
아래와 같이
치수 변경
원호(①)치수 ➜ 70

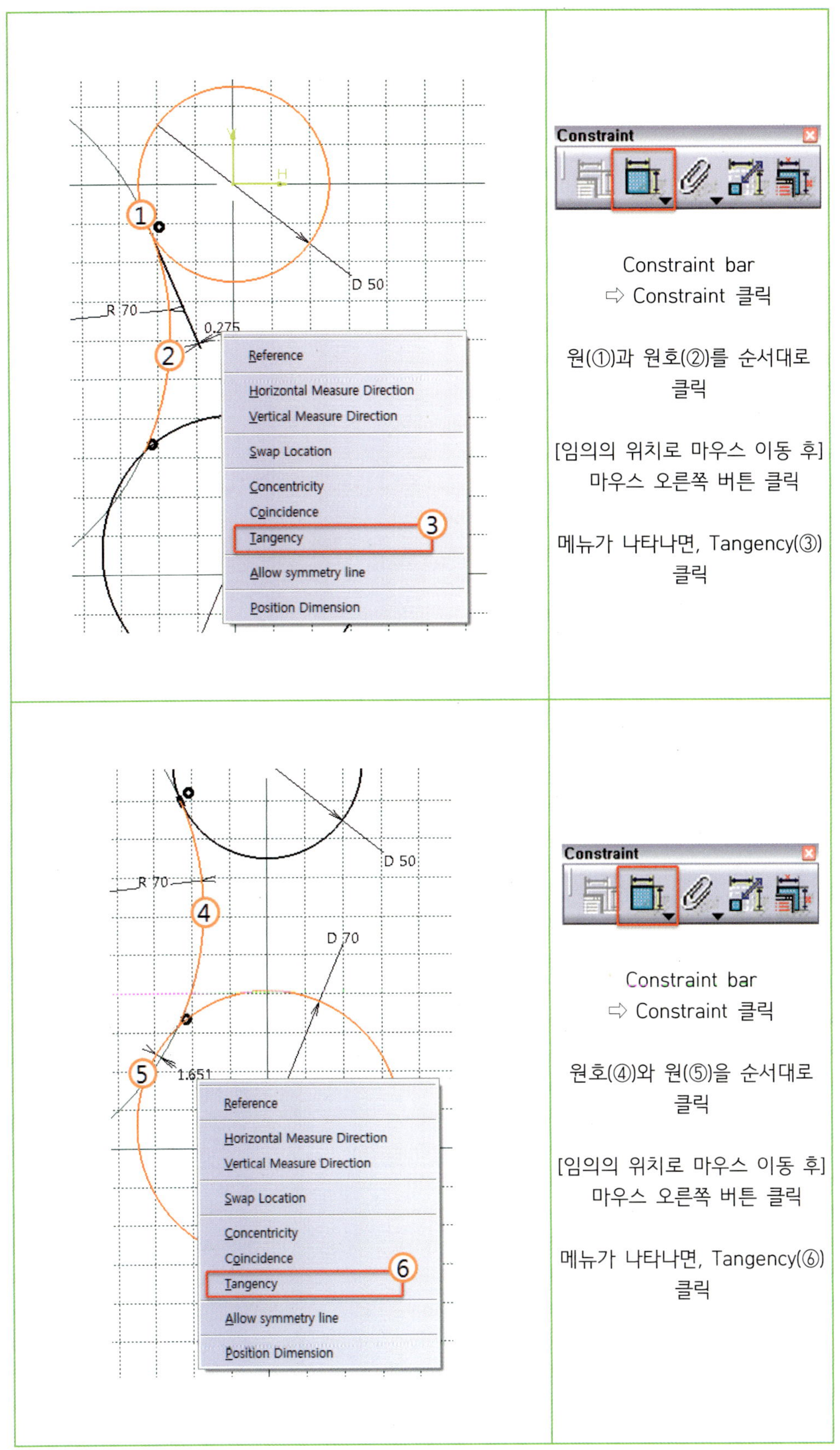

Constraint bar
⇨ Constraint 클릭

원(①)과 원호(②)를 순서대로 클릭

[임의의 위치로 마우스 이동 후] 마우스 오른쪽 버튼 클릭

메뉴가 나타나면, Tangency(③) 클릭

Constraint bar
⇨ Constraint 클릭

원호(④)와 원(⑤)을 순서대로 클릭

[임의의 위치로 마우스 이동 후] 마우스 오른쪽 버튼 클릭

메뉴가 나타나면, Tangency(⑥) 클릭

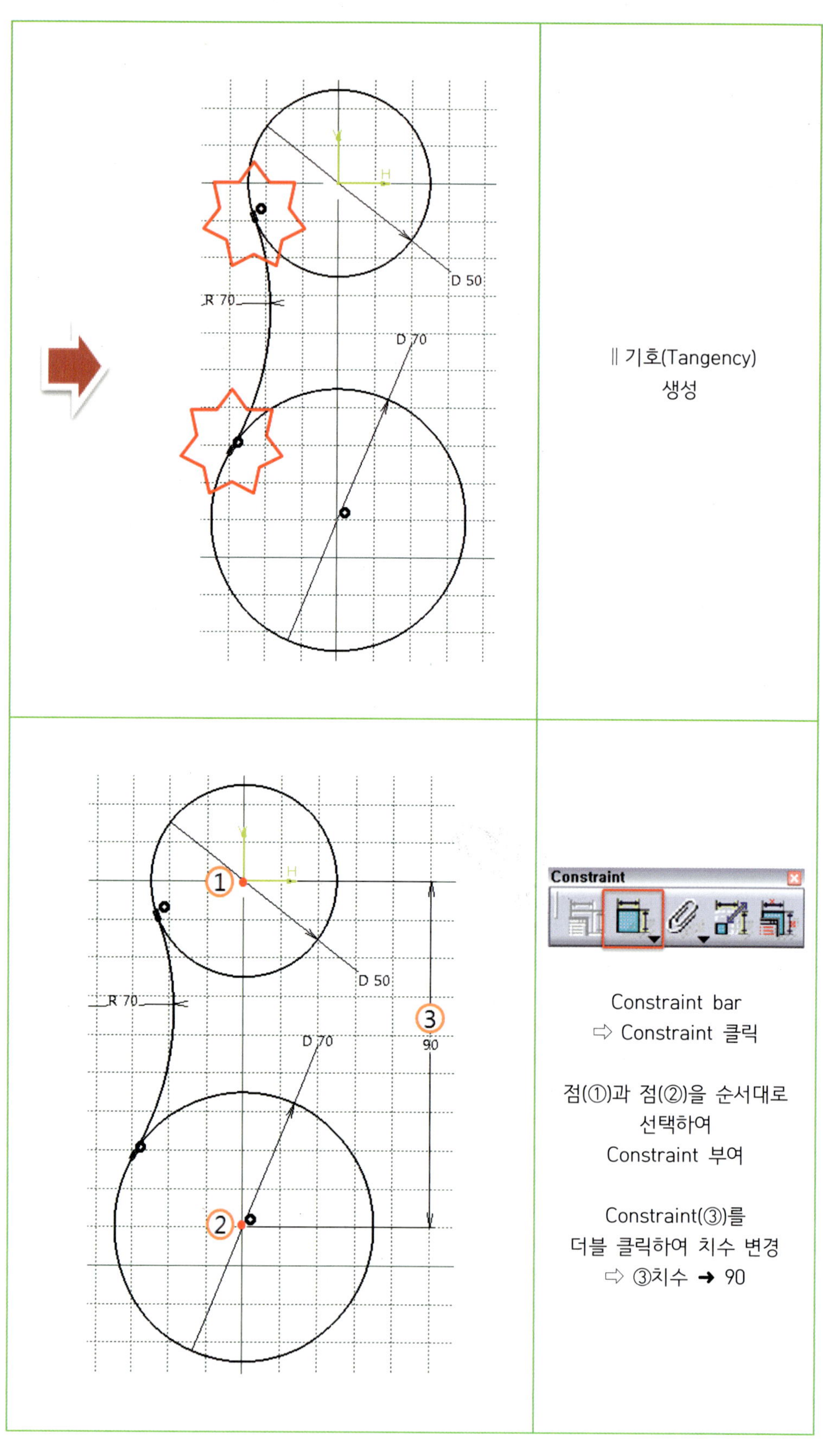
D 50
R 70
D 70
‖ 기호(Tangency)
생성
Constraint
1
2
3
90
Constraint bar
⇨ Constraint 클릭
점(①)과 점(②)을 순서대로
선택하여
Constraint 부여
Constraint(③)를
더블 클릭하여 치수 변경
⇨ ③치수 → 90

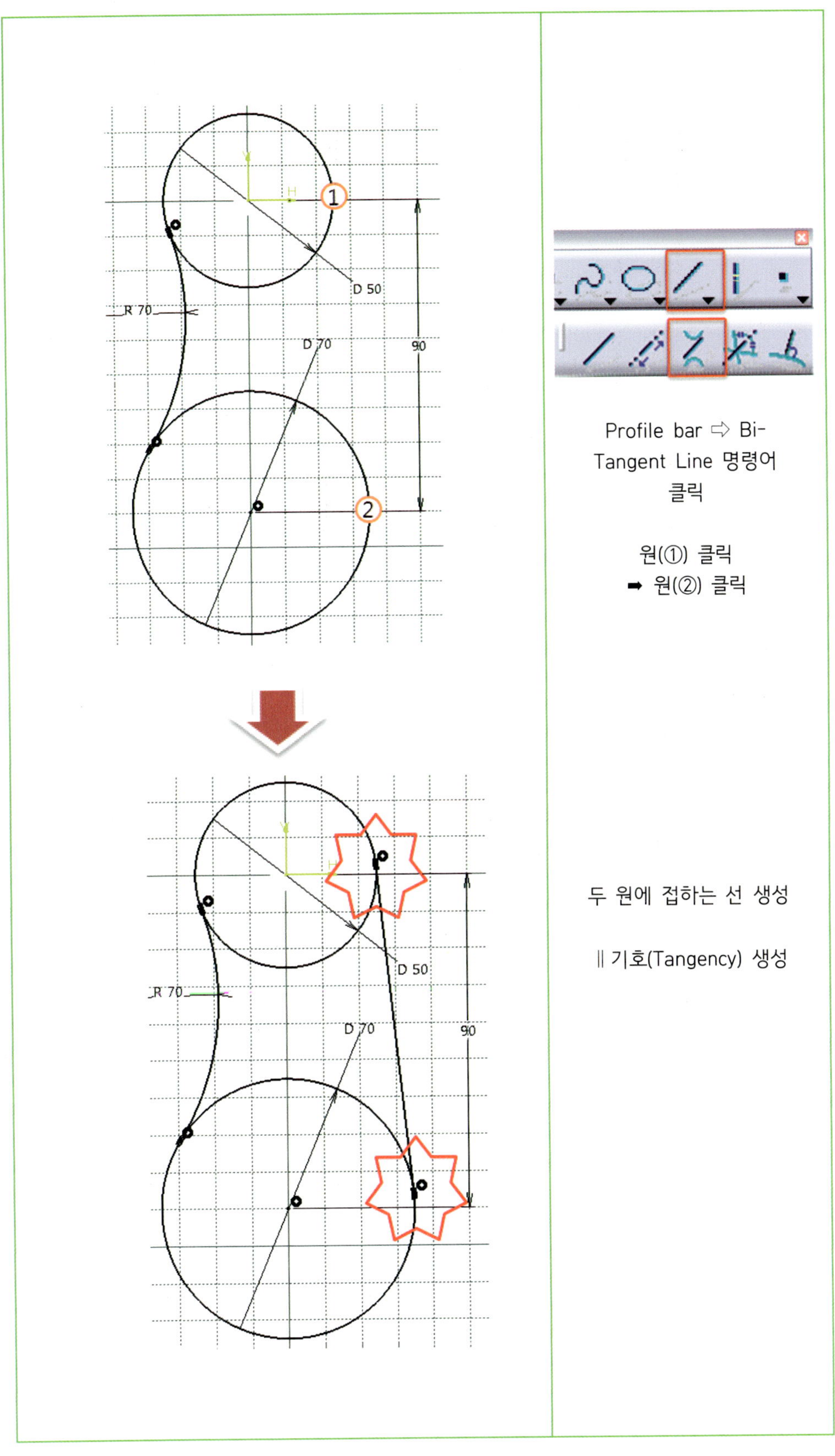

Profile bar ⇨ Bi-Tangent Line 명령어 클릭

원(①) 클릭
➡ 원(②) 클릭

두 원에 접하는 선 생성

|| 기호(Tangency) 생성

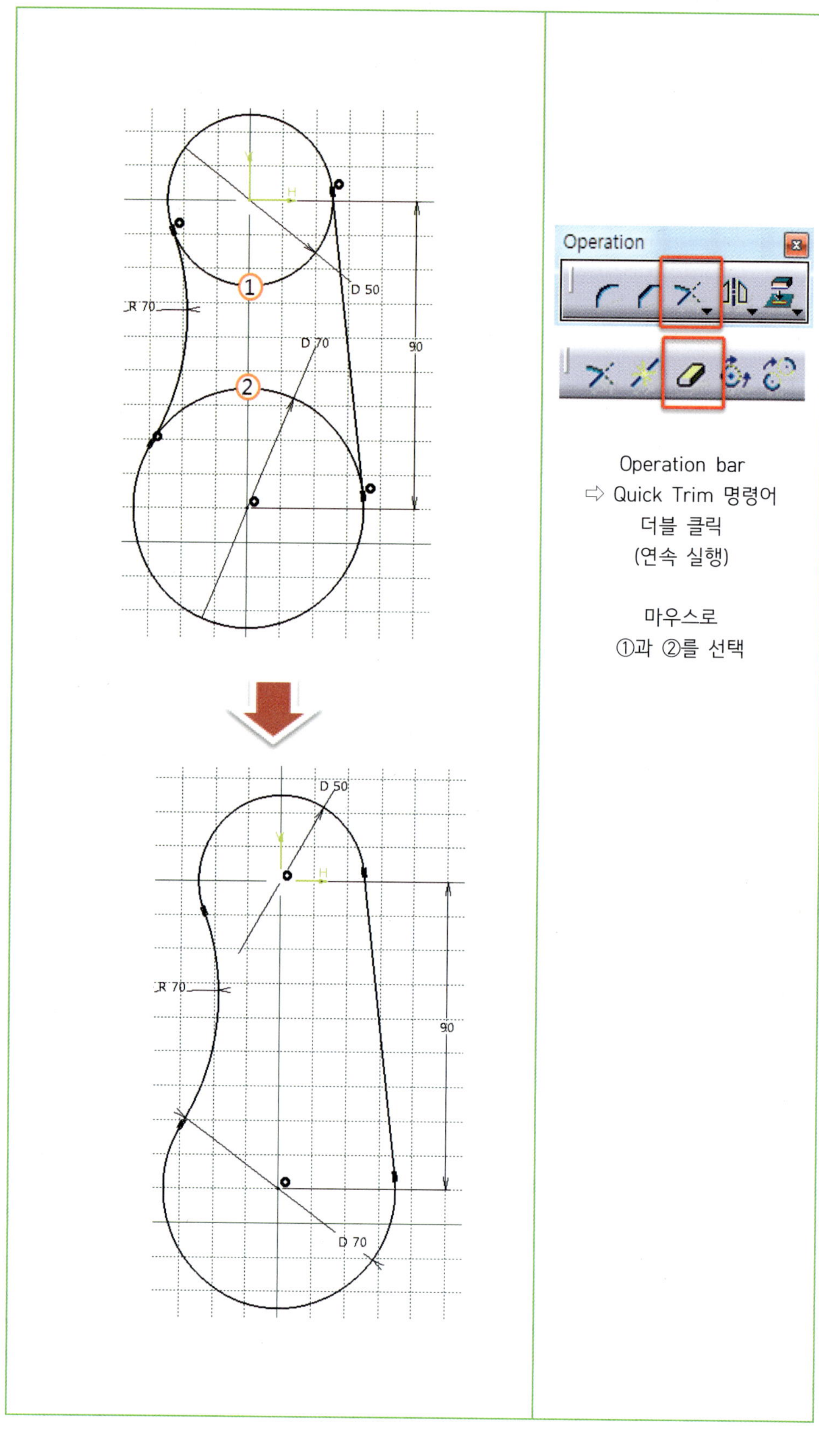

Operation bar
⇨ Quick Trim 명령어
더블 클릭
(연속 실행)

마우스로
①과 ②를 선택

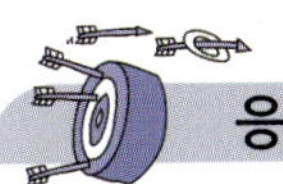

응용 : Constraint Tangency 적용(경계조건 접점 적용)

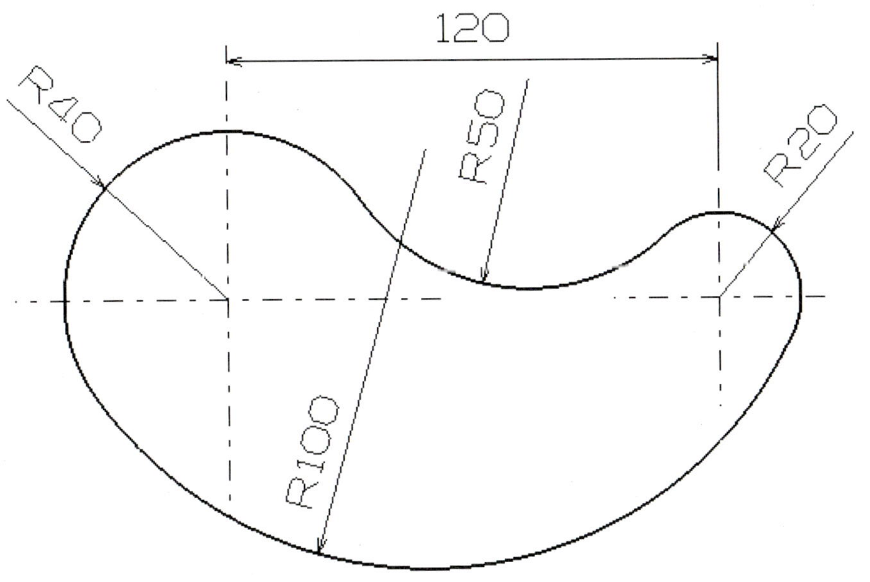

120
R40
R50
R20
R100

[도면]

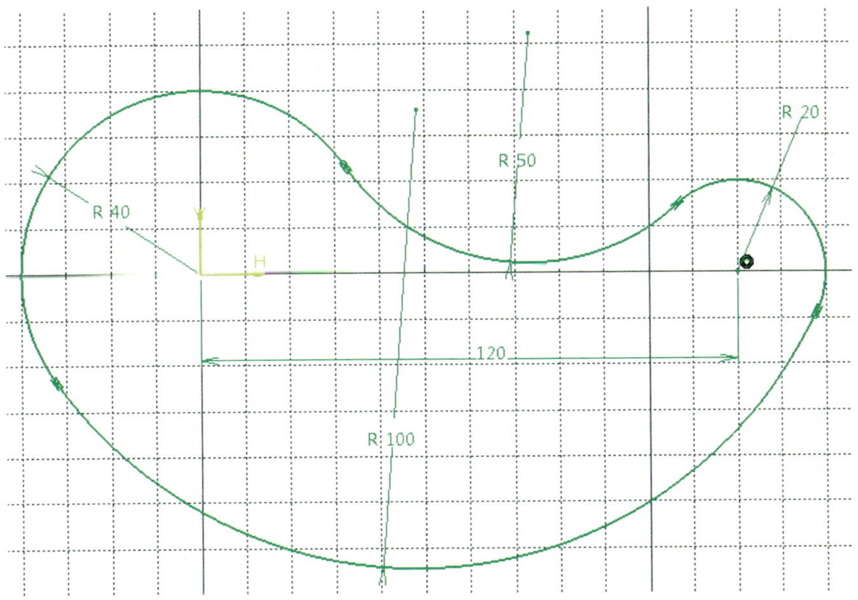

R 20
R 50
R 40
H
120
R 100

[Constraint]

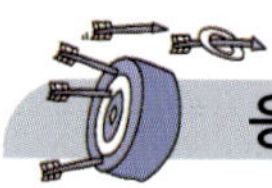

응용 : Constraint Tangency 적용(경계조건 접점 적용)

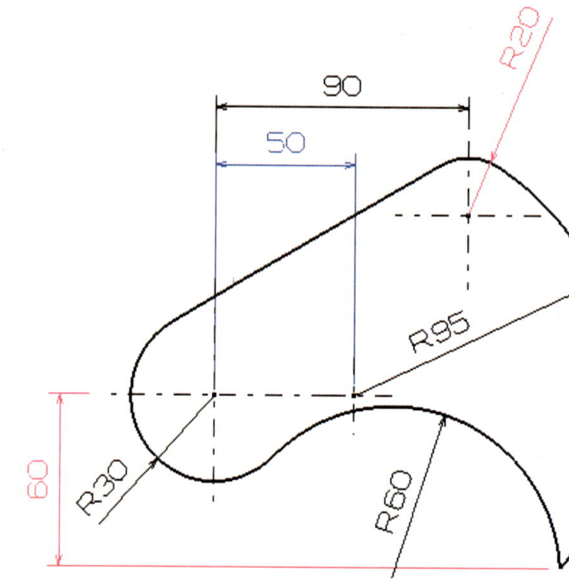

[도면]

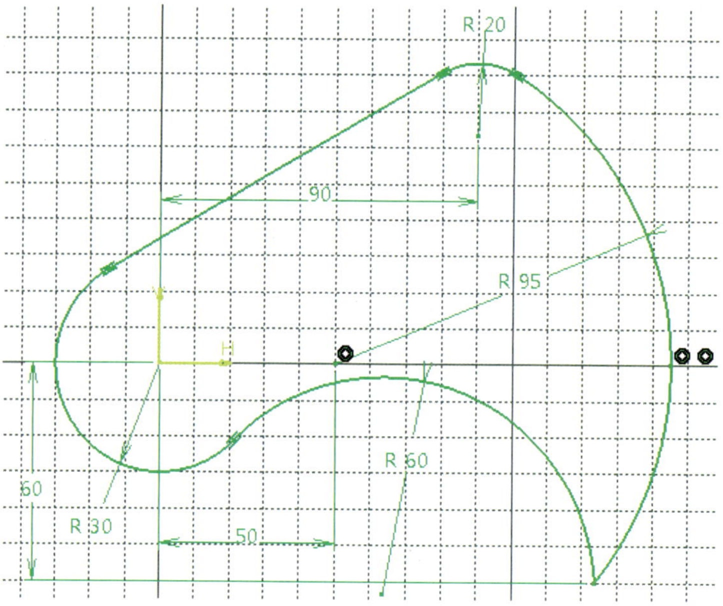

[Constraint]

따라하기 6 : 구성요소(Construction Element) 활용

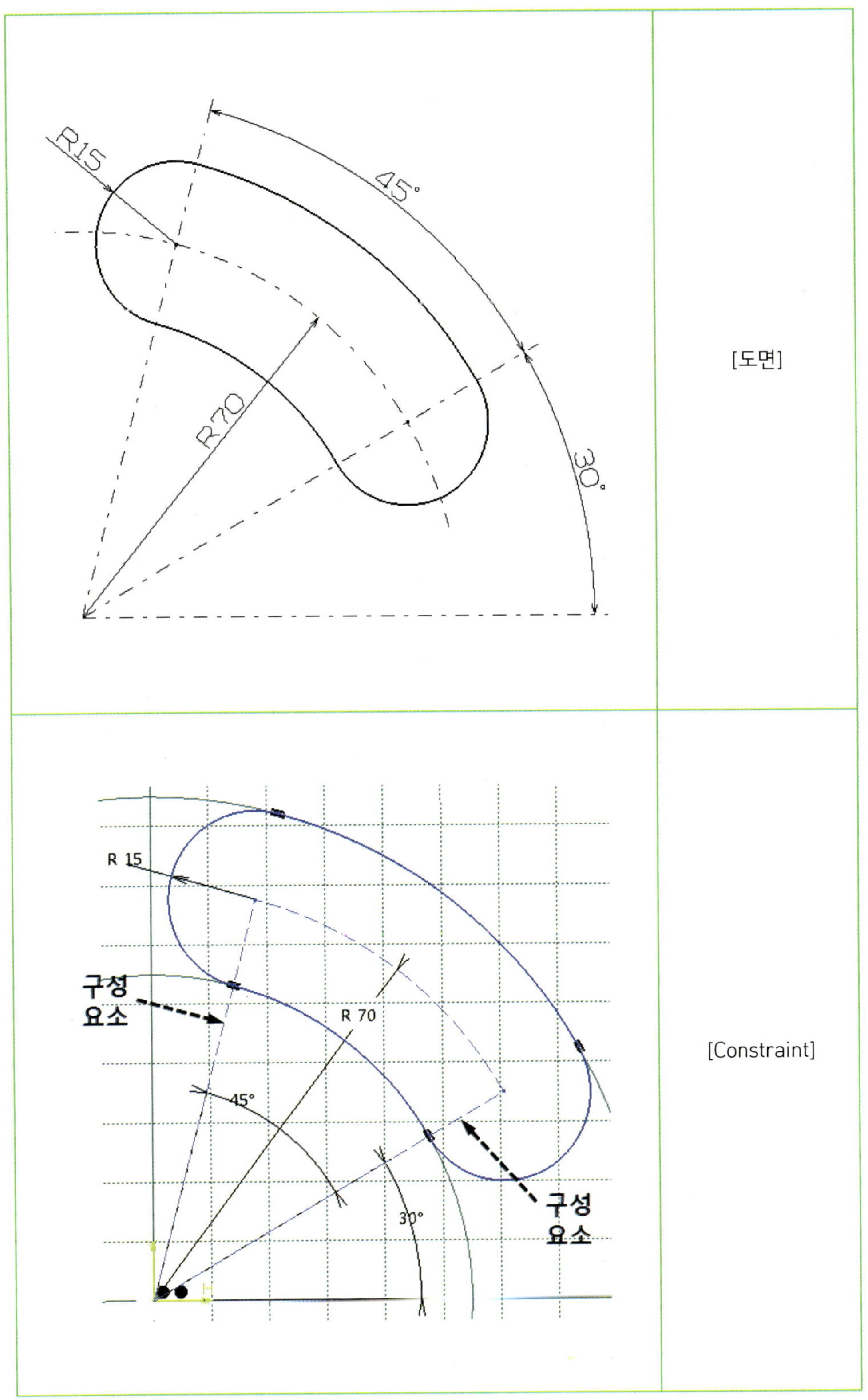

1. Part Design 들어가기

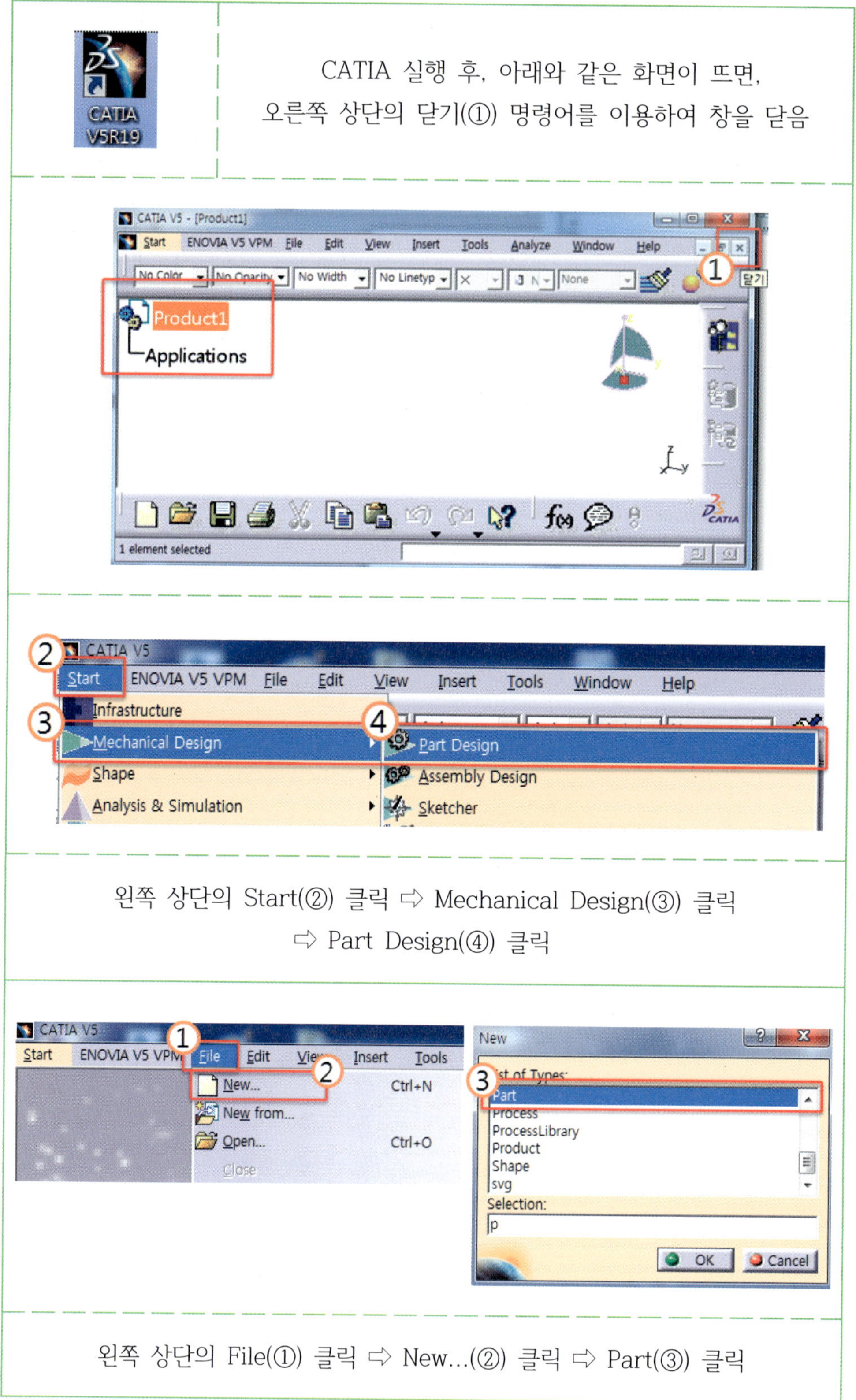

CATIA 실행 후, 아래와 같은 화면이 뜨면,
오른쪽 상단의 닫기(①) 명령어를 이용하여 창을 닫음

왼쪽 상단의 Start(②) 클릭 ⇨ Mechanical Design(③) 클릭
⇨ Part Design(④) 클릭

왼쪽 상단의 File(①) 클릭 ⇨ New...(②) 클릭 ⇨ Part(③) 클릭

2. 초기 설정 : Constraint의 SmartPick 일부 옵션 해제

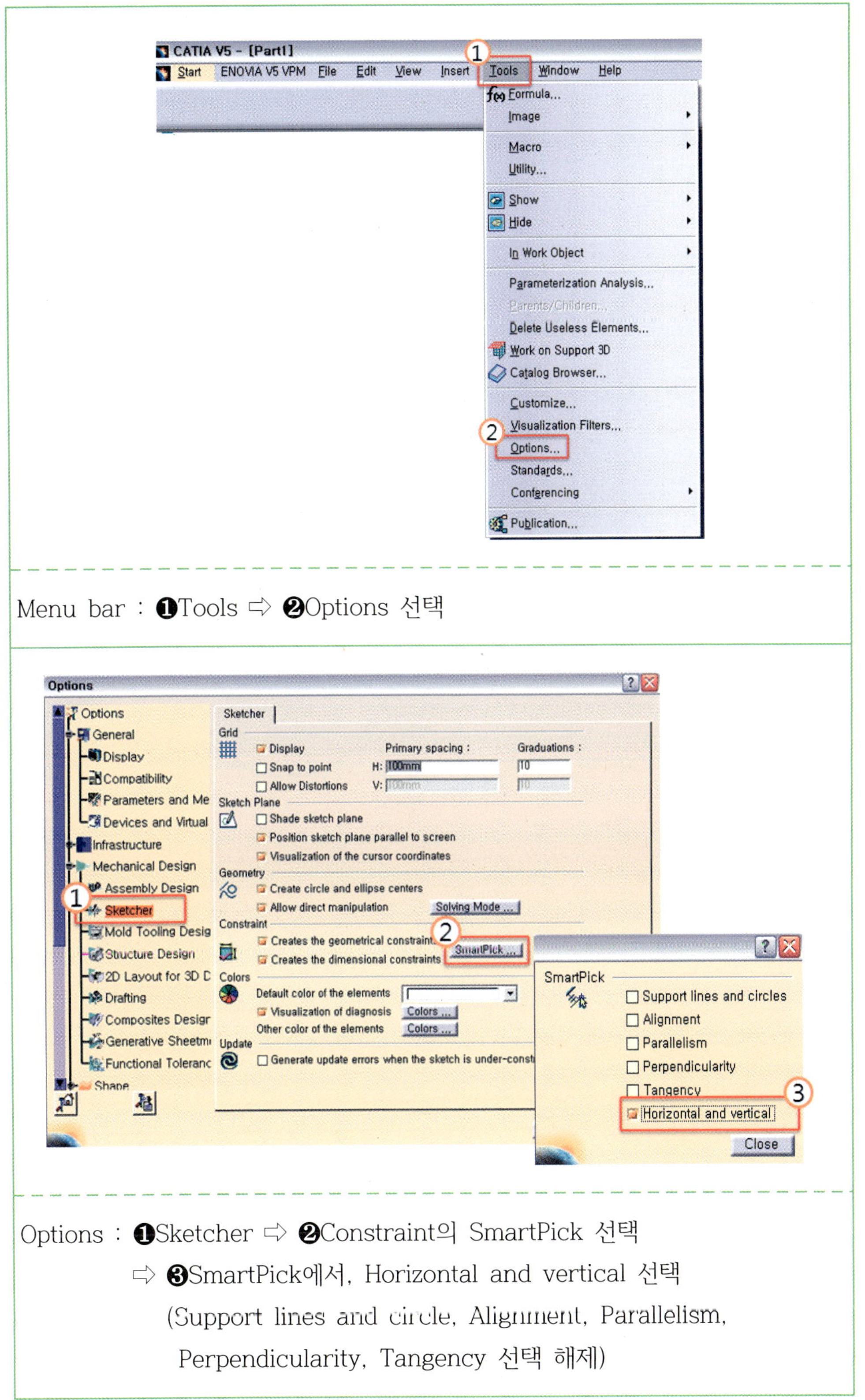

Menu bar : ❶Tools ⇨ ❷Options 선택

Options : ❶Sketcher ⇨ ❷Constraint의 SmartPick 선택

⇨ ❸SmartPick에서, Horizontal and vertical 선택

(Support lines and circle, Alignment, Parallelism, Perpendicularity, Tangency 선택 해제)

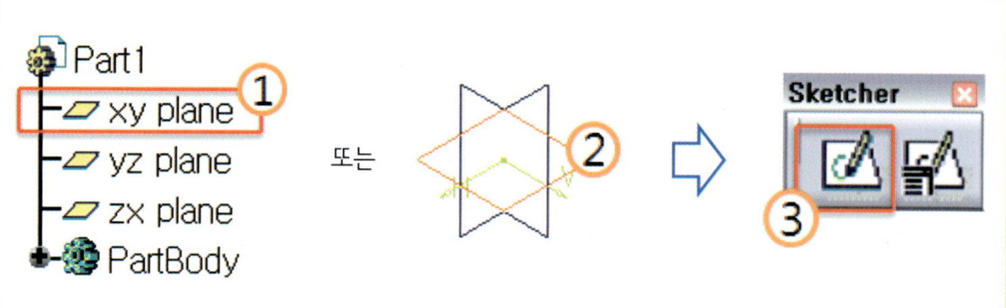

Sketch 평면으로 이동하기 위하여, 평면(① 또는 ②)을 마우스로 클릭
Sketcher bar에서 Sketch 명령어(③)를 클릭

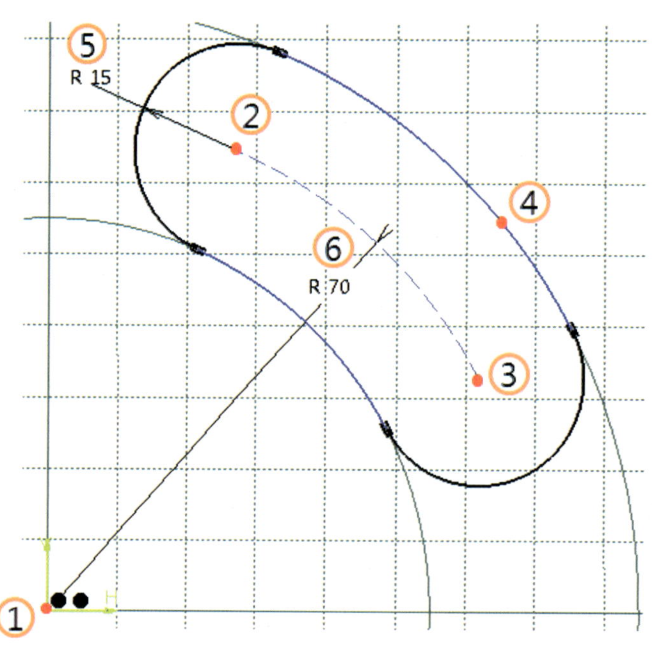

Profile bar ⇨ Cylindrical Elongated Hole 명령어 클릭

마우스를 H축과 V축이 교차하는 원점으로 이동시켜 ◉기호(Concentricity)가
나타나면 클릭(①) ⇨ 순서대로 마우스 클릭(② ➜ ③ ➜ ④)

Constraint 부여 : ⑤치수 ➜ R15, ⑥치수 ➜ R70

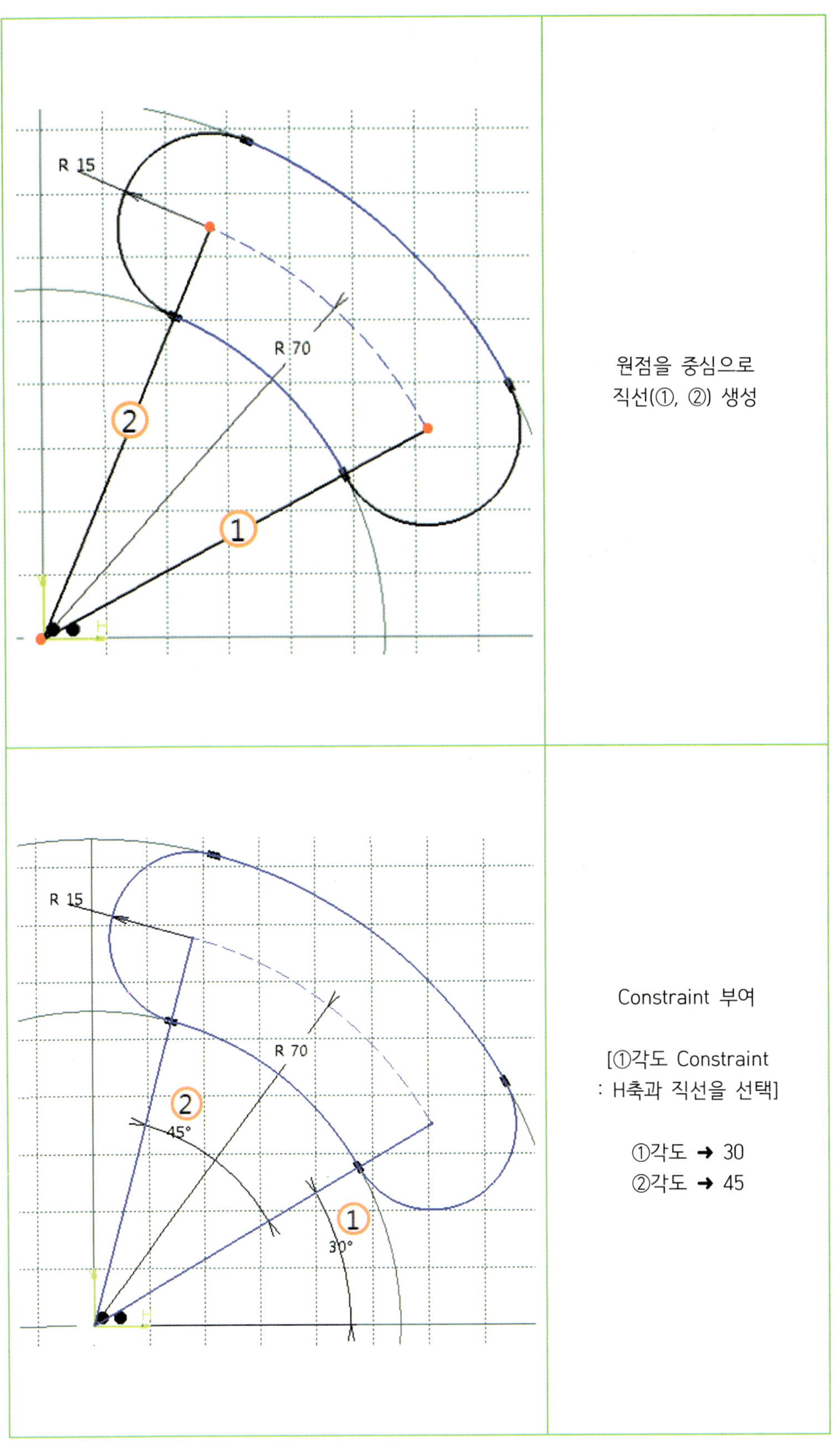
R 15
R 70
2
1
원점을 중심으로
직선(①, ②) 생성
R 15
R 70
2
45°
1
30°
Constraint 부여
[①각도 Constraint
: H축과 직선을 선택]
①각도 ➜ 30
②각도 ➜ 45

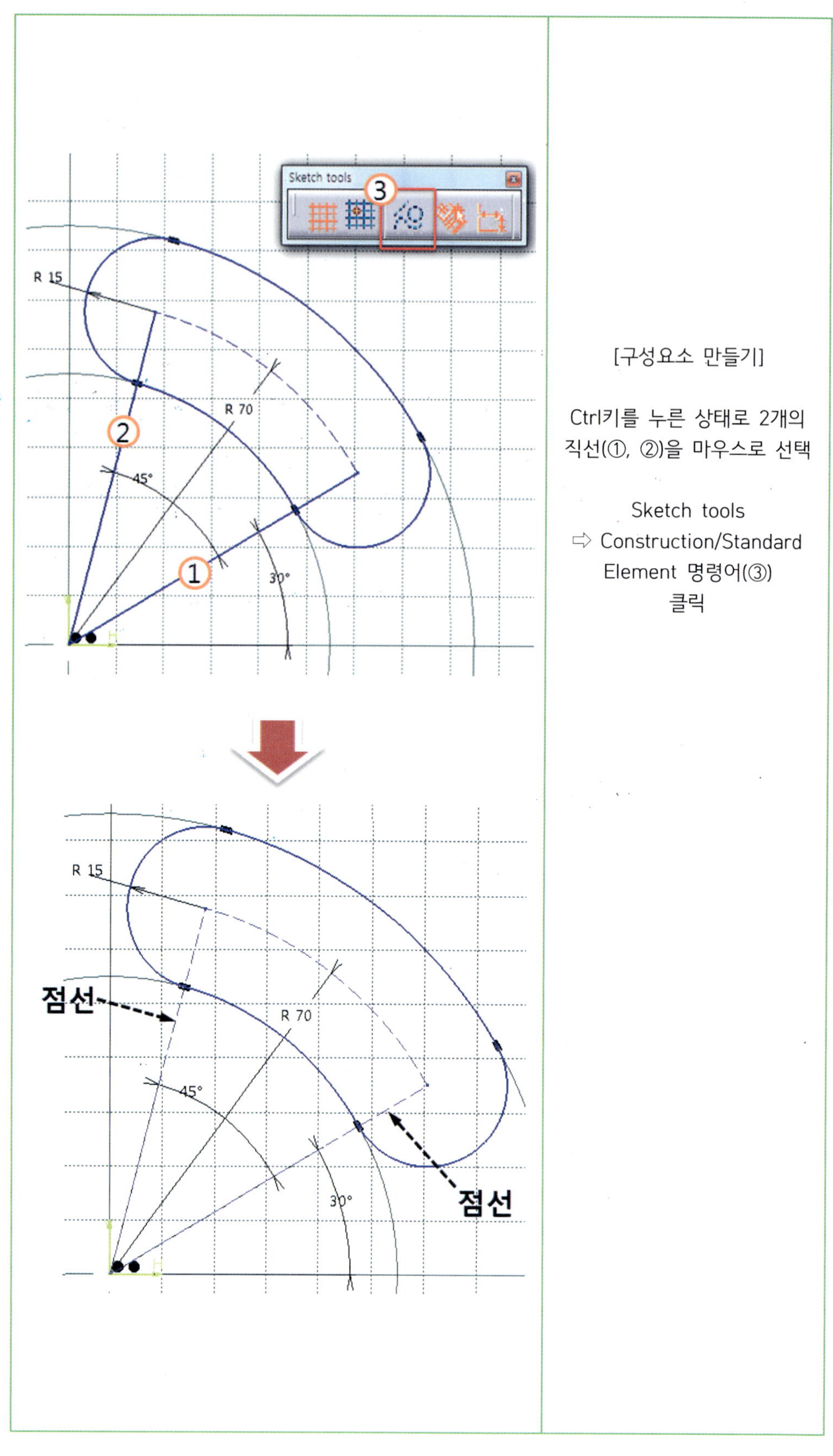

[구성요소 만들기]

Ctrl키를 누른 상태로 2개의 직선(①, ②)을 마우스로 선택

Sketch tools
⇨ Construction/Standard Element 명령어(③) 클릭

3. 구성요소(Construction/Standard Element) 명령어 적용 전후 비교

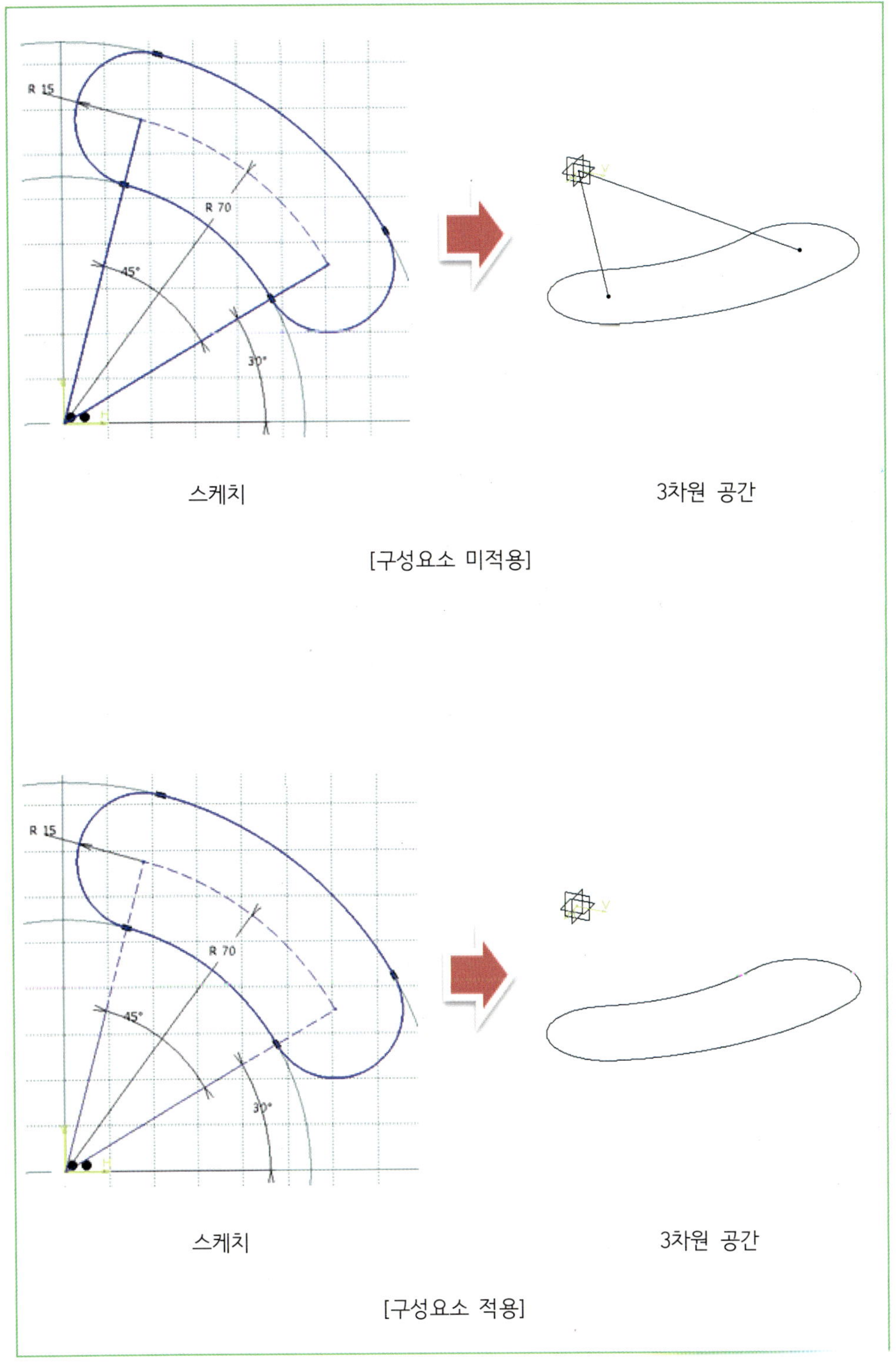

스케치 3차원 공간

[구성요소 미적용]

스케치 3차원 공간

[구성요소 적용]

응용 : 구성요소 활용

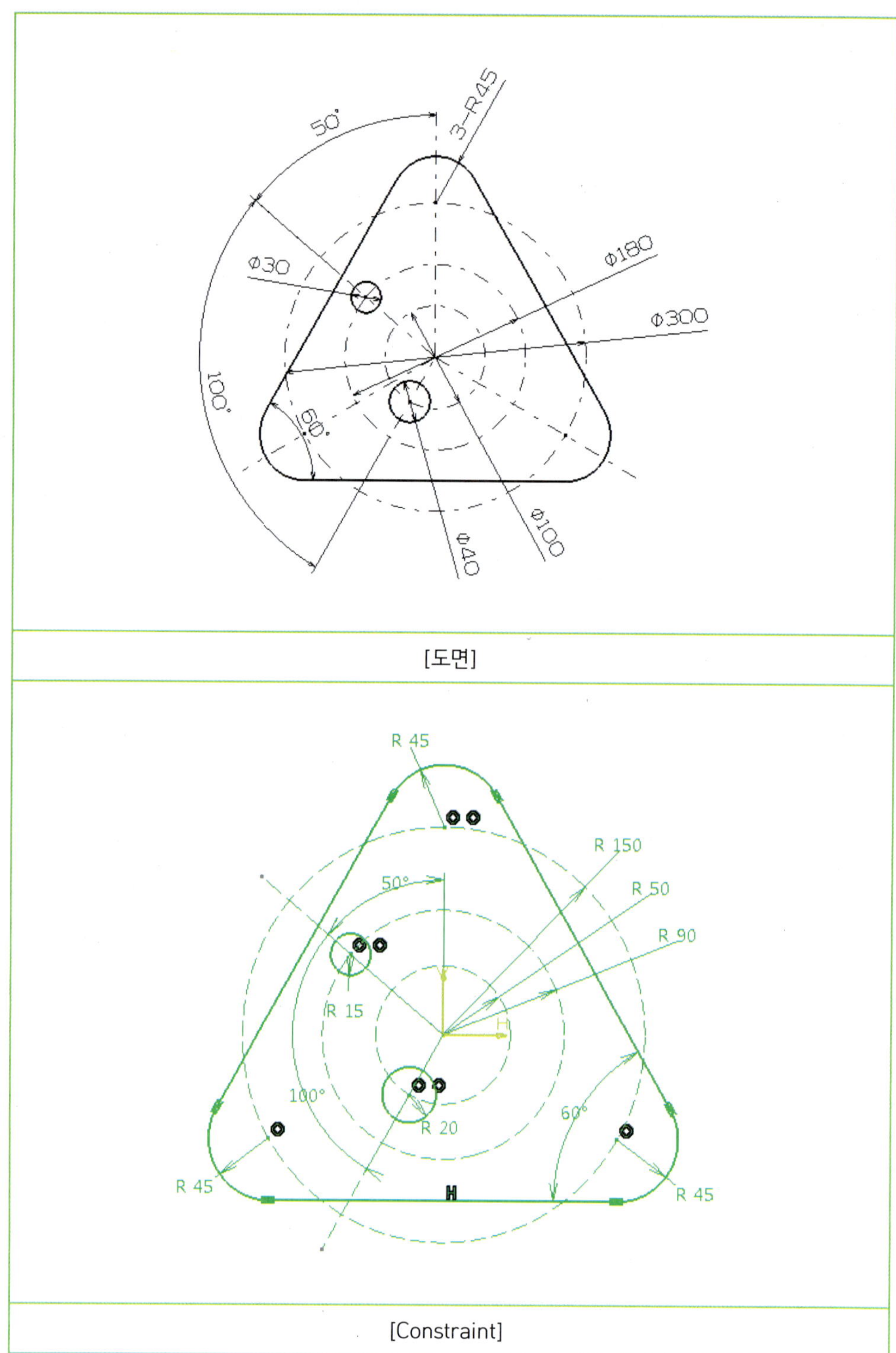

[도면]

[Constraint]

응용 : 구성요소 활용

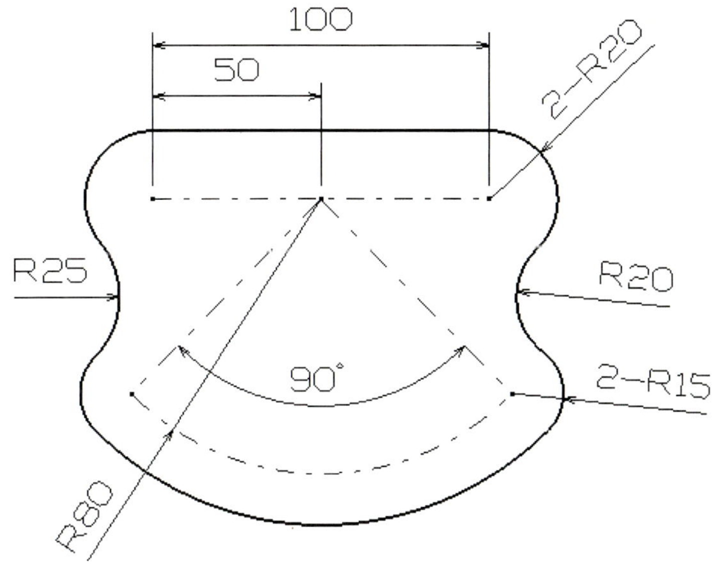

[도면]

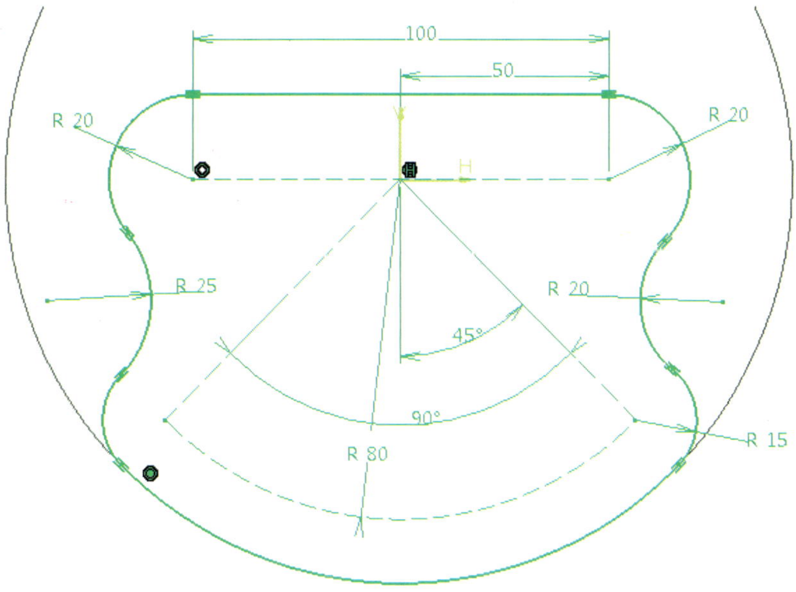

[Constraint]

Chapter 5

Part Design 명령어

명령어 : PAD ( )

폐곡선으로 작성된 Profile을 일정방향으로 돌출시킴

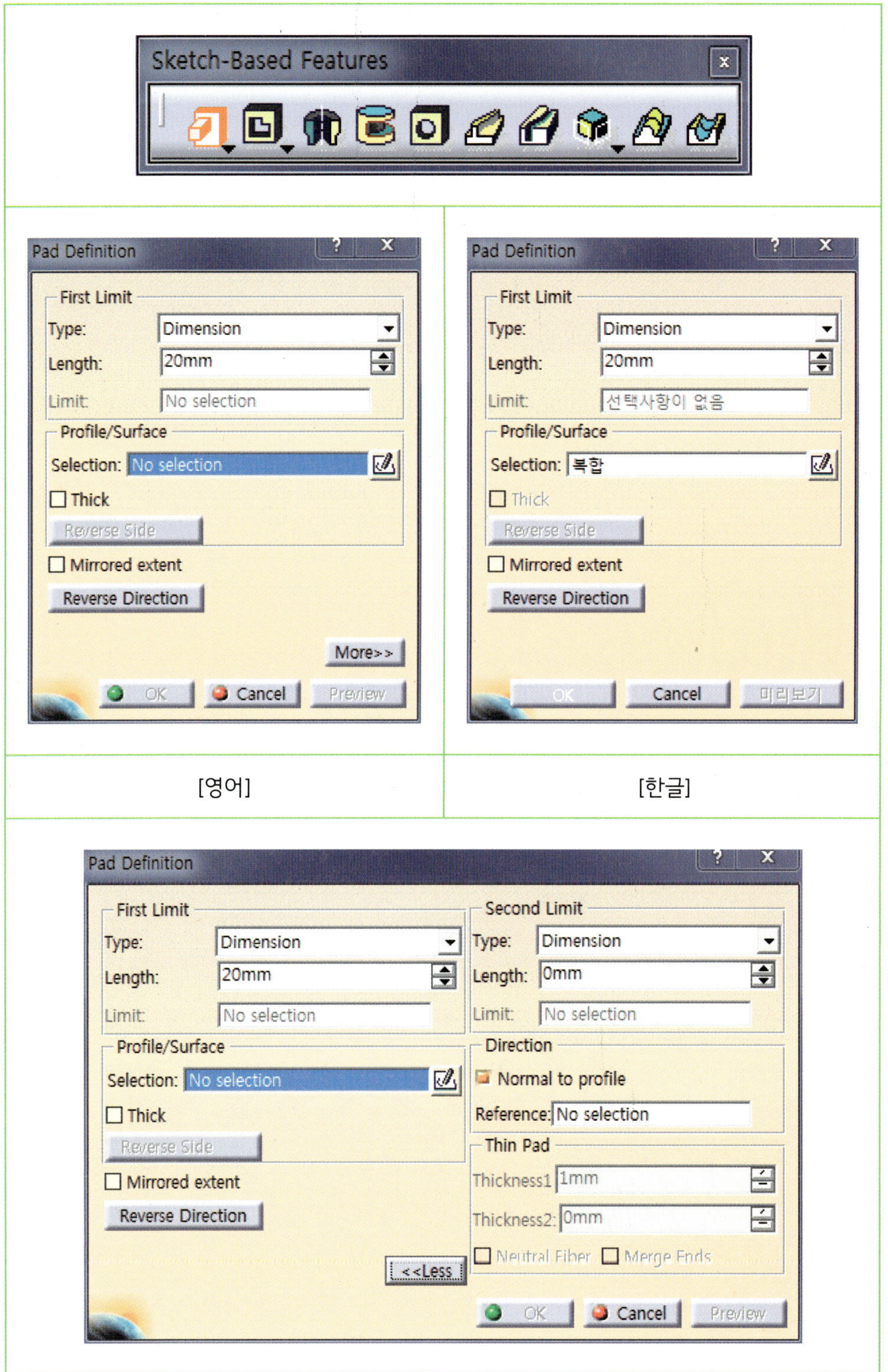

명령어 : POCKET ( )

Profile로 만들어지는 체적만큼 빼내는 작업을 수행함

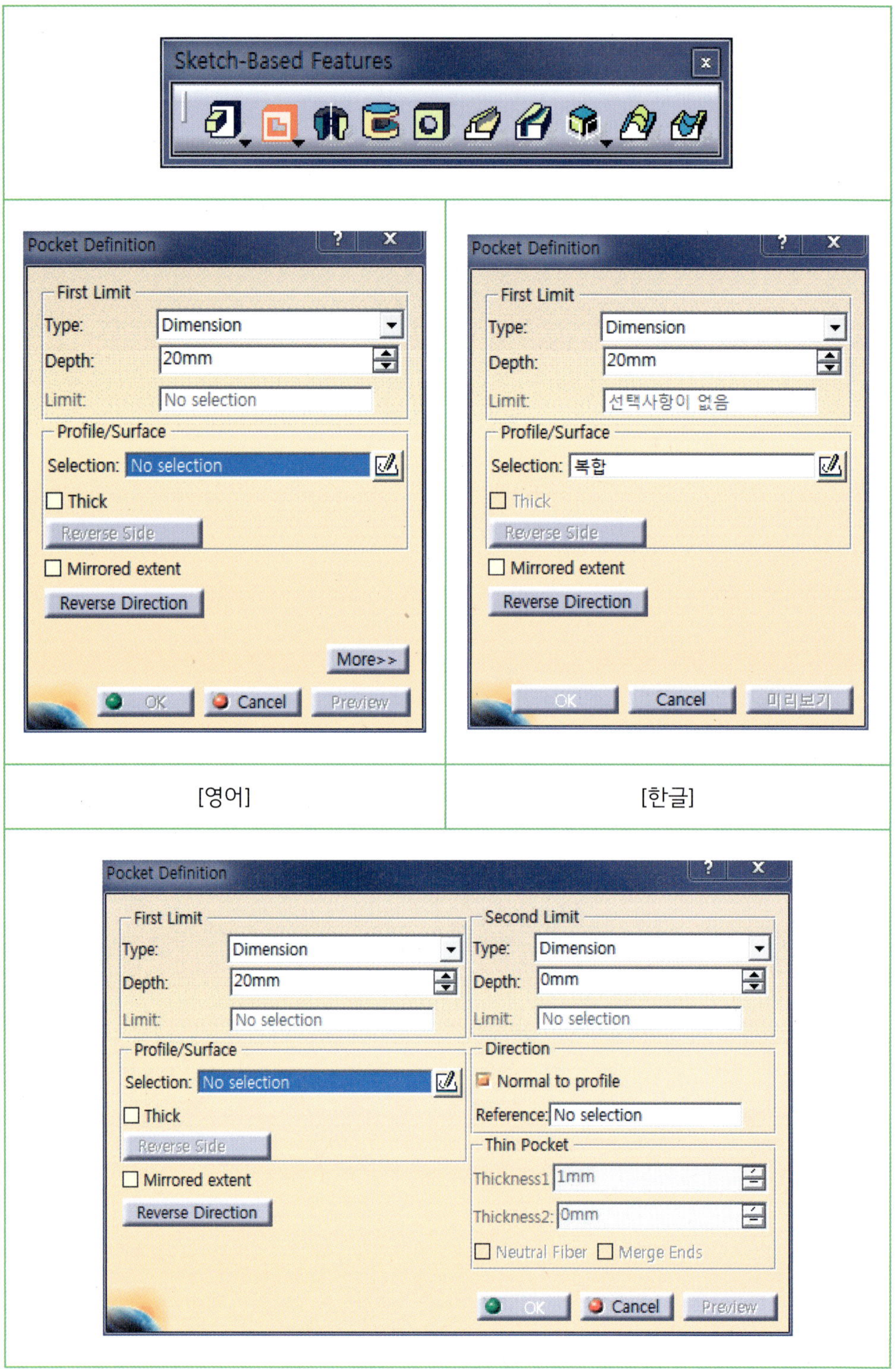

명령어 : EDGE FILLET ( )

3차원 모델에 모깍기 작업으로 곡면 모델로 수정

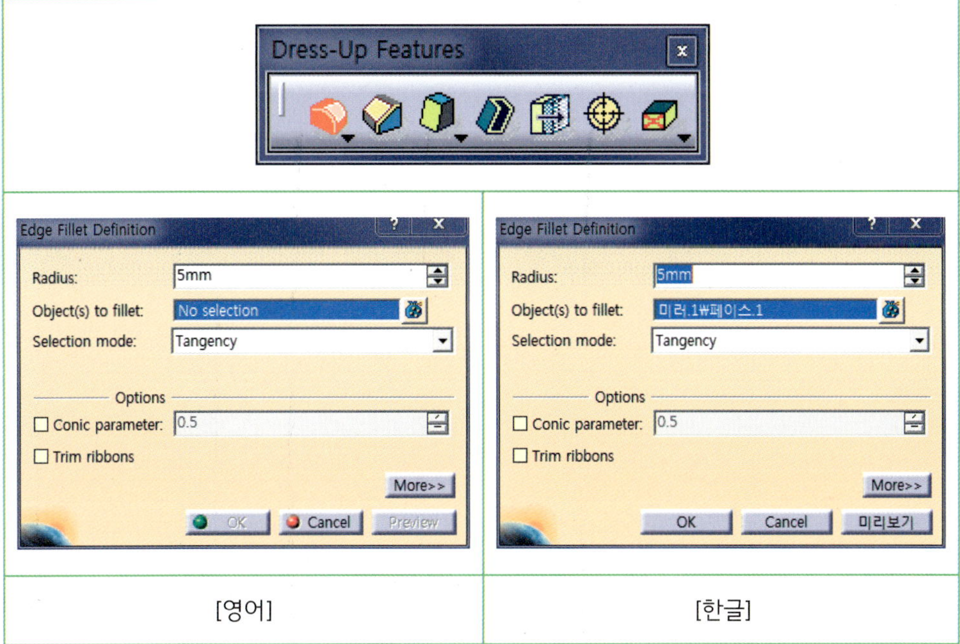

[영어] [한글]

명령어 : CHAMFER ( )

3차원 모델에 모따기 작업으로 모델을 수정

[영어] [한글]

명령어 : SHAFT

축을 중심으로 작성된 Profile을 회전시켜서 모델을 형성시킴

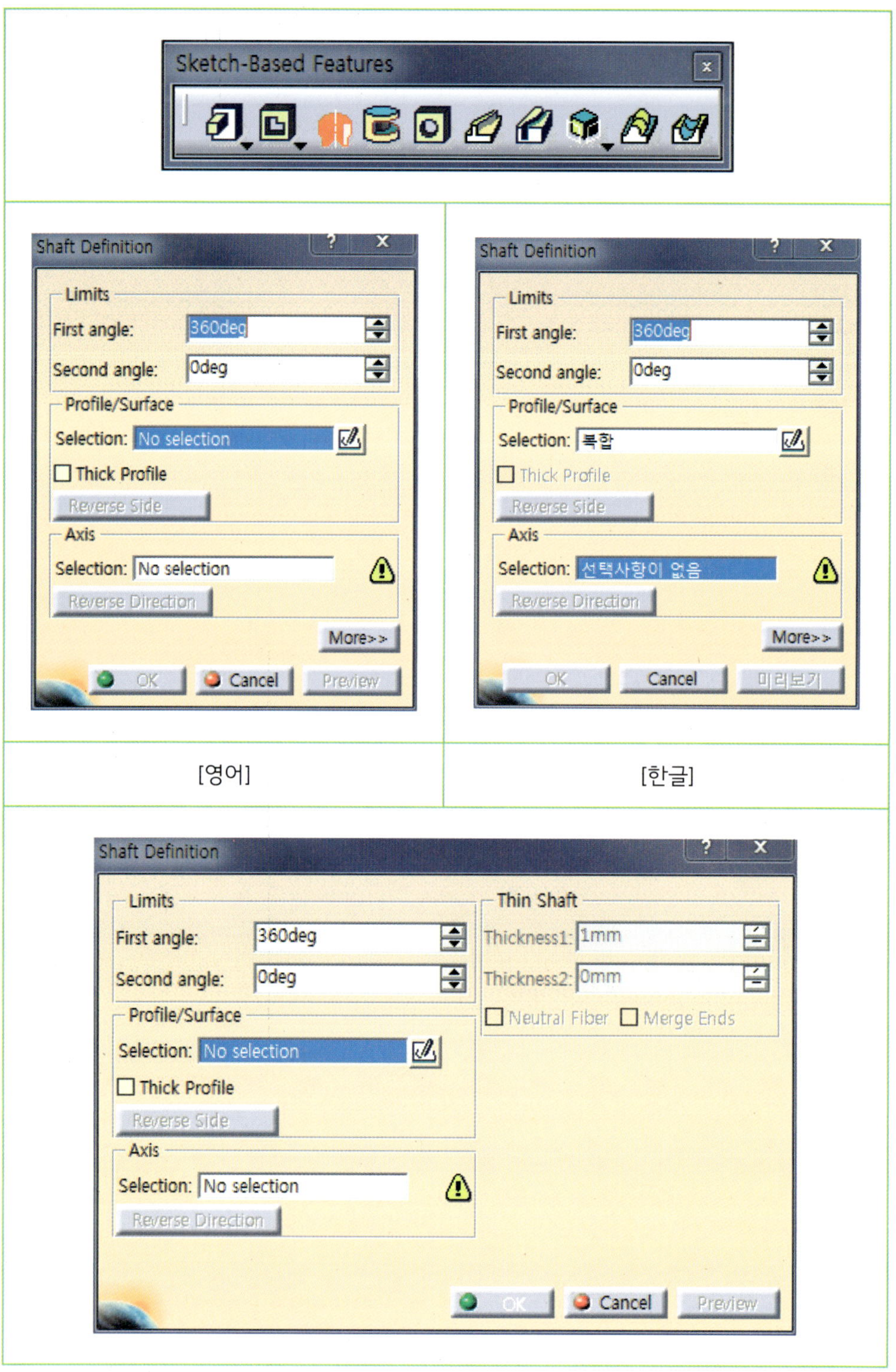

명령어 : GROOVE ( )

축을 중심으로 작성된 Profile을 회전시키면서 빼내기 작업을 수행

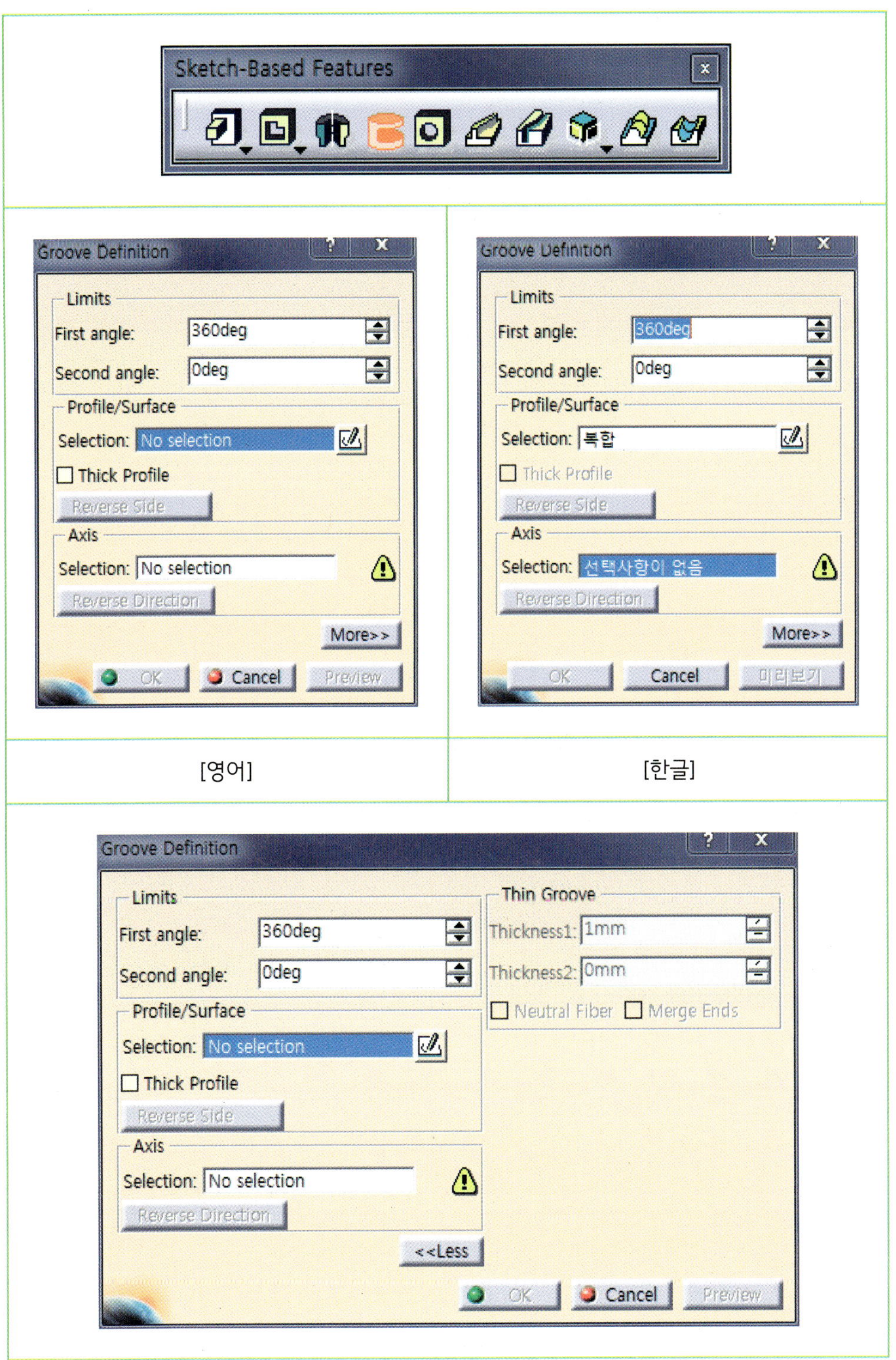

명령어 : RIB ( )

작성된 폐곡선 Profile을 특정 선분을 따라서 모델을 형성시킴

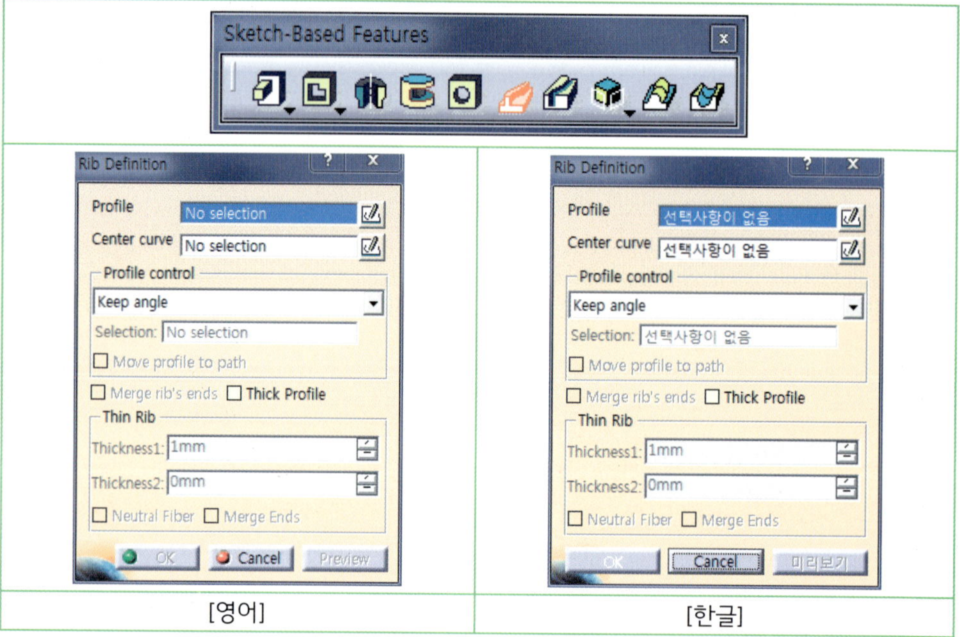

[영어] [한글]

명령어 : SLOT ( )

작성된 폐곡선 Profile을 특정 선분을 따라서 빼내면서 모델을 형성시킴

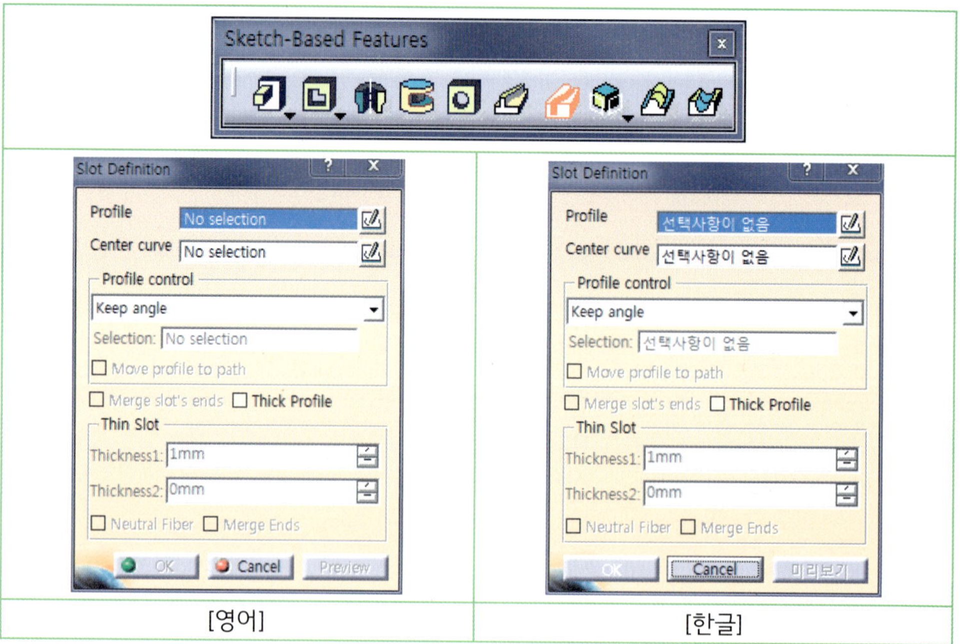

[영어] [한글]

명령어 : RECTANGULAR PATTERN ( )

3차원 모델을 두 방향으로 일정하고 규칙적으로 복사하는 기능

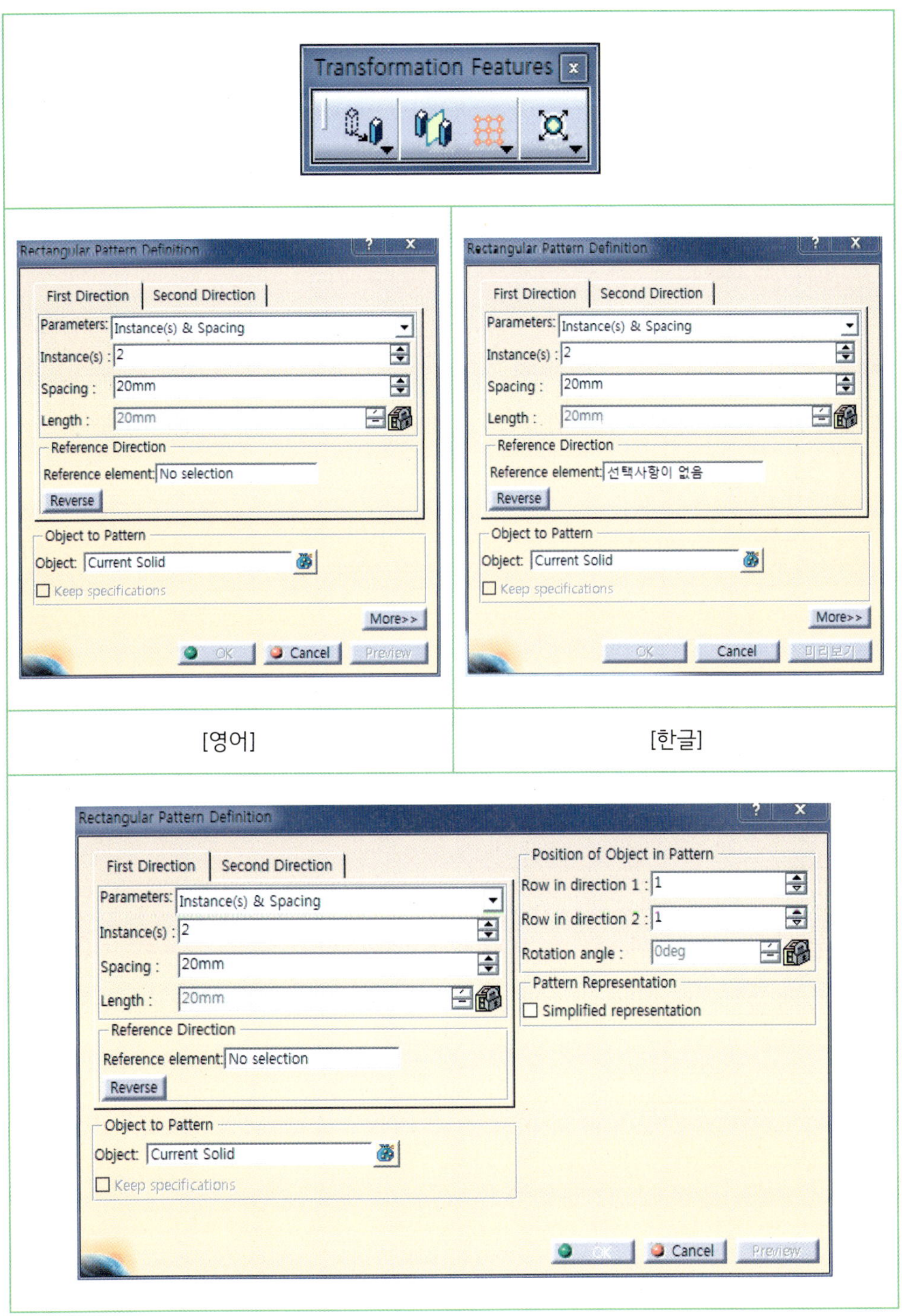

명령어 : CIRCULAR PATTERN ( )

3차원 모델을 회전축을 중심으로 일정하고 규칙적으로 복사하는 기능

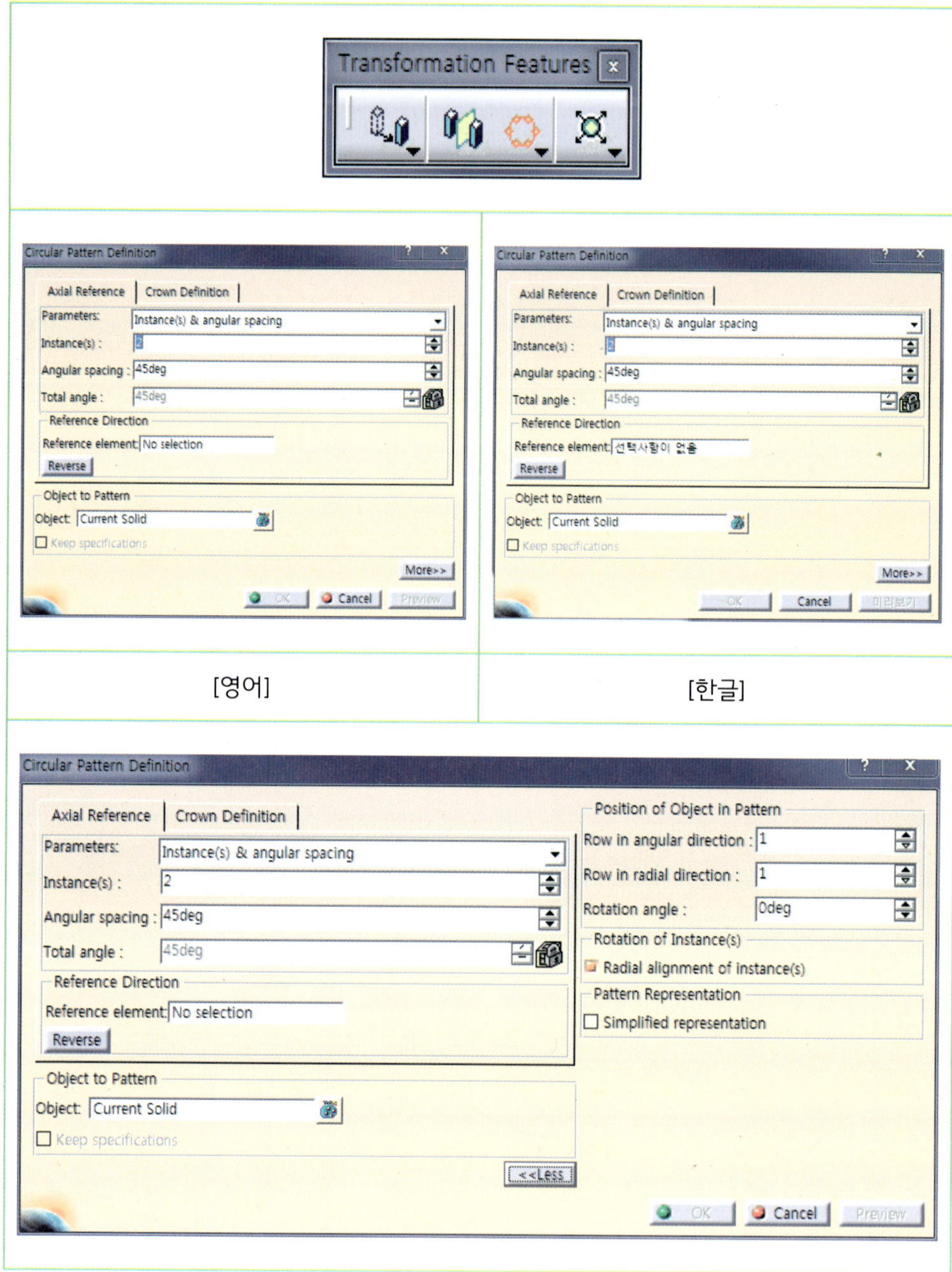

명령어 : PLANE ( )

작업하는 평면을 새롭게 형성시키는 기능

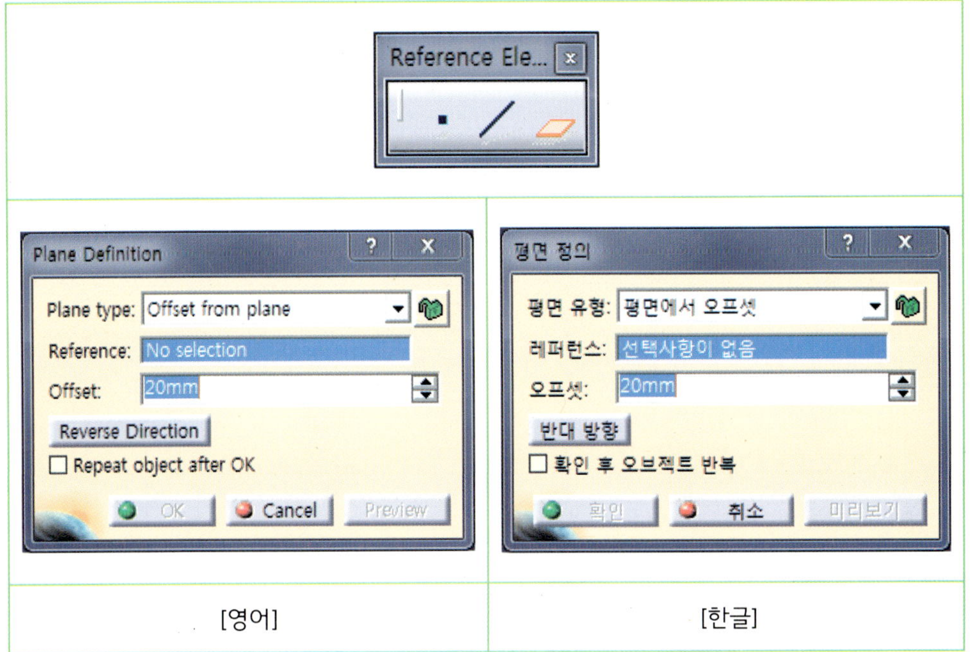

[영어] [한글]

명령어 : SHELL ( )

3차원 모델에 일정한 두께를 가지도록 내부 공간을 제거하는 작업

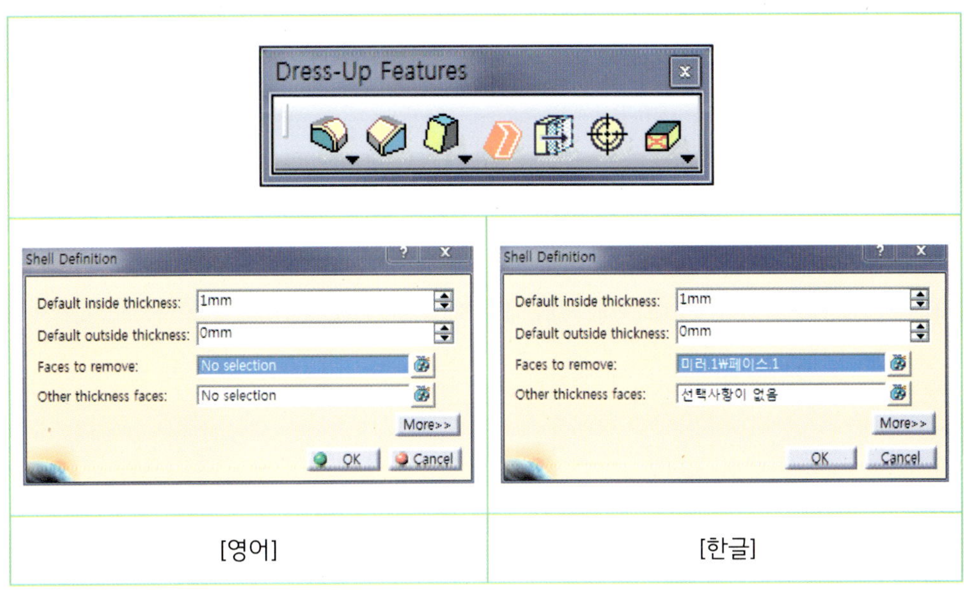

[영어] [한글]

명령어 : HOLE ( )

3차원 형상의 정해진 위치에 구멍 작업을 생성함(나사가공)

[영어] [한글]

명령어 : STIFFENER

작성된 Profile을 이용하여 보강재를 형성시킴

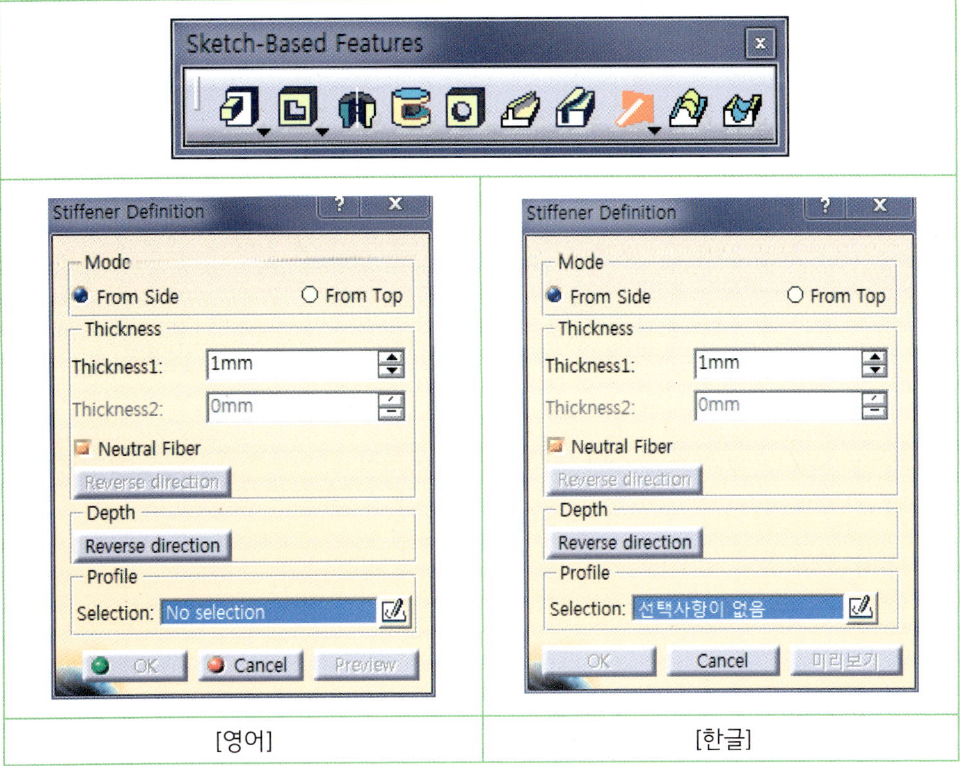

명령어 : MIRROR

3차원 모델을 선택된 평면에 대해 대칭적으로 복사하는 기능

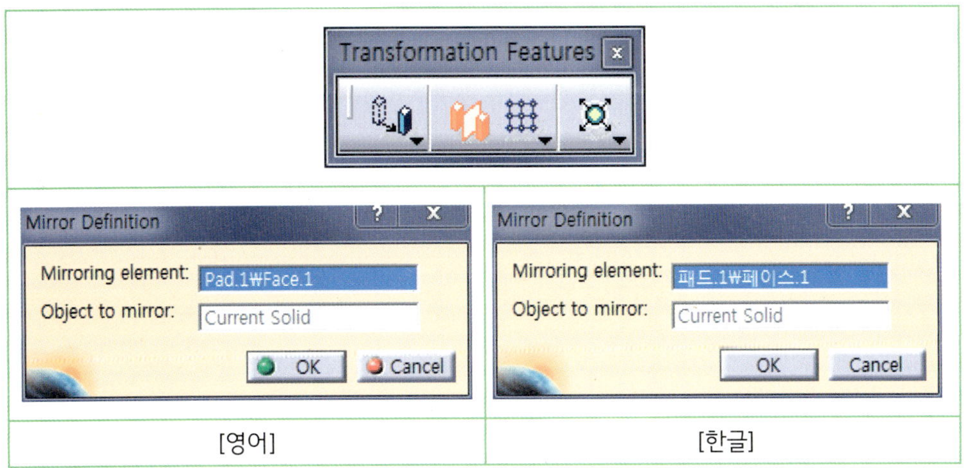

[Chapter 6]

Part Design 따라하기

따라하기 1 : Pad & Pocket 명령어

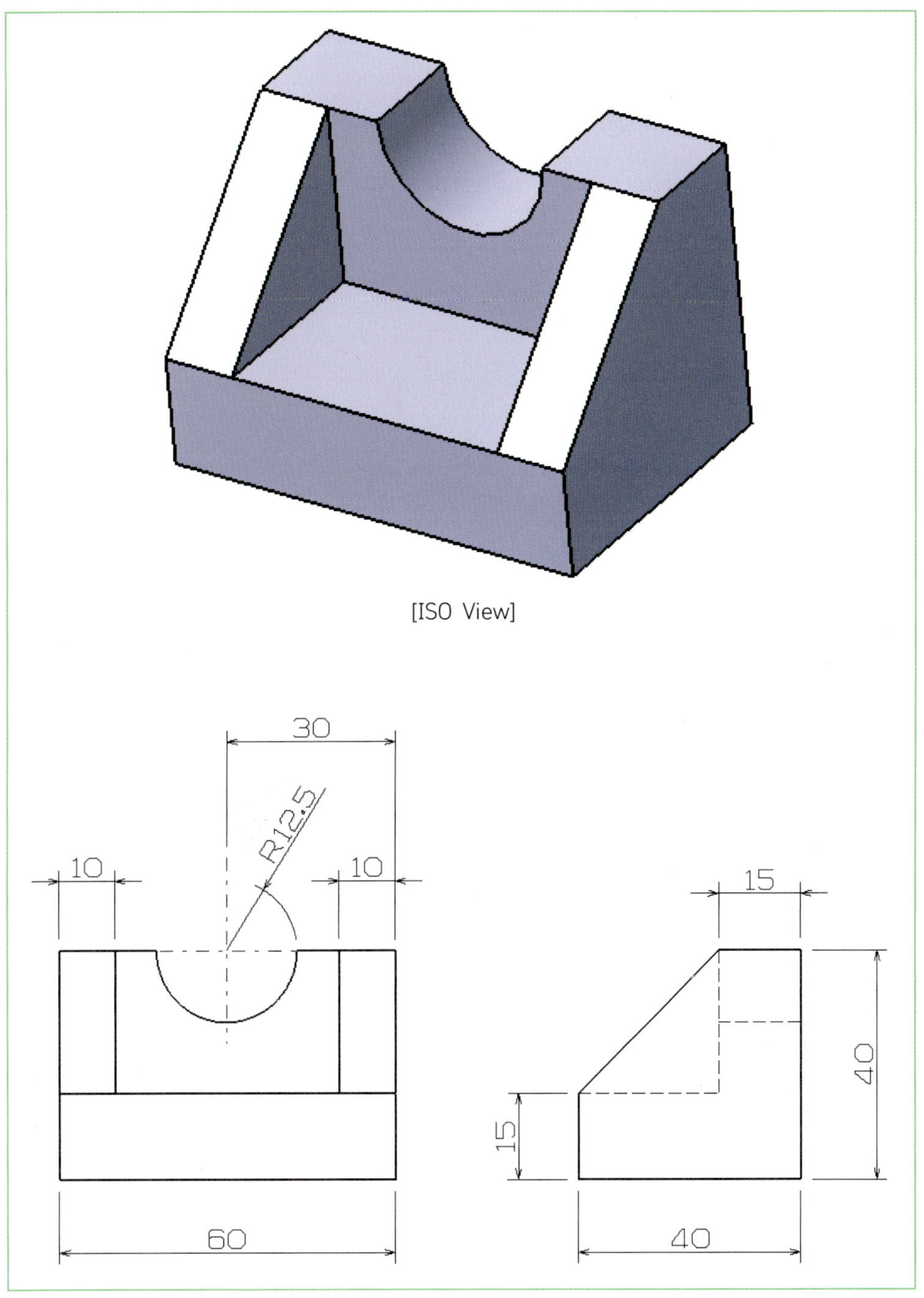

[ISO View]

1. PartDesign 들어가기

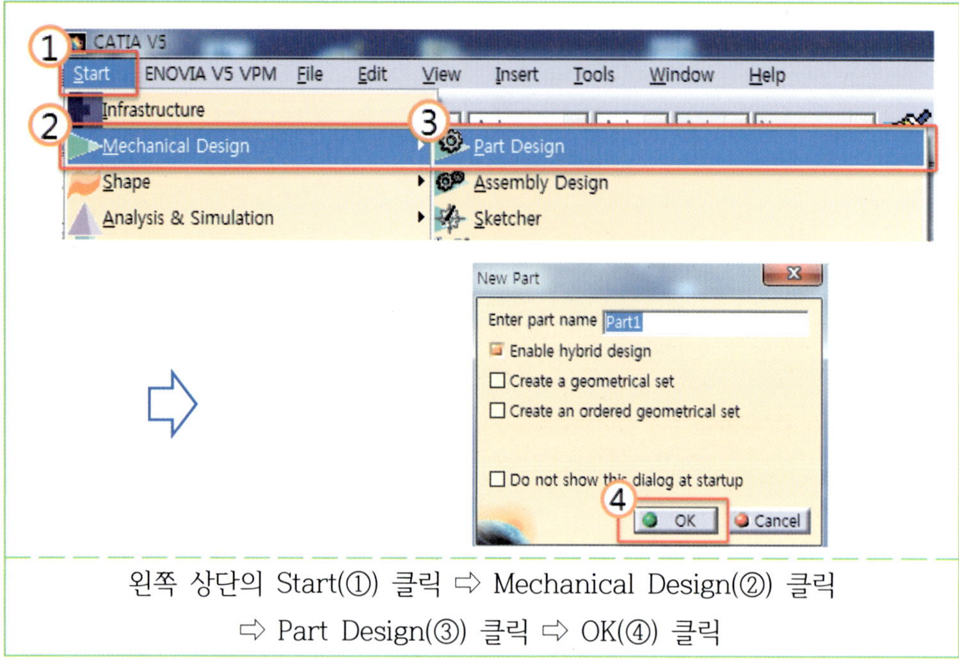

왼쪽 상단의 Start(①) 클릭 ⇨ Mechanical Design(②) 클릭 ⇨ Part Design(③) 클릭 ⇨ OK(④) 클릭

2. 초기 설정 : Constraint의 SmartPick 일부 옵션 해제

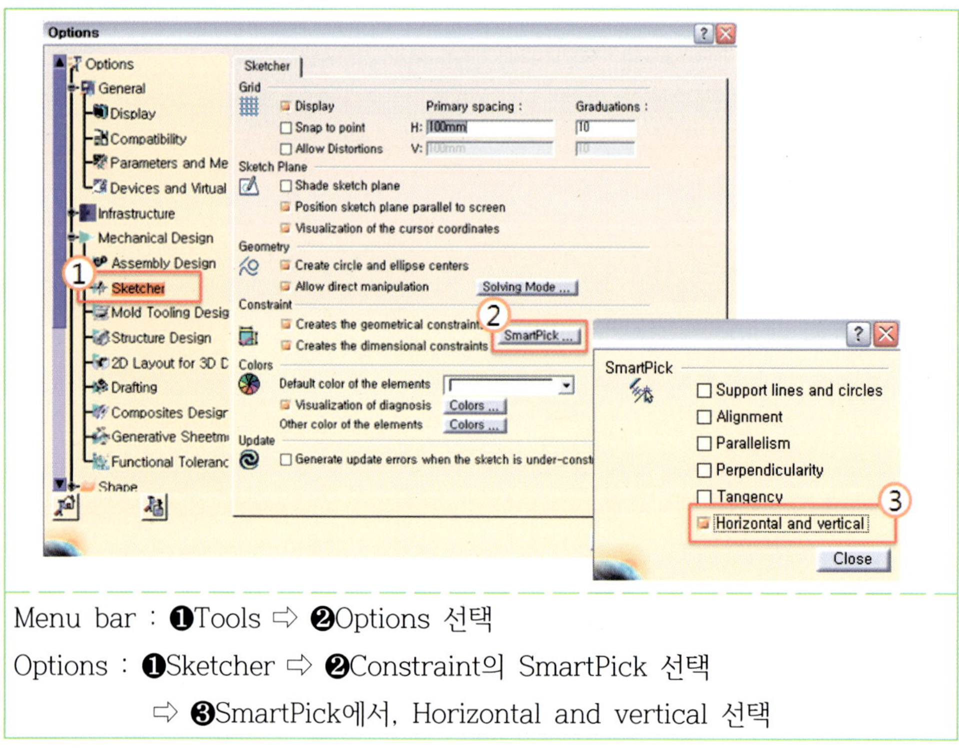

Menu bar : ❶Tools ⇨ ❷Options 선택

Options : ❶Sketcher ⇨ ❷Constraint의 SmartPick 선택

⇨ ❸SmartPick에서, Horizontal and vertical 선택

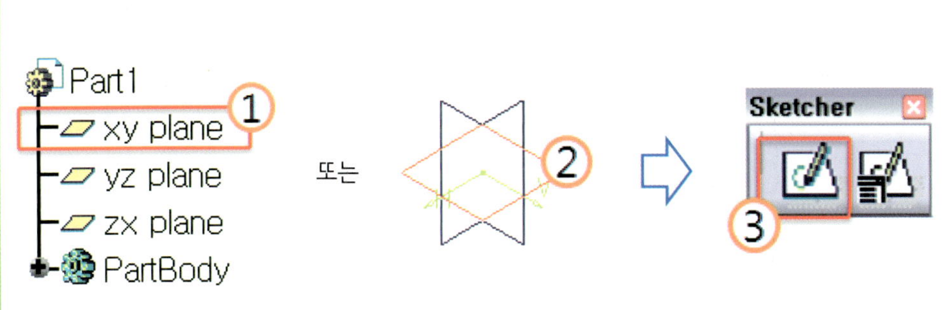

Sketch 평면으로 이동하기 위하여, xy평면(① 또는 ②)을 마우스로 클릭
Sketcher bar에서 Sketch 명령어(③)를 클릭

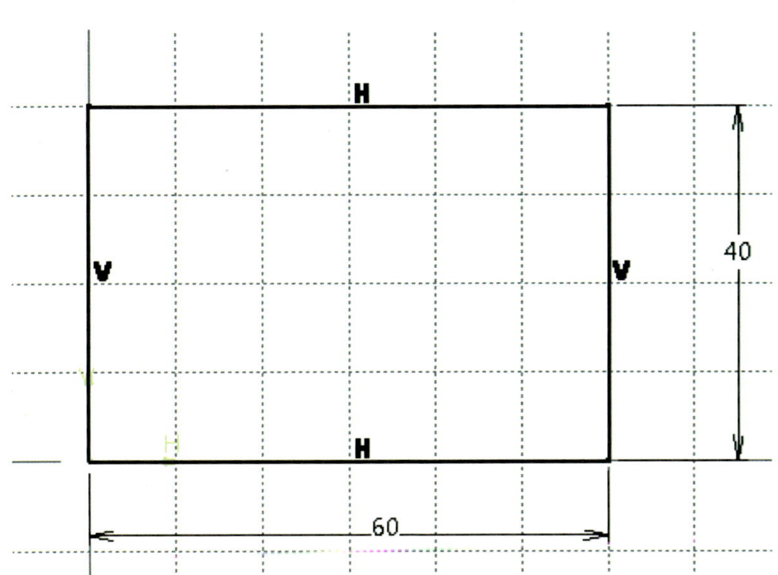

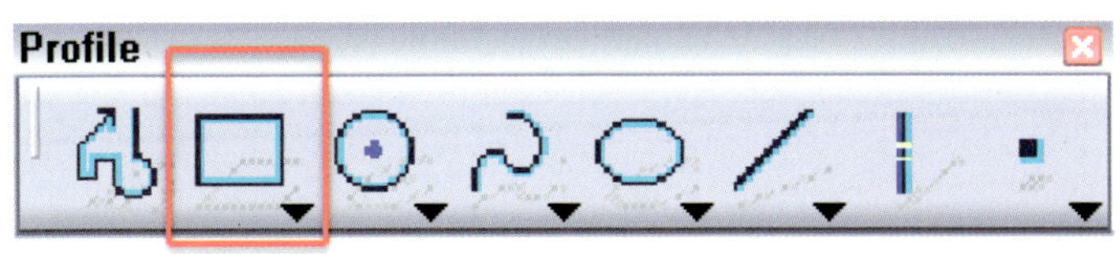

[1] Profile bar ⇨ Rectangle 명령어 클릭
[2] 원점을 기준으로 사각형 생성
[3] 도면 치수대로 Constraints 부여

3차원 형상을 생성하기 위하여,
Sketch 평면에서
Exit workbench 명령어(①) 클릭
⇨ 3차원 공간으로 이동

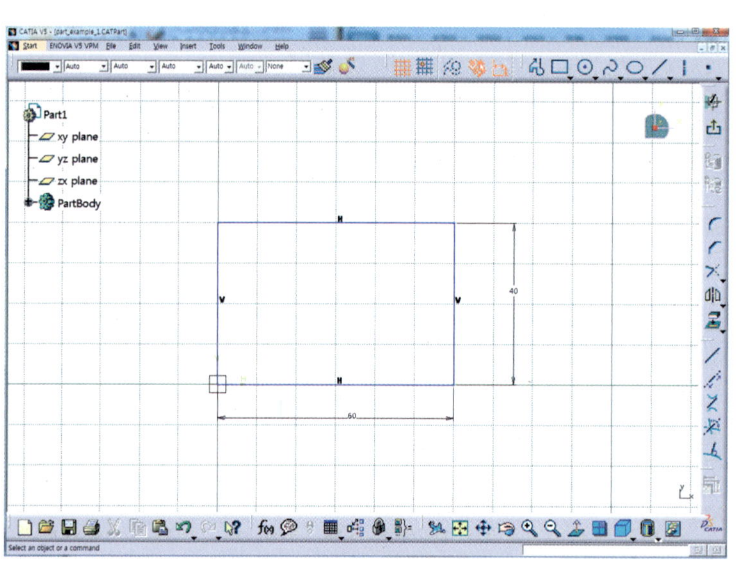

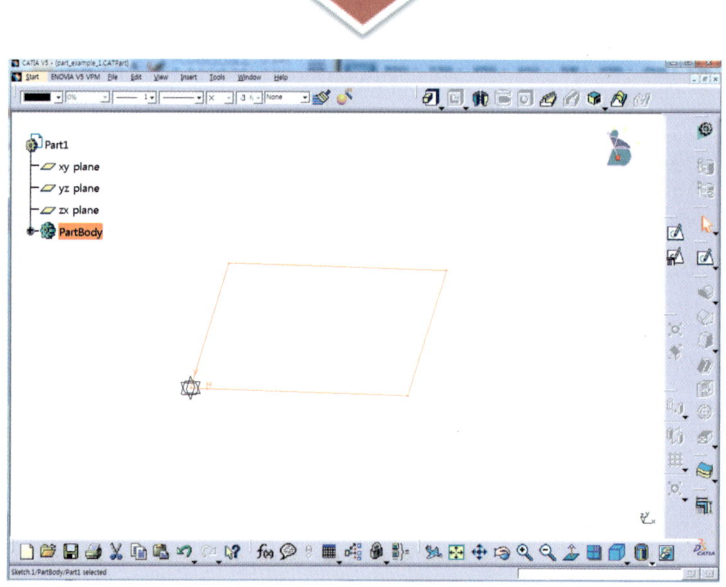

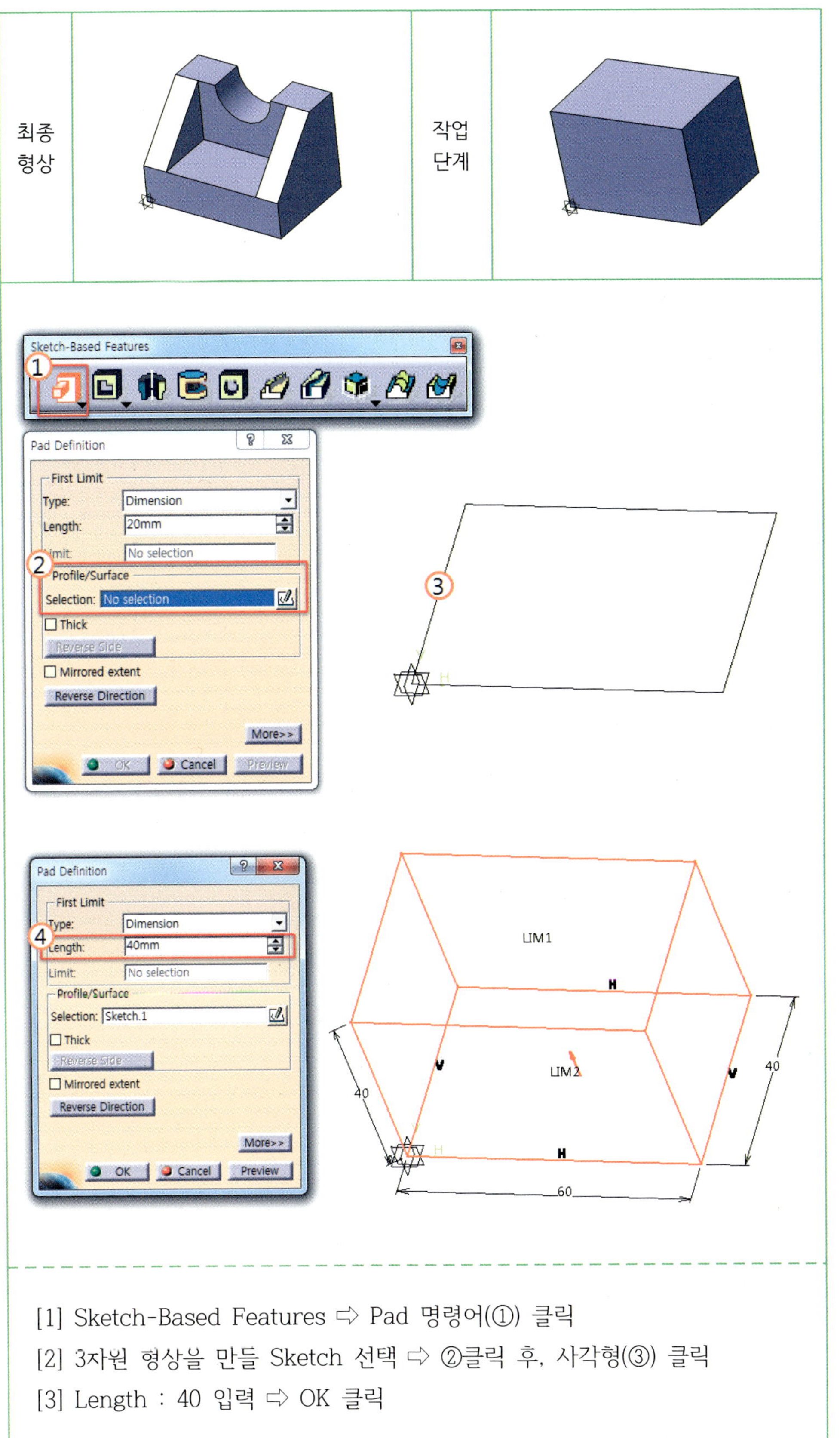

[1] Sketch-Based Features ⇨ Pad 명령어(①) 클릭

[2] 3차원 형상을 만들 Sketch 선택 ⇨ ②클릭 후, 사각형(③) 클릭

[3] Length : 40 입력 ⇨ OK 클릭

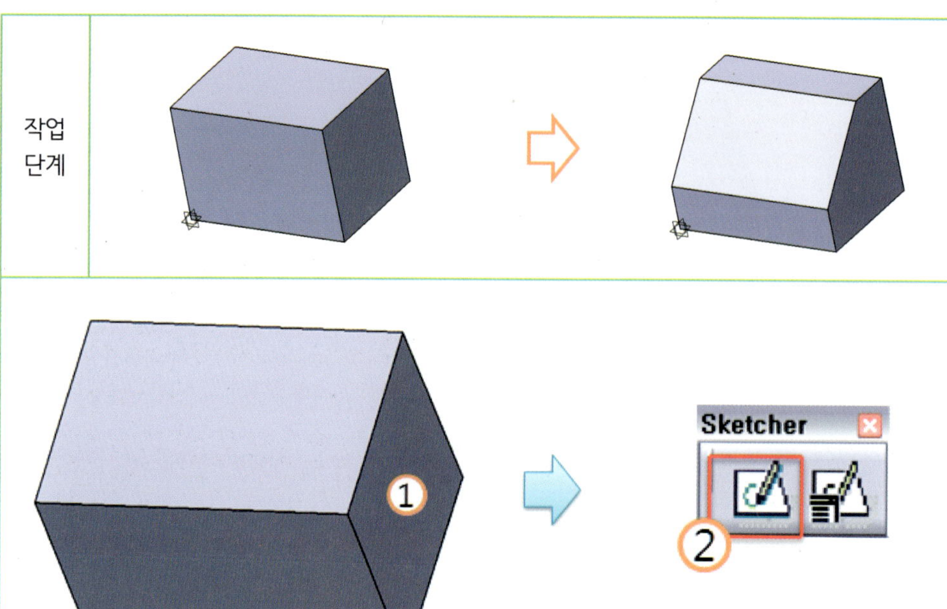

Sketch 평면으로 이동하기 위하여, 평면(①)을 마우스로 클릭

Sketcher bar에서 Sketch 명령어(②)를 클릭

(Sketch명령어(②) 먼저 선택 후, Sketch 평면(①)을 선택해도 됨)

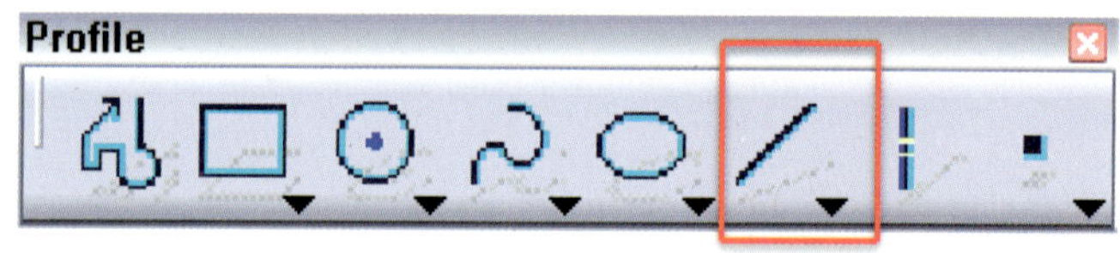

[1] Profile bar ⇨ Line 명령어 클릭

[2] 아래 그림과 같이 선(①)을 생성

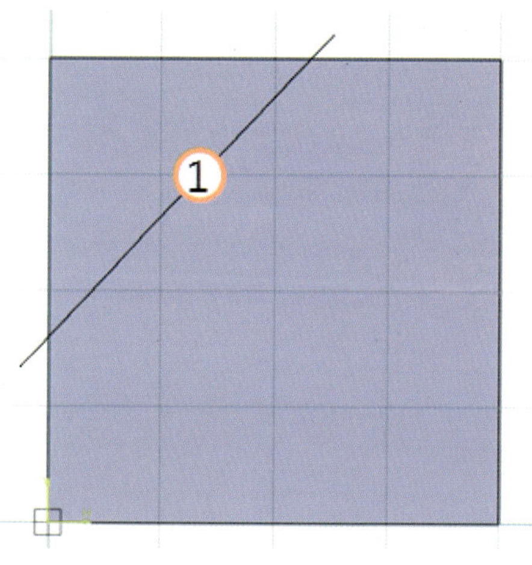

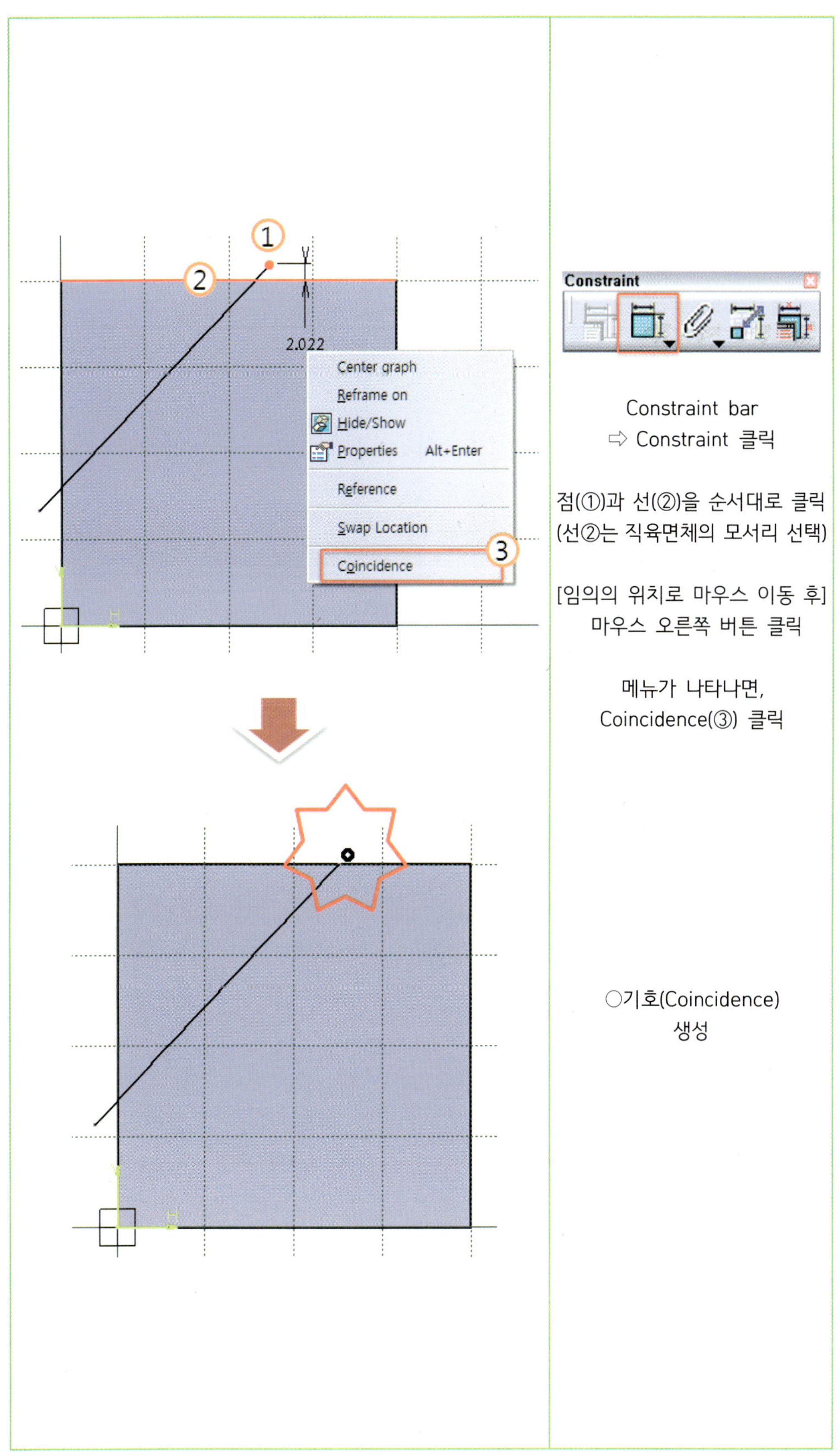

Constraint bar
⇨ Constraint 클릭

점(①)과 선(②)을 순서대로 클릭
(선②는 직육면체의 모서리 선택)

[임의의 위치로 마우스 이동 후]
마우스 오른쪽 버튼 클릭

메뉴가 나타나면,
Coincidence(③) 클릭

○기호(Coincidence)
생성

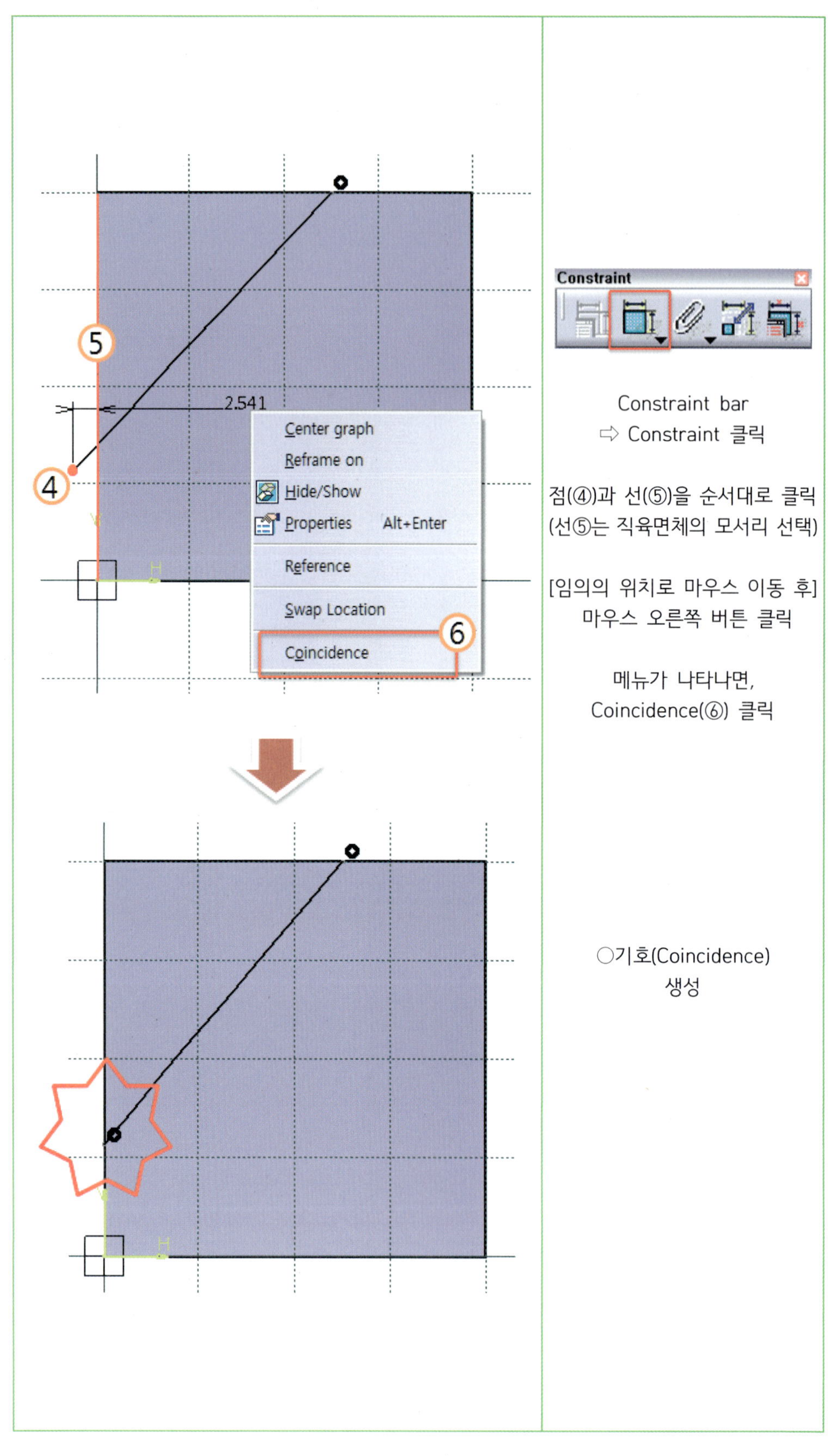
5
2.541
4
Center graph
Reframe on
Hide/Show
Properties Alt+Enter
Reference
Swap Location
6
Coincidence
Constraint
Constraint bar
⇨ Constraint 클릭
점(④)과 선(⑤)을 순서대로 클릭
(선⑤는 직육면체의 모서리 선택)
[임의의 위치로 마우스 이동 후]
마우스 오른쪽 버튼 클릭
메뉴가 나타나면,
Coincidence(⑥) 클릭
○기호(Coincidence)
생성

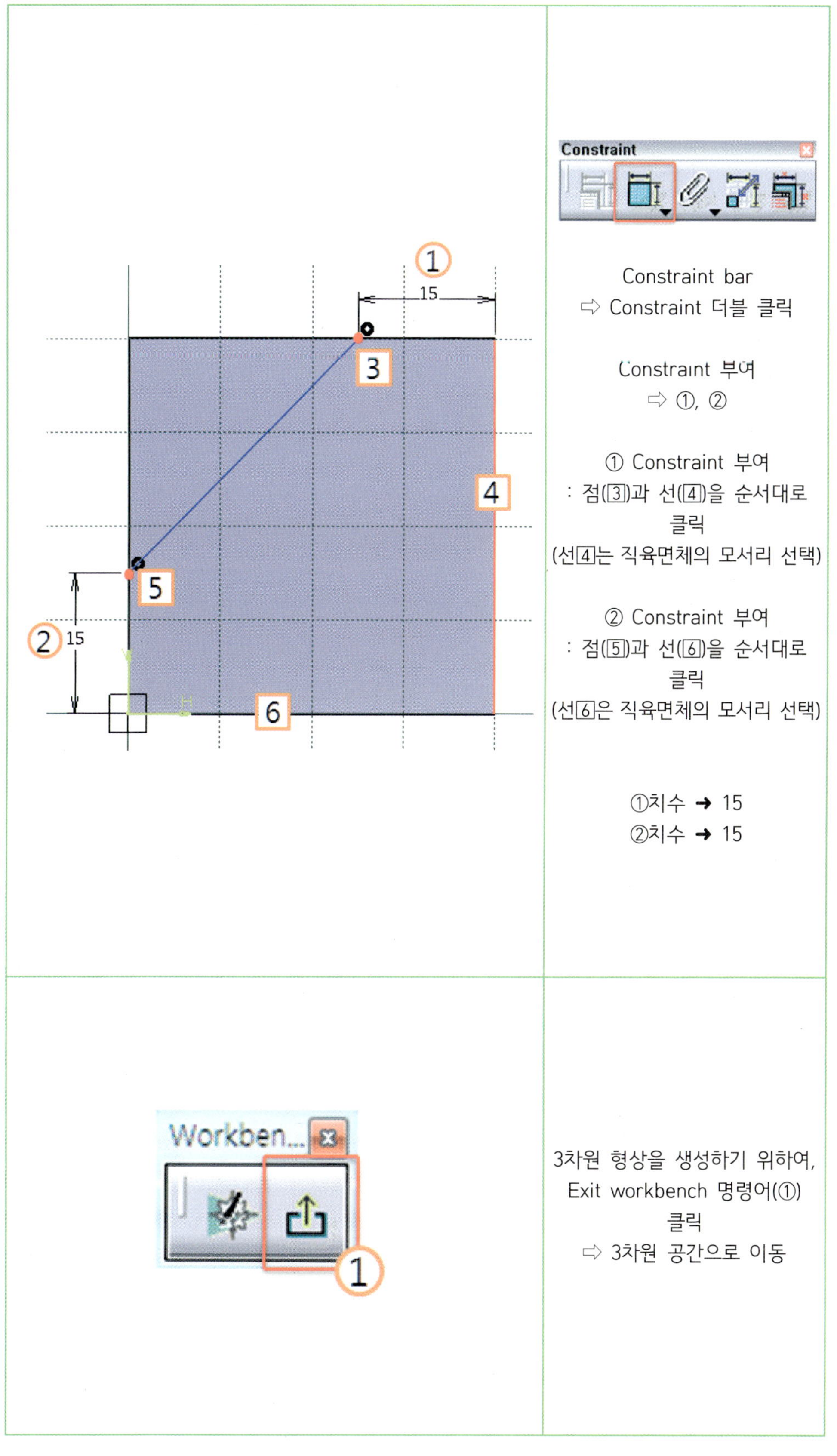
Constraint
1
15
3
4
5
2
15
6
Constraint bar
⇨ Constraint 더블 클릭
Constraint 부여
⇨ ①, ②
① Constraint 부여
: 점(3)과 선(4)을 순서대로 클릭
(선4는 직육면체의 모서리 선택)
② Constraint 부여
: 점(5)과 선(6)을 순서대로 클릭
(선6은 직육면체의 모서리 선택)
①치수 ➜ 15
②치수 ➜ 15
Workben...
1
3차원 형상을 생성하기 위하여, Exit workbench 명령어(①) 클릭
⇨ 3차원 공간으로 이동

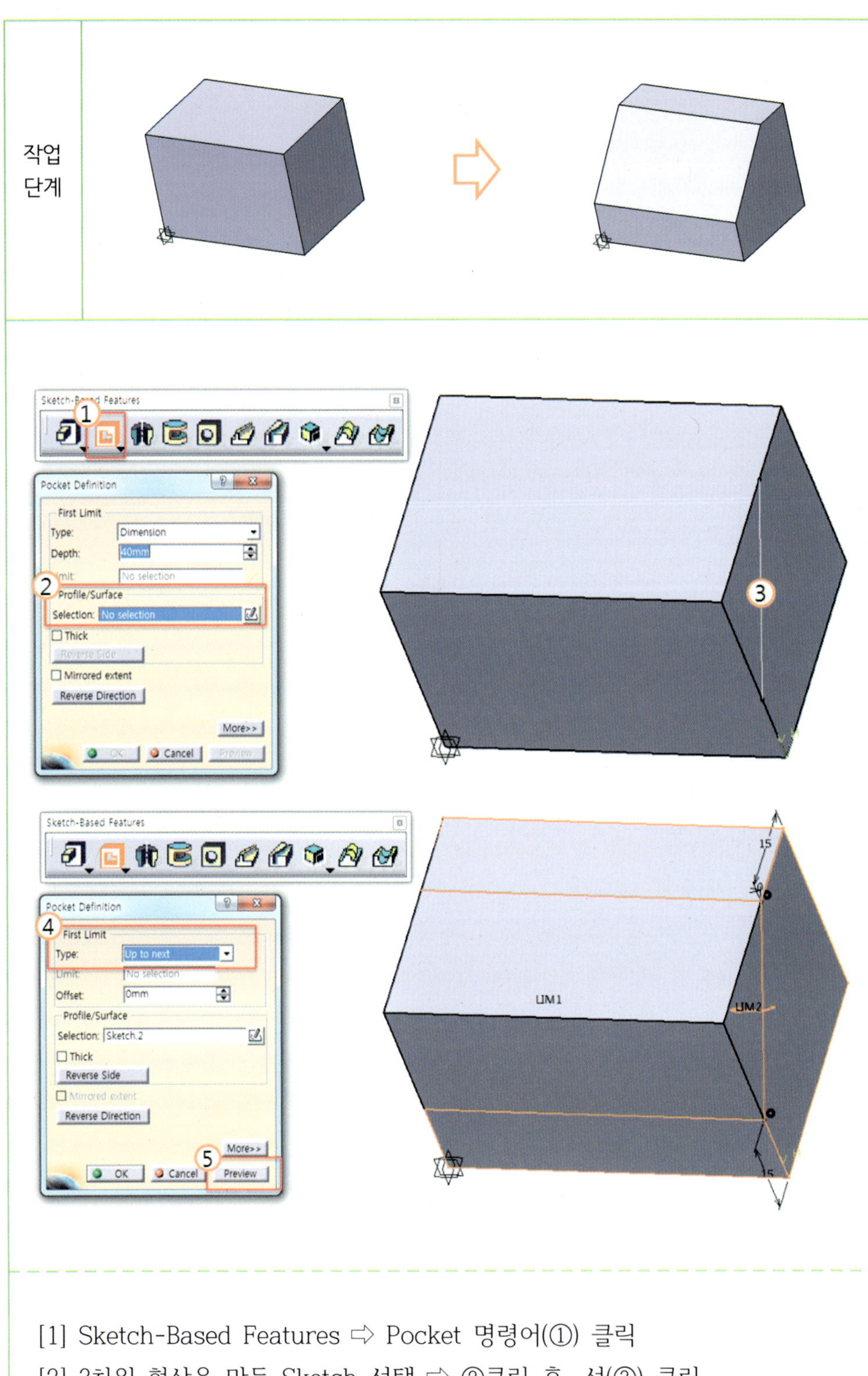

[1] Sketch-Based Features ⇨ Pocket 명령어(①) 클릭

[2] 3차원 형상을 만들 Sketch 선택 ⇨ ②클릭 후, 선(③) 클릭

[3] Type(④) 클릭 ⇨ Up to next 또는 Up to last 선택

[4] Preview(⑤) 클릭 : 미리보기

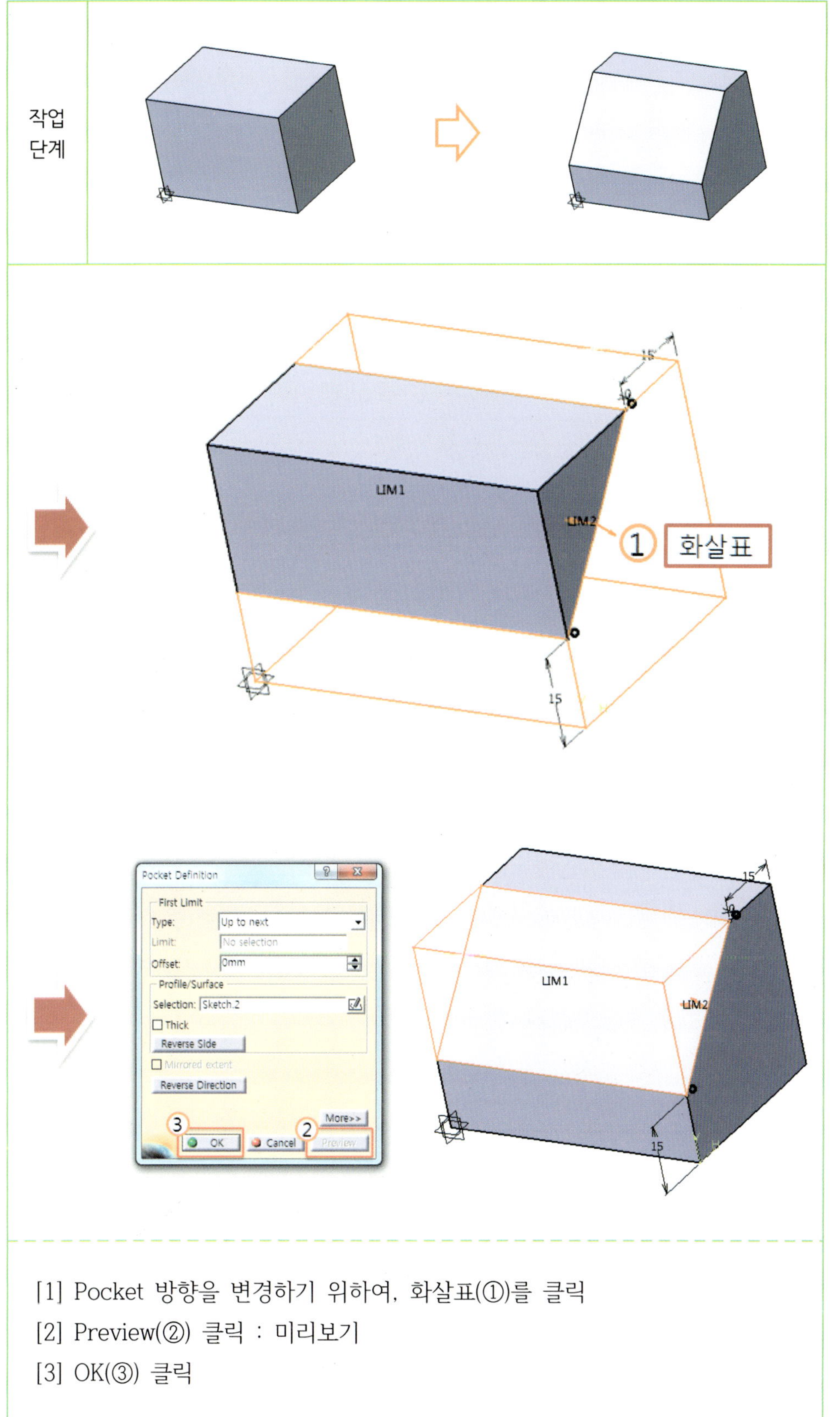

[1] Pocket 방향을 변경하기 위하여, 화살표(①)를 클릭

[2] Preview(②) 클릭 : 미리보기

[3] OK(③) 클릭

작업 단계

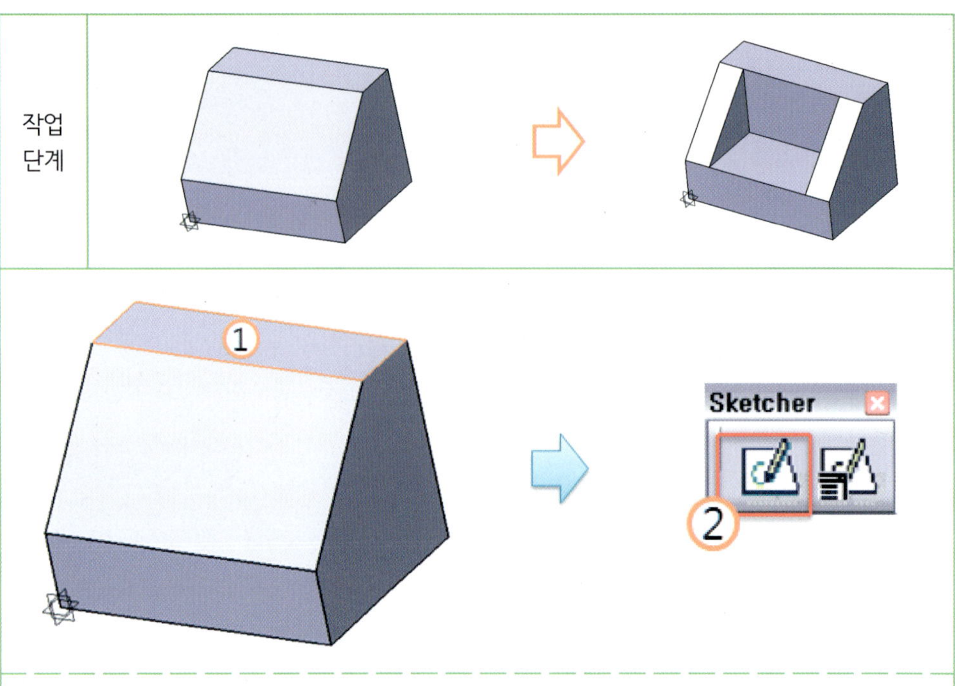

Sketch 평면으로 이동하기 위하여, 평면(①)을 마우스로 클릭
Sketcher bar에서 Sketch 명령어(②)를 클릭

[1] Profile bar ⇨ Rectangle 명령어 클릭
[2] 아래 그림과 같이 사각형 생성 후, Constraints 부여

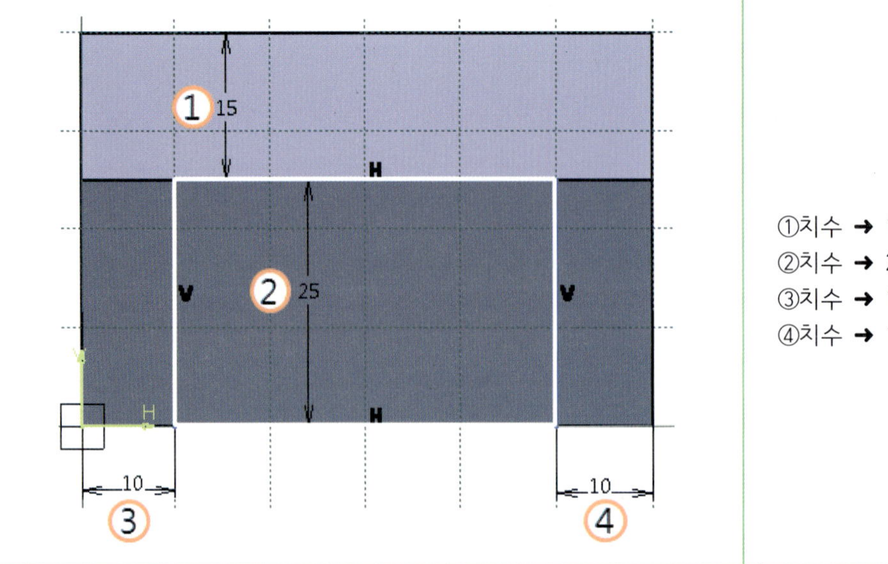

①치수 → 15
②치수 → 25
③치수 → 10
④치수 → 10

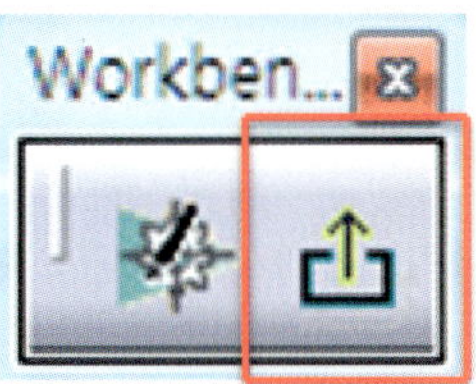

3차원 형상을 생성하기 위하여,
Exit workbench 명령어 클릭
⇨ 3차원 공간으로 이동

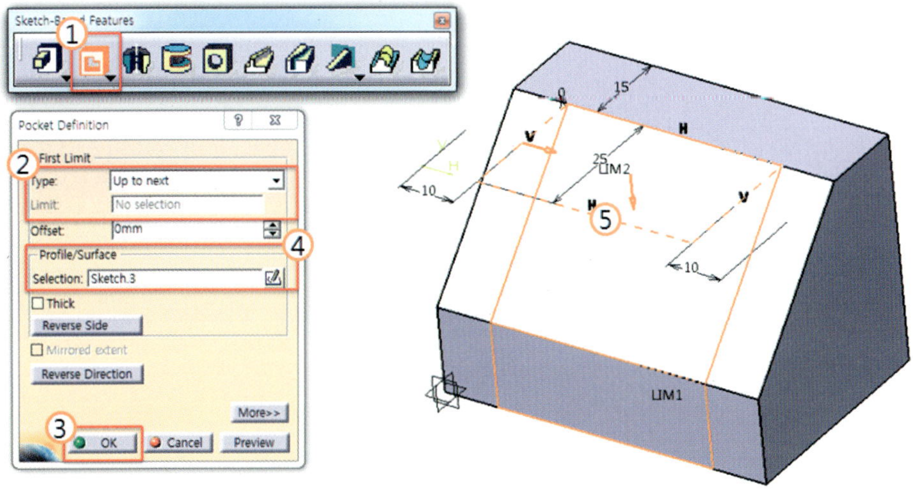

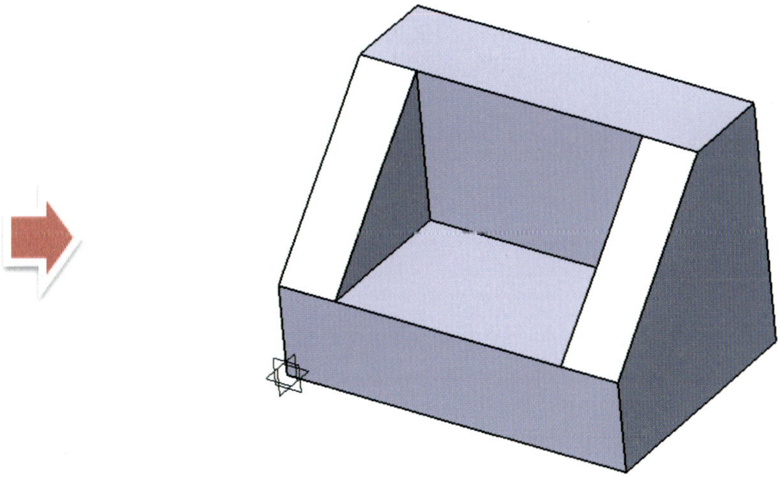

[1] Sketch-Based Features ⇨ Pocket 명령어(①) 클릭

[2] Type(②) 클릭 ⇨ Dimension 선택 ⇨ Depth : 25 입력

[3] OK(③) 클릭

[Sketch 선택이 안 된 경우 ⇨ Selection(④) 클릭 후, 사각형(⑤) 클릭]

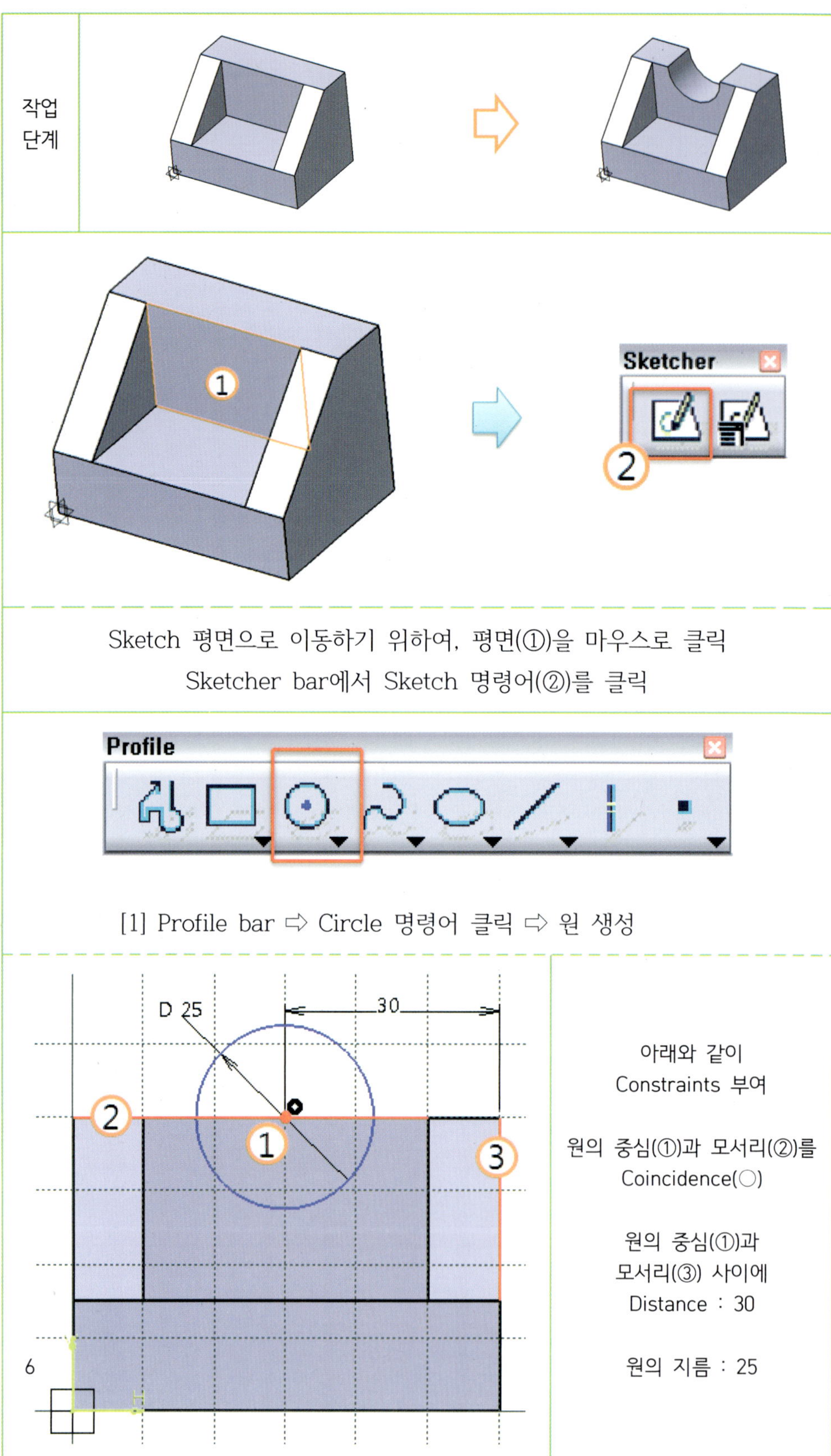

작업
단계
Sketcher
1
2
Sketch 평면으로 이동하기 위하여, 평면(①)을 마우스로 클릭
Sketcher bar에서 Sketch 명령어(②)를 클릭
Profile
[1] Profile bar ⇨ Circle 명령어 클릭 ⇨ 원 생성
D 25
30
1
2
3
6
아래와 같이
Constraints 부여
원의 중심(①)과 모서리(②)를
Coincidence(○)
원의 중심(①)과
모서리(③) 사이에
Distance : 30
원의 지름 : 25

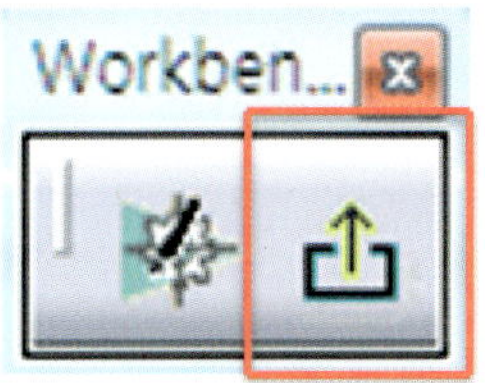

3차원 형상을 생성하기 위하여,
Exit workbench 명령어 클릭
⇨ 3차원 공간으로 이동

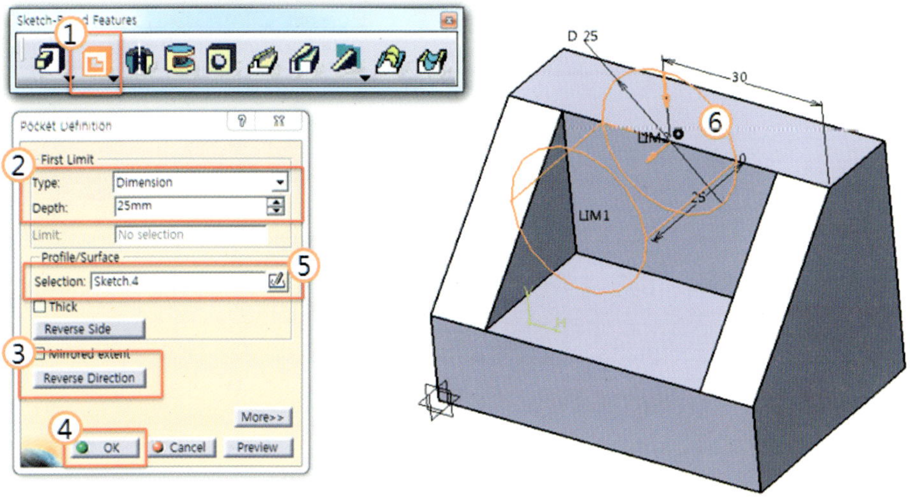

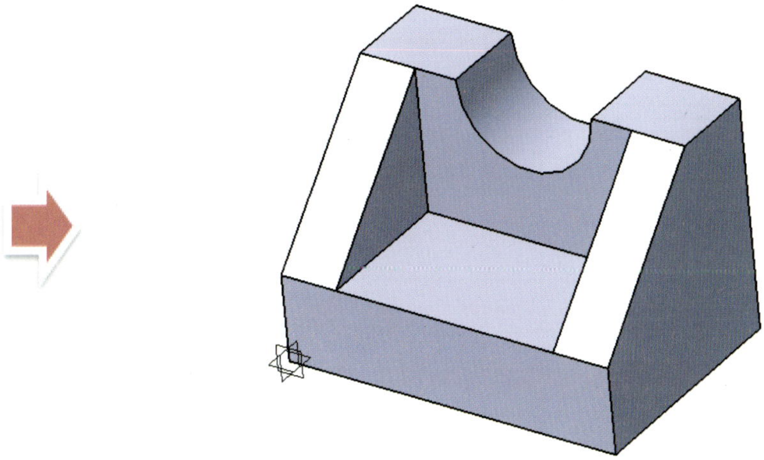

[1] Sketch-Based Features ⇨ Pocket 명령어(①) 클릭

[2] Type(②) 클릭 ⇨ Dimension 선택 ⇨ Depth : 15 입력
(또는 Up to next/Up to last 선택)

[3] Pocket 방향을 변경하기 위하여, Reverse Direction(③) 클릭

[4] OK(④) 클릭
[Sketch 선택이 안 된 경우 ⇨ Selection(⑤) 클릭 후, 원(⑥) 클릭]

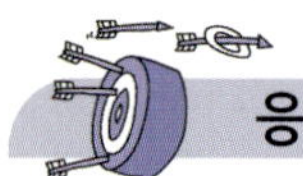

응용 : Pad & Pocket 명령어

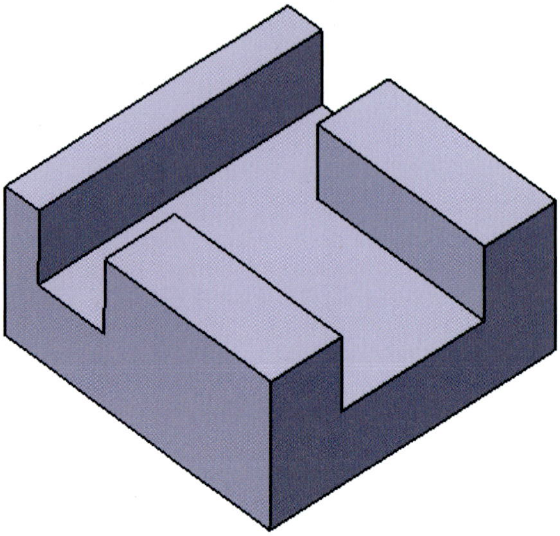

[ISO View]

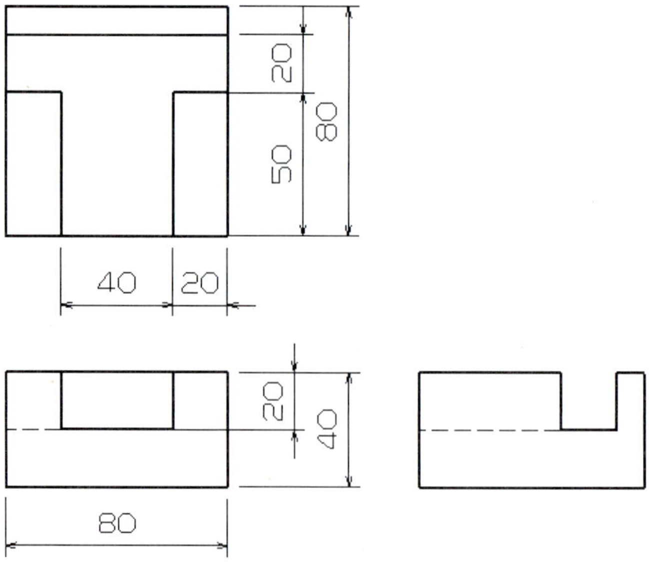

[도면]

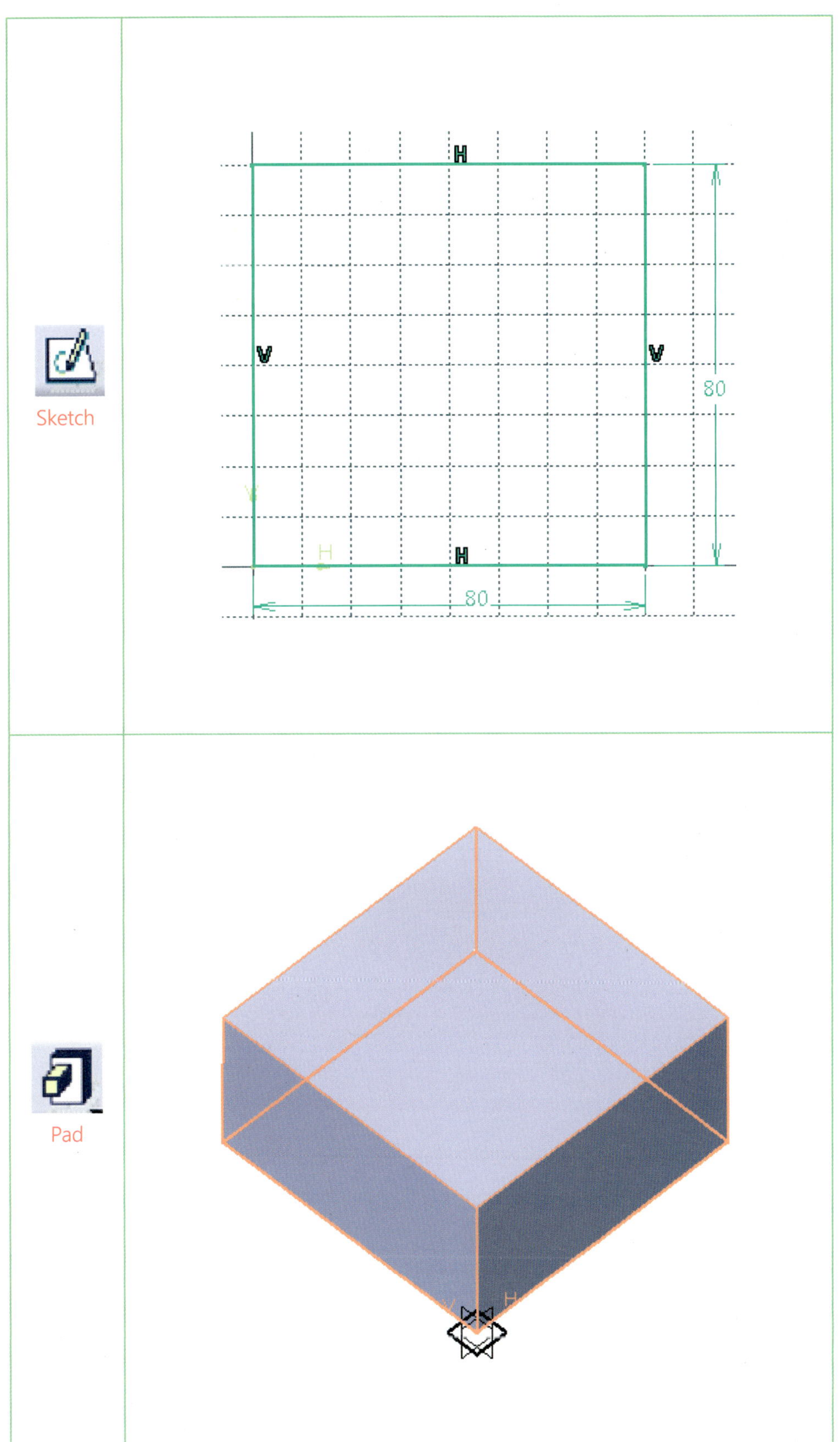
Sketch
H
V
V
80
H
80
Pad

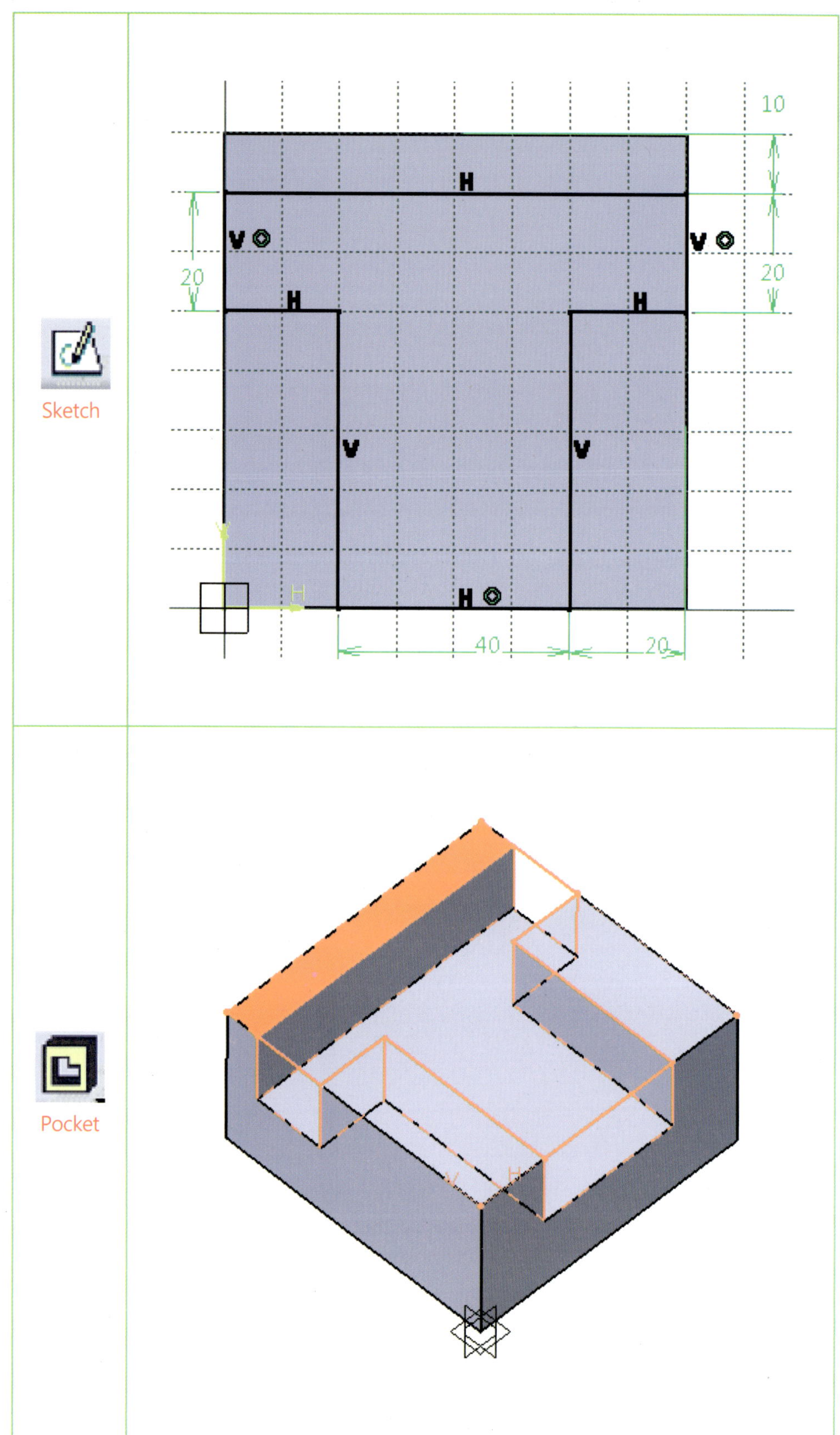
Sketch
10
20
20
40
20
Pocket

따라하기 2 : PAD & Edge Fillet 명령어

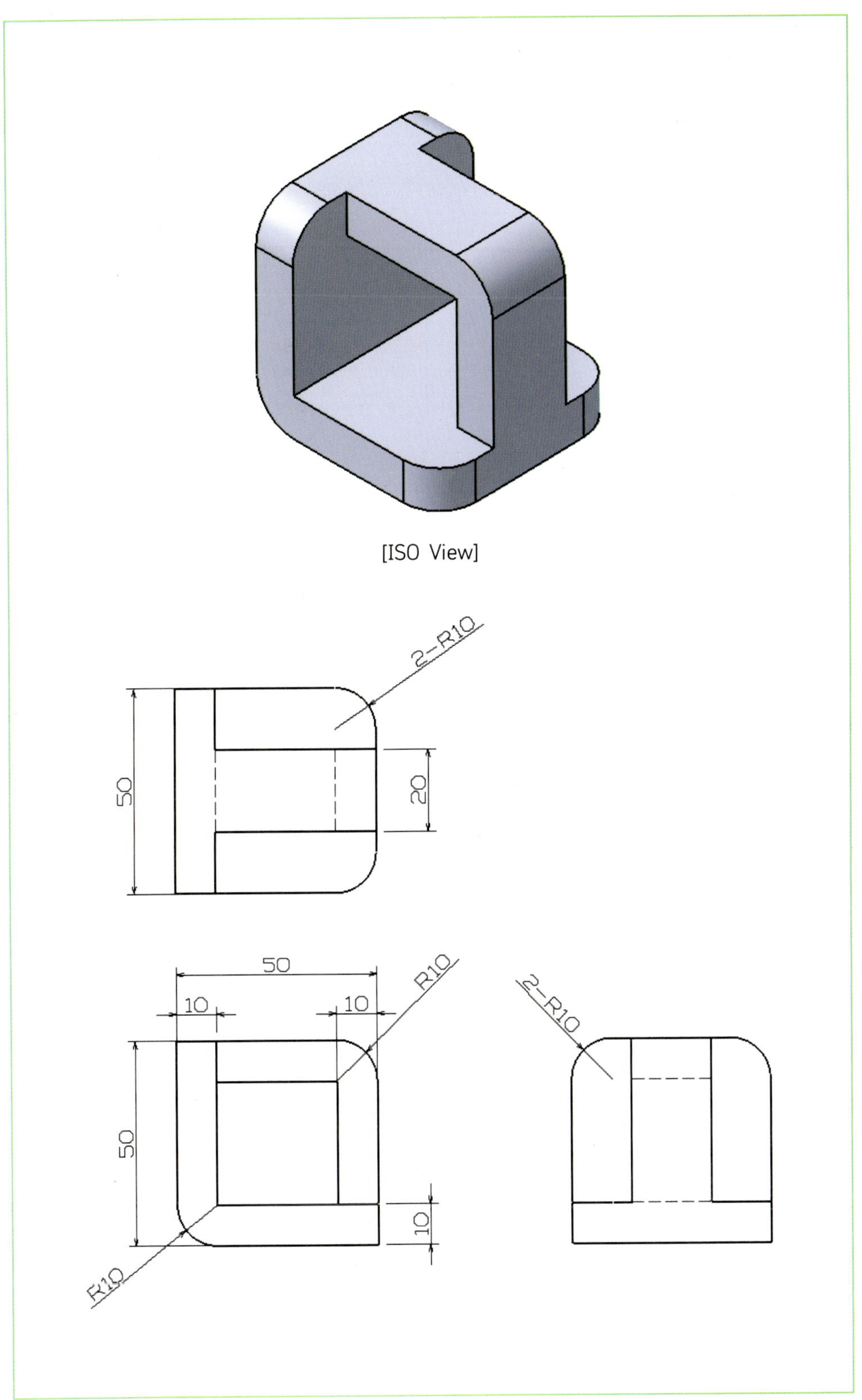

1. PartDesign 들어가기

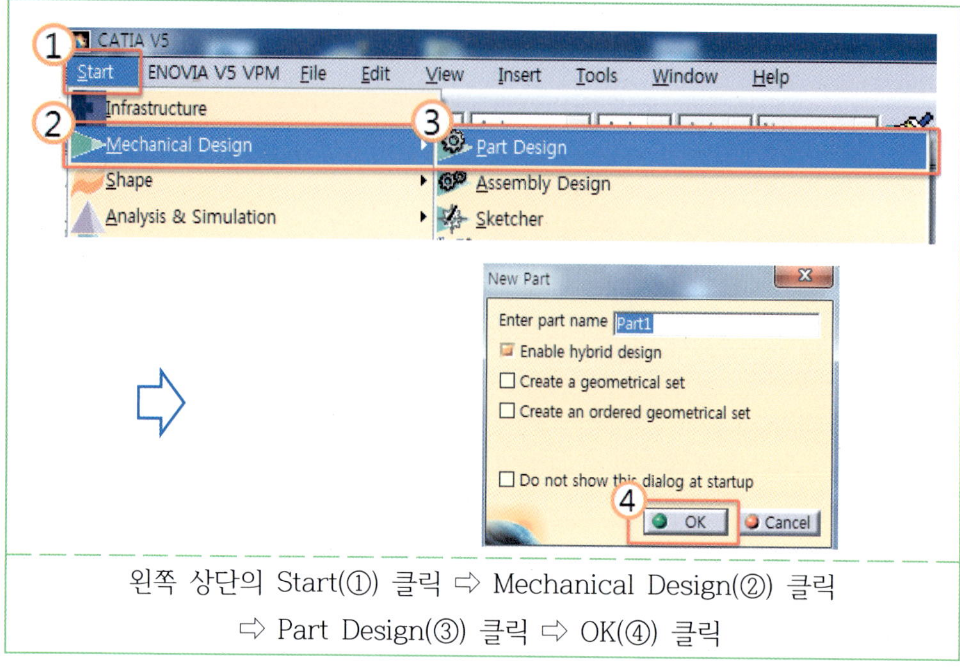

왼쪽 상단의 Start(①) 클릭 ⇨ Mechanical Design(②) 클릭
⇨ Part Design(③) 클릭 ⇨ OK(④) 클릭

2. 초기 설정 : Constraint의 SmartPick 일부 옵션 해제

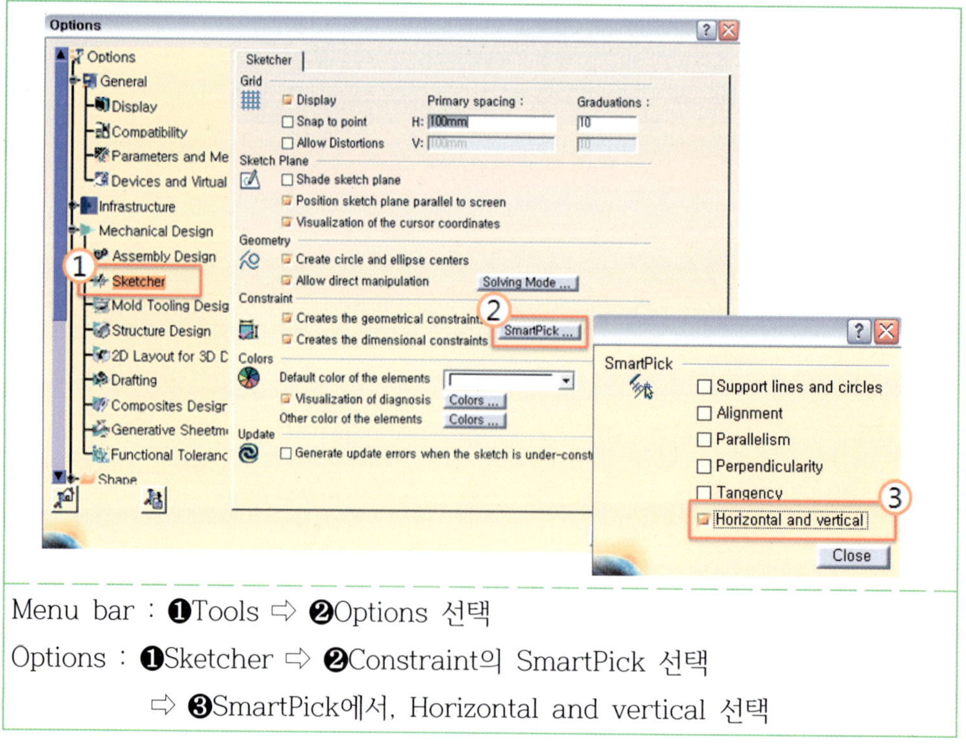

Menu bar : ❶Tools ⇨ ❷Options 선택
Options : ❶Sketcher ⇨ ❷Constraint의 SmartPick 선택
⇨ ❸SmartPick에서, Horizontal and vertical 선택

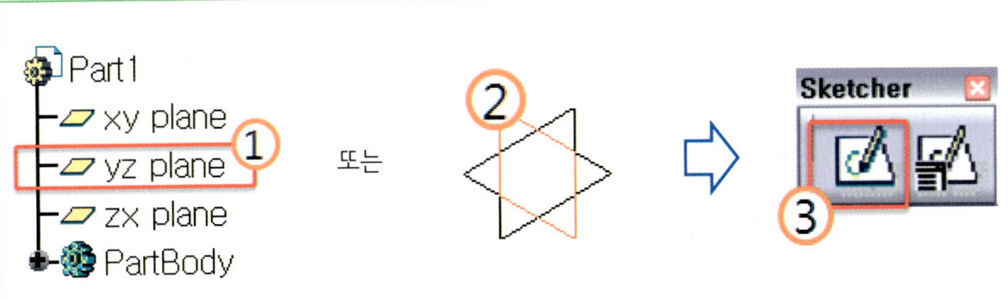

Sketch 평면으로 이동하기 위하여, yz평면(① 또는 ②)을 마우스로 클릭
Sketcher bar에서 Sketch 명령어(③)를 클릭

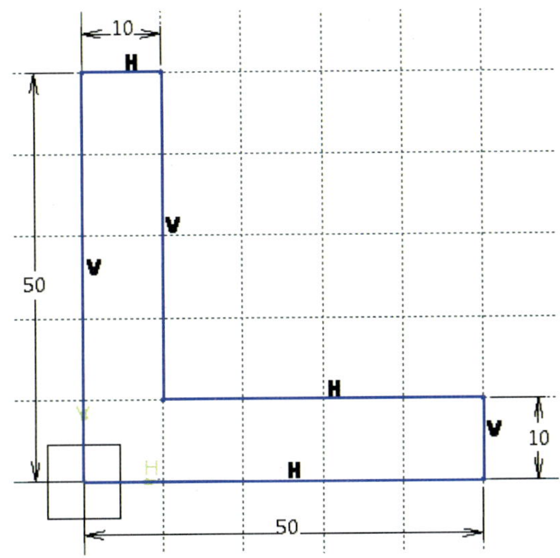

[1] Profile bar ⇨ Profile 명령어( ) 클릭

[2] 원점을 기준으로 도형 생성

[3] 도면 치수대로 Constraints 부여

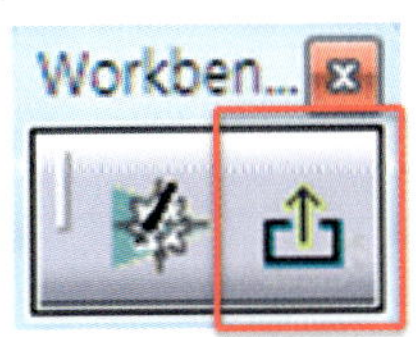	3차원 형상을 생성하기 위하여, Exit workbench 명령어 클릭 ⇨ 3차원 공간으로 이동

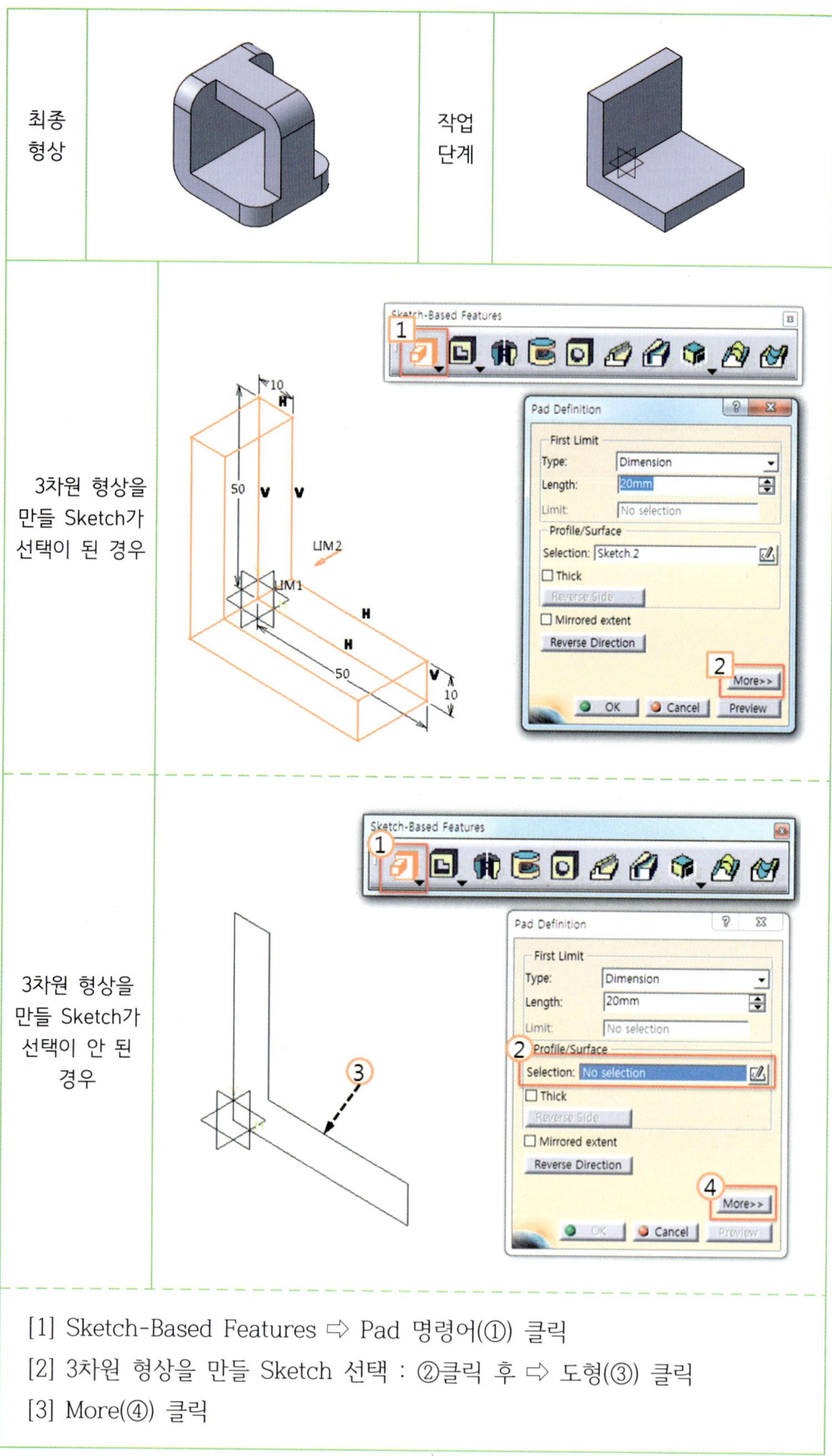

[1] Sketch-Based Features ⇨ Pad 명령어(①) 클릭

[2] 3차원 형상을 만들 Sketch 선택 : ②클릭 후 ⇨ 도형(③) 클릭

[3] More(④) 클릭

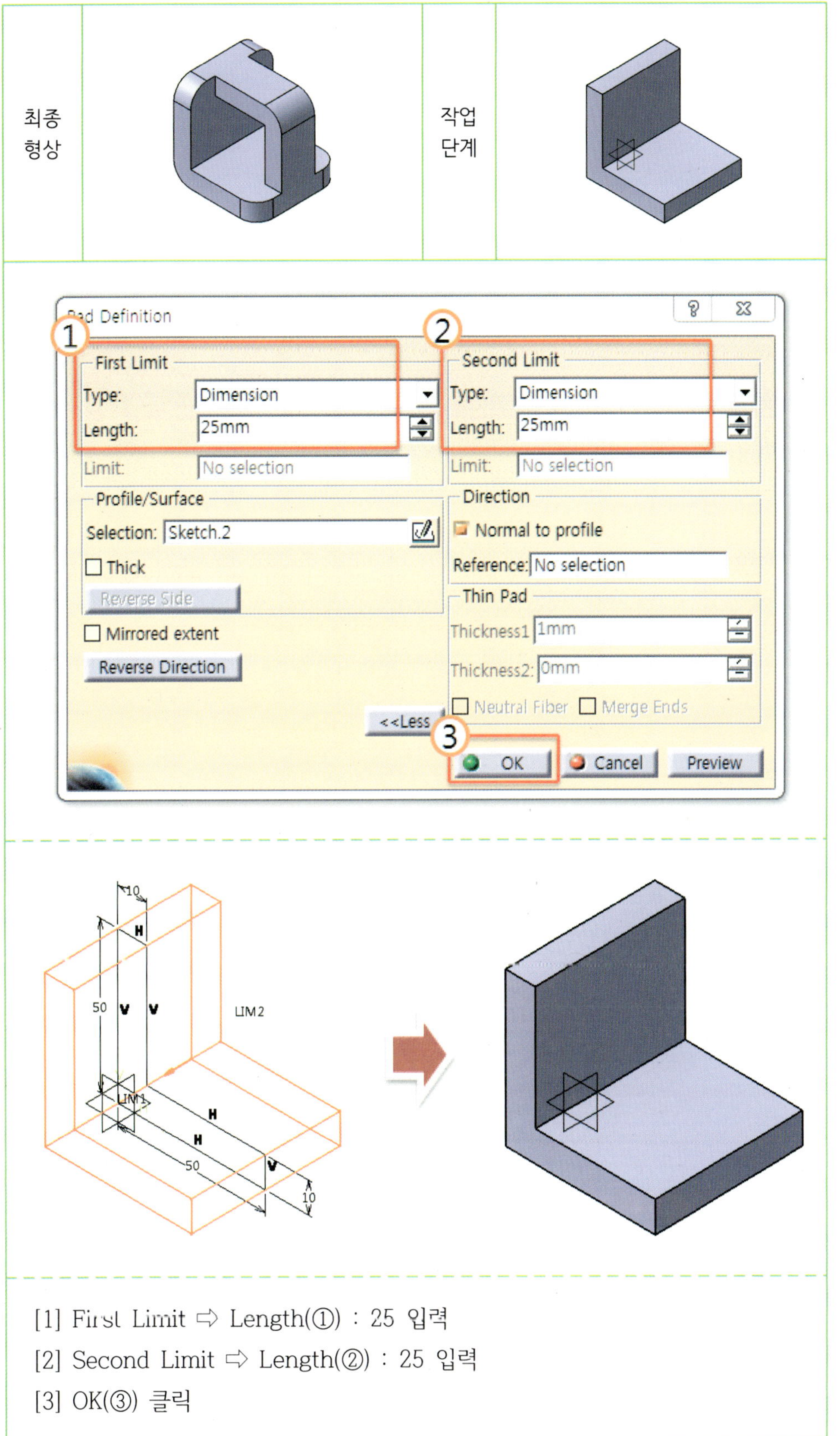

[1] First Limit ⇨ Length(①) : 25 입력

[2] Second Limit ⇨ Length(②) : 25 입력

[3] OK(③) 클릭

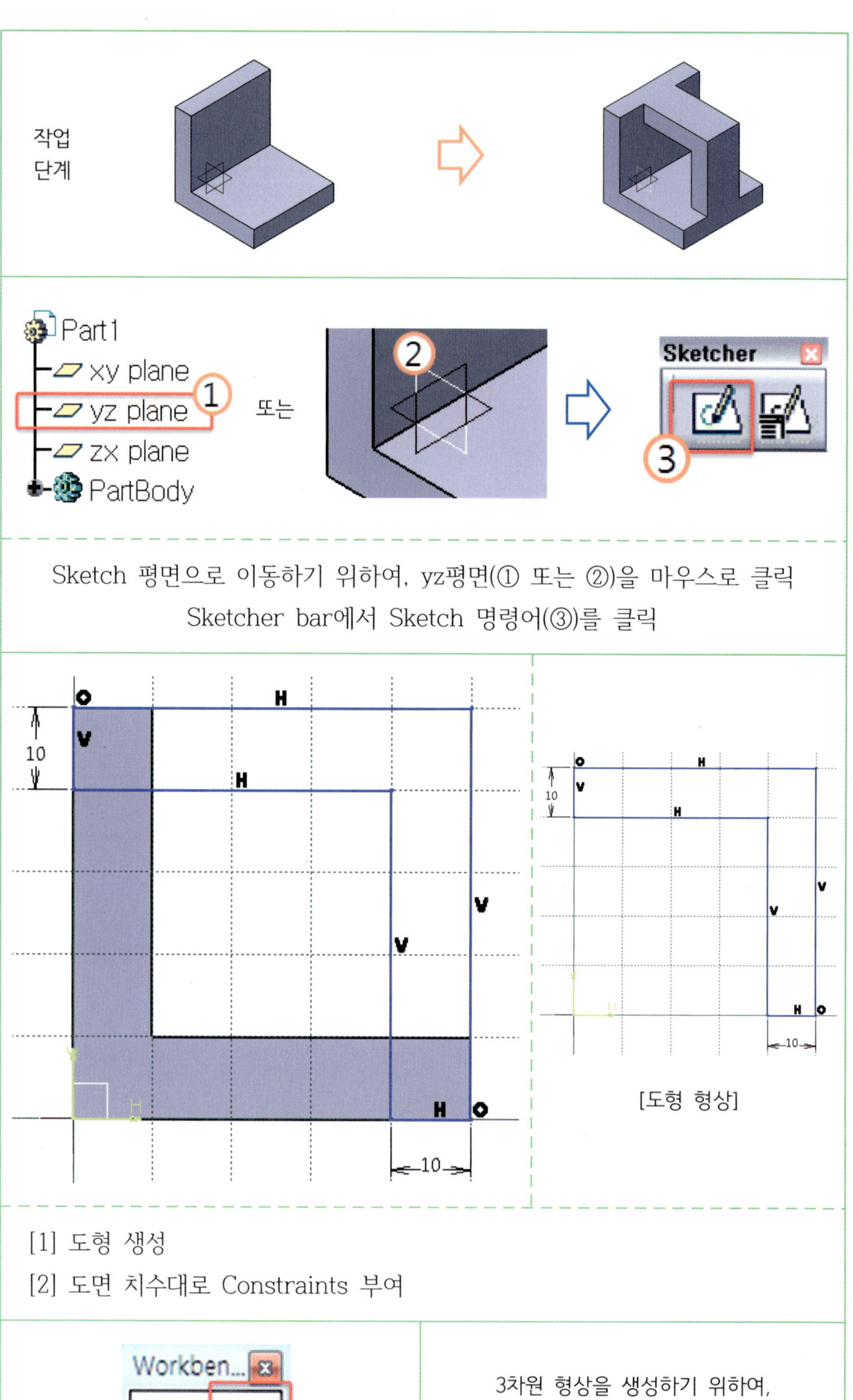

Sketch 평면으로 이동하기 위하여, yz평면(① 또는 ②)을 마우스로 클릭
Sketcher bar에서 Sketch 명령어(③)를 클릭

[도형 형상]

[1] 도형 생성
[2] 도면 치수대로 Constraints 부여

3차원 형상을 생성하기 위하여,
Exit workbench 명령어 클릭
⇨ 3차원 공간으로 이동

작업 단계

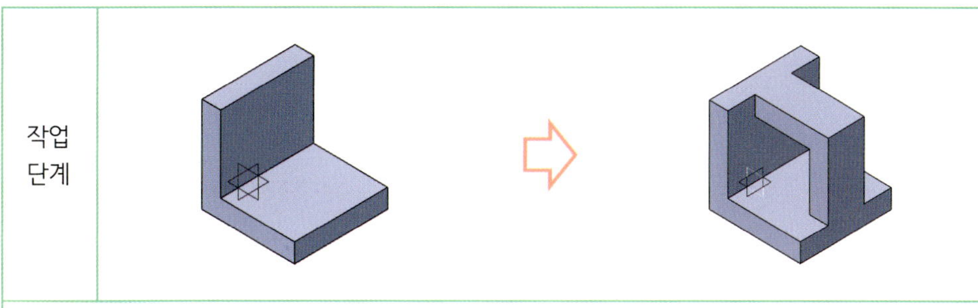

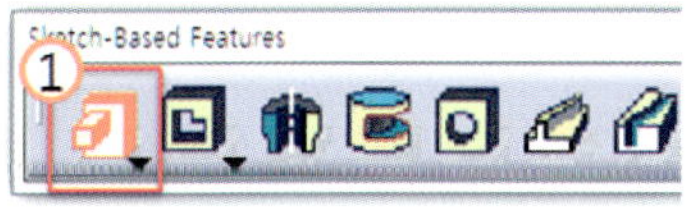

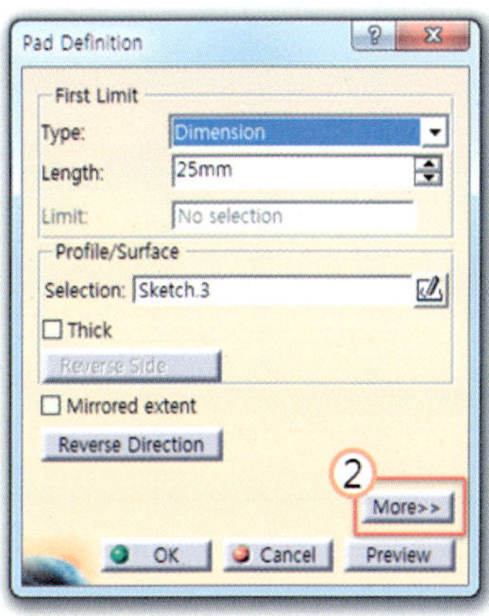

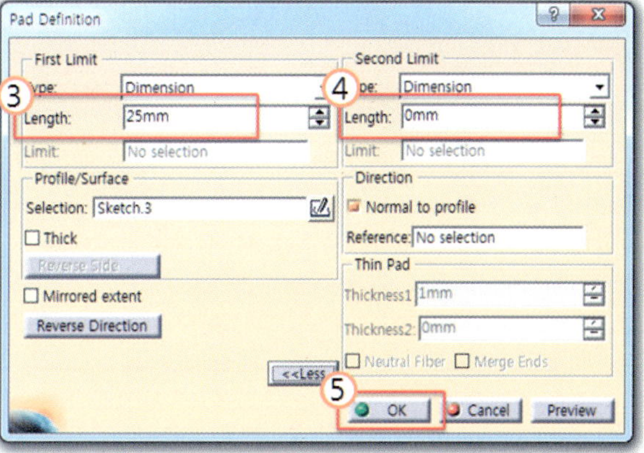

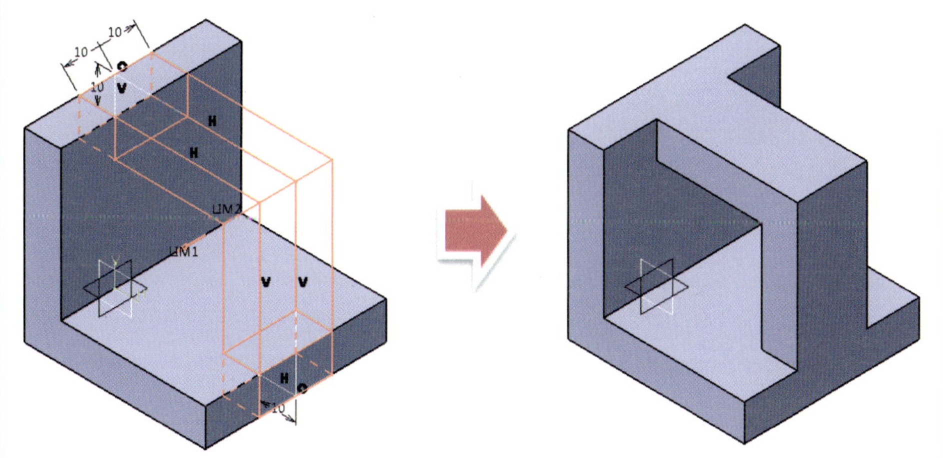

[1] Sketch-Based Features ⇨ Pad 명령어(①) 클릭

[2] More(②) 클릭

[3] First Limit ⇨ Length(③) : 10 입력

[4] Second Limit ⇨ Length(④) : 10 입력

[5] OK(⑤) 클릭

작업 단계

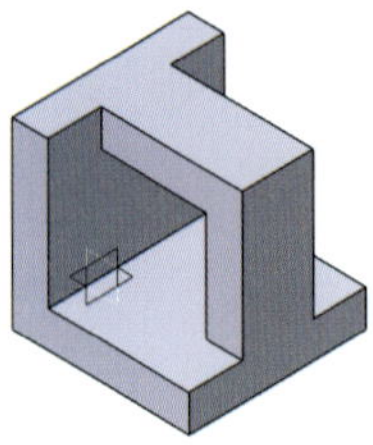

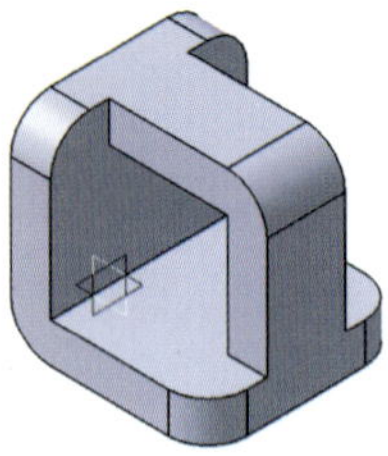

[1] Dress-Up Features
⇨ Edge Fillet
명령어(①) 클릭

[2] Radius(②) : 10 입력

[3] 아래와 같이
모서리 선택

[4] OK 클릭

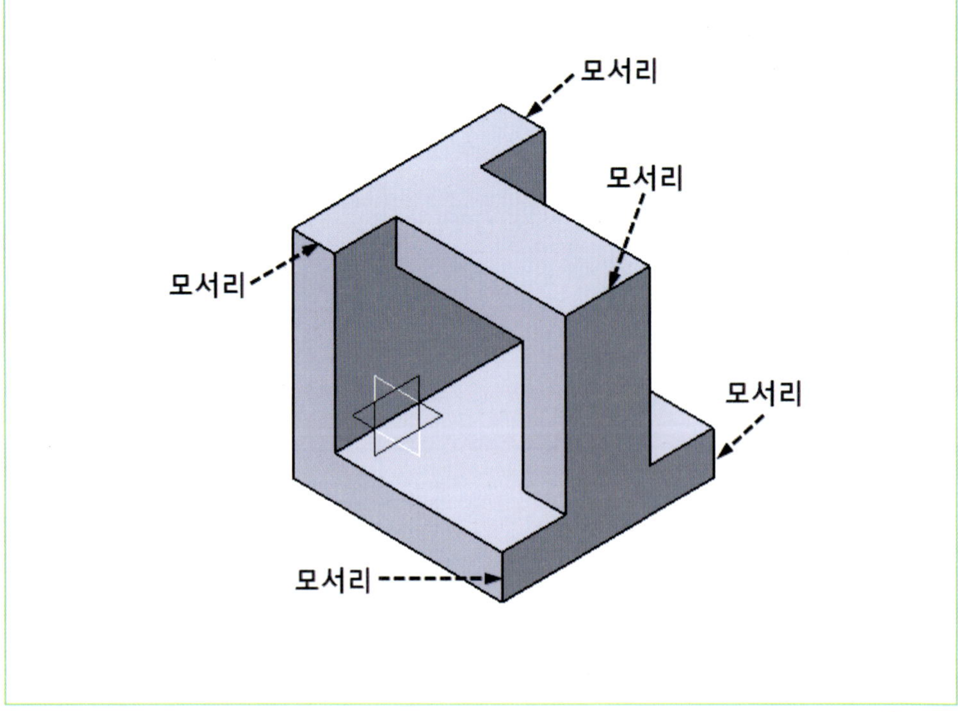

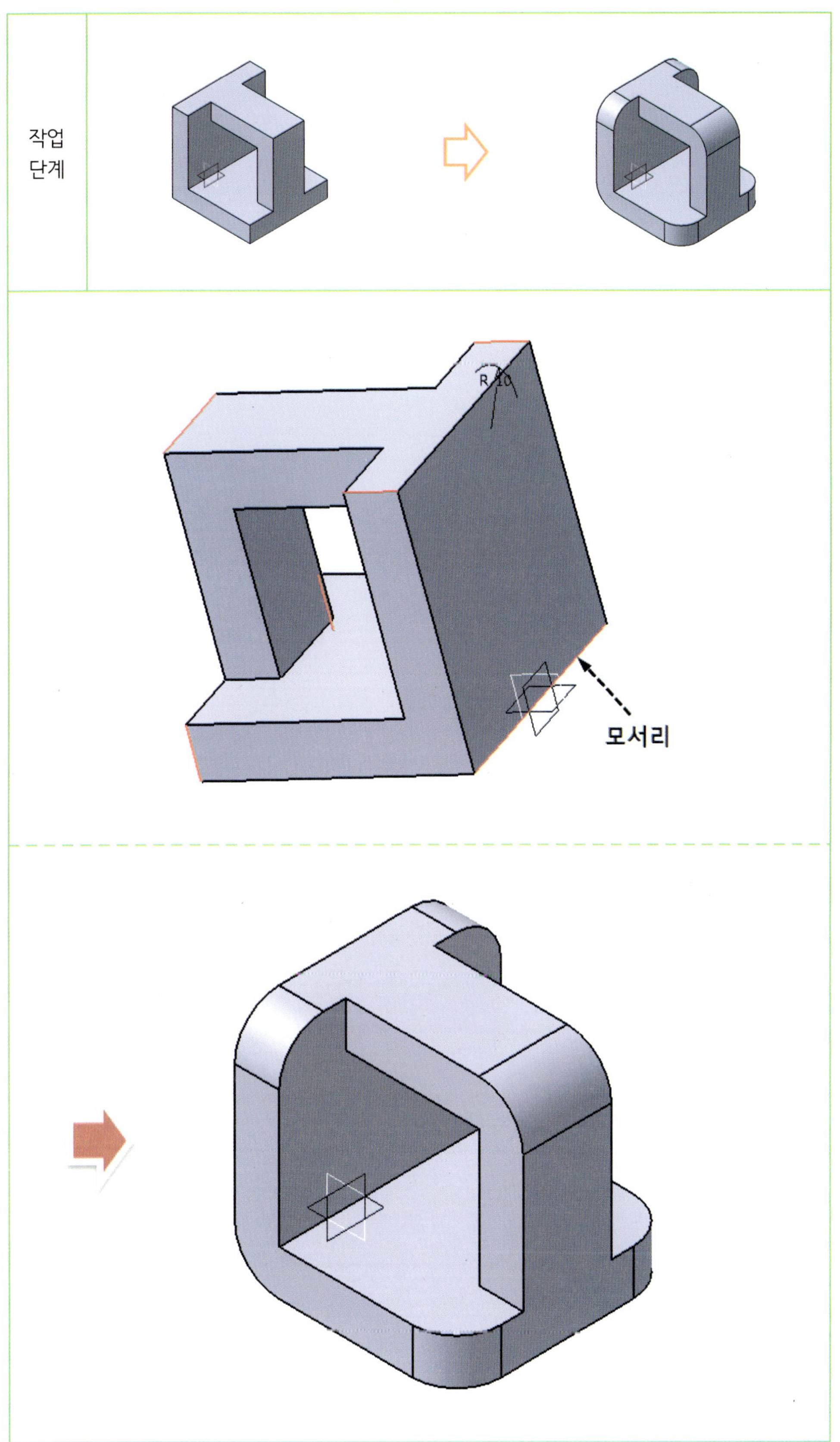
작업
단계
R 10
모서리

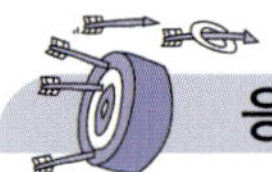

응용 : PAD & Edge Fillet 명령어

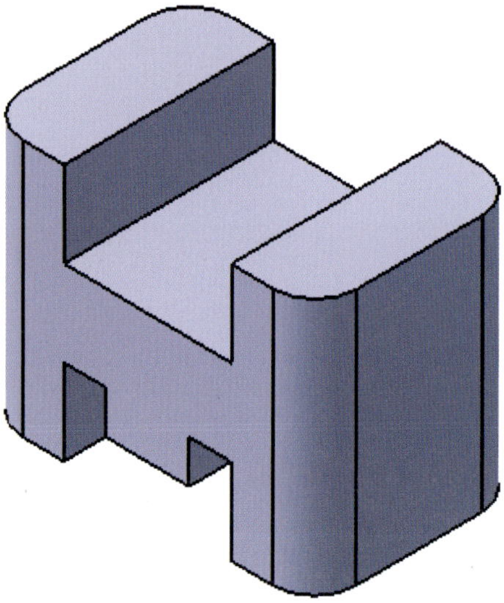

[ISO View]

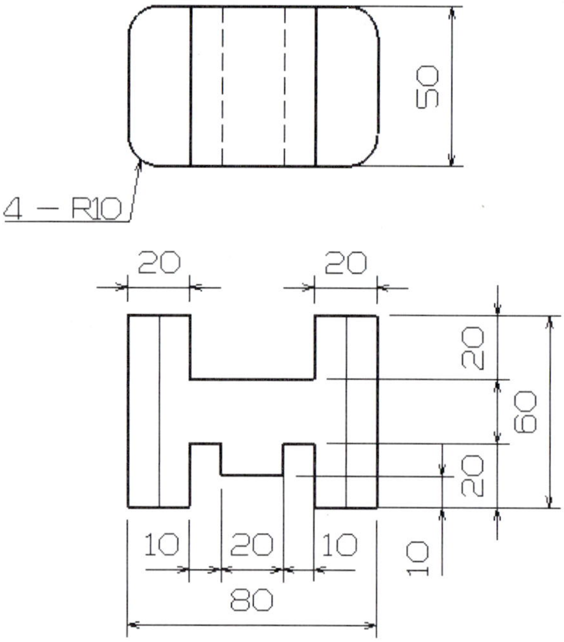

[도면]

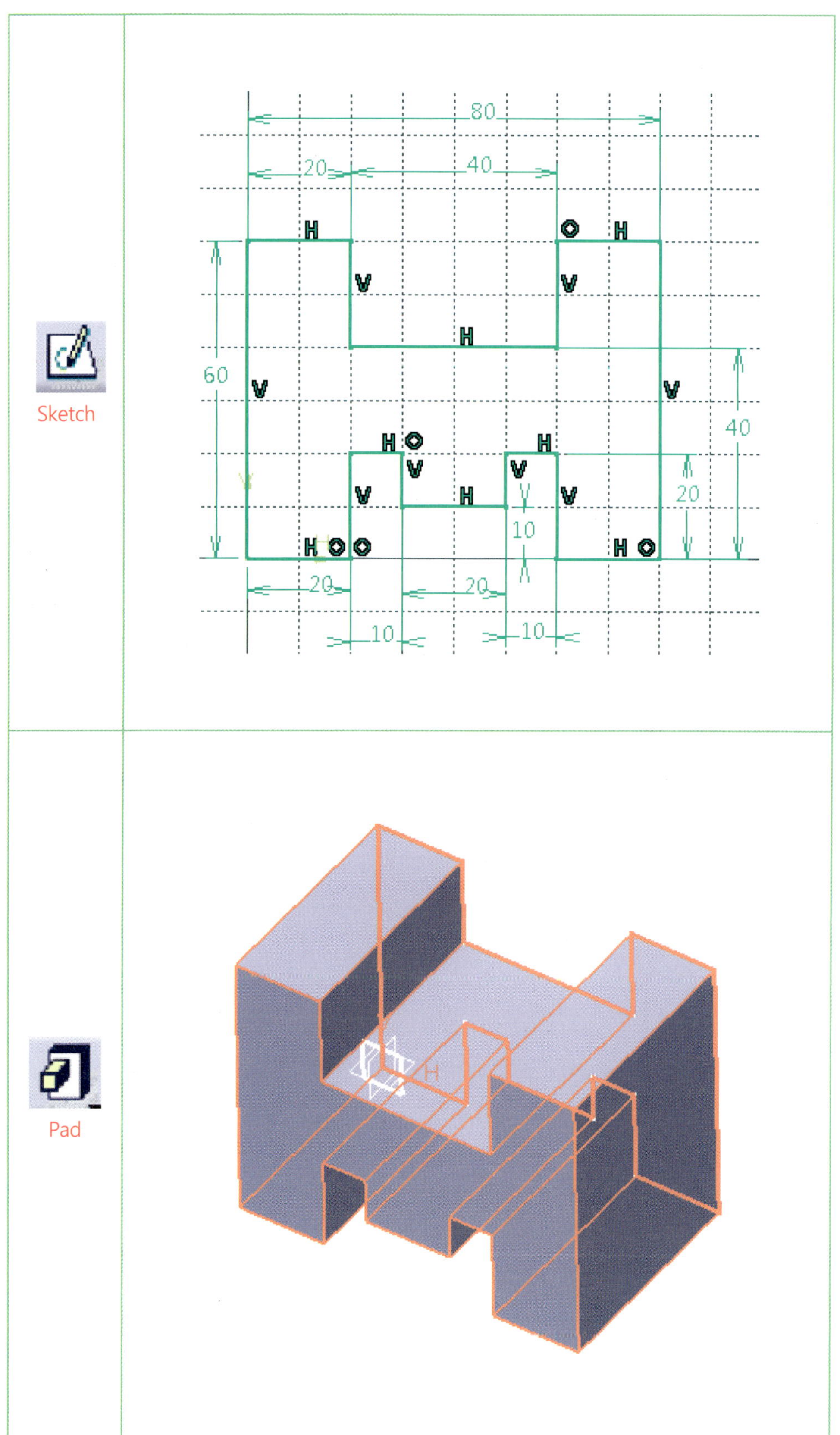

80
20
40
60
40
20
10
20
20
10
10
Sketch
Pad

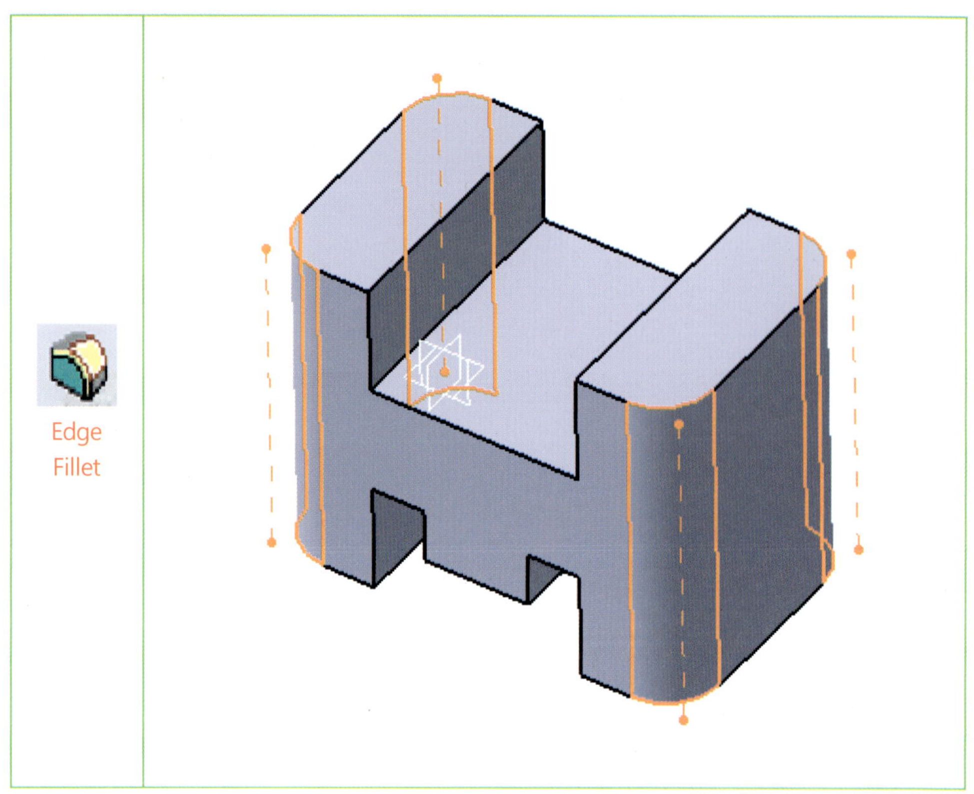
Edge
Fillet

따라하기 3 : Shaft 명령어

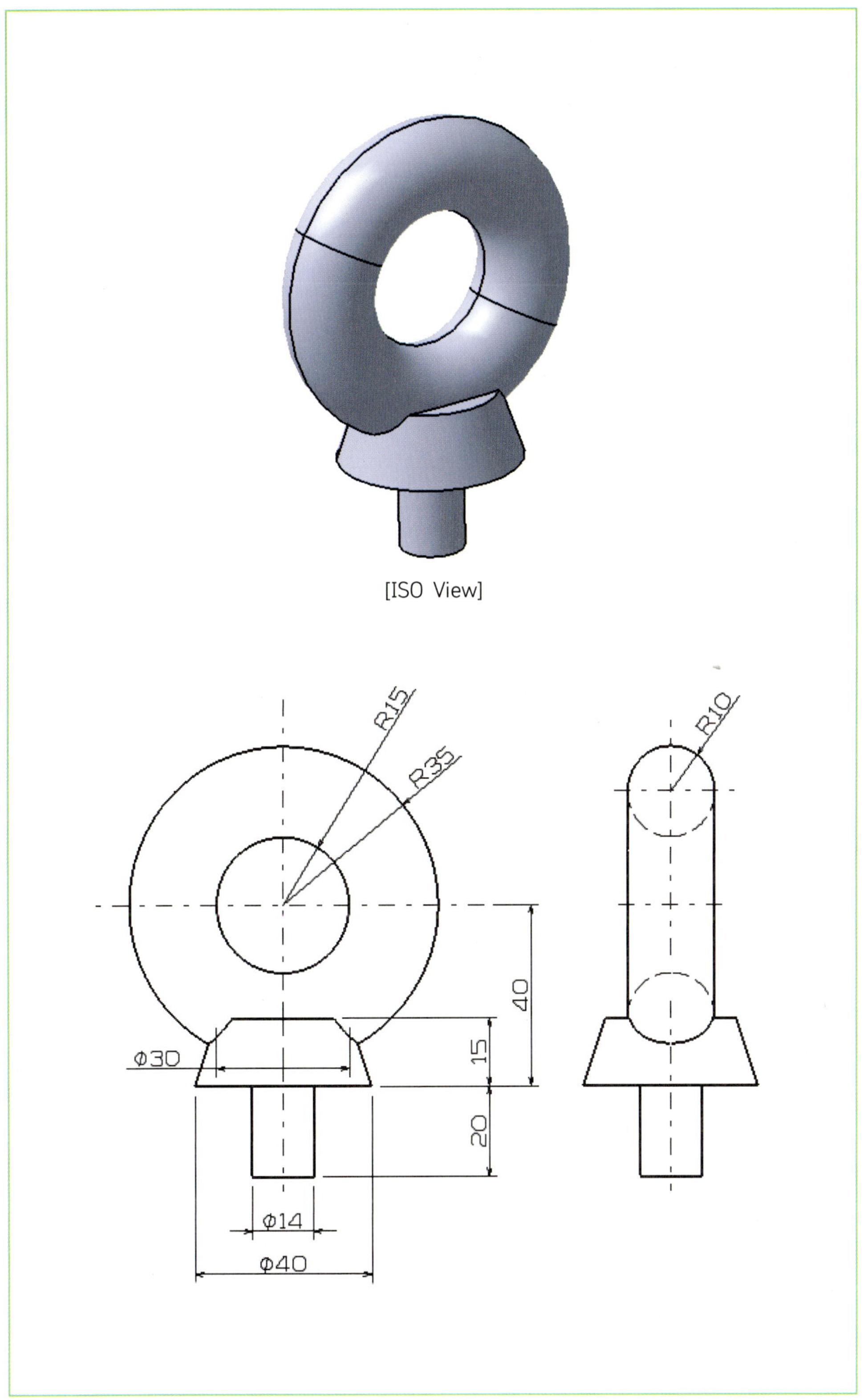

[ISO View]

1. PartDesign 들어가기

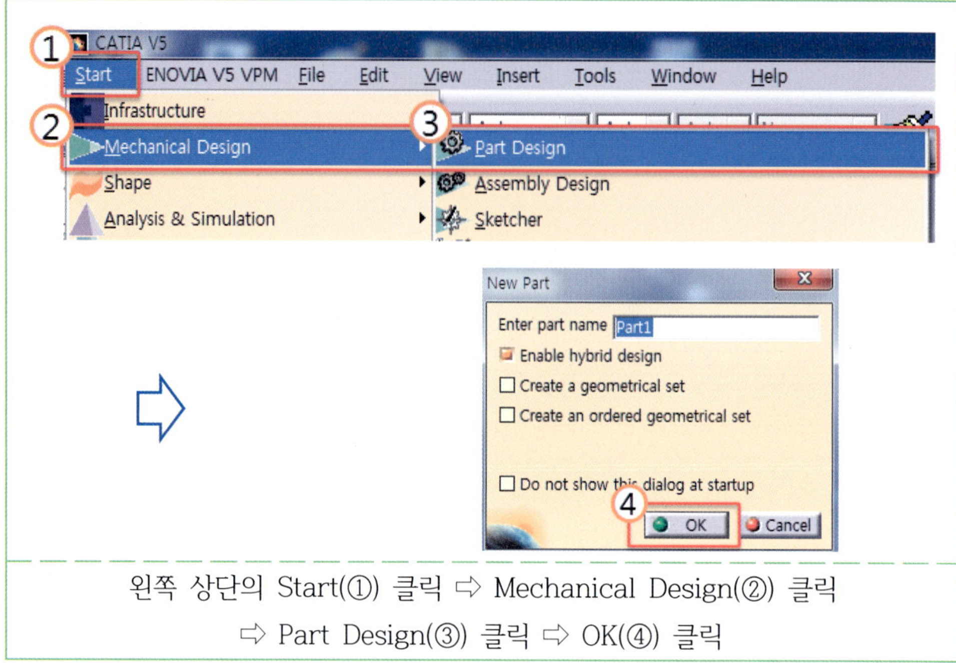

왼쪽 상단의 Start(①) 클릭 ⇨ Mechanical Design(②) 클릭
⇨ Part Design(③) 클릭 ⇨ OK(④) 클릭

2. 초기 설정 : Constraint의 SmartPick 일부 옵션 해제

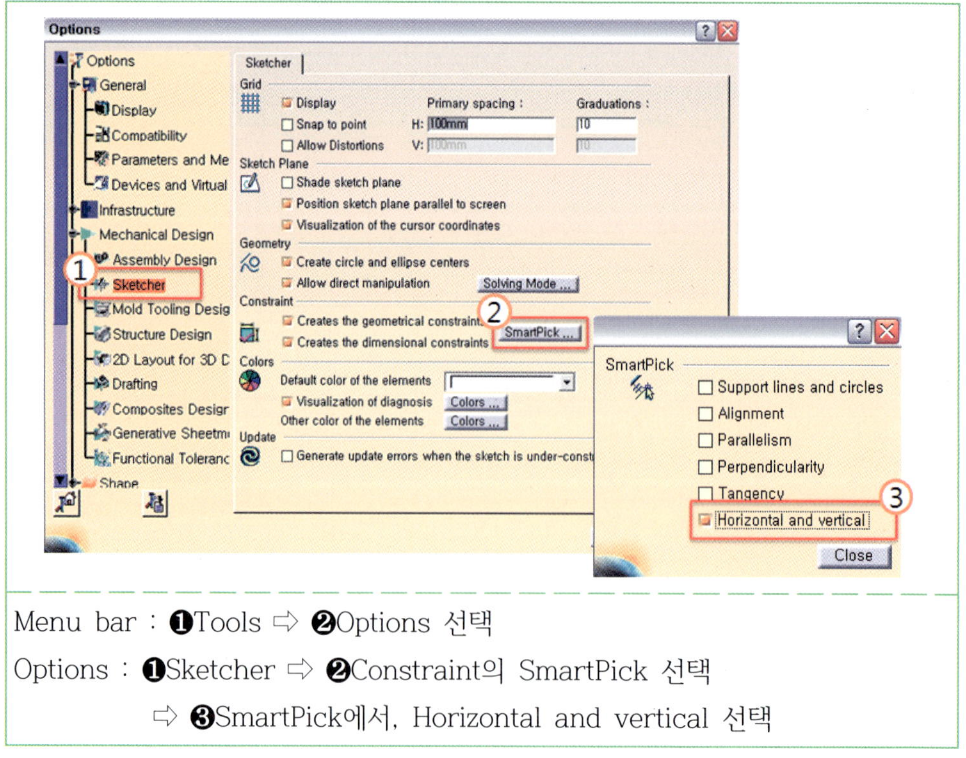

Menu bar : ❶Tools ⇨ ❷Options 선택
Options : ❶Sketcher ⇨ ❷Constraint의 SmartPick 선택
⇨ ❸SmartPick에서, Horizontal and vertical 선택

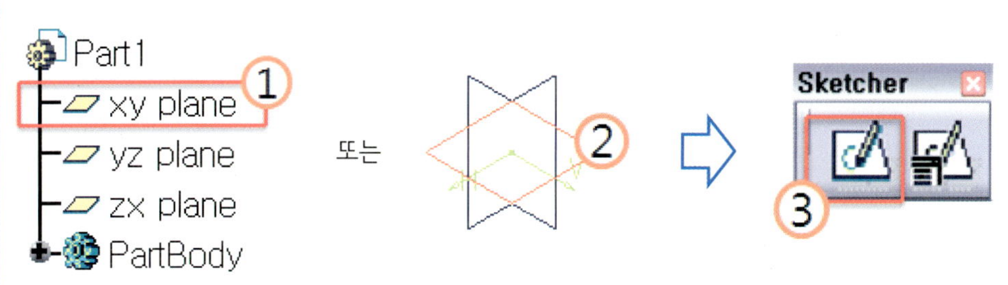

Sketch 평면으로 이동하기 위하여, xy평면(① 또는 ②)을 마우스로 클릭
Sketcher bar에서 Sketch 명령어(③)를 클릭

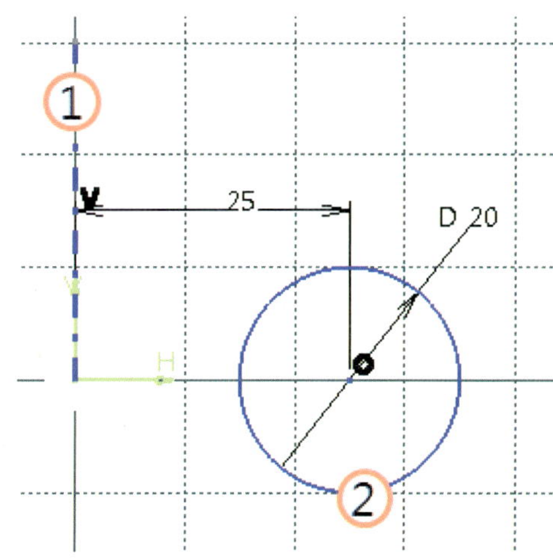

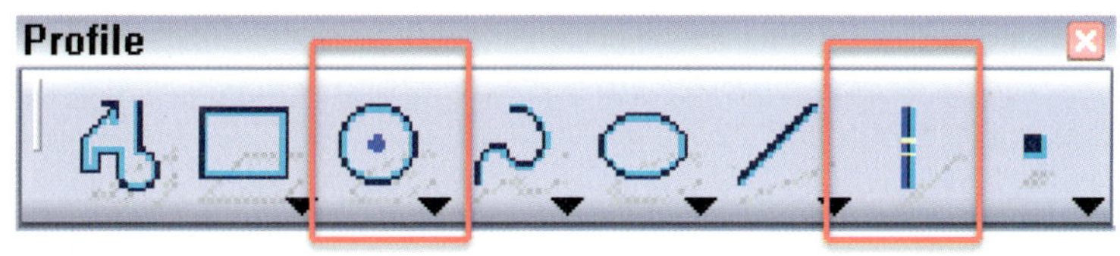

[1] Profile bar ⇨ Axis 명령어 클릭 ⇨ 원점에서 수직축(①) 생성
[2] Profile bar ⇨ Circle 명령어 클릭 ⇨ 원(②) 생성
[3] Constraints 부여
⇨ 원의 지름 : 20
⇨ 수직축에서 원의 중심까지 거리 : 25
⇨ H축과 원의 중심을 Coincidence(○) : 35

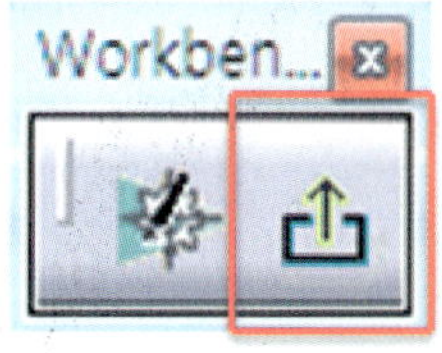

3차원 형상을 생성하기 위하여,
Exit workbench 명령어 클릭
⇨ 3차원 공간으로 이동

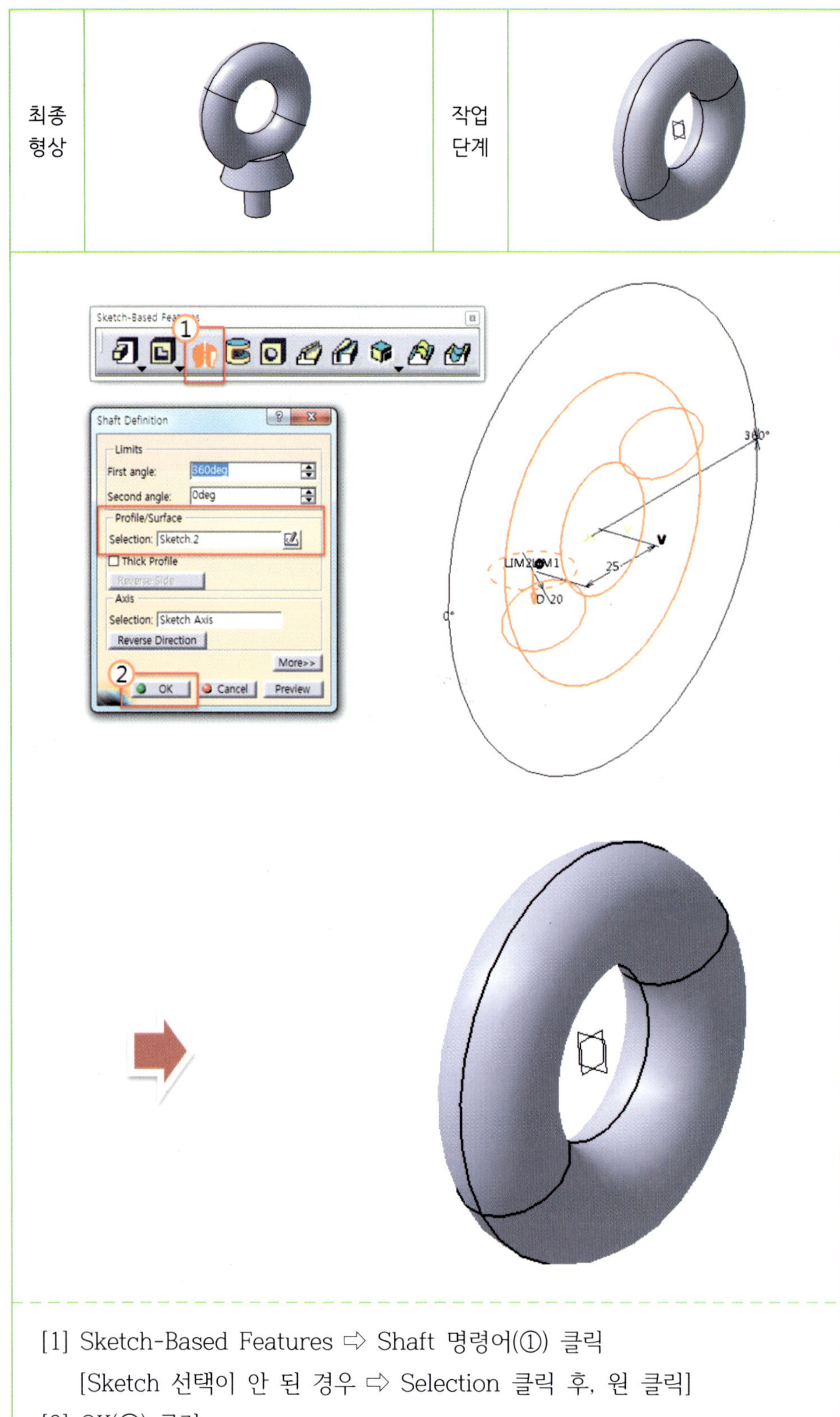

[1] Sketch-Based Features ⇨ Shaft 명령어(①) 클릭

[Sketch 선택이 안 된 경우 ⇨ Selection 클릭 후, 원 클릭]

[2] OK(②) 클릭

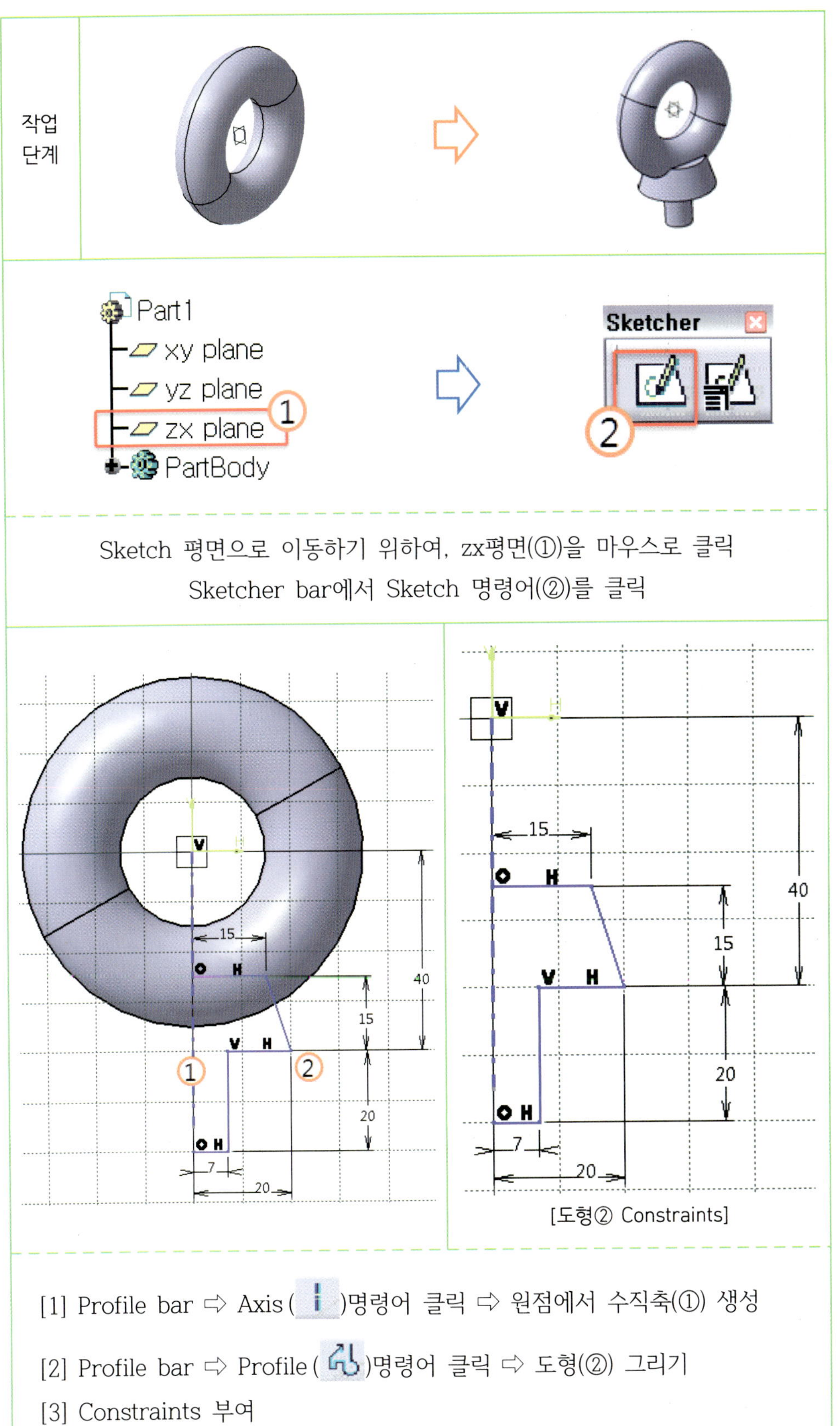
작업
단계
Part1
xy plane
yz plane
zx plane
PartBody
Sketcher
Sketch 평면으로 이동하기 위하여, zx평면(①)을 마우스로 클릭
Sketcher bar에서 Sketch 명령어(②)를 클릭
15
40
15
20
7
20
[도형② Constraints]
[1] Profile bar ⇨ Axis( )명령어 클릭 ⇨ 원점에서 수직축(①) 생성
[2] Profile bar ⇨ Profile( )명령어 클릭 ⇨ 도형(②) 그리기
[3] Constraints 부여

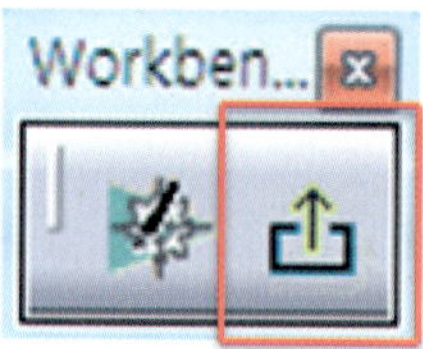

3차원 형상을 생성하기 위하여,
Exit workbench 명령어 클릭
⇨ 3차원 공간으로 이동

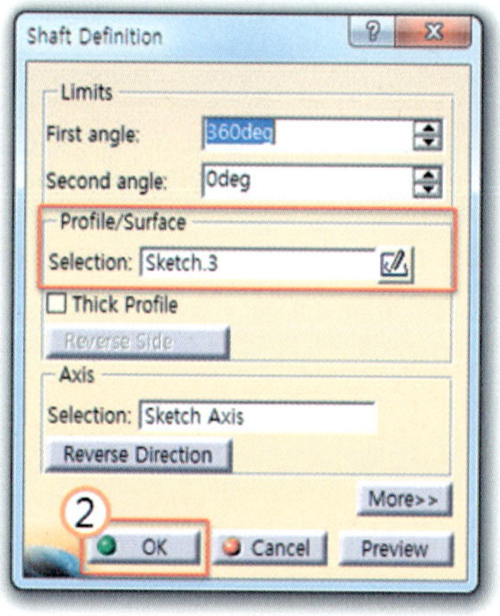

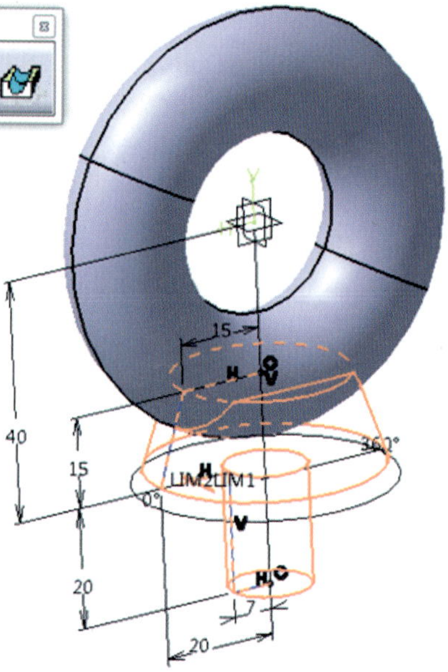

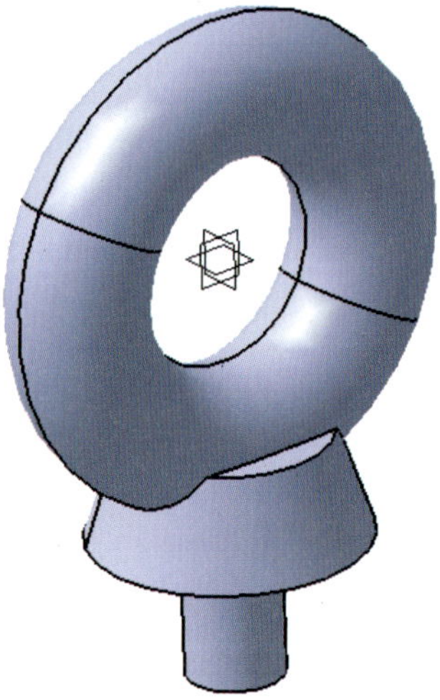

[1] Sketch-Based Features ⇨ Shaft 명령어(①) 클릭
[Sketch 선택이 안 된 경우 ⇨ Selection클릭 후, 도형 클릭]

[2] OK(②) 클릭

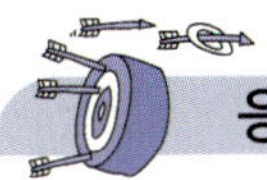

응용 : Shaft 명령어

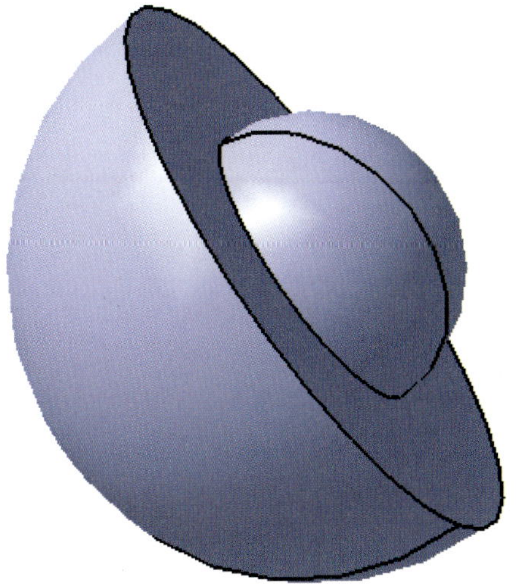

[ISO View]

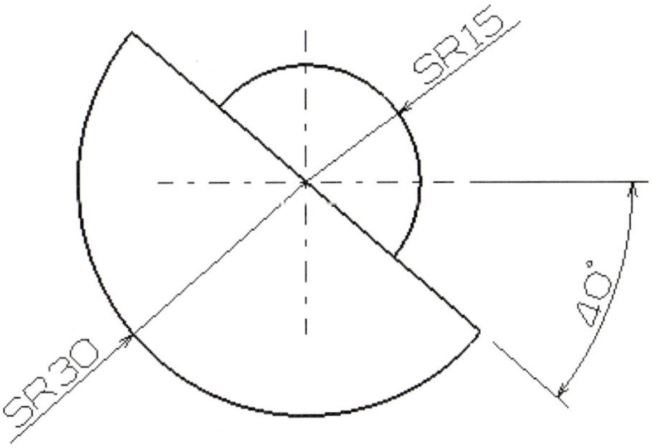

[도면]

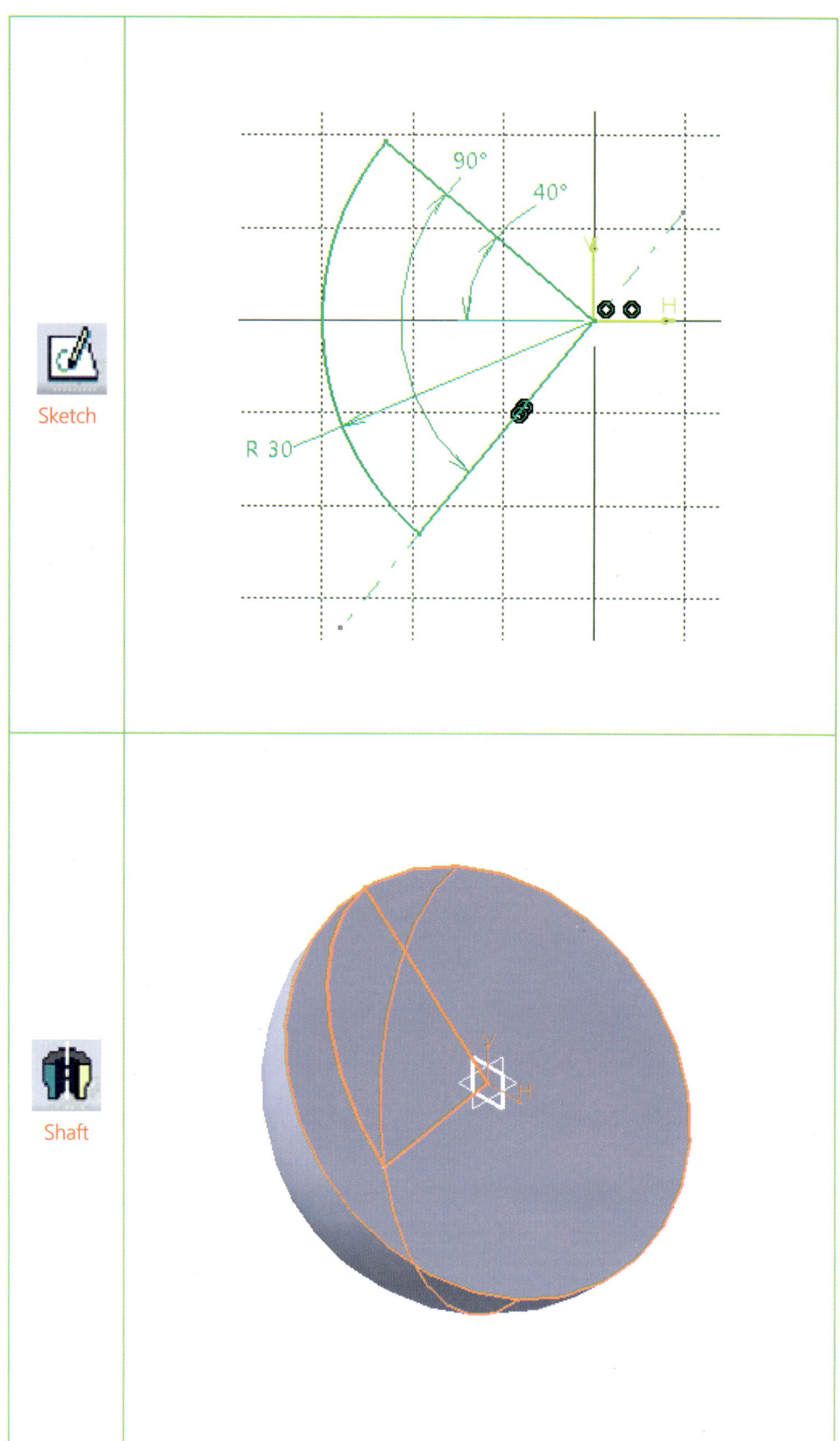
90°
40°
H
R 30
Sketch
Y
H
Shaft

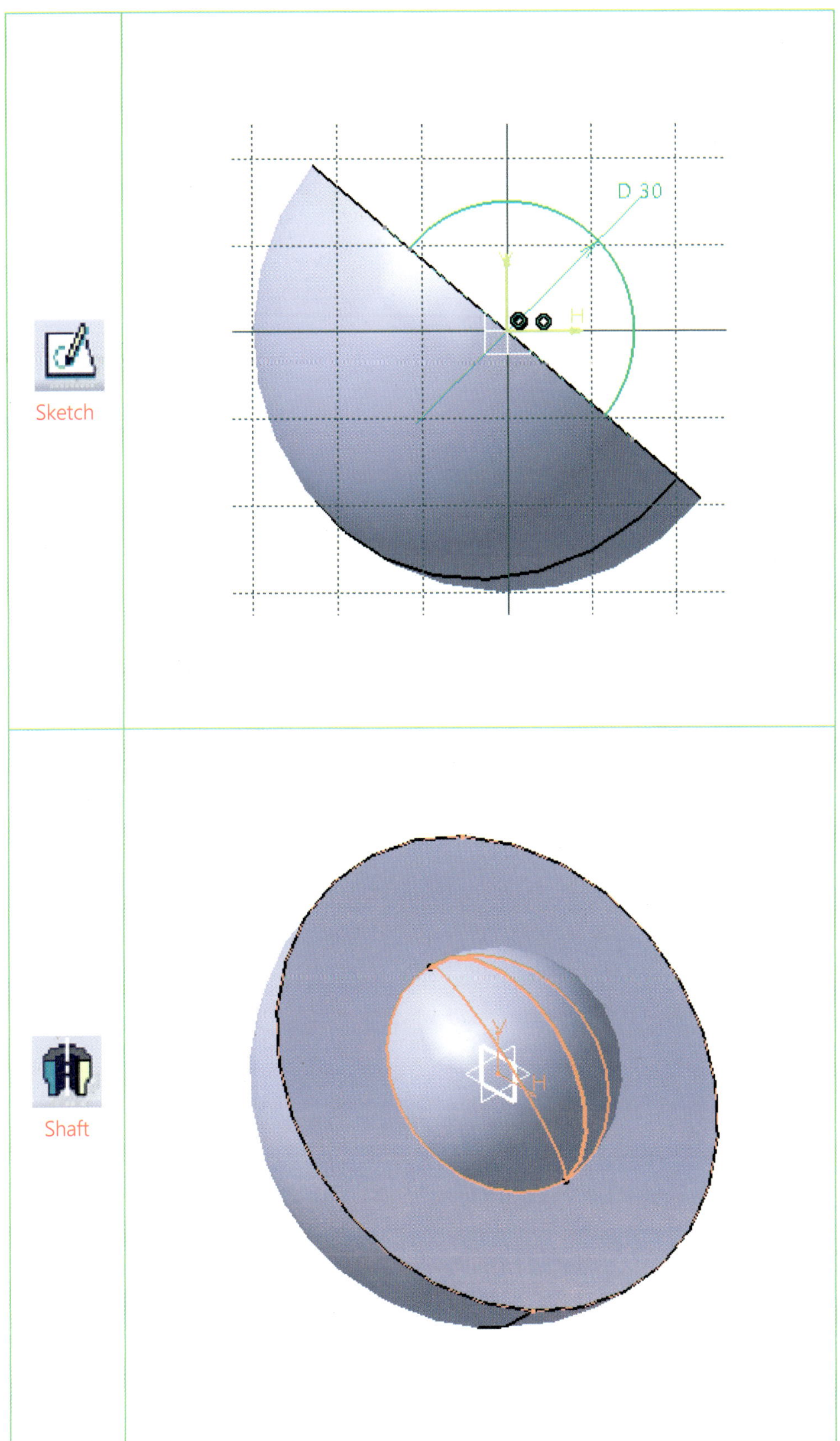
D 30
H
Sketch
Y
H
Shaft

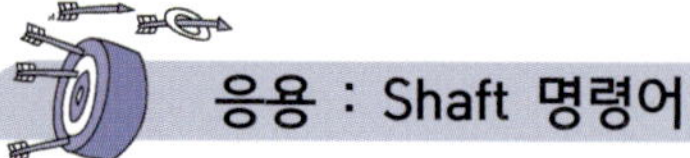

응용 : Shaft 명령어

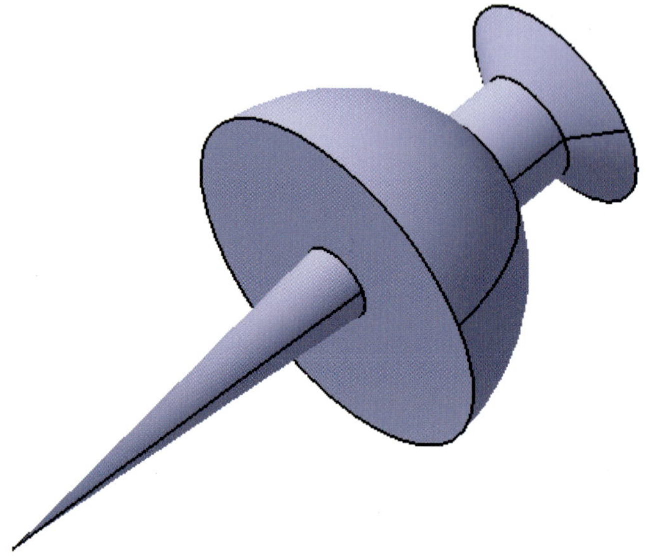

[ISO View]

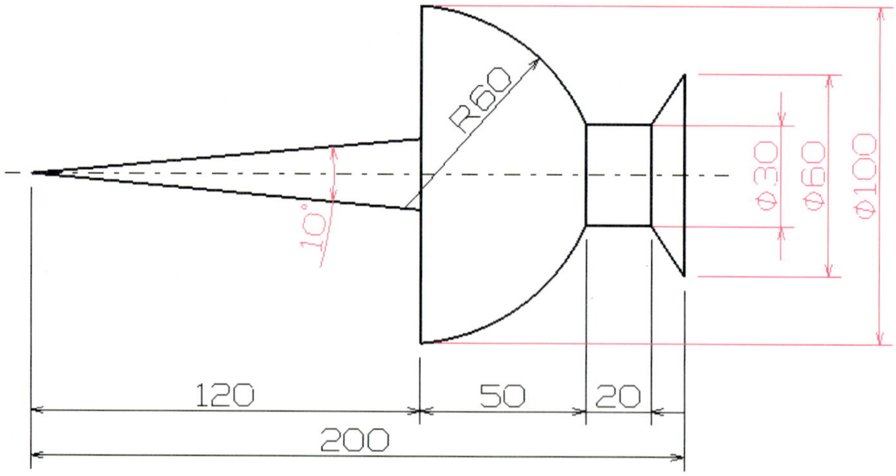

[도면]

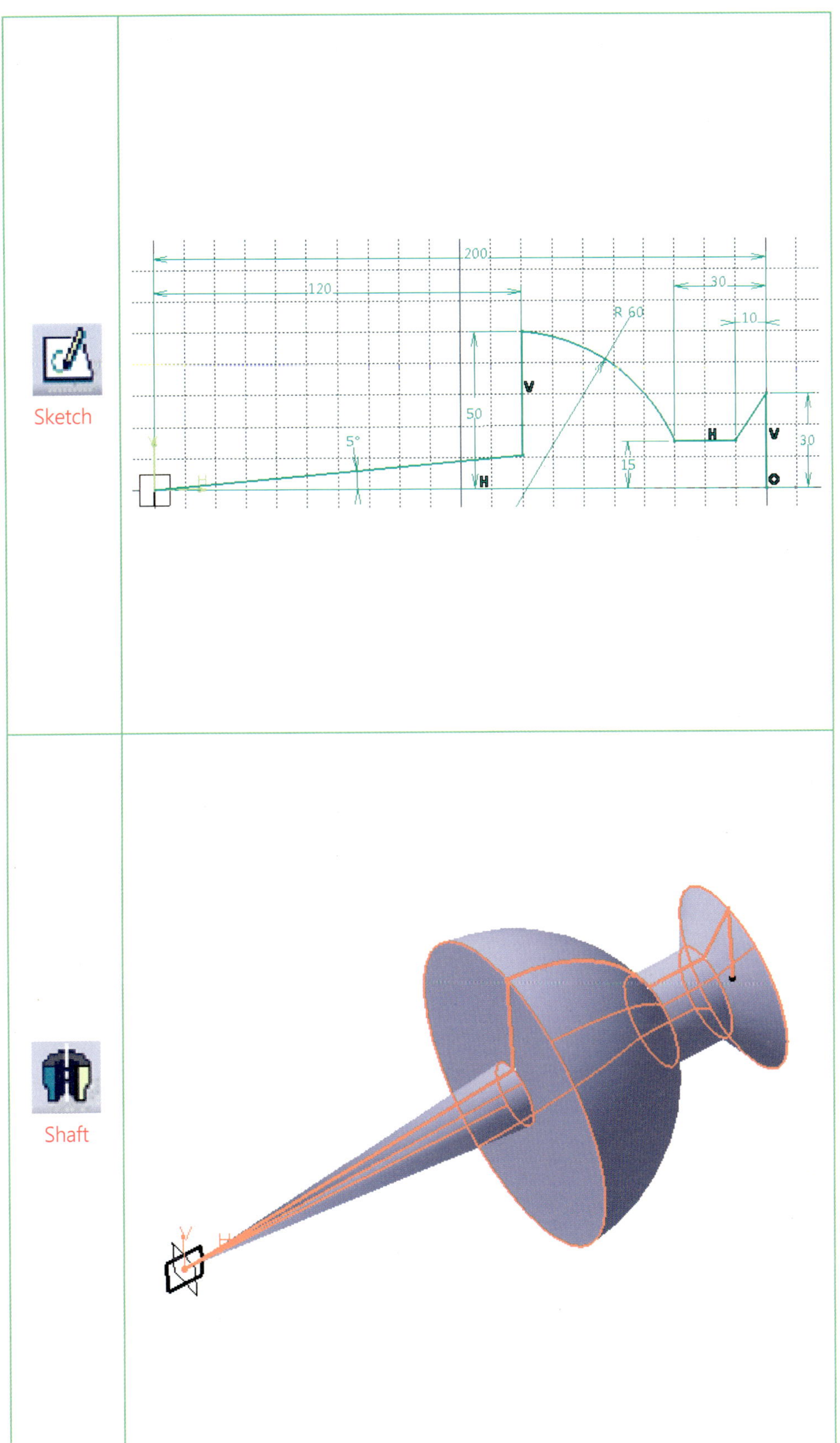
Sketch
200
120
30
10
R 60
50
5°
15
30
Shaft

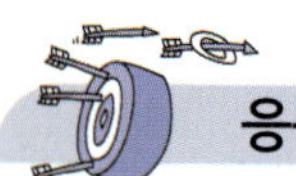

응용 : Shaft 명령어

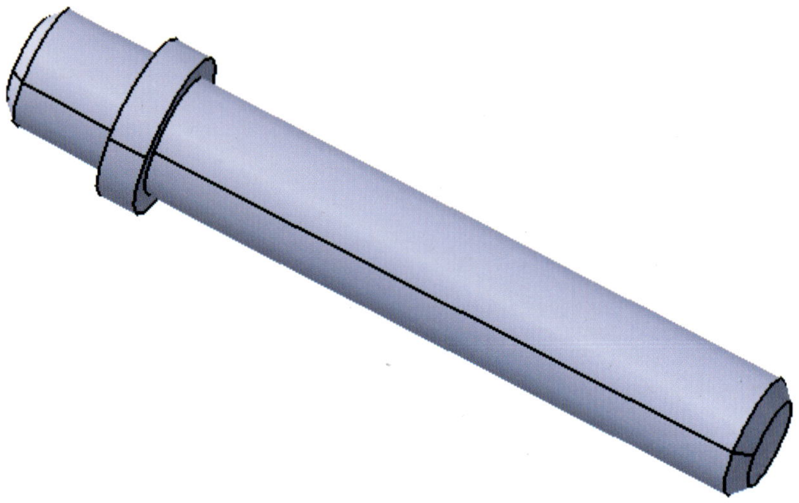

[ISO View]

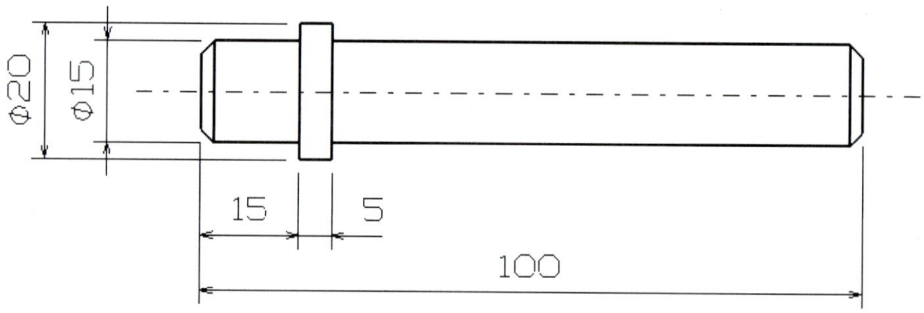

[도면]

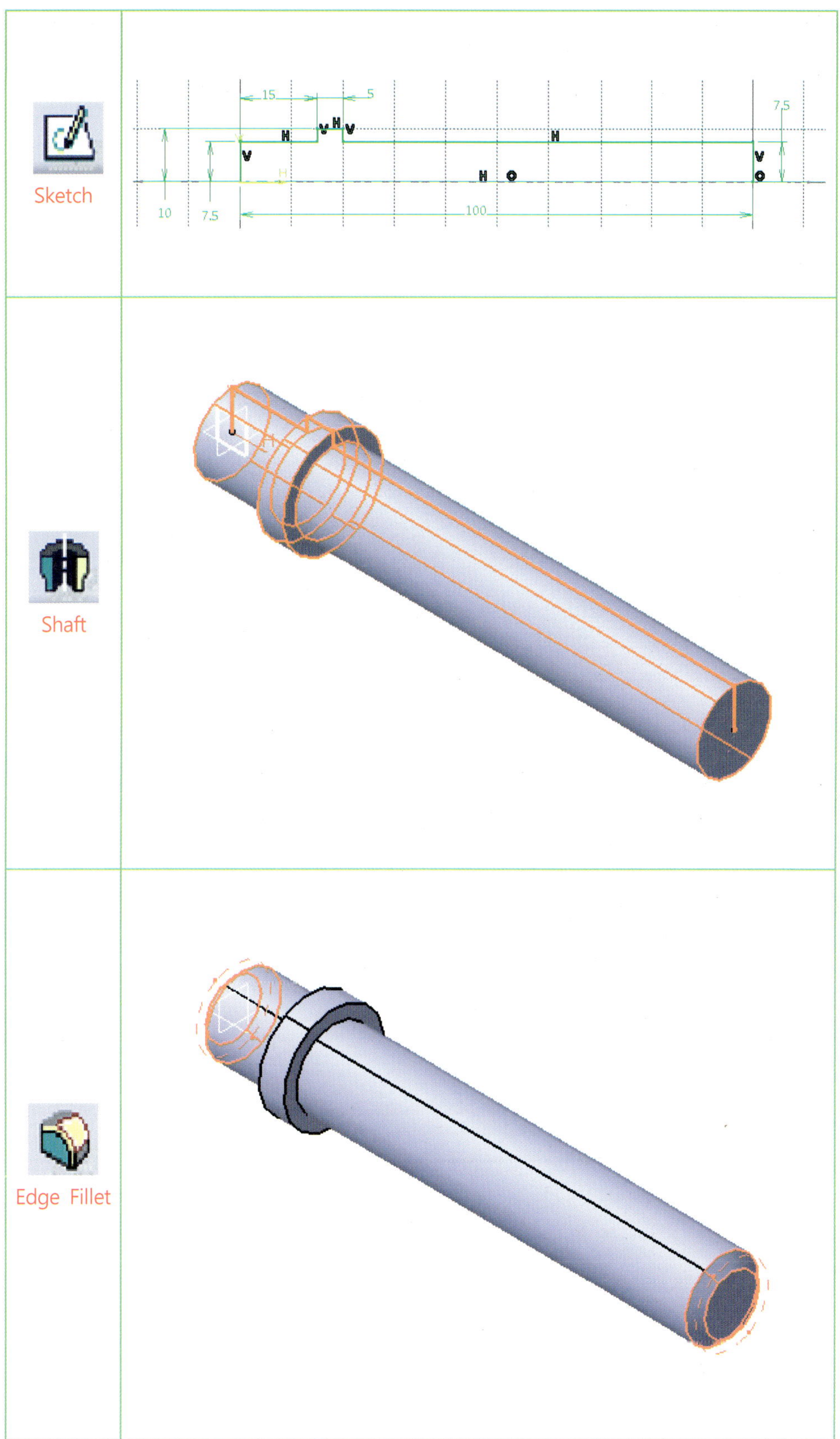

Sketch
15
5
7.5
H
V
H
V
H
V
H
O
V
O
10
7.5
100
Shaft
Edge Fillet

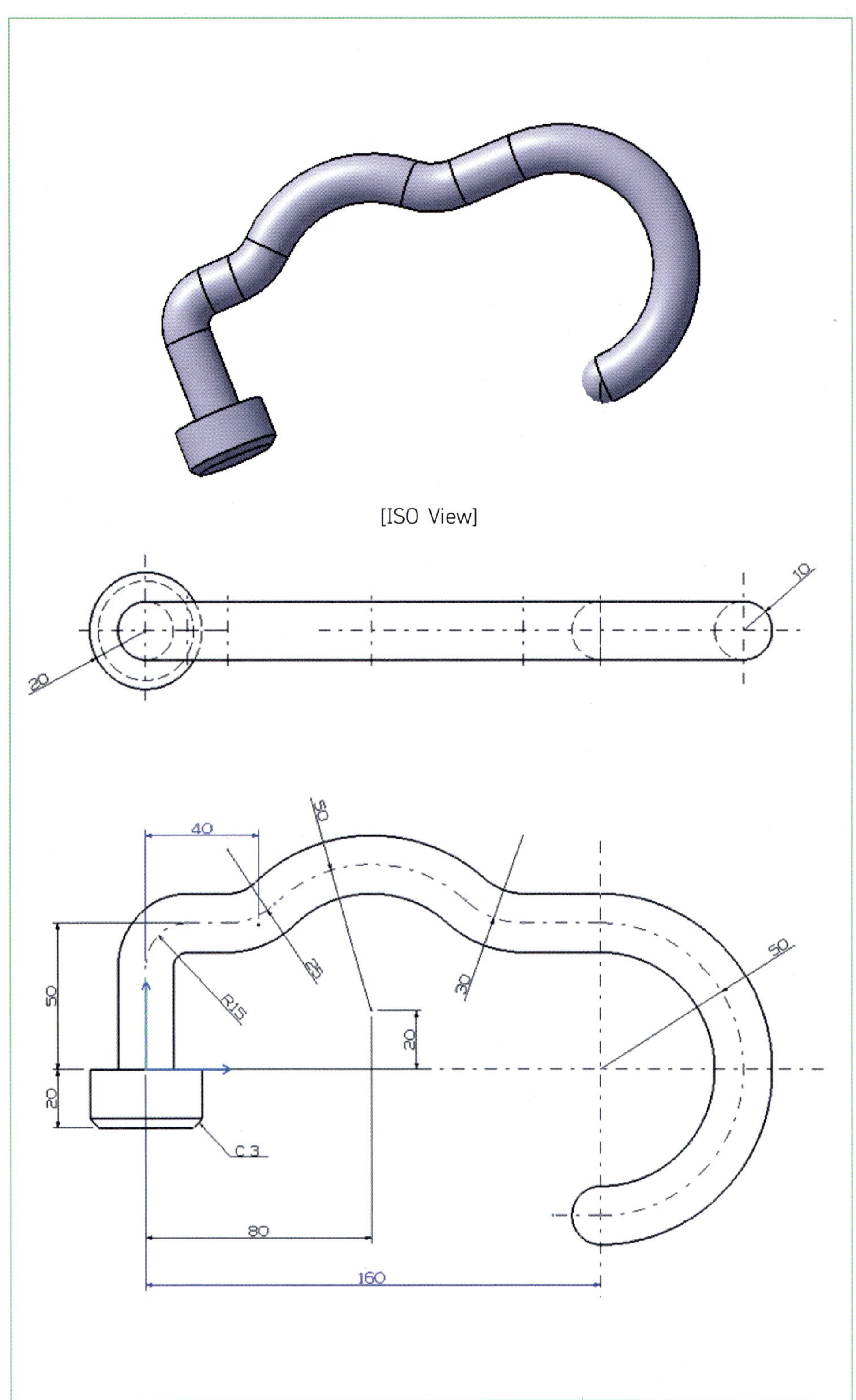
[ISO View]
10
20
40
50
25
30
R15
50
20
50
20
C3
80
160

1. 초기 설정 : Axis system 표현

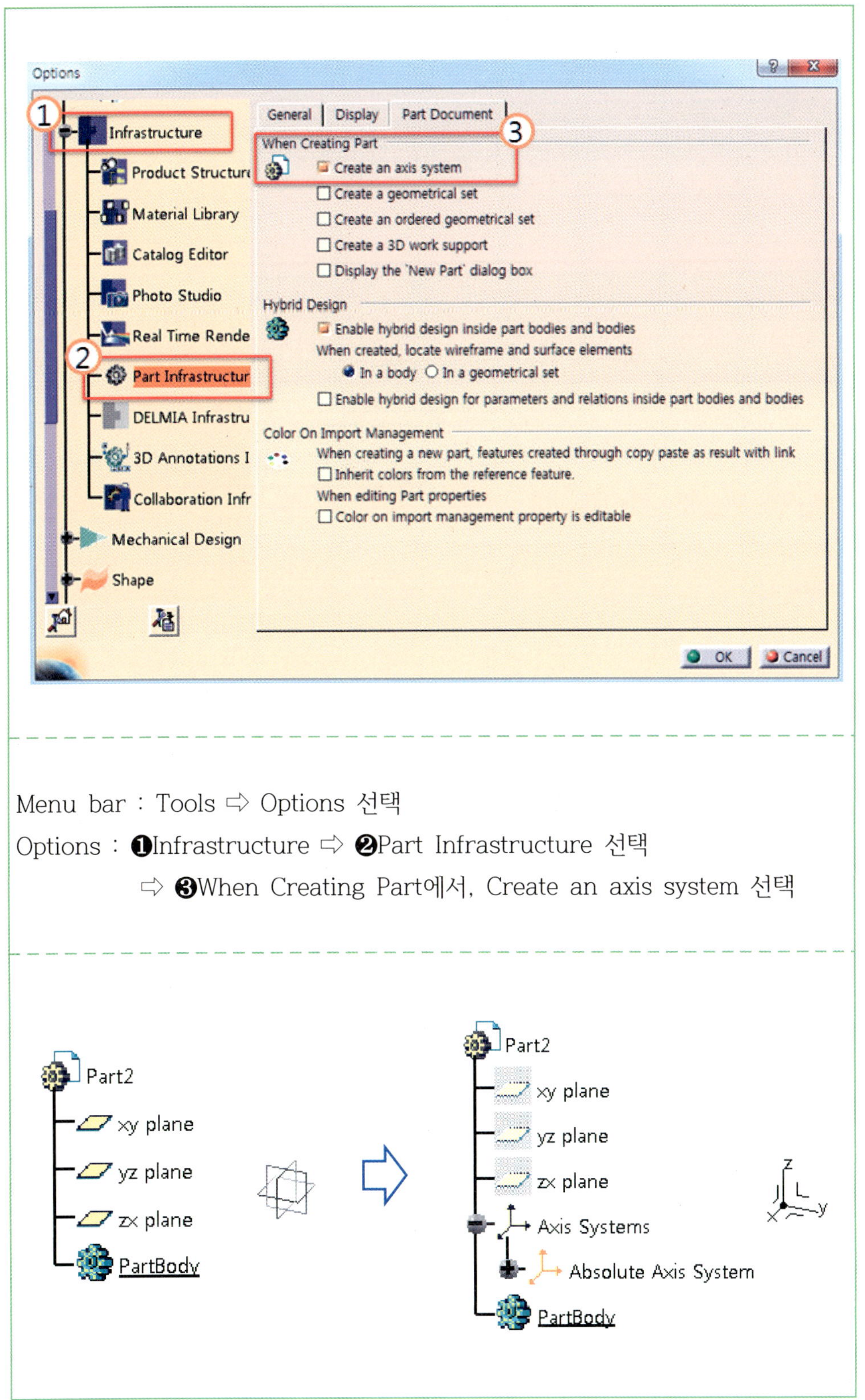

2. PartDesign 들어가기

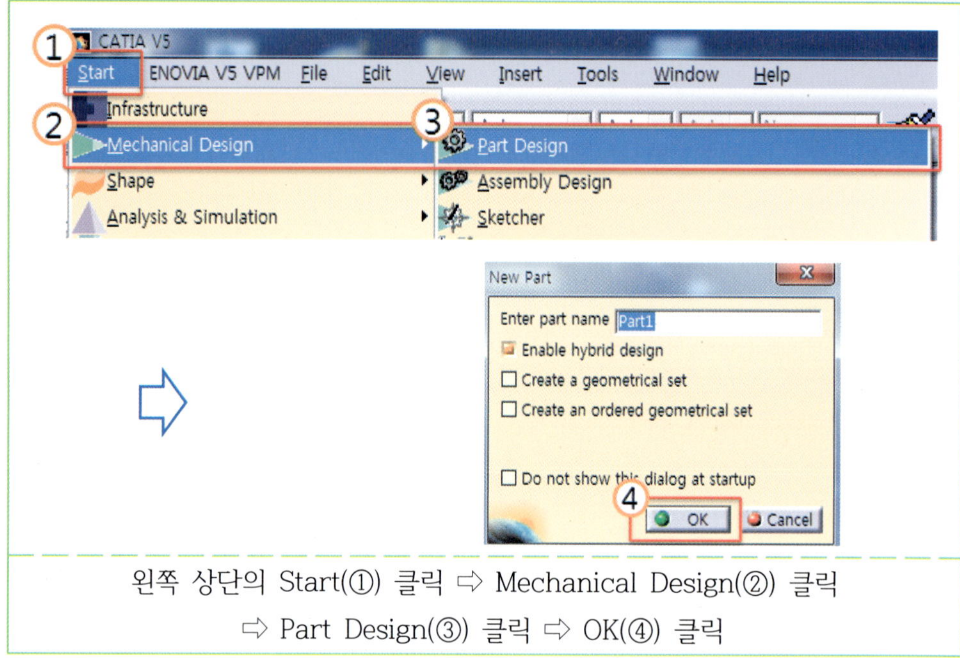

왼쪽 상단의 Start(①) 클릭 ⇨ Mechanical Design(②) 클릭
⇨ Part Design(③) 클릭 ⇨ OK(④) 클릭

3. 초기 설정 : Constraint의 SmartPick 일부 옵션 해제

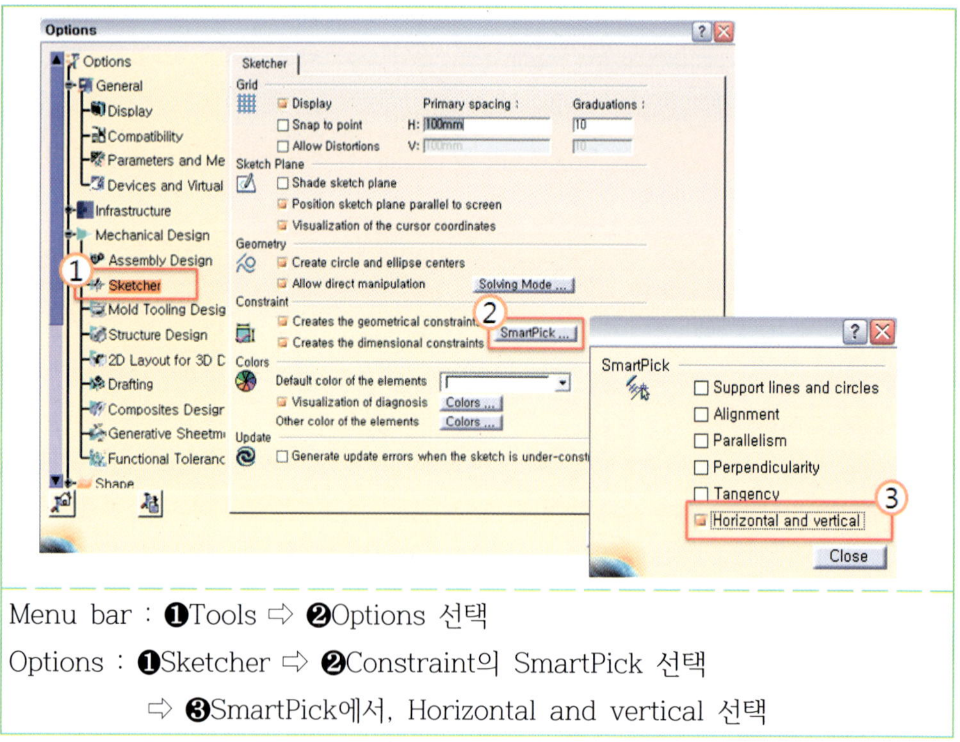

Menu bar : ❶Tools ⇨ ❷Options 선택
Options : ❶Sketcher ⇨ ❷Constraint의 SmartPick 선택
⇨ ❸SmartPick에서, Horizontal and vertical 선택

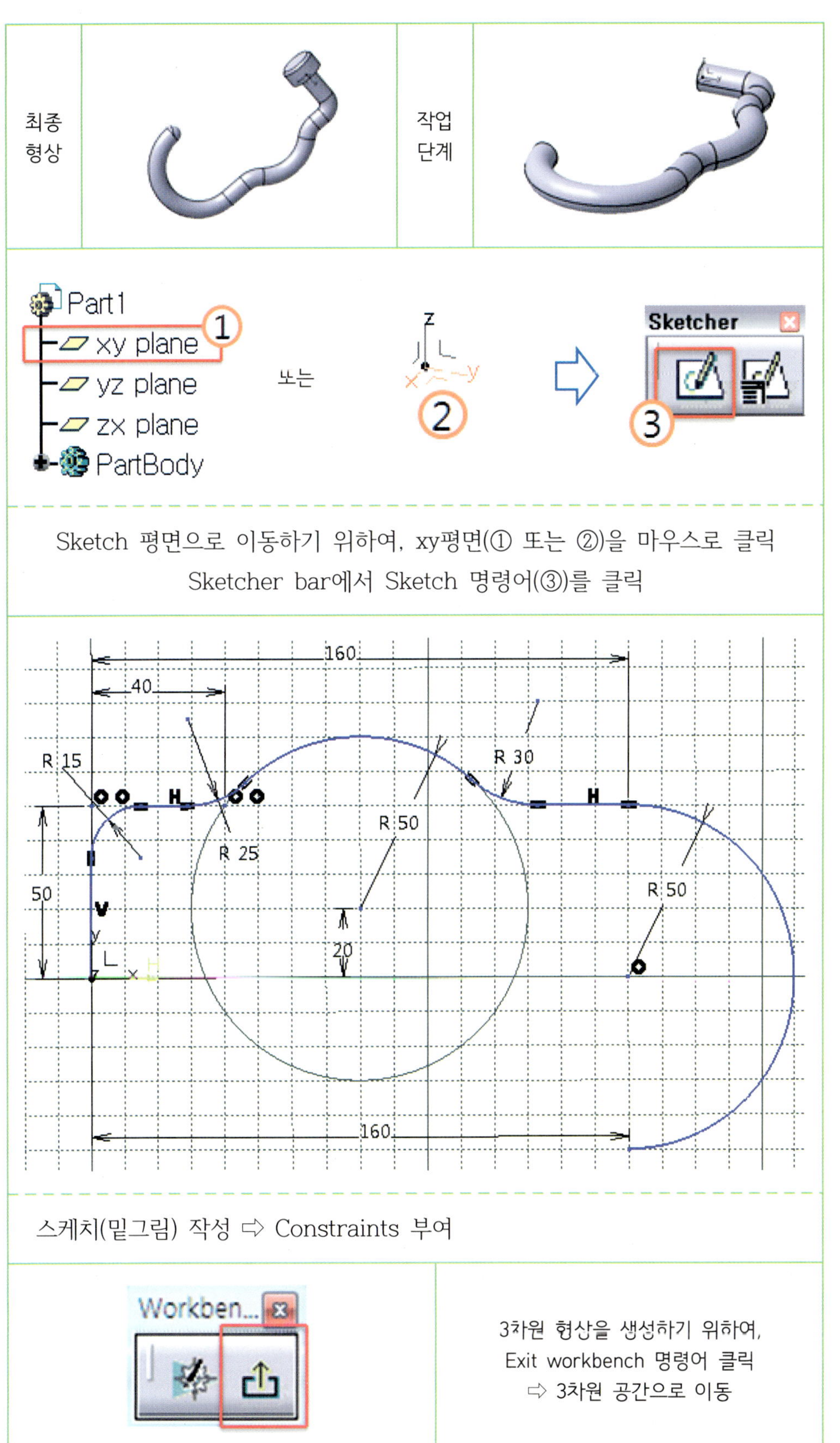

Sketch 평면으로 이동하기 위하여, xy평면(① 또는 ②)을 마우스로 클릭
Sketcher bar에서 Sketch 명령어(③)를 클릭

스케치(밑그림) 작성 ⇨ Constraints 부여

3차원 형상을 생성하기 위하여,
Exit workbench 명령어 클릭
⇨ 3차원 공간으로 이동

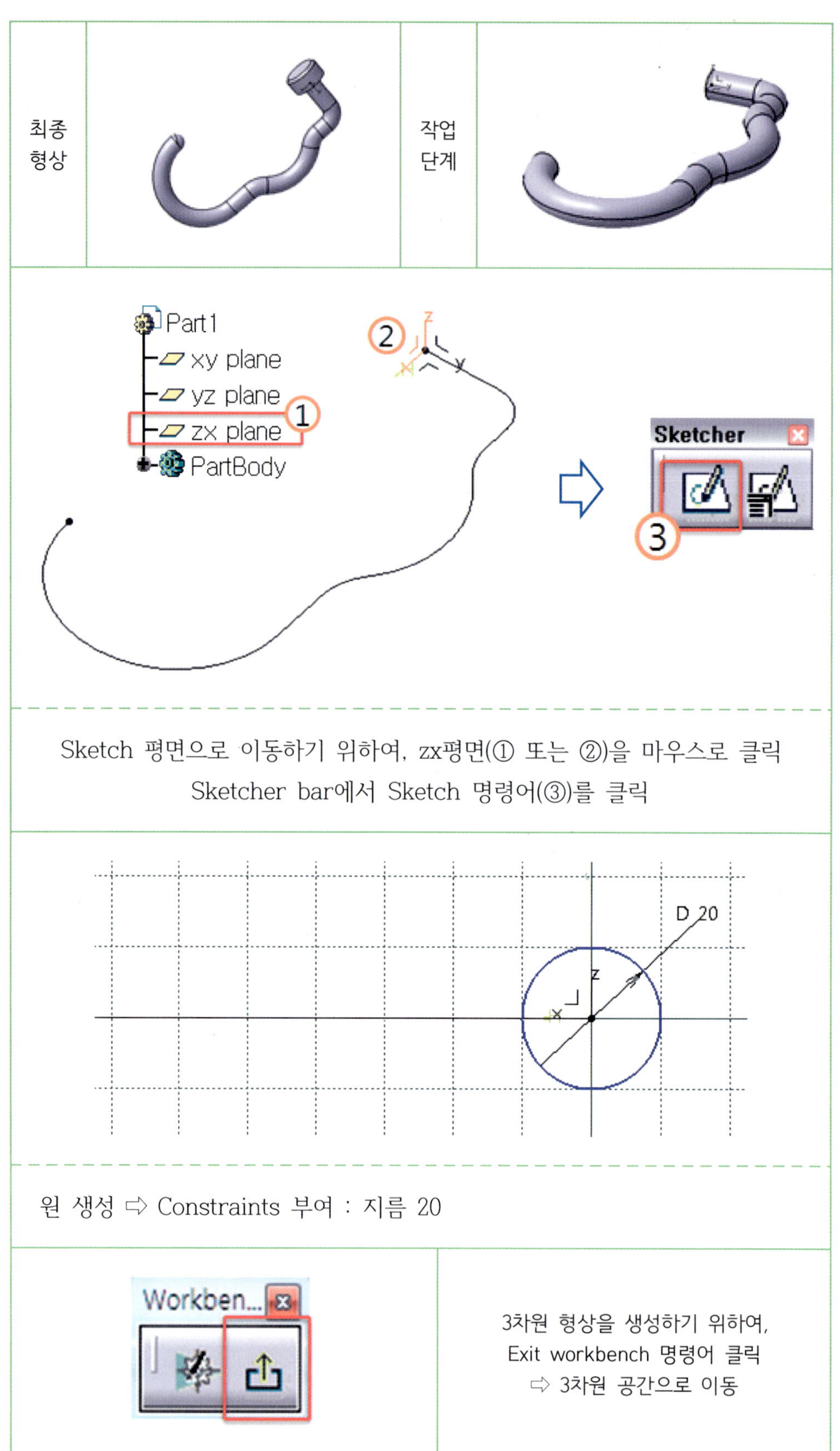
최종 형상
작업 단계
Part1
xy plane
yz plane
zx plane
PartBody
Sketcher
Sketch 평면으로 이동하기 위하여, zx평면(① 또는 ②)을 마우스로 클릭
Sketcher bar에서 Sketch 명령어(③)를 클릭
D 20
원 생성 ⇨ Constraints 부여 : 지름 20
Workben...
3차원 형상을 생성하기 위하여,
Exit workbench 명령어 클릭
⇨ 3차원 공간으로 이동

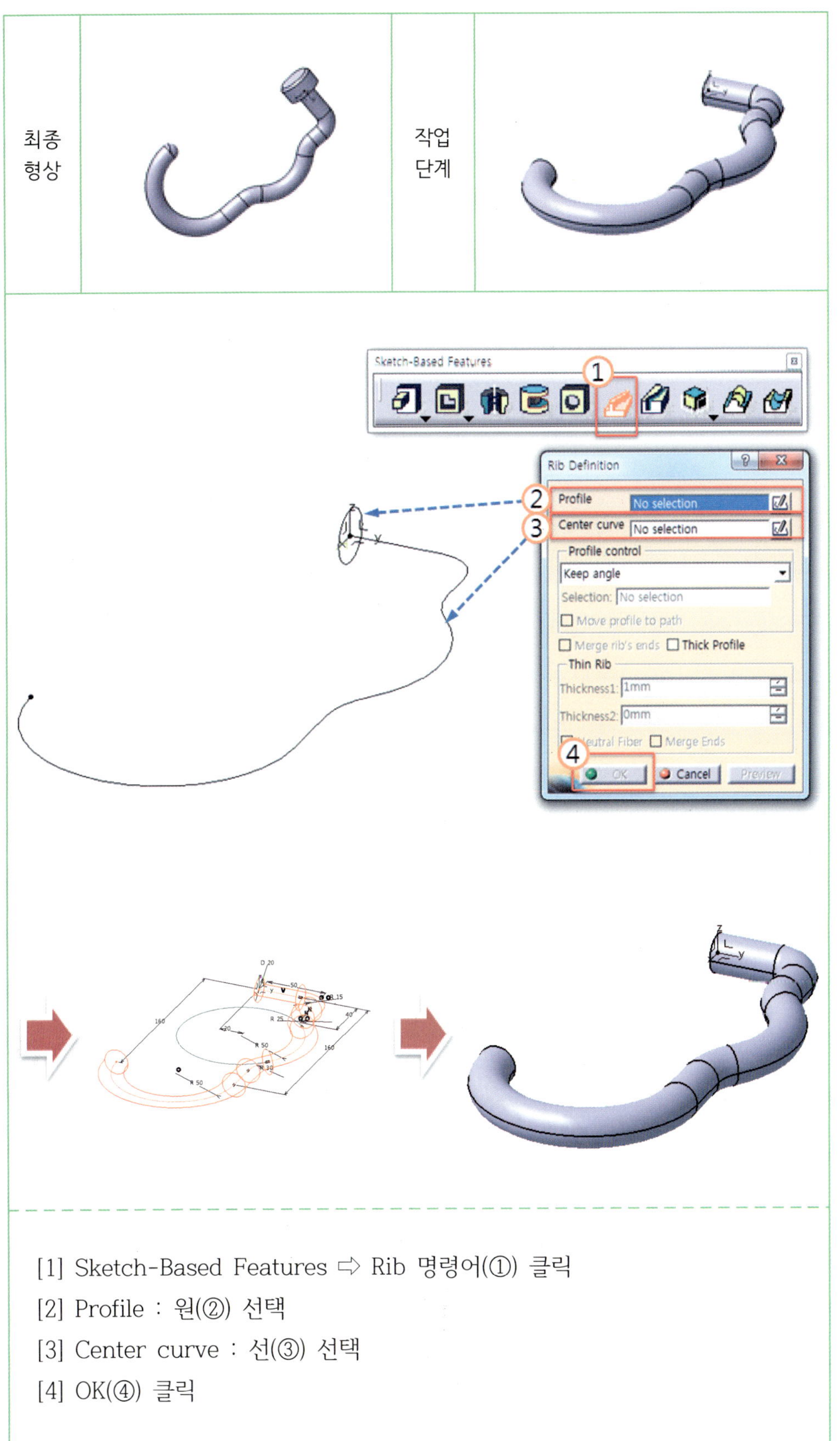

[1] Sketch-Based Features ⇨ Rib 명령어(①) 클릭

[2] Profile : 원(②) 선택

[3] Center curve : 선(③) 선택

[4] OK(④) 클릭

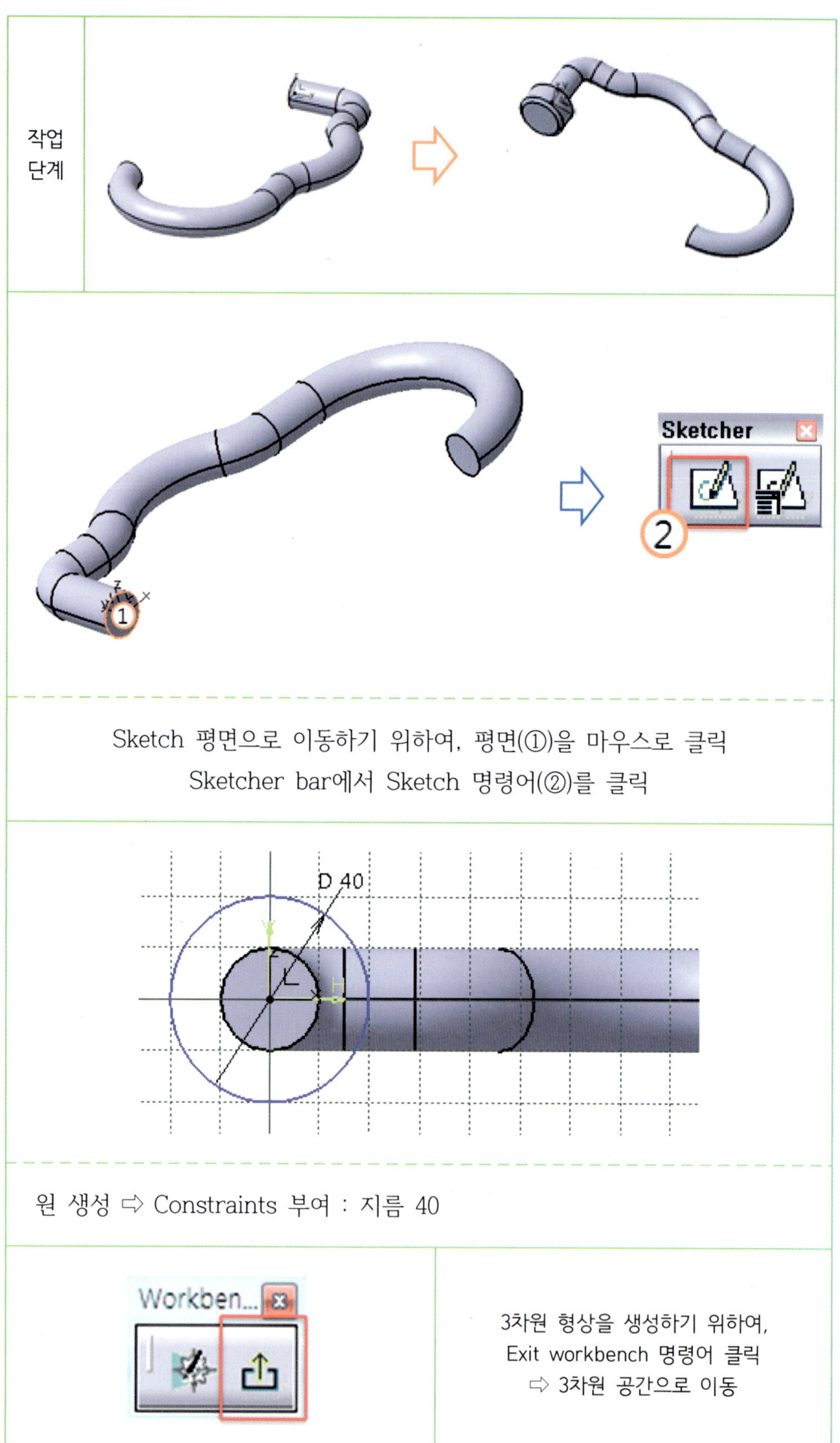
작업
단계
Sketcher
2
1
Sketch 평면으로 이동하기 위하여, 평면(①)을 마우스로 클릭
Sketcher bar에서 Sketch 명령어(②)를 클릭
D 40
원 생성 ⇨ Constraints 부여 : 지름 40
Workben...
3차원 형상을 생성하기 위하여,
Exit workbench 명령어 클릭
⇨ 3차원 공간으로 이동

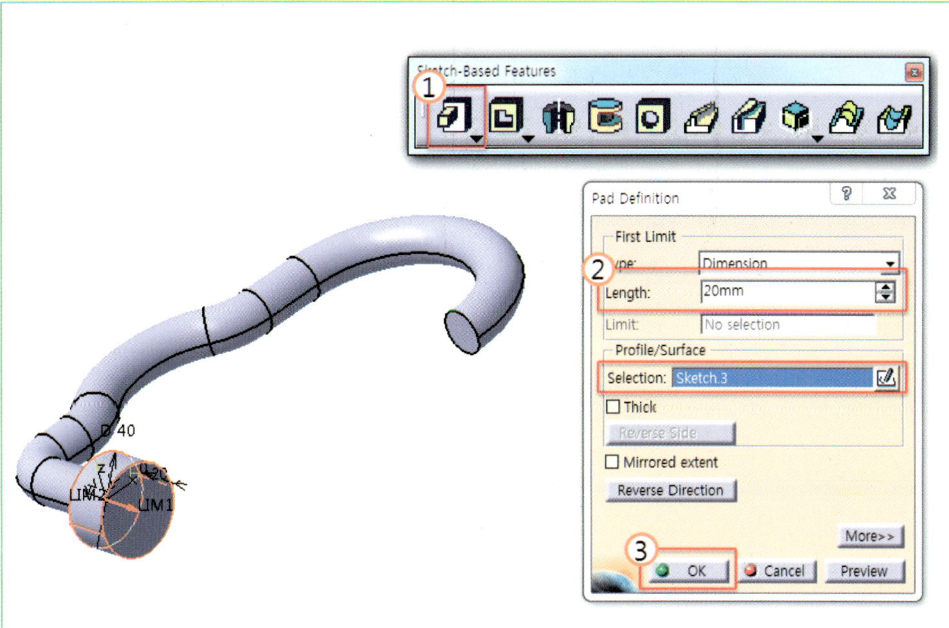

[1] Sketch-Based Features ⇨ Pad 명령어(①) 클릭

[2] Length(②) : 20 입력

[Sketch 선택이 안 된 경우 ⇨ Selection클릭 후, 도형 클릭]

[3] OK(③) 클릭

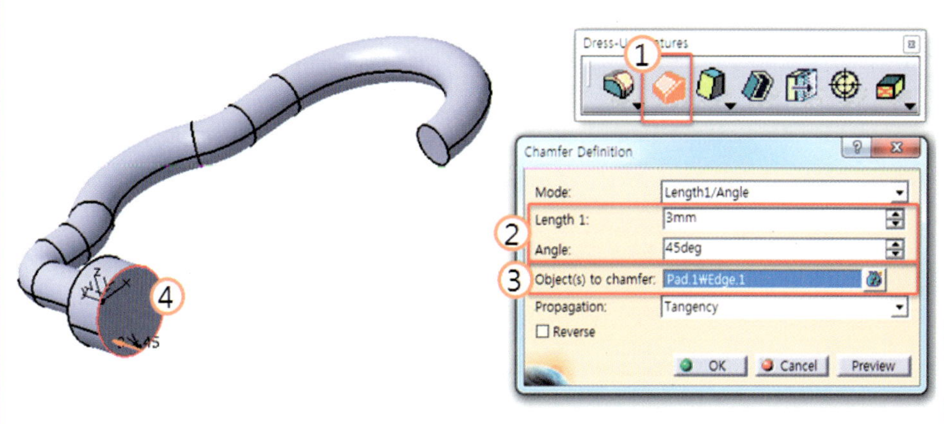

[1] Dress-Up Features ⇨ Chamfer 명령어(①) 클릭

[2] Length 1 : 3 입력, Angle : 45 입력

[3] Object(s) to chamfer 클릭 ⇨ 모서리 원(④) 클릭

[4] OK(③) 클릭

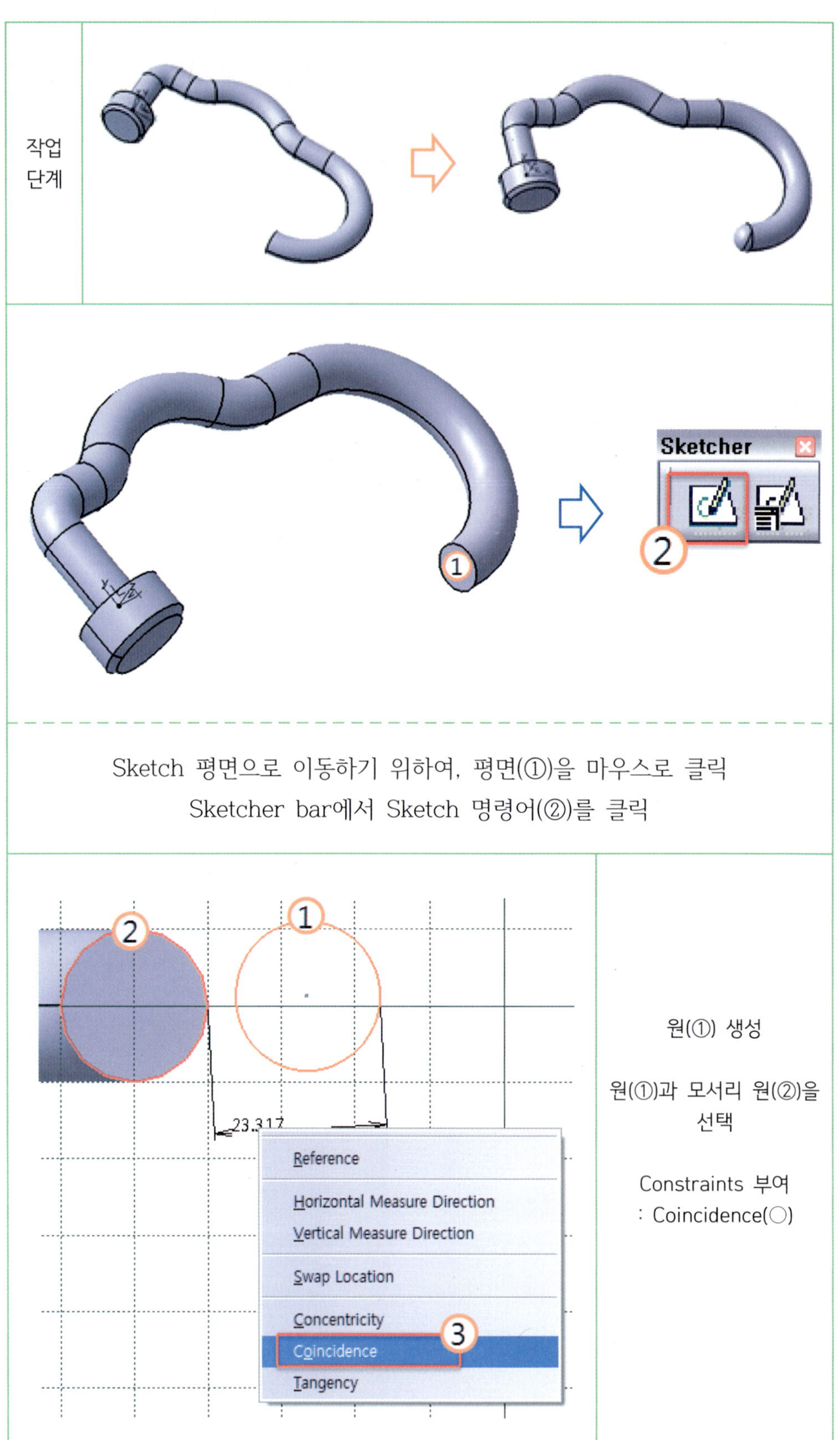

작업 단계
Sketcher
Sketch 평면으로 이동하기 위하여, 평면(①)을 마우스로 클릭
Sketcher bar에서 Sketch 명령어(②)를 클릭
23.317
Reference
Horizontal Measure Direction
Vertical Measure Direction
Swap Location
Concentricity
Coincidence
Tangency
원(①) 생성
원(①)과 모서리 원(②)을 선택
Constraints 부여
: Coincidence(◯)

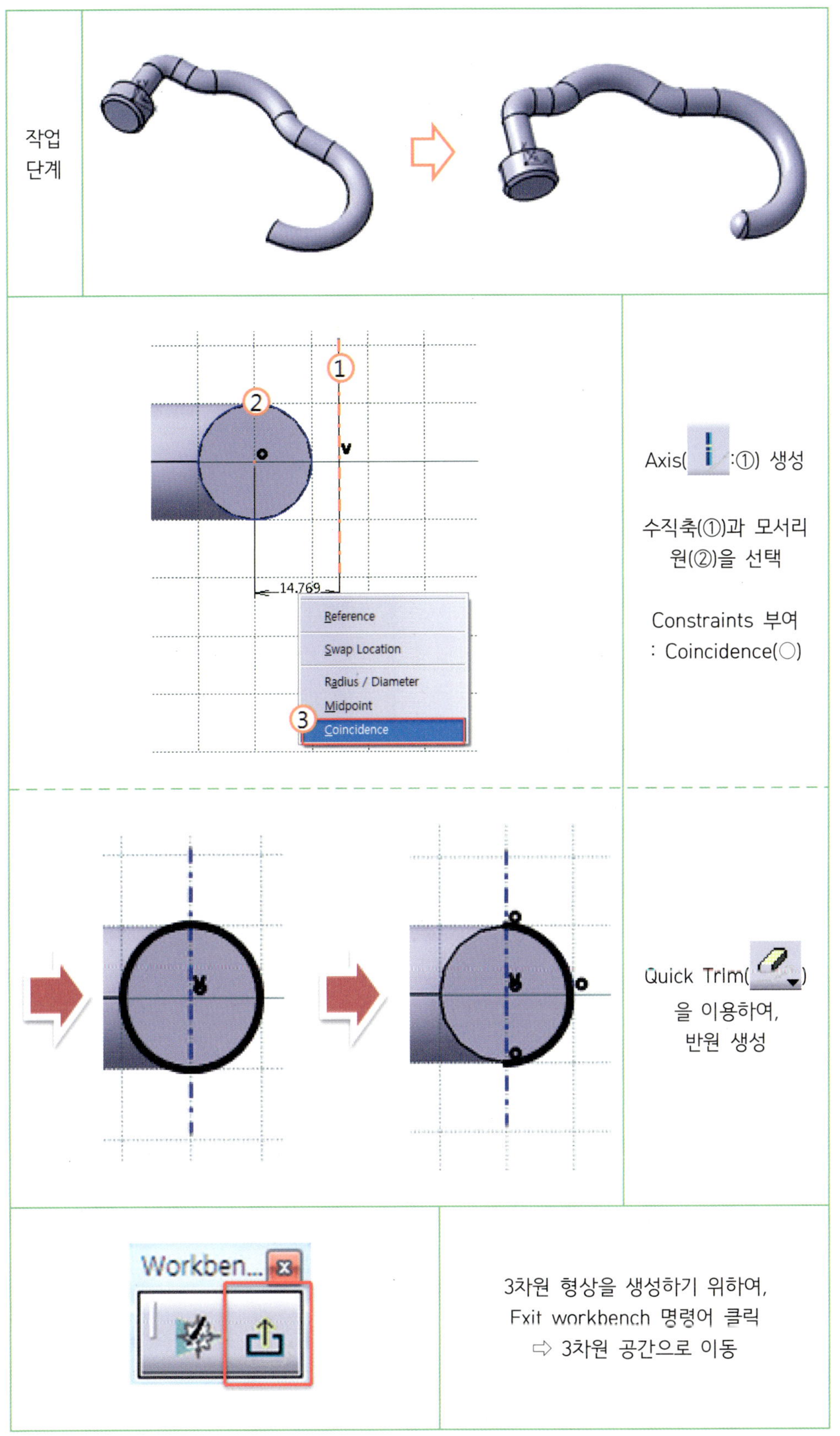

작업 단계
1
2
14.769
Reference
Swap Location
Radius / Diameter
Midpoint
3
Coincidence
Axis(:①) 생성
수직축(①)과 모서리 원(②)을 선택
Constraints 부여
: Coincidence(○)
Quick Trim( )
을 이용하여,
반원 생성
Workben...
3차원 형상을 생성하기 위하여,
Exit workbench 명령어 클릭
⇨ 3차원 공간으로 이동

작업 단계	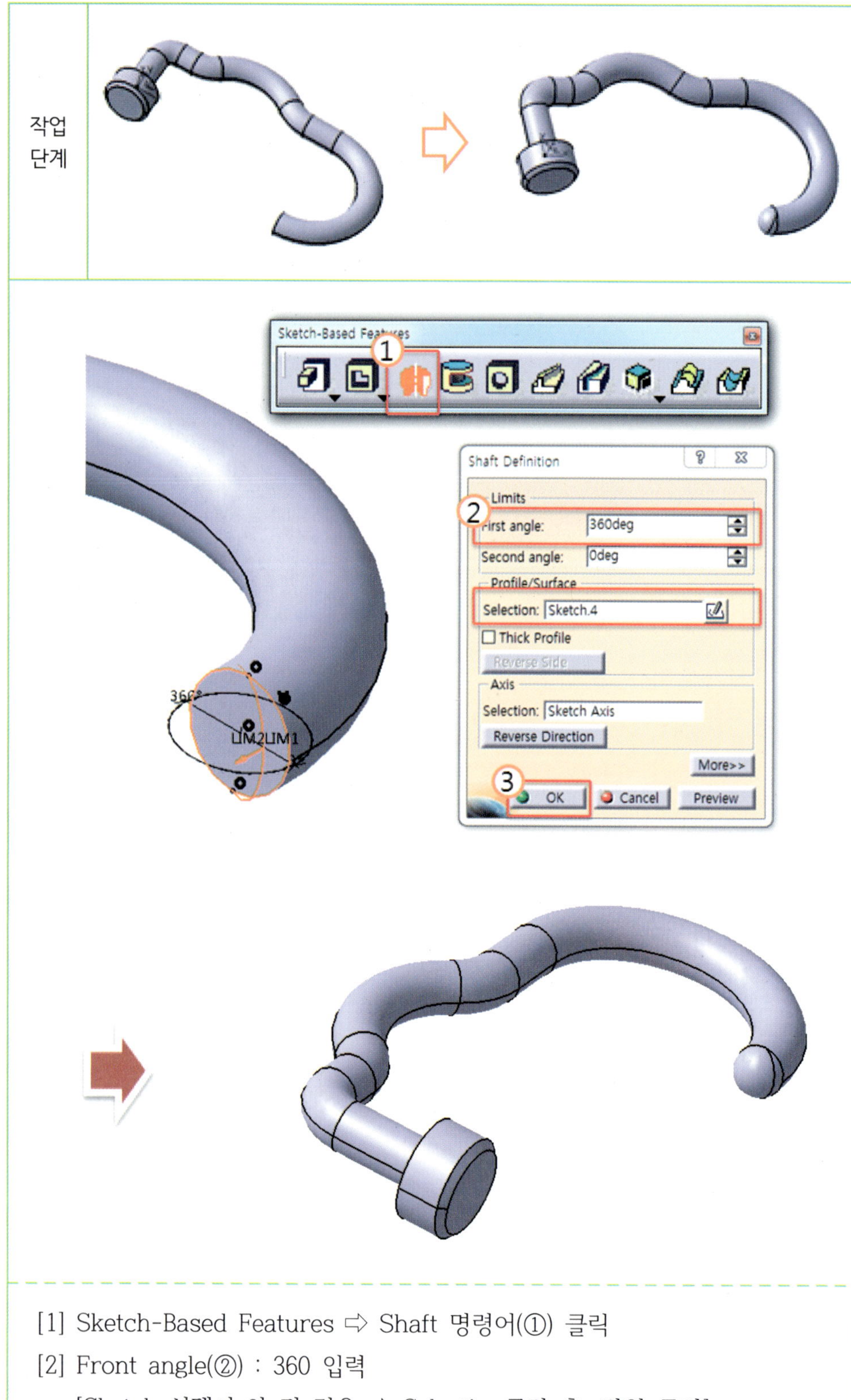

[1] Sketch-Based Features ⇨ Shaft 명령어(①) 클릭

[2] Front angle(②) : 360 입력

[Sketch 선택이 안 된 경우 ⇨ Selection클릭 후, 반원 클릭]

[3] OK(③) 클릭

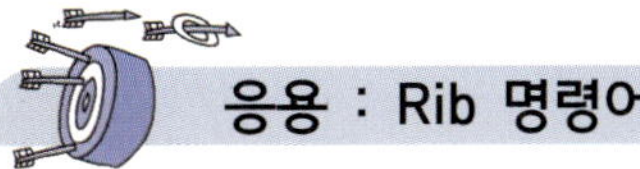

응용 : Rib 명령어

[ISO View]

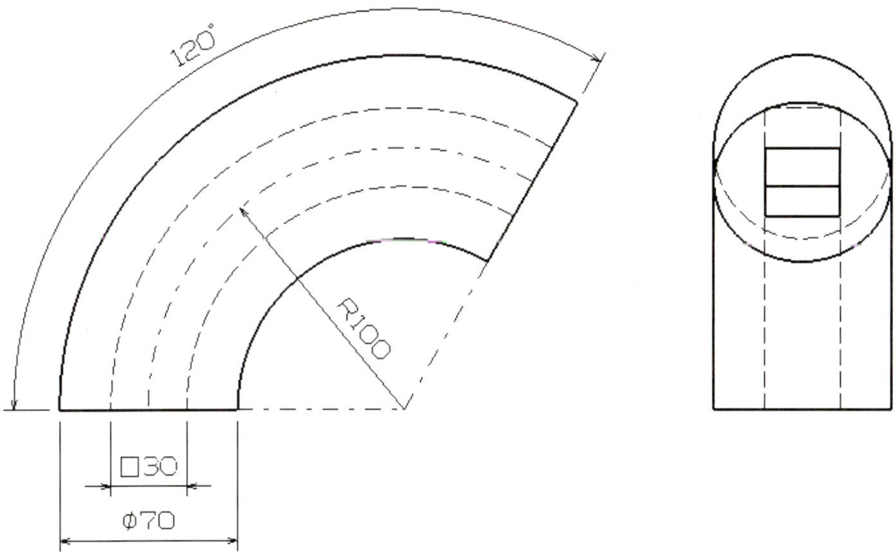

[도면]

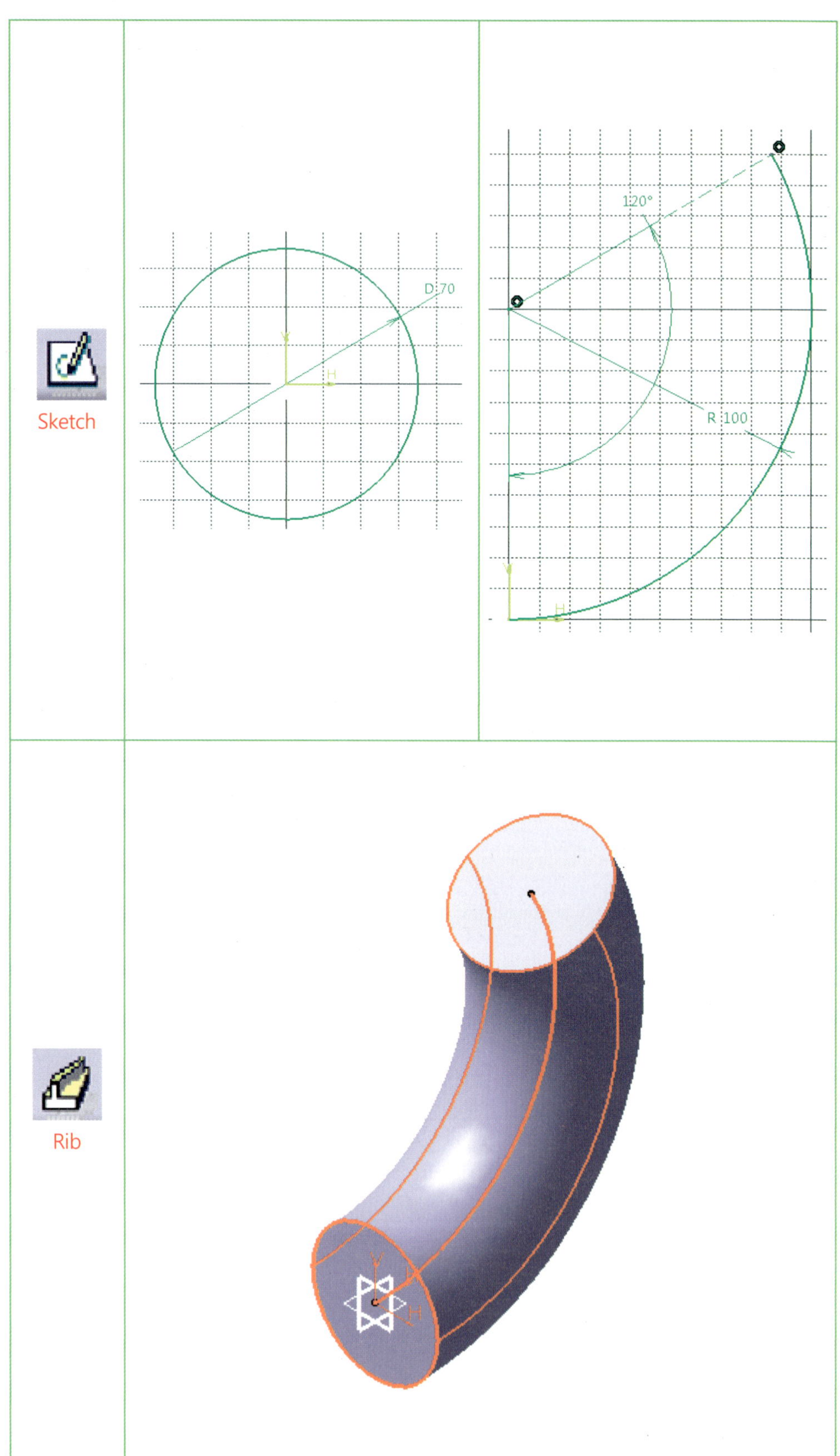
Sketch
D 70
H
120°
R 100
H
Rib
H

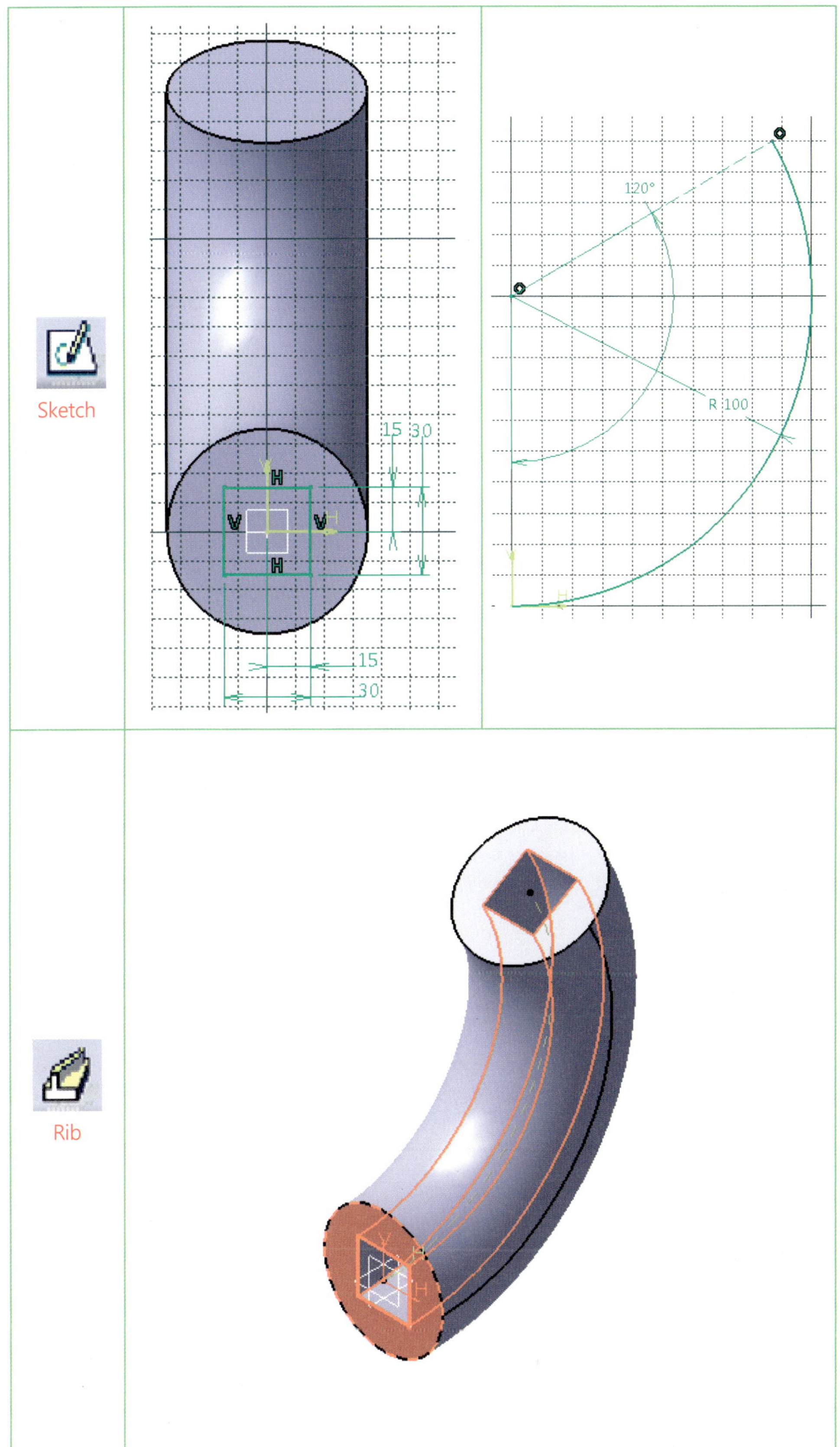
Sketch
15
30
15
30
120°
R 100
Rib

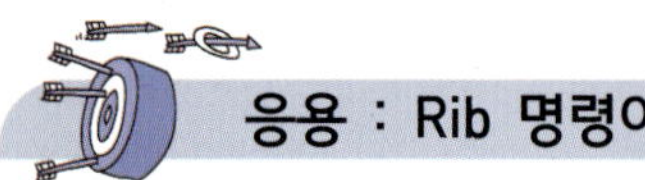

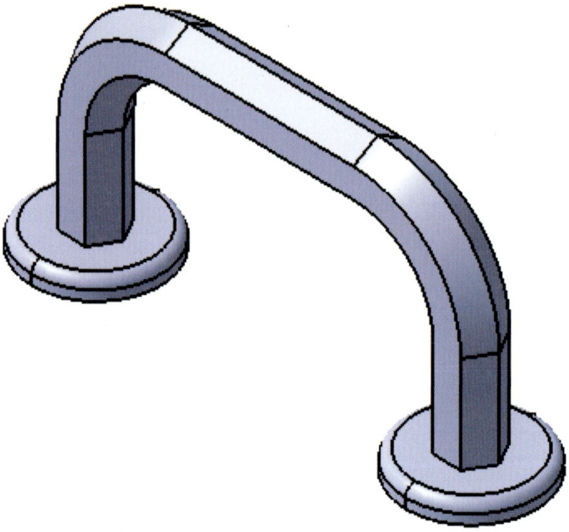

응용 : Rib 명령어

[ISO View]

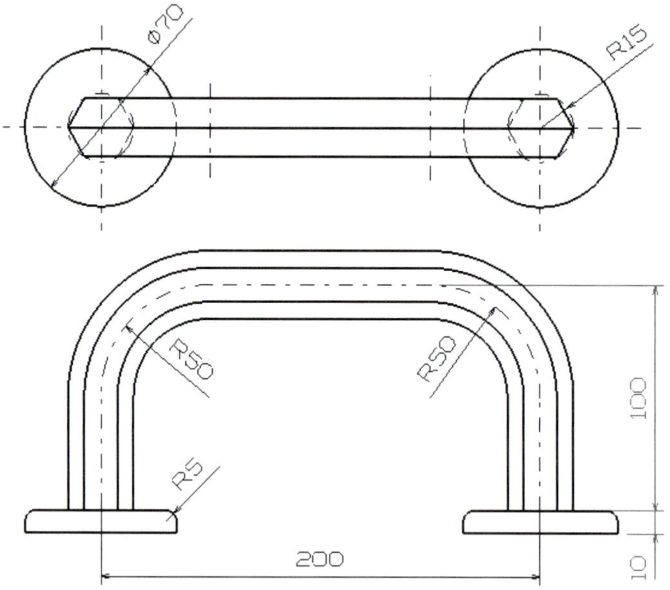

[도면]

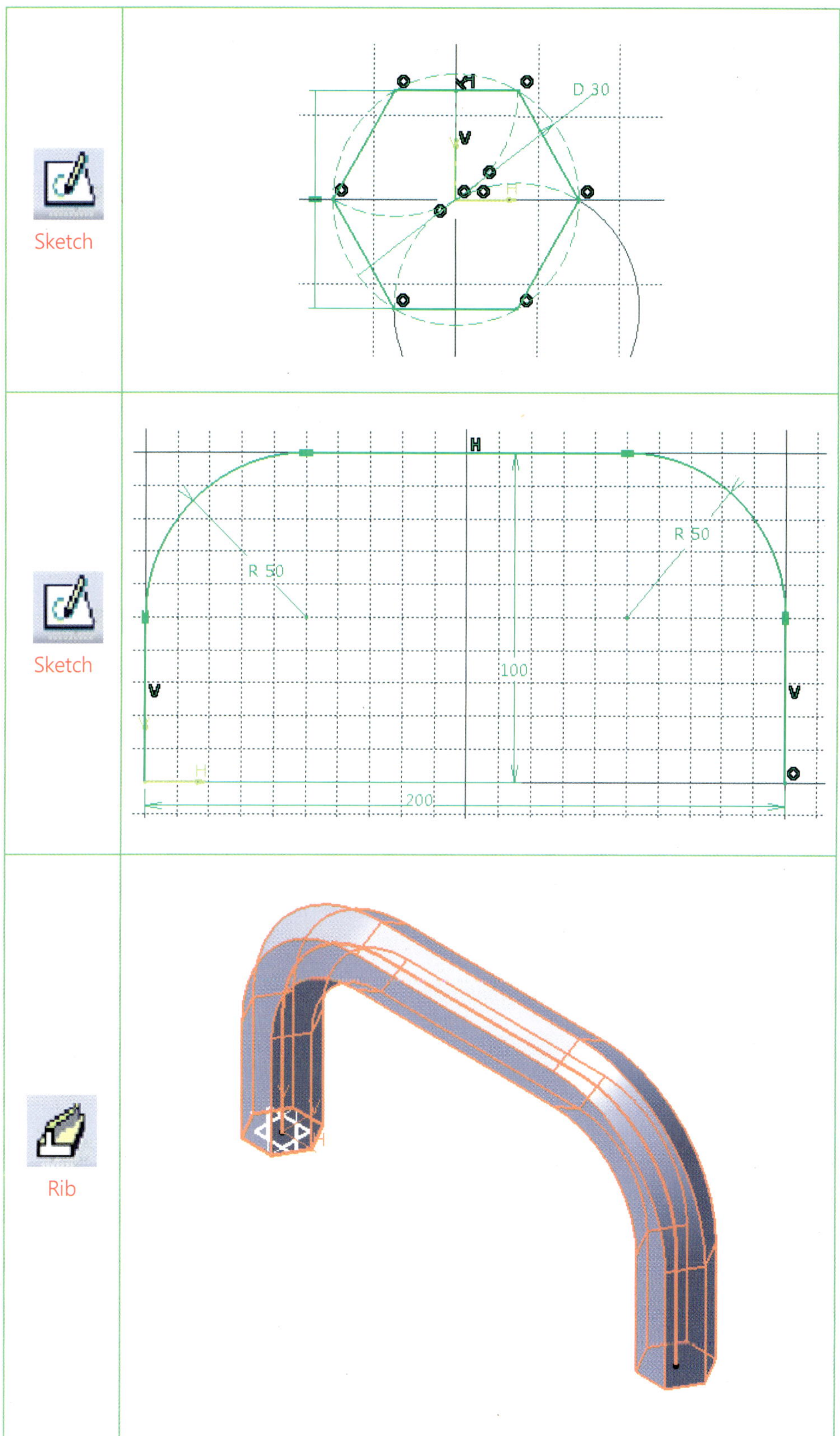
Sketch
D 30
Sketch
R 50
R 50
100
200
Rib

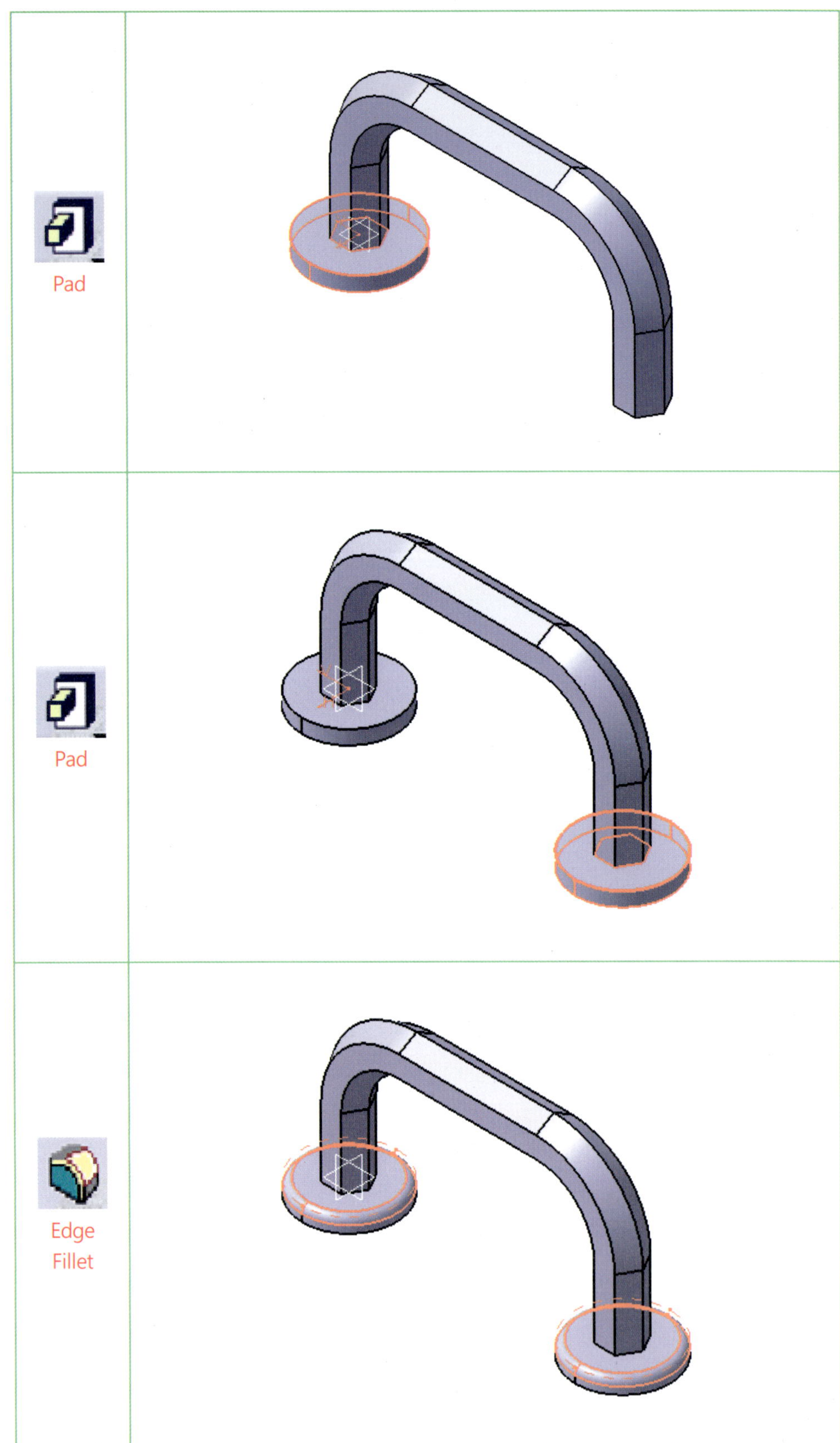
Pad
Pad
Edge
Fillet

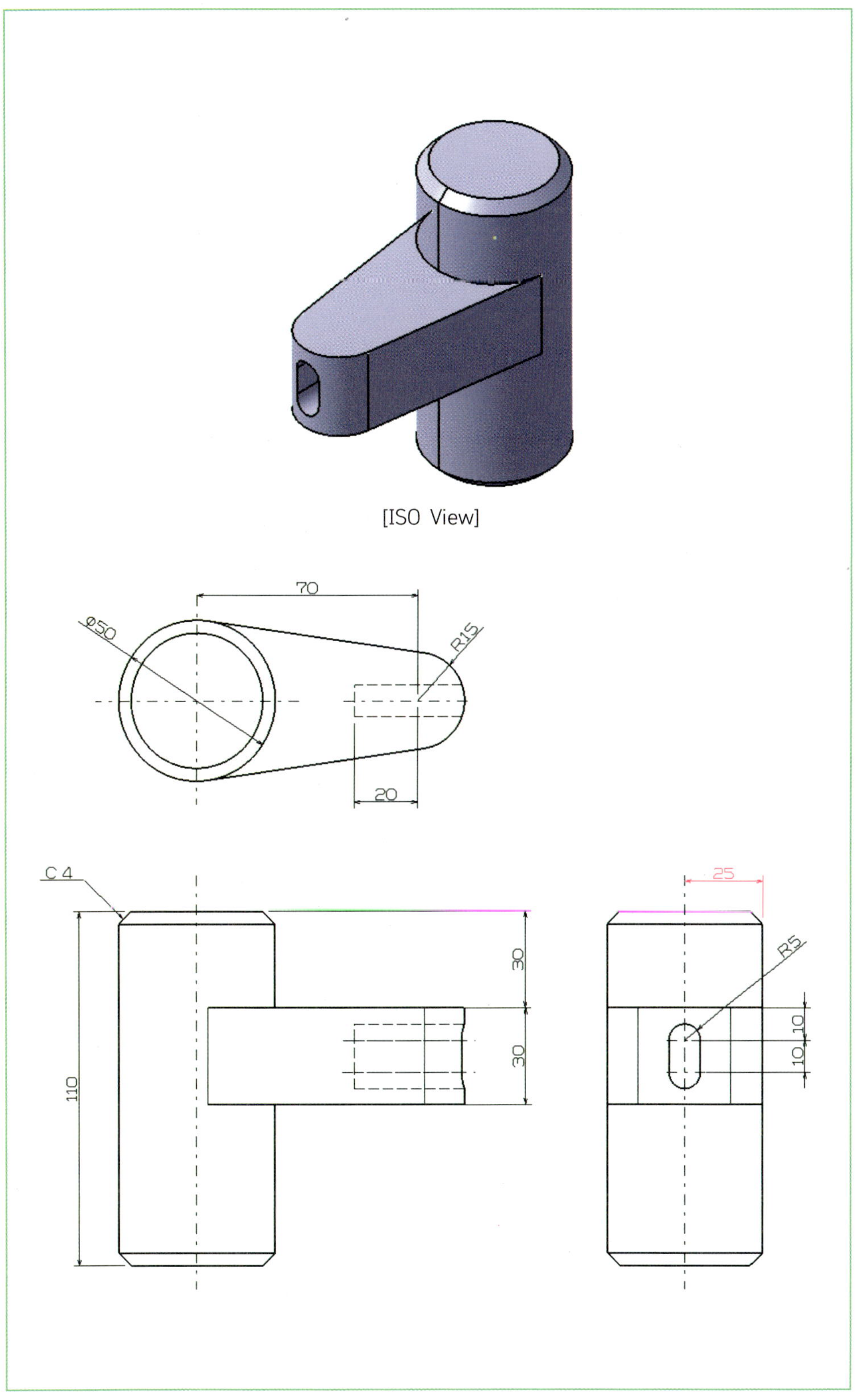
[ISO View]
70
Ø50
R15
20
C4
30
30
110
25
R5
10
10

1. PartDesign 들어가기

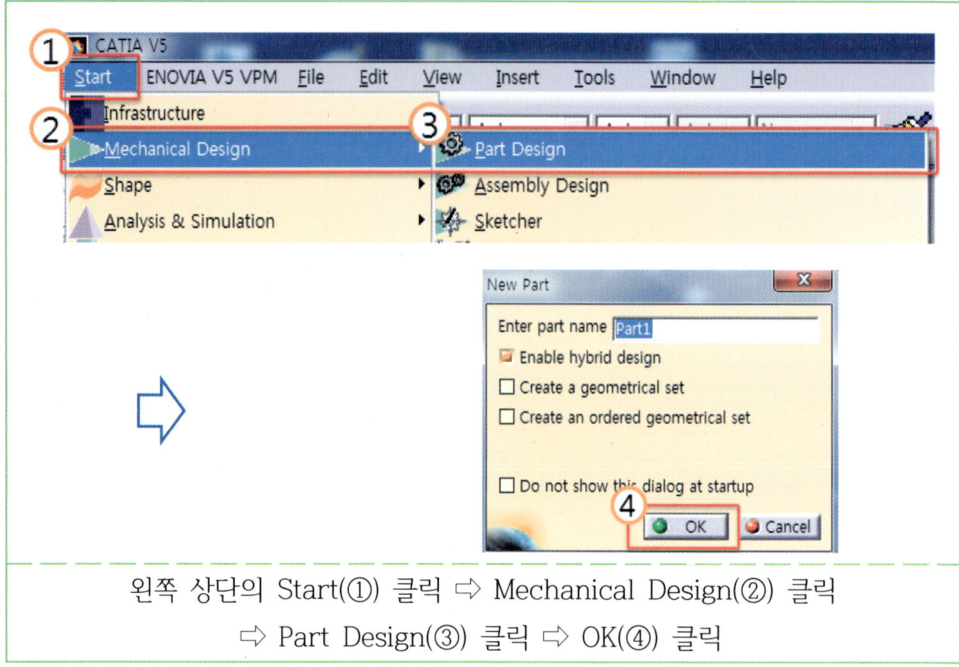

왼쪽 상단의 Start(①) 클릭 ⇨ Mechanical Design(②) 클릭
⇨ Part Design(③) 클릭 ⇨ OK(④) 클릭

2. 초기 설정 : Constraint의 SmartPick 일부 옵션 해제

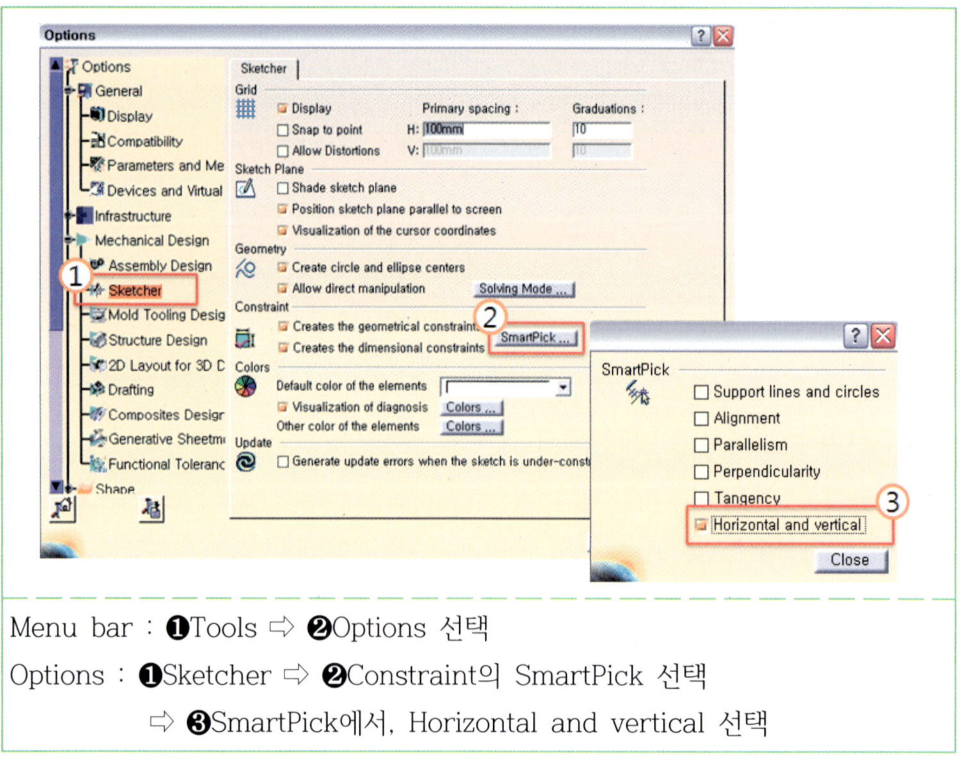

Menu bar : ❶Tools ⇨ ❷Options 선택

Options : ❶Sketcher ⇨ ❷Constraint의 SmartPick 선택
⇨ ❸SmartPick에서, Horizontal and vertical 선택

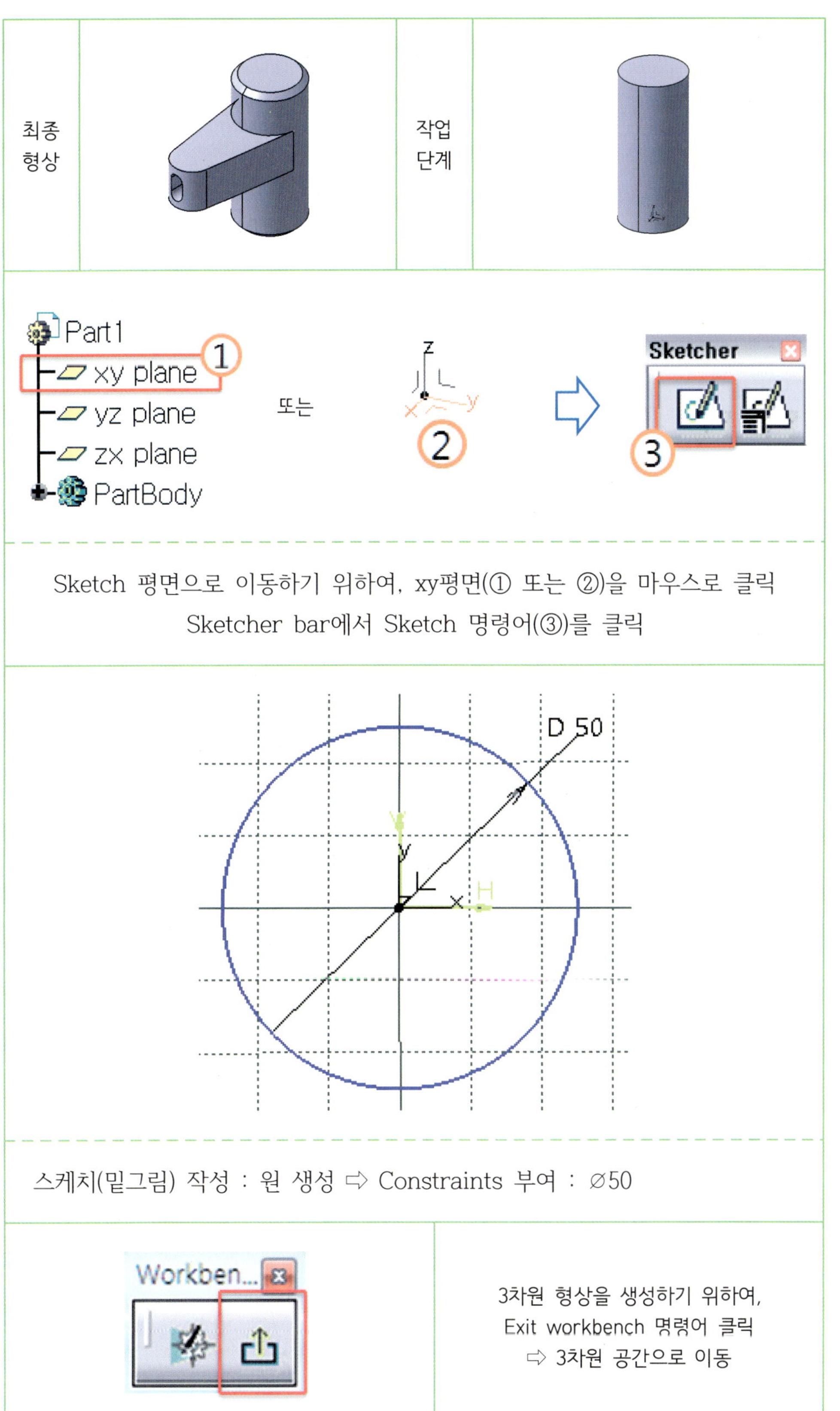
최종
형상
작업
단계
Part1
xy plane
yz plane
zx plane
PartBody
또는
Sketcher
Sketch 평면으로 이동하기 위하여, xy평면(① 또는 ②)을 마우스로 클릭
Sketcher bar에서 Sketch 명령어(③)를 클릭
D 50
스케치(밑그림) 작성 : 원 생성 ⇨ Constraints 부여 : ∅50
Workben...
3차원 형상을 생성하기 위하여,
Exit workbench 명령어 클릭
⇨ 3차원 공간으로 이동

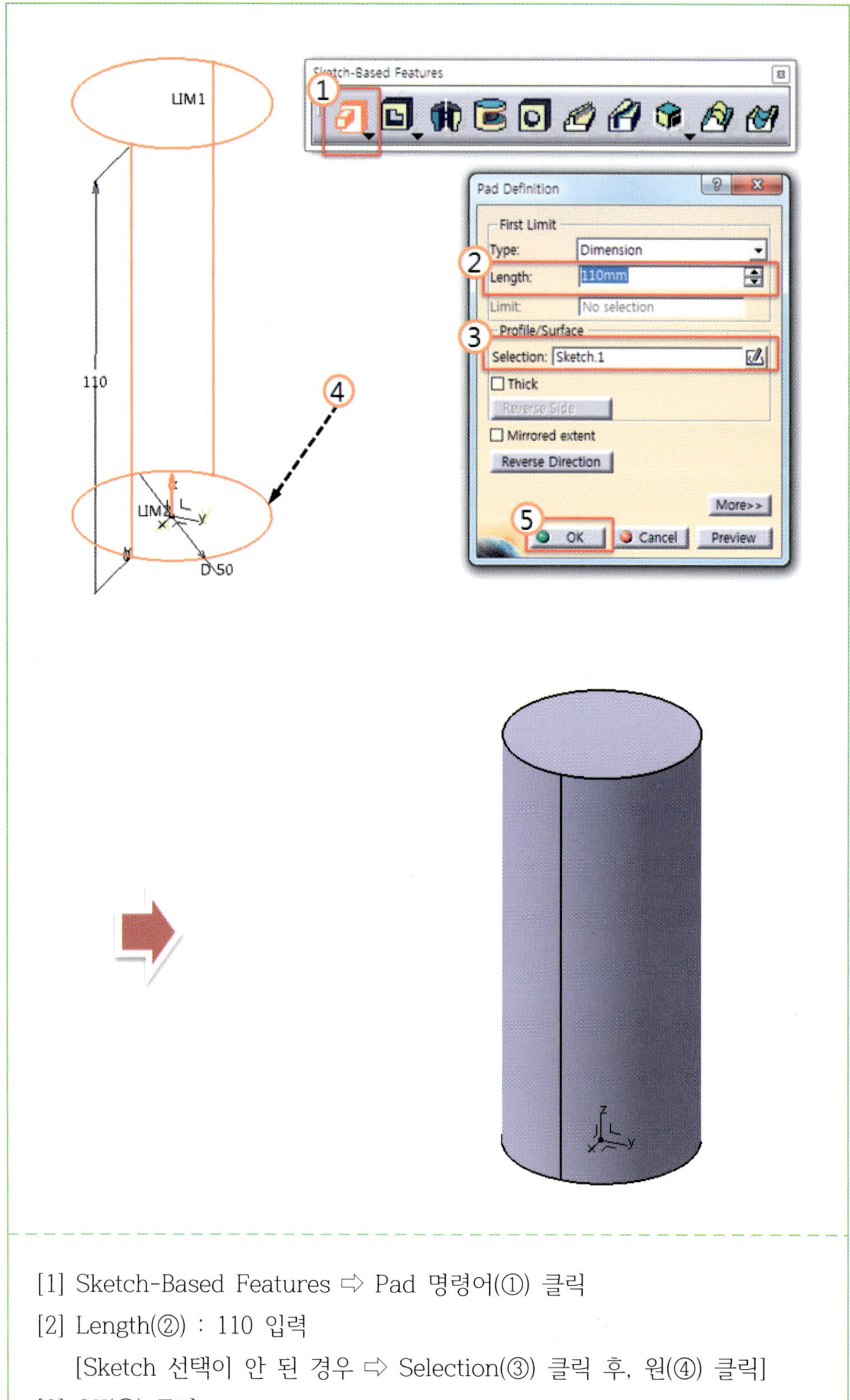

[1] Sketch-Based Features ⇨ Pad 명령어(①) 클릭

[2] Length(②) : 110 입력

[Sketch 선택이 안 된 경우 ⇨ Selection(③) 클릭 후, 원(④) 클릭]

[3] OK(⑤) 클릭

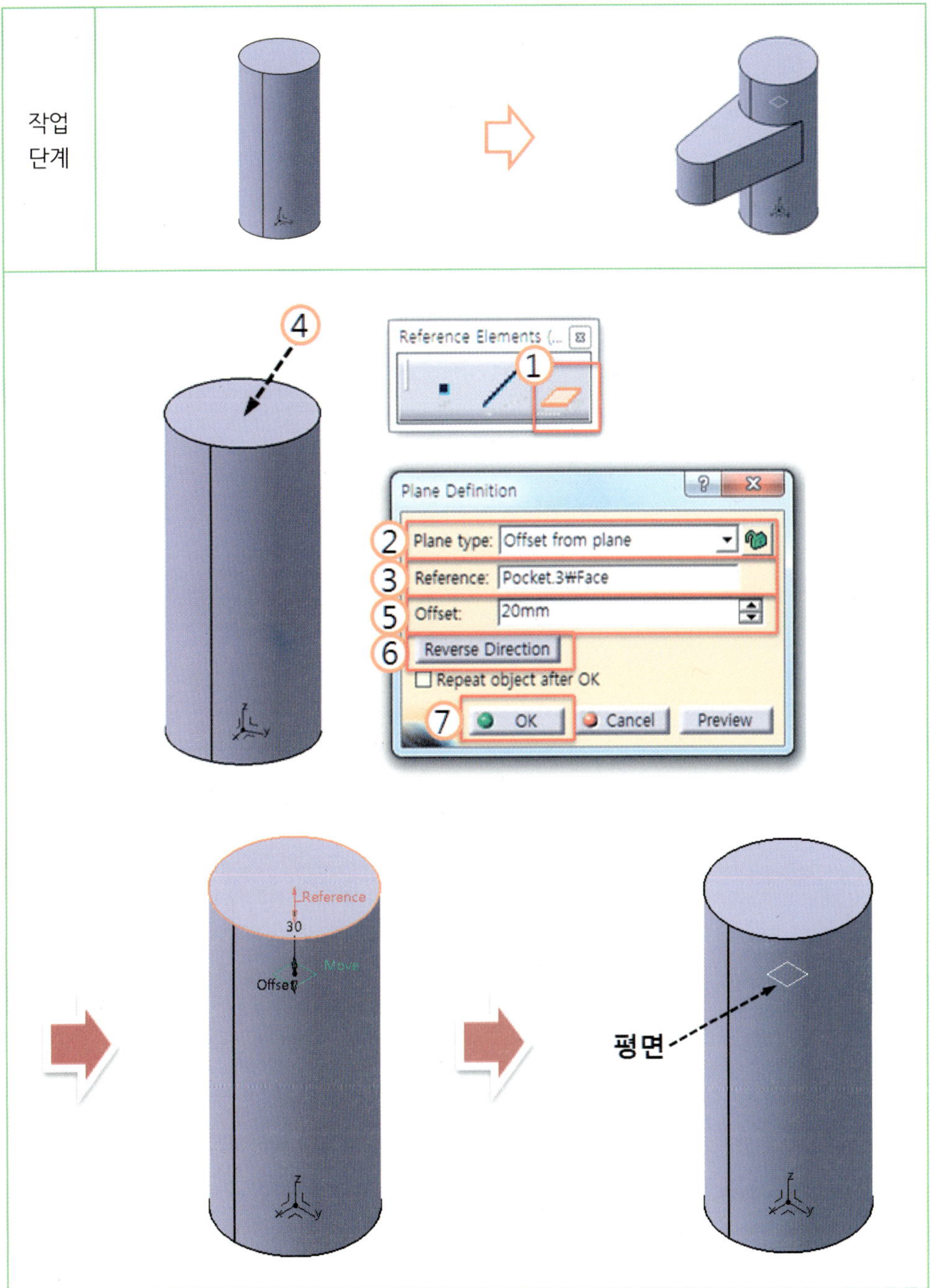

[1] Reference Elements bar ⇨ Plane 명령어(①) 클릭

[2] Plane type(②) : Offset from plane 선택

[3] Reference(③) 클릭 ⇨ 평면(④) 선택

[4] Offset(⑤) : 30 입력

[5] 평면 생성 방향 변경 : Revers Direction(⑥) 클릭

[6] OK(⑦) 클릭

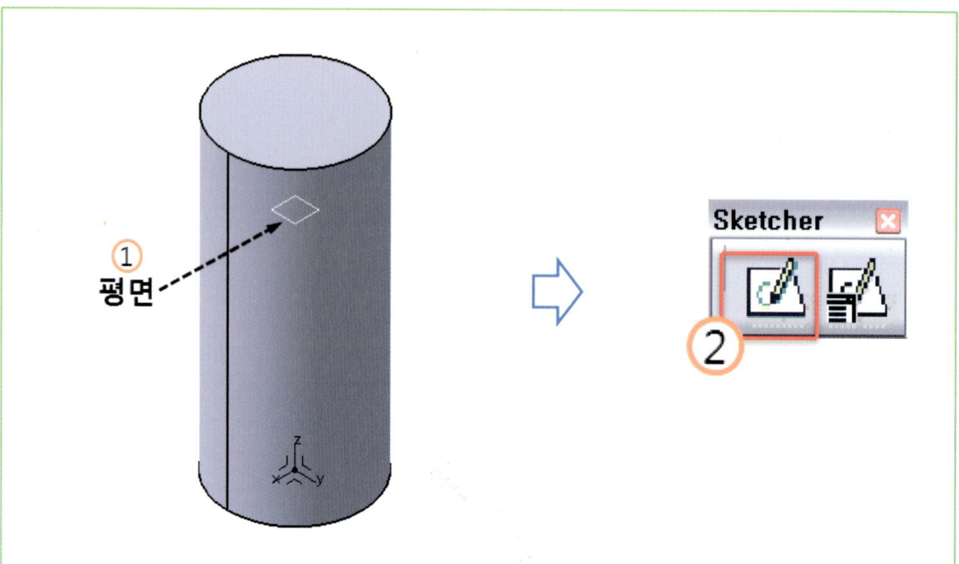

Sketch 평면으로 이동하기 위하여, 평면(①)을 마우스로 클릭
Sketcher bar에서 Sketch 명령어(②)를 클릭

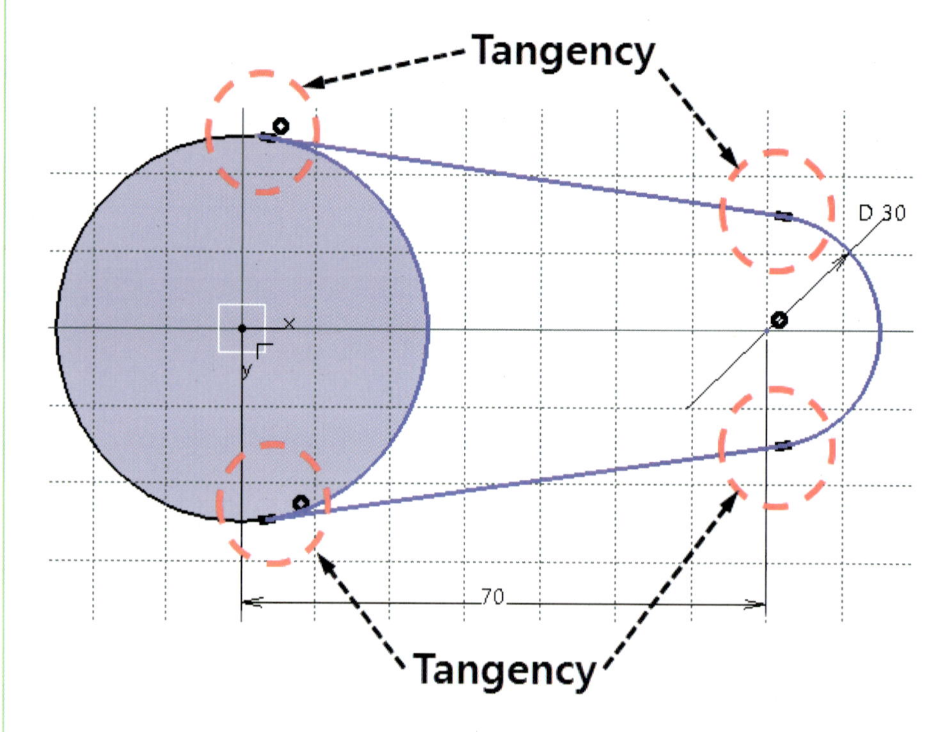

스케치(밑그림) 작성 ⇨ 위와 같이 Constraints 부여

Exit workbench 명령어( ) 클릭 ⇨ 3차원 공간으로 이동

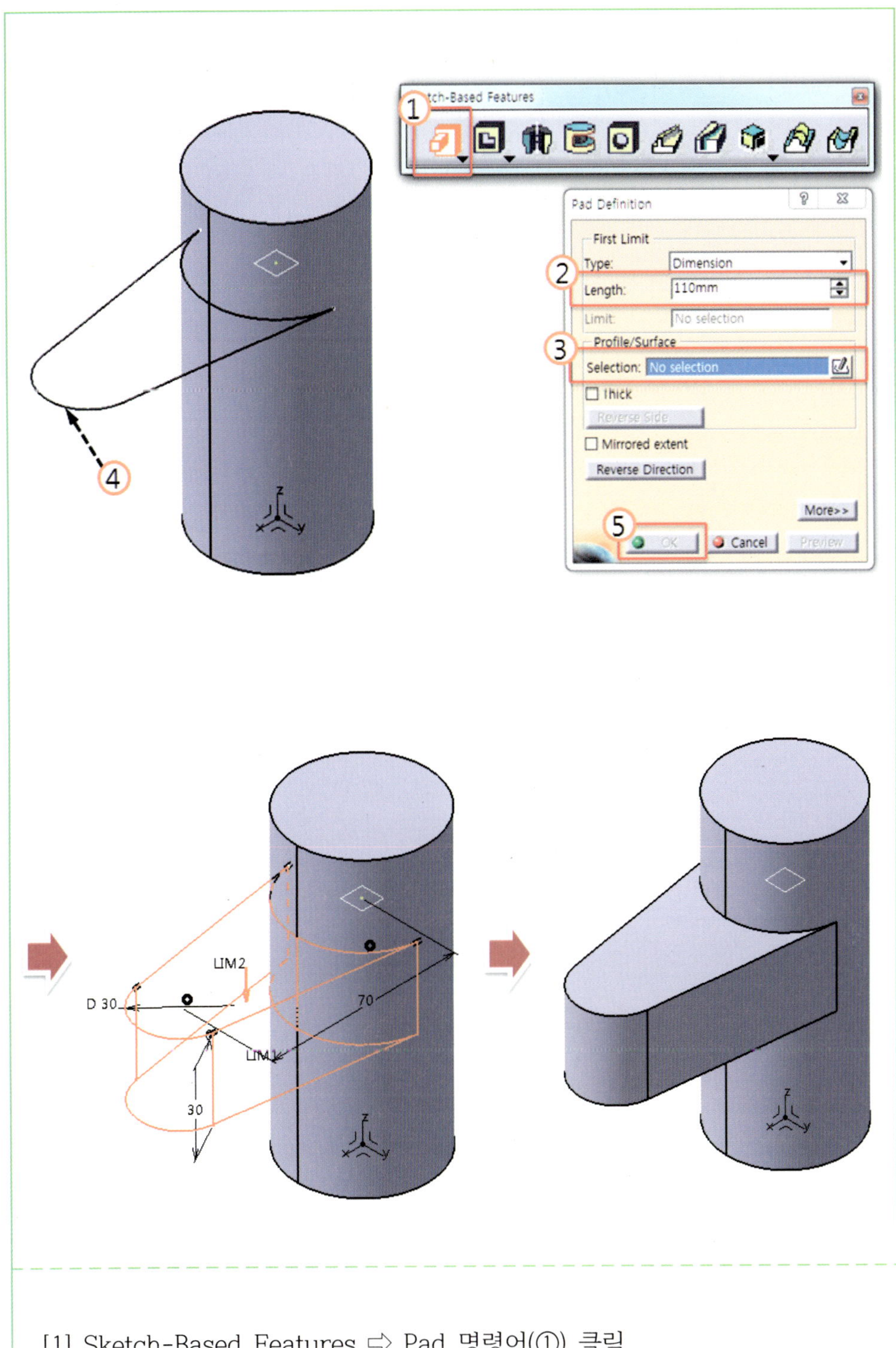

[1] Sketch-Based Features ⇨ Pad 명령어(①) 클릭

[2] Length(②) : 30 입력

[Sketch 선택이 안 된 경우 ⇨ Sclcction(③) 클릭 후, 원(④) 클릭]

[3] OK(⑤) 클릭

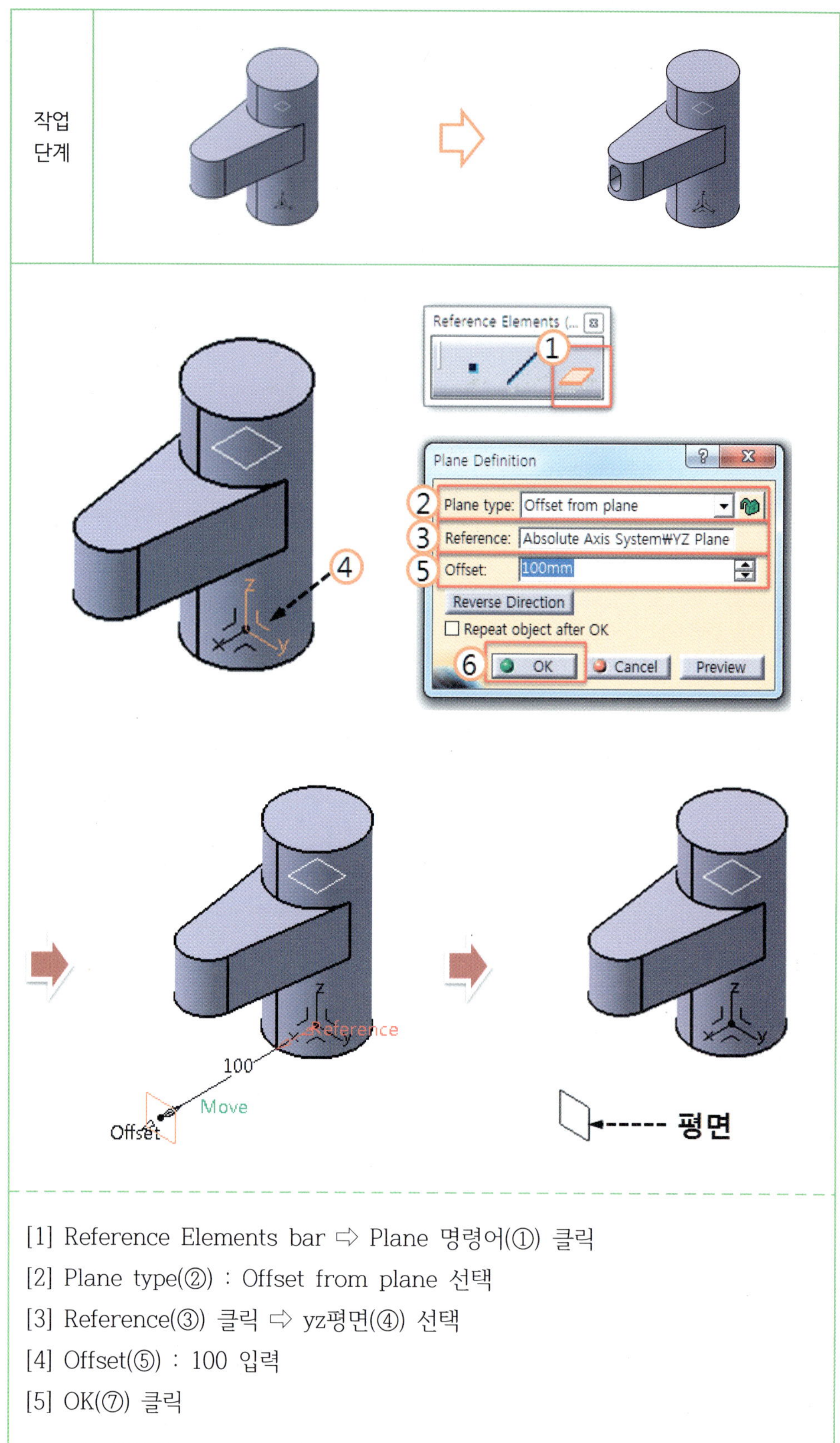

[1] Reference Elements bar ⇨ Plane 명령어(①) 클릭

[2] Plane type(②) : Offset from plane 선택

[3] Reference(③) 클릭 ⇨ yz평면(④) 선택

[4] Offset(⑤) : 100 입력

[5] OK(⑦) 클릭

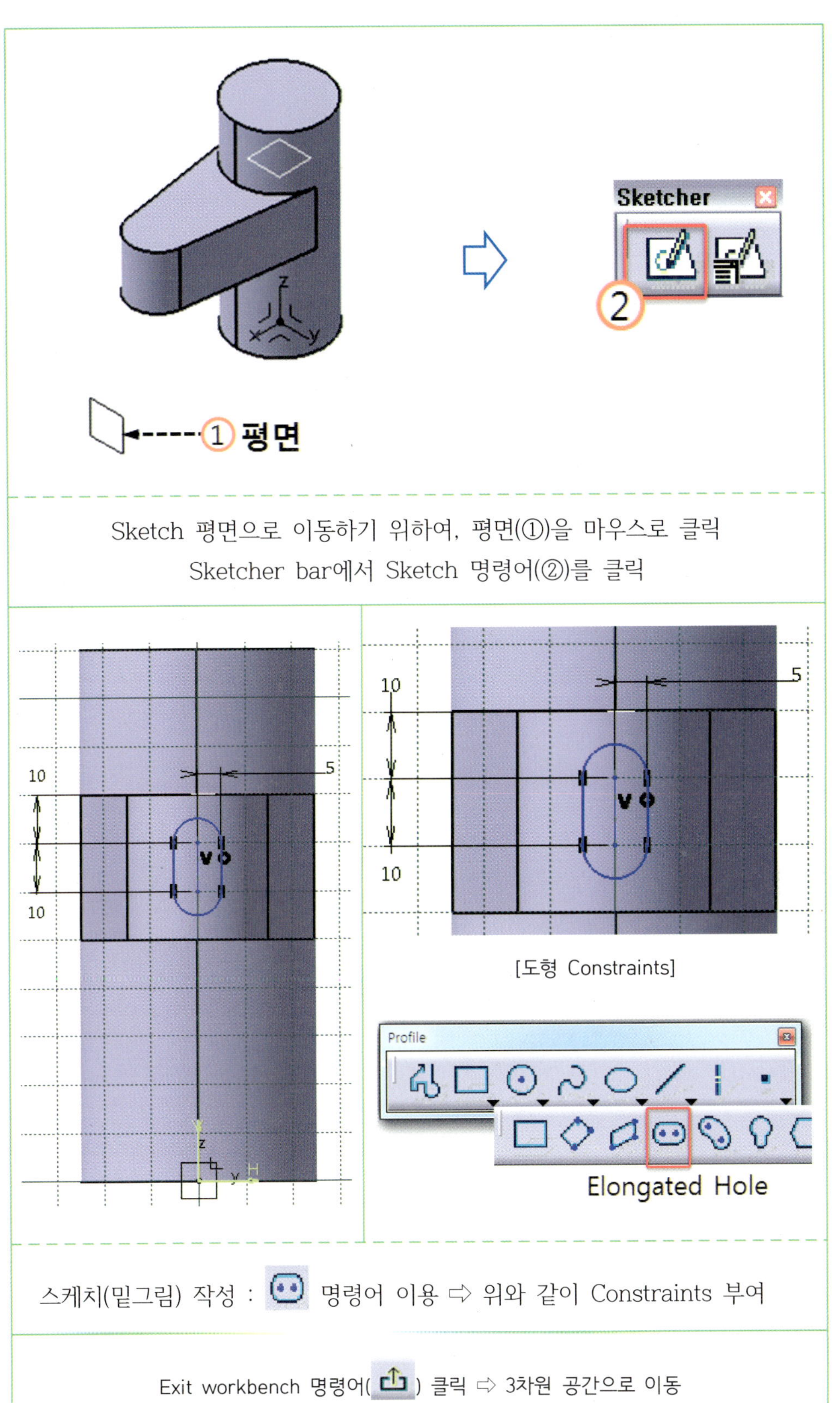

Sketch 평면으로 이동하기 위하여, 평면(①)을 마우스로 클릭
Sketcher bar에서 Sketch 명령어(②)를 클릭

스케치(밑그림) 작성 : 명령어 이용 ⇨ 위와 같이 Constraints 부여

Exit workbench 명령어( ) 클릭 ⇨ 3차원 공간으로 이동

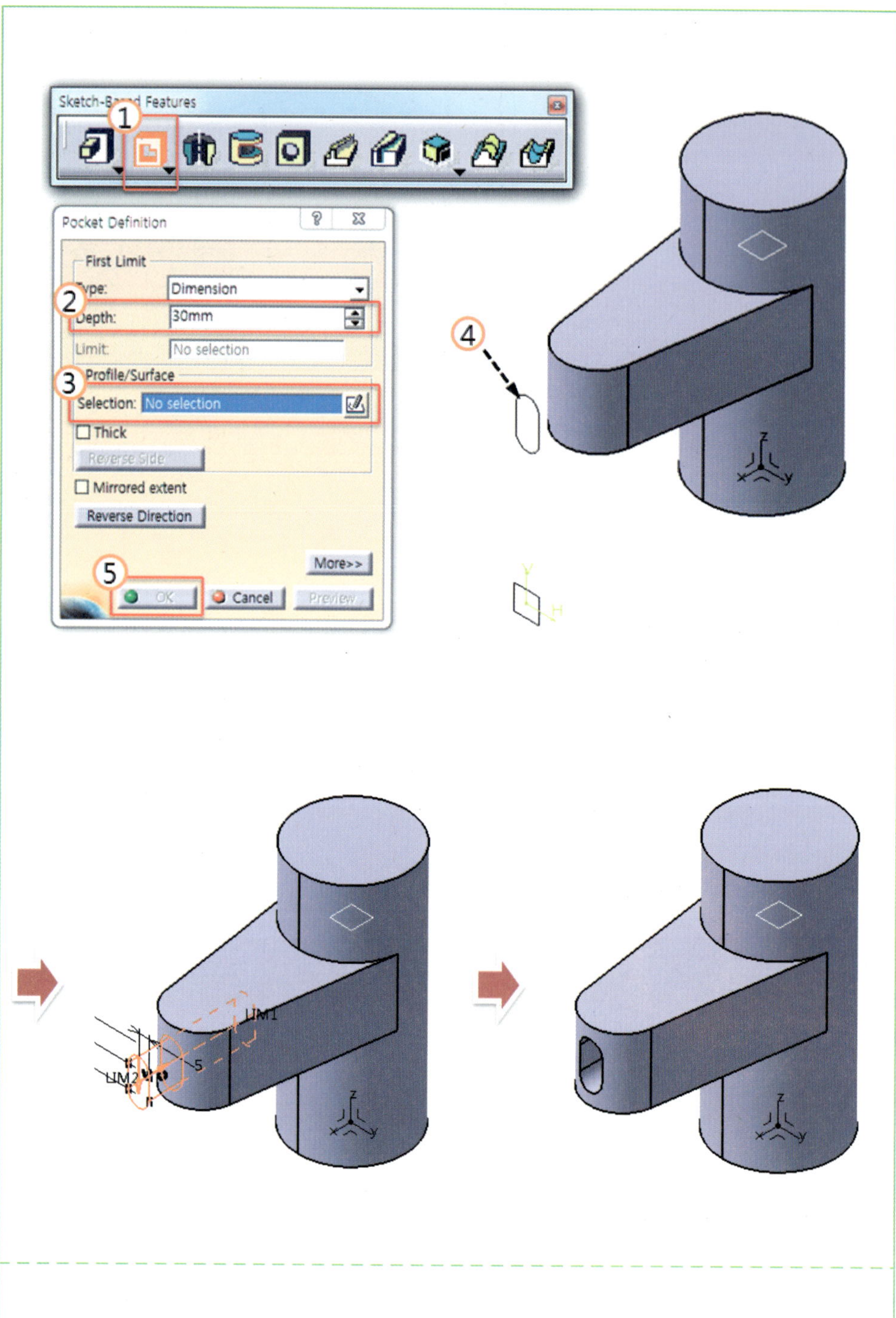

[1] Sketch-Based Features ⇨ Pocket 명령어(①) 클릭

[2] Depth(②) : 50 입력

[Sketch 선택이 안 된 경우 ⇨ Selection(③) 클릭 후, 도형(④) 클릭]

[3] OK(⑤) 클릭

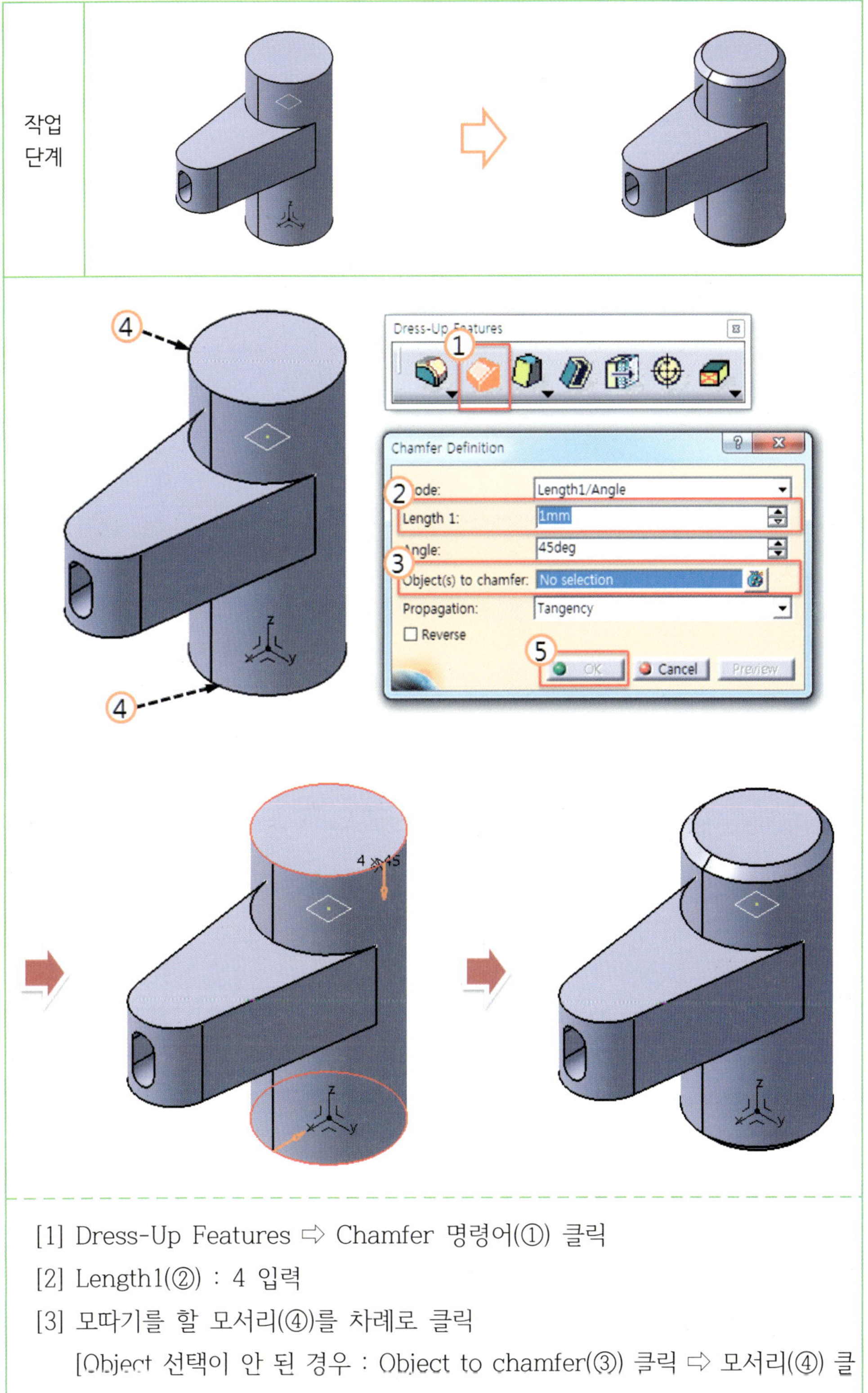

[1] Dress-Up Features ⇨ Chamfer 명령어(①) 클릭

[2] Length1(②) : 4 입력

[3] 모따기를 할 모서리(④)를 차례로 클릭

[Object 선택이 안 된 경우 : Object to chamfer(③) 클릭 ⇨ 모서리(④) 클릭]

[4] OK(⑤) 클릭

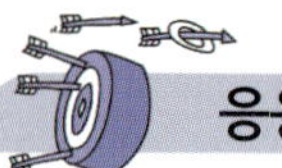

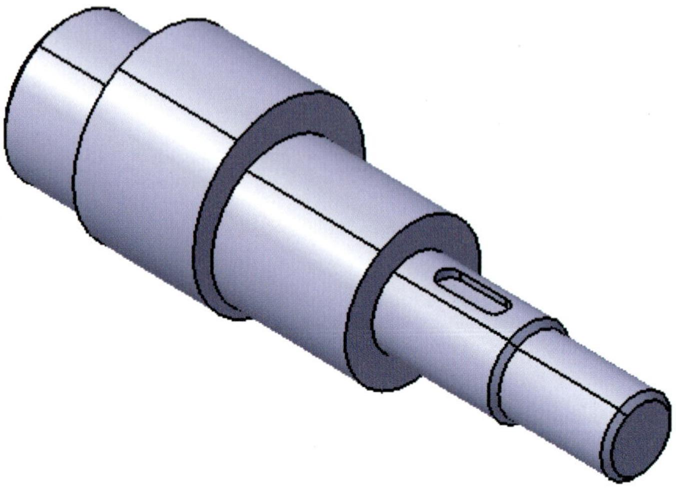

응용 : Plane 명령어

[ISO View]

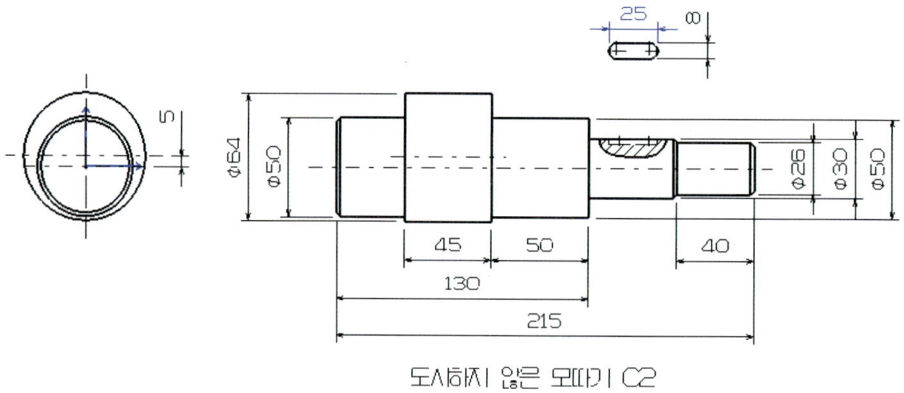

도시하지 않은 모따기 C2

[도면]

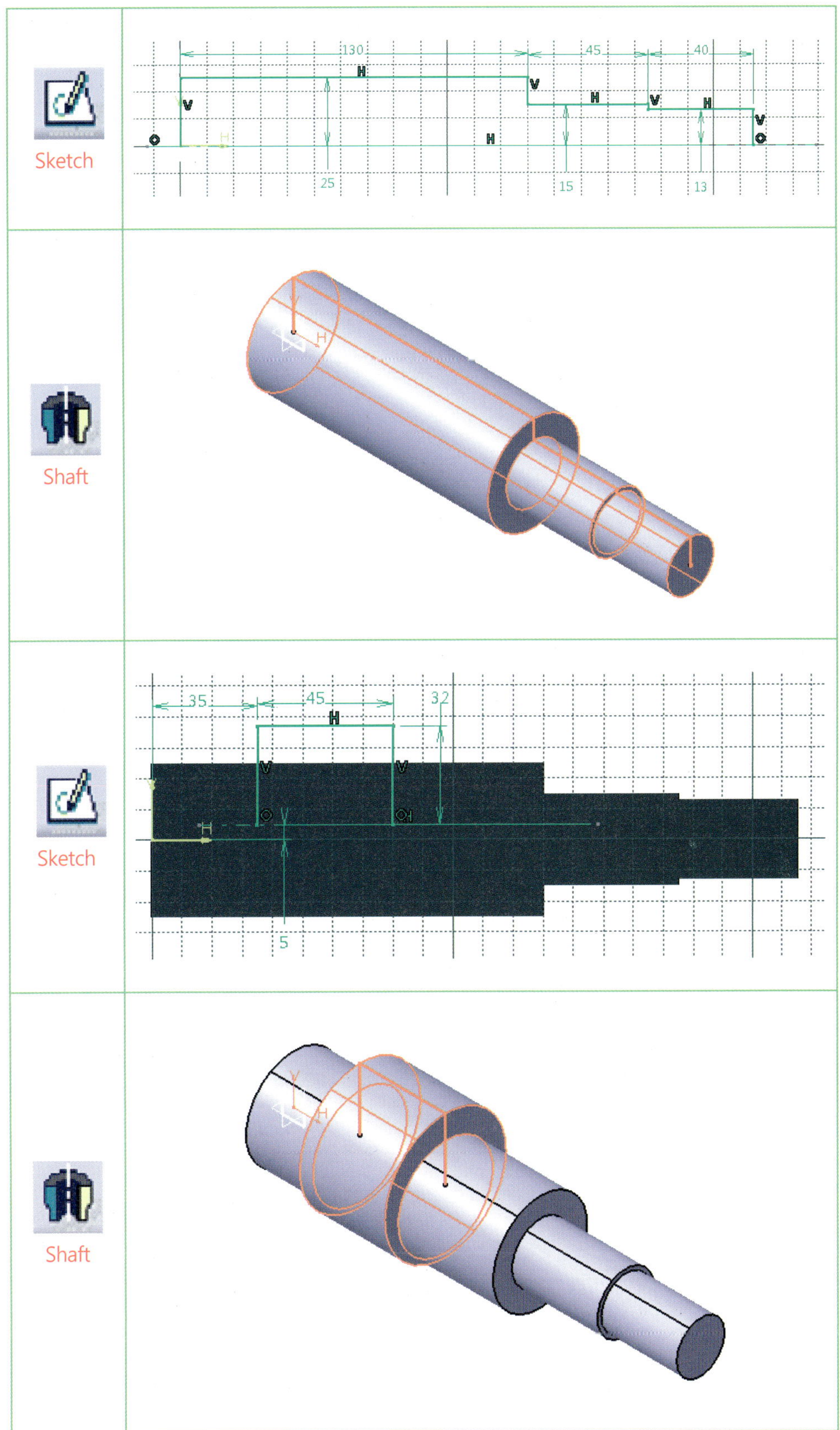
Sketch
130
45
40
25
15
13
Shaft
Sketch
35
45
32
5
Shaft

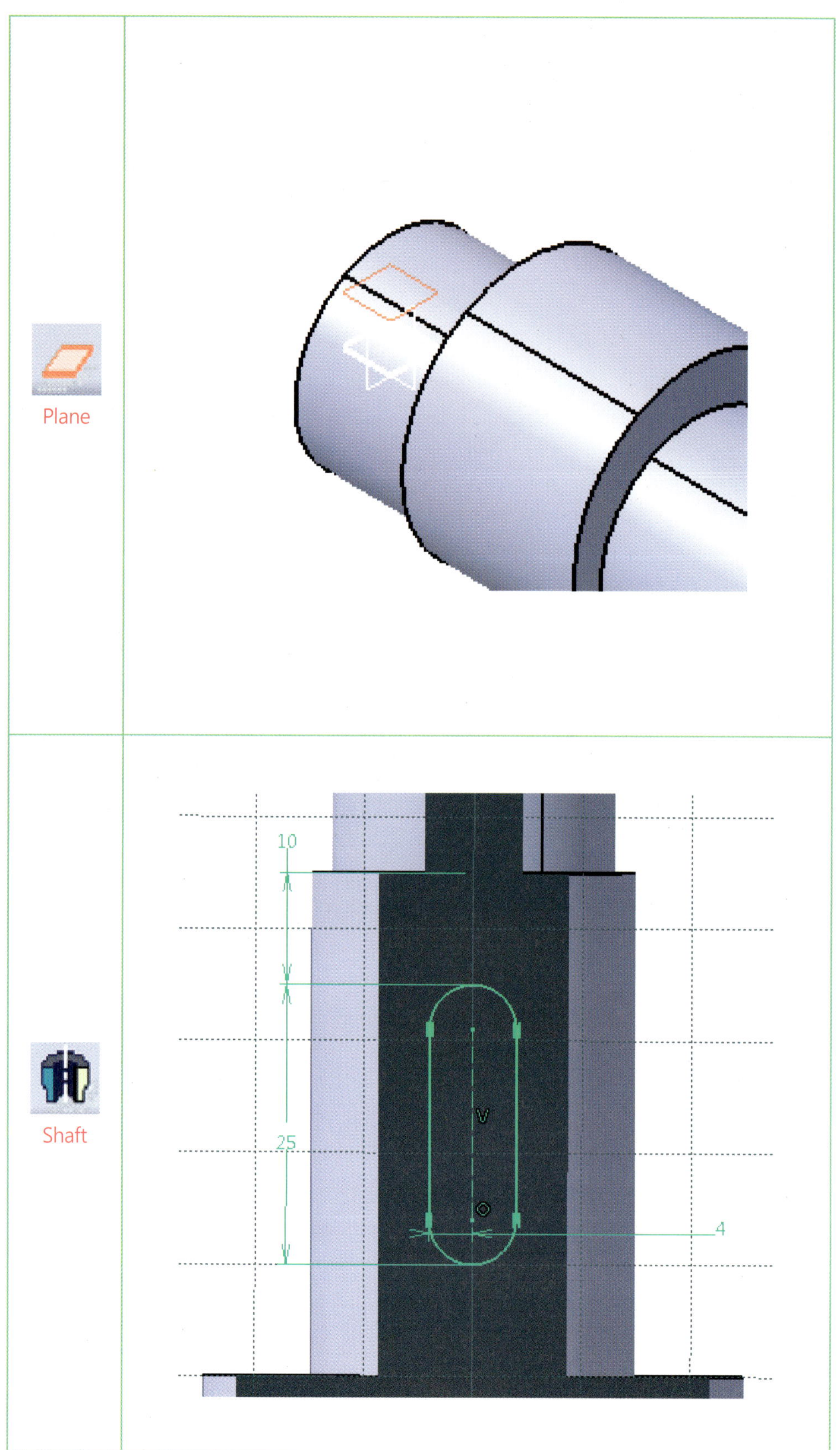
Plane
Shaft
10
25
4
V

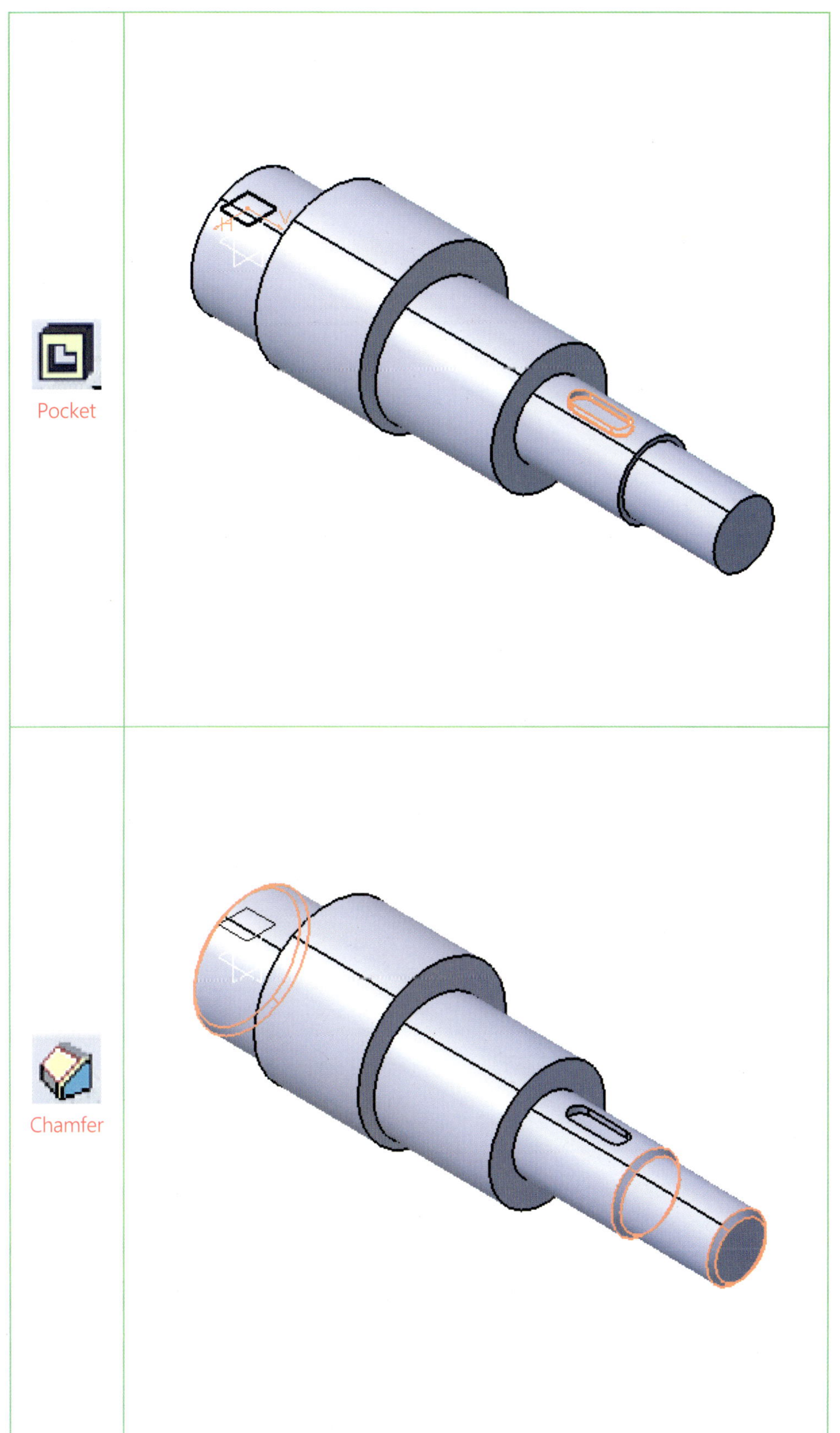
Pocket
Chamfer

따라하기 6 : Circular-Pattern 명령어(스퍼 기어)

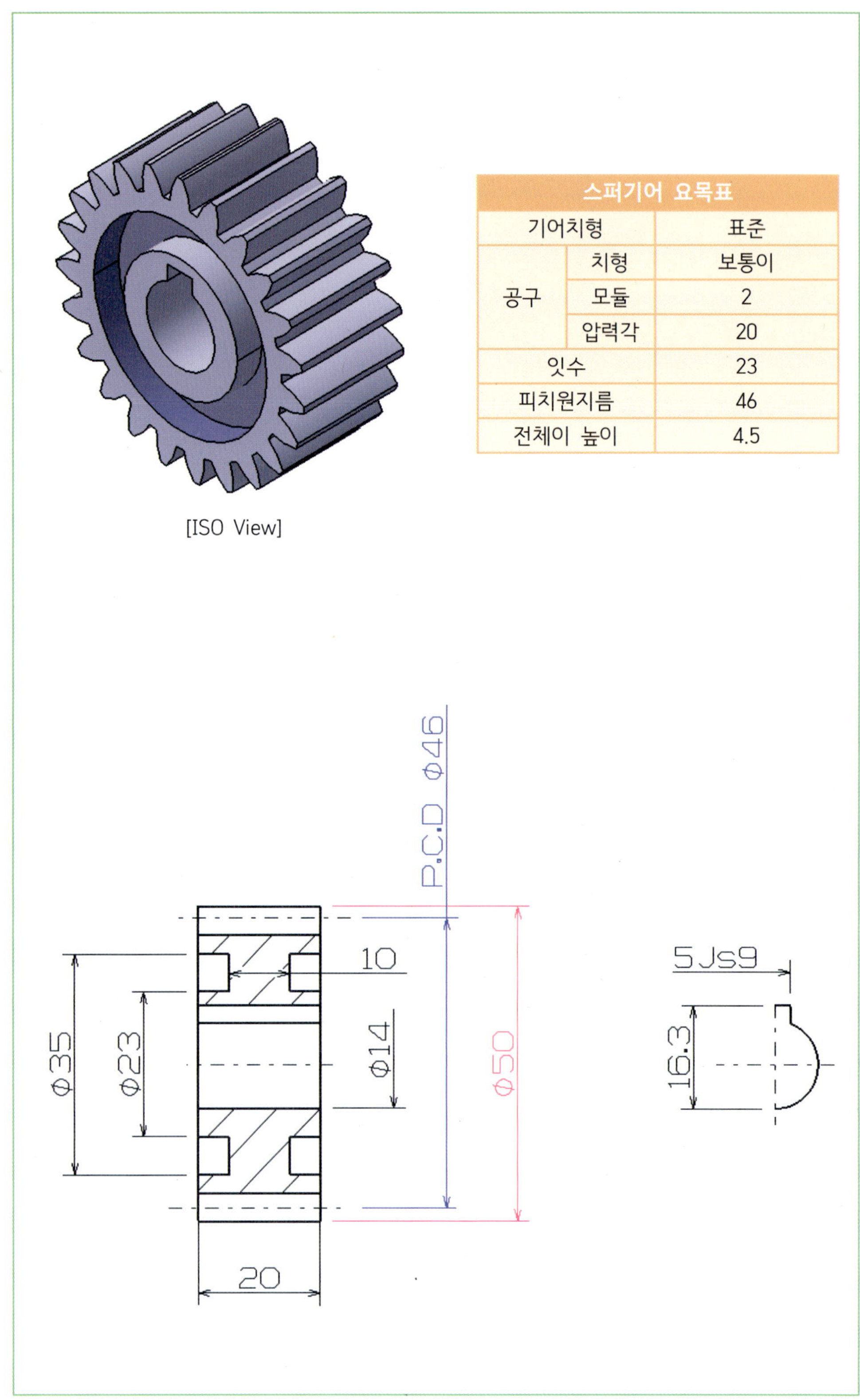

[ISO View]

스퍼기어 요목표		
기어치형		표준
공구	치형	보통이
	모듈	2
	압력각	20
잇수		23
피치원지름		46
전체이 높이		4.5

1. 표준 스퍼 기어

스퍼기어 요목표		
기어치형		표준
공구	치형	보통이
	모듈	2
	압력각	20
잇수		23
피치원지름		46
전체이 높이		4.5

[1] 피치원 지름 = 모듈 × 잇수 = 23 × 2 = 46

[2] 기초원 지름 = 피치원 지름 × cos(압력각) = 46 × cos(20) = 43.23

[3] 이뿌리원 지름 = 피치원 지름 - 2 × 이뿌리 높이 = 46 - 2 × 2.5 = 41

[4] 이끝원 지름 = 피치원 지름 + 2 × 모듈 = 46 + 2 × 2 = 50

[5] 이끝 높이 = 모듈 = 2

[6] 이뿌리 높이 = 모듈 + 이끝틈새 = 2 + 0.25 × 2(압력각 20도) = 2.5

[7] 전체이 높이 = 이끝 높이 + 이뿌리 높이 = 2 + 2.5 = 4.5

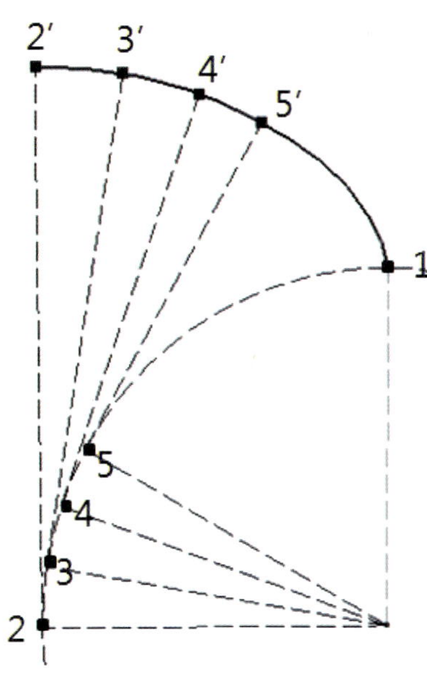

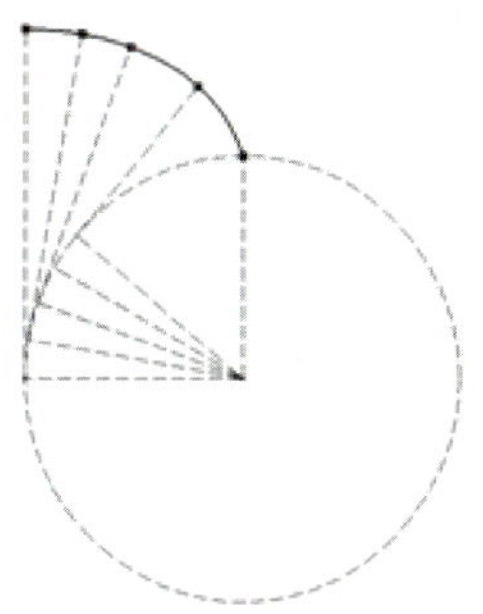

호 길이 = 직선 길이

호 길이	직선 길이
12	22′
13	33′
14	44′
15	55′

[Involute 곡선]

2. PartDesign 들어가기

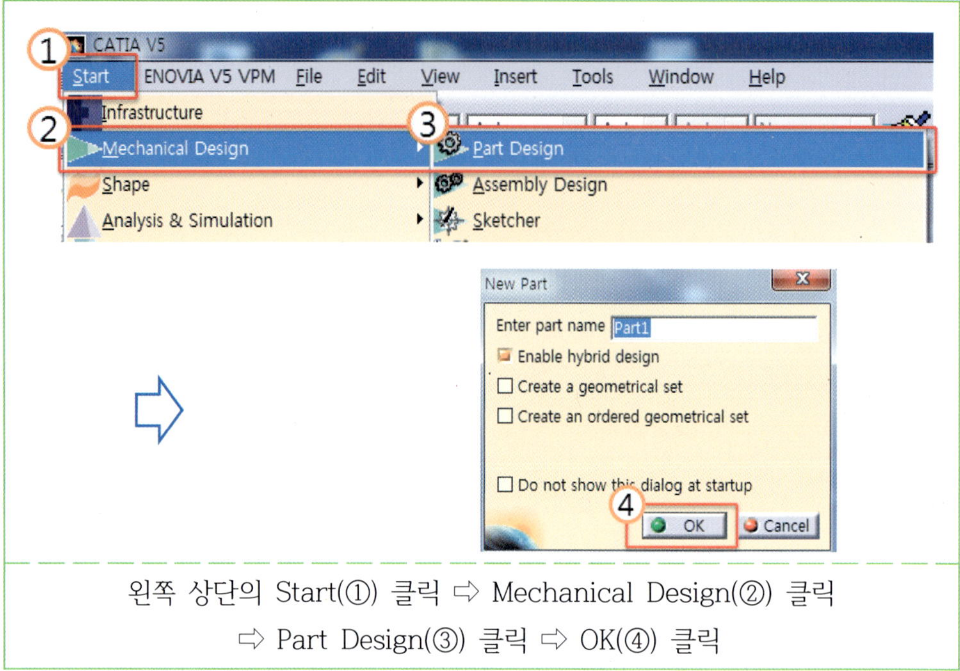

왼쪽 상단의 Start(①) 클릭 ⇨ Mechanical Design(②) 클릭
⇨ Part Design(③) 클릭 ⇨ OK(④) 클릭

3. 초기 설정 : Constraint의 SmartPick 일부 옵션 해제

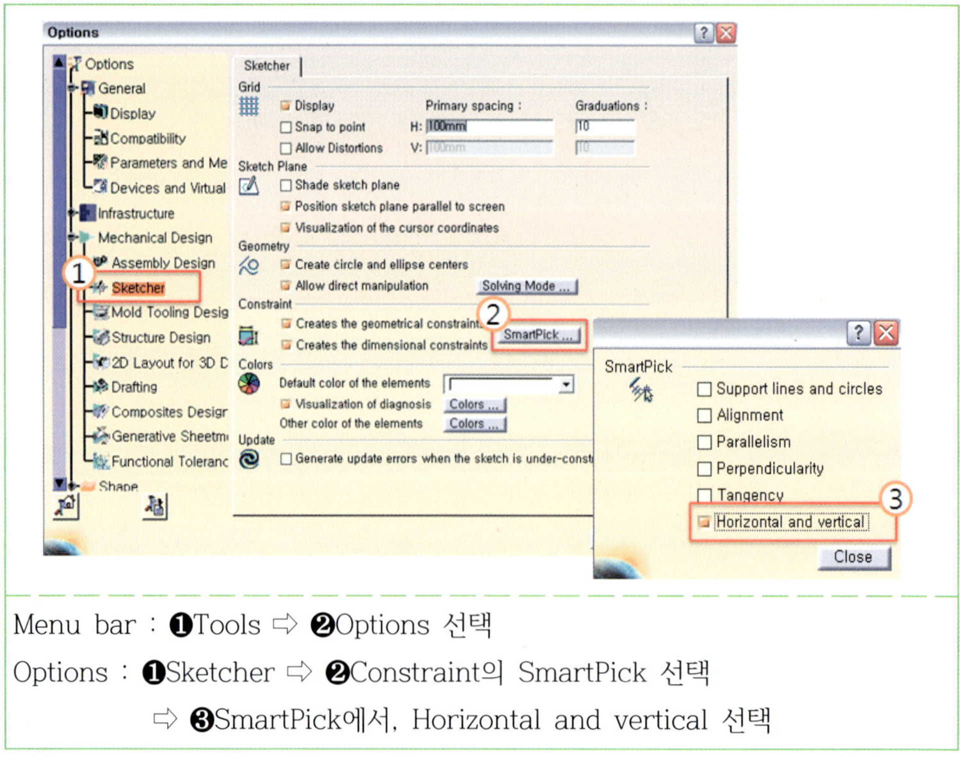

Menu bar : ❶Tools ⇨ ❷Options 선택
Options : ❶Sketcher ⇨ ❷Constraint의 SmartPick 선택
⇨ ❸SmartPick에서, Horizontal and vertical 선택

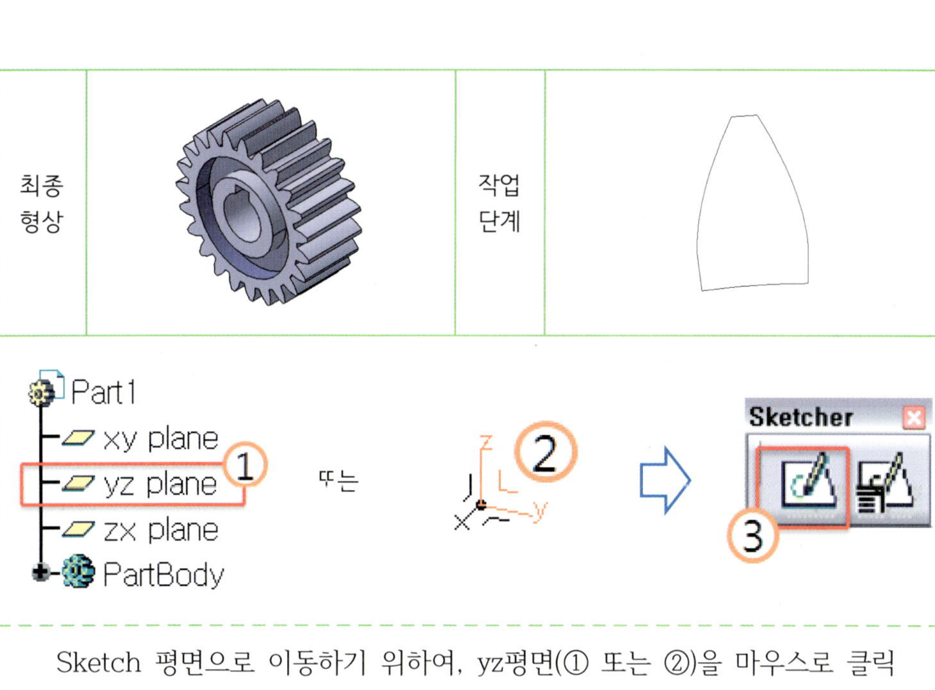

Sketch 평면으로 이동하기 위하여, yz평면(① 또는 ②)을 마우스로 클릭
Sketcher bar에서 Sketch 명령어(③)를 클릭

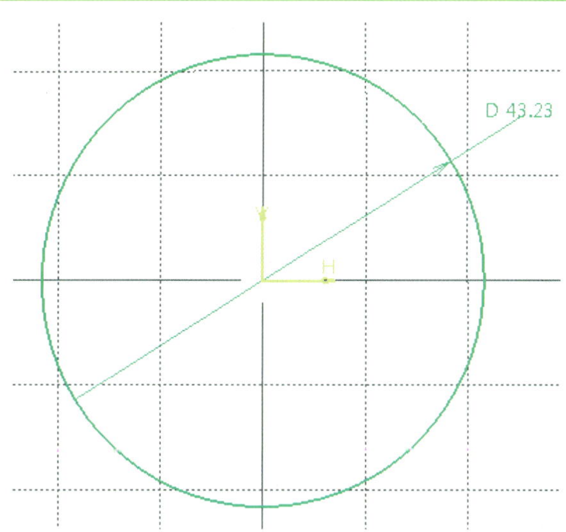

스케치(밑그림) 작성 : 기초원 ⇨ Constraints 부여

☼피치원 지름 = 모듈 × 잇수 = 2 × 23 = 46

☼기초원 지름 = 피치원 지름 × cos(압력각)

⇒ 기초원 지름 = 46 × cos(20) = 43.23

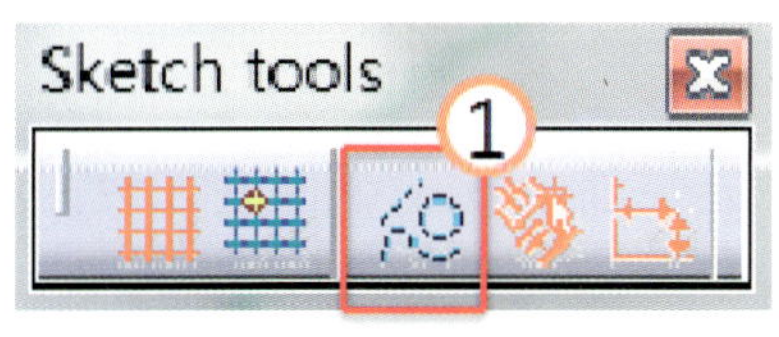

Sketch tools
⇨ Construction/Standard
Element 명령어(①) 클릭
: Construction Element로 변경

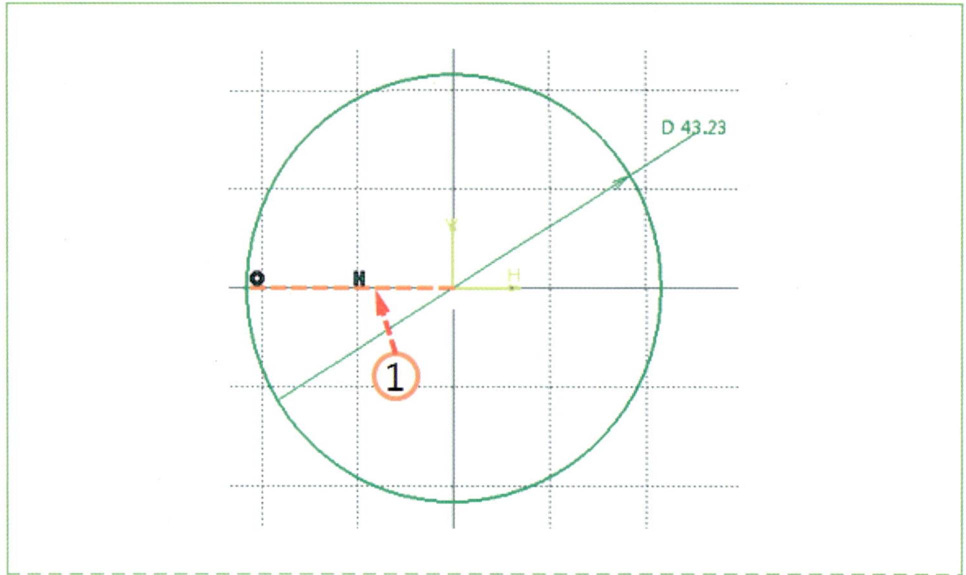

원점을 중심으로 직선(①) 생성(직선 길이 : 원의 반지름)

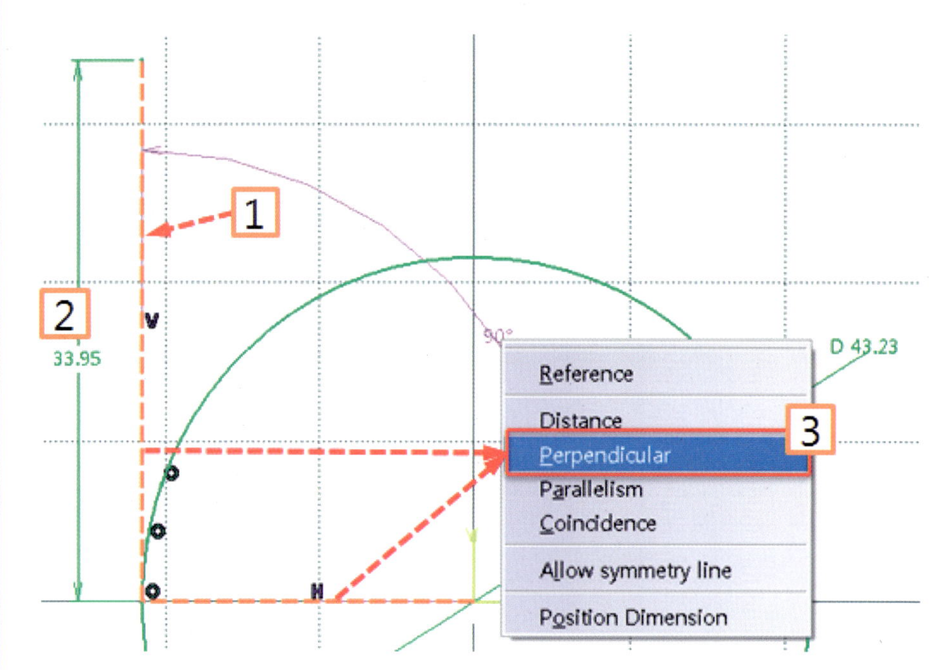

[1] 직선(①)의 끝점에서 수직선(⊡) 생성

[2] Constraint 부여

⊡ 길이 ➜ 33.95

⊡ 직각(Perpendicular) 또는 90˚ : 직선(①)과 직선(⊡) 사이

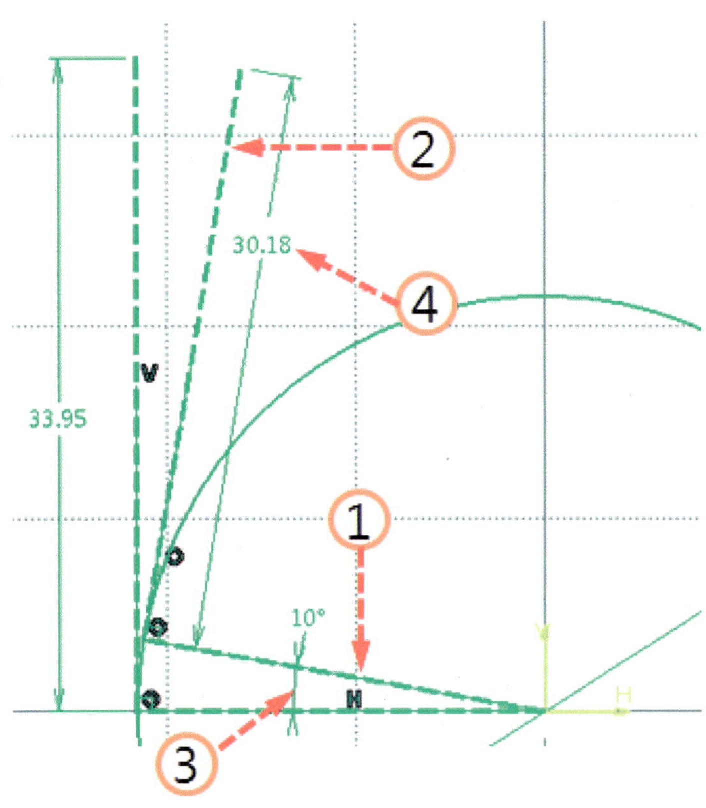

[1] 원점을 중심으로 직선(①) 생성(직선 길이 : 원의 반지름)

[2] 직선(①)의 끝점에서 직선(②) 생성

[3] Constraint 부여

③ 각도 ➜ 10

④ 길이 ➜ 30.18

⑤ 직각(Perpendicular) 또는 90˚ : 직선(①)과 직선(②) 사이

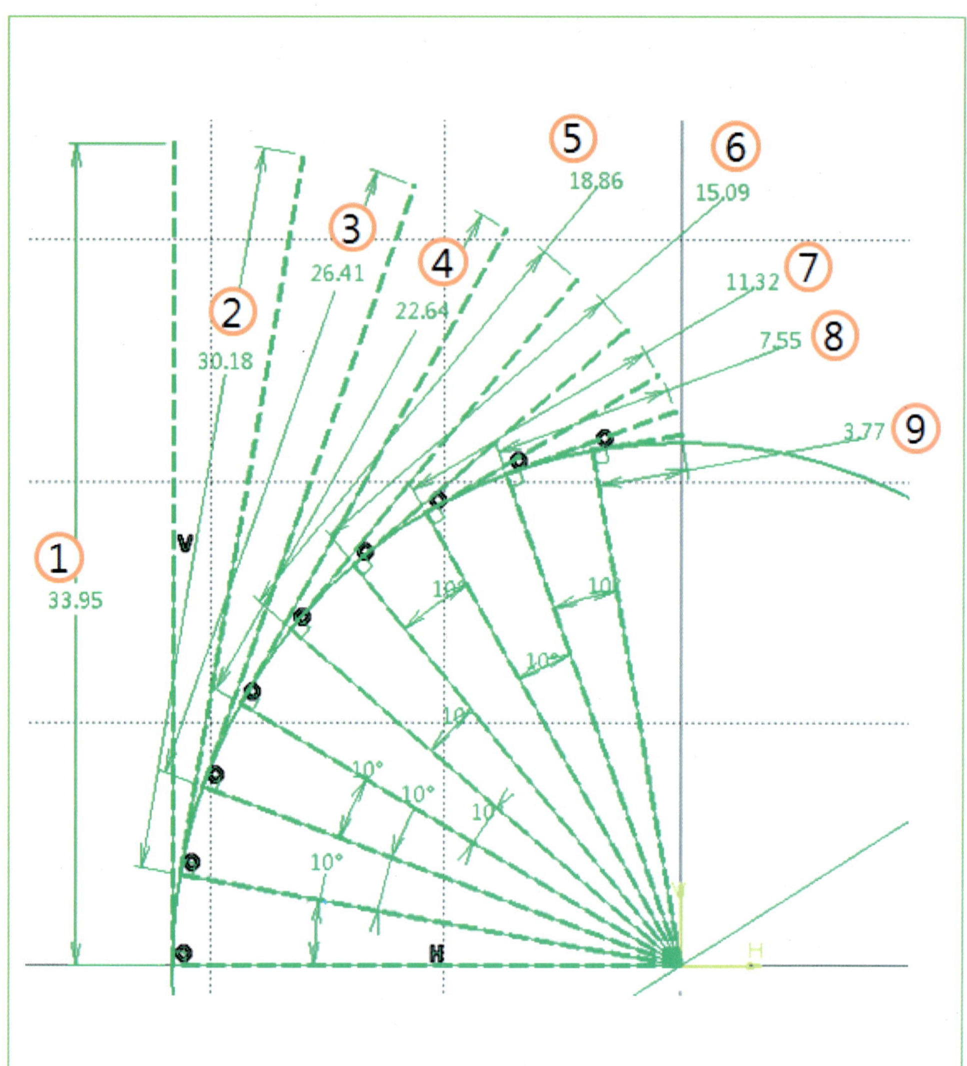

앞과 동일한 방법으로 나머지 직선(③~⑨) 생성

직선 번호	호 길이	직선 길이
①	33.95	33.95
②	30.18	30.18
③	26.41	26.41
④	22.64	22.64
⑤	18.86	18.86
⑥	15.09	15.09
⑦	11.32	11.32
⑧	7.55	7.55
⑨	3.77	3.77

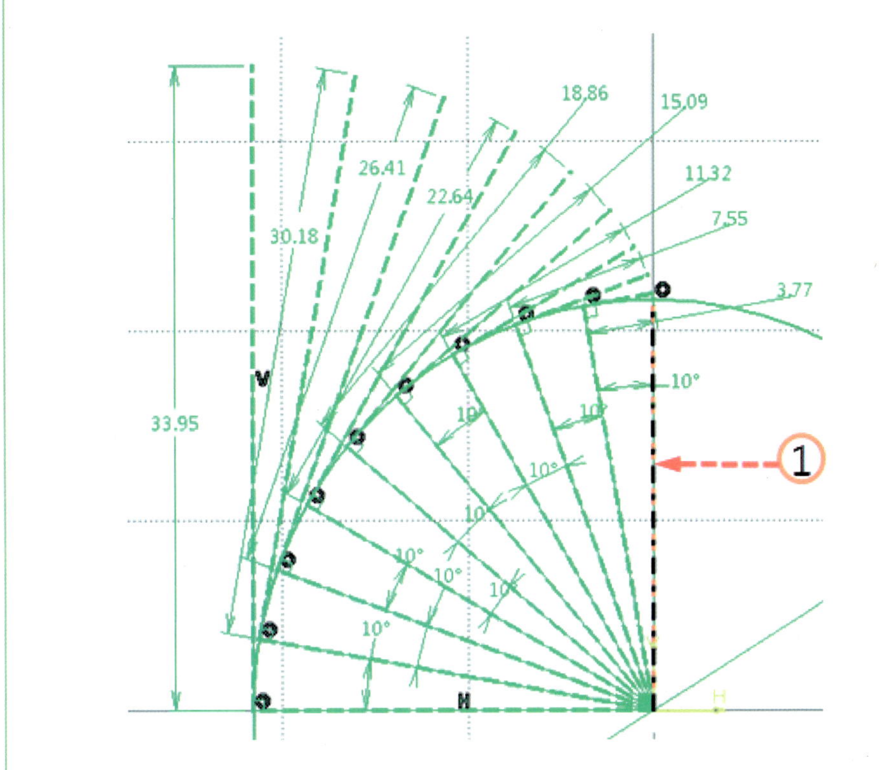

원점을 중심으로 수직선(①) 생성(직선 길이 : 원의 반지름)

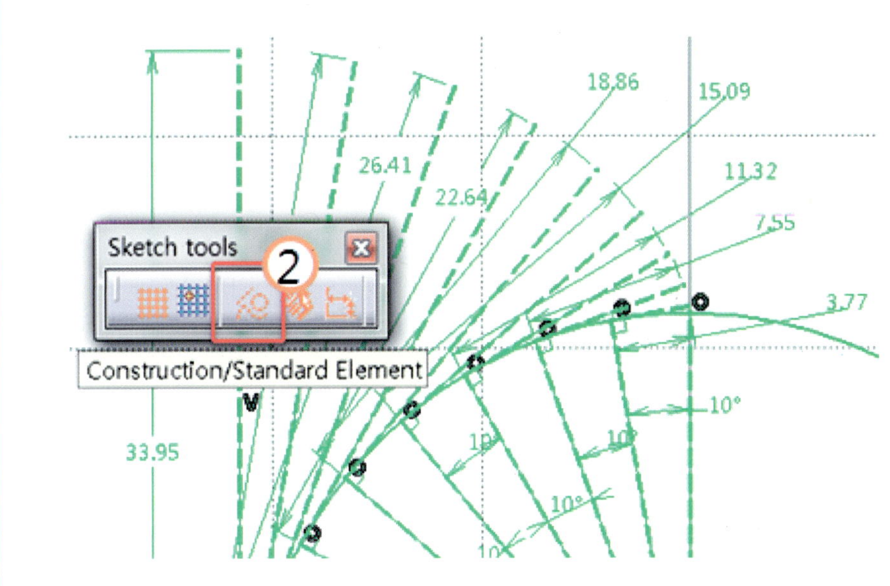

Sketch tools ⇨ Construction/Standard Element 명령어(②) 클릭
: Standard Element로 변경

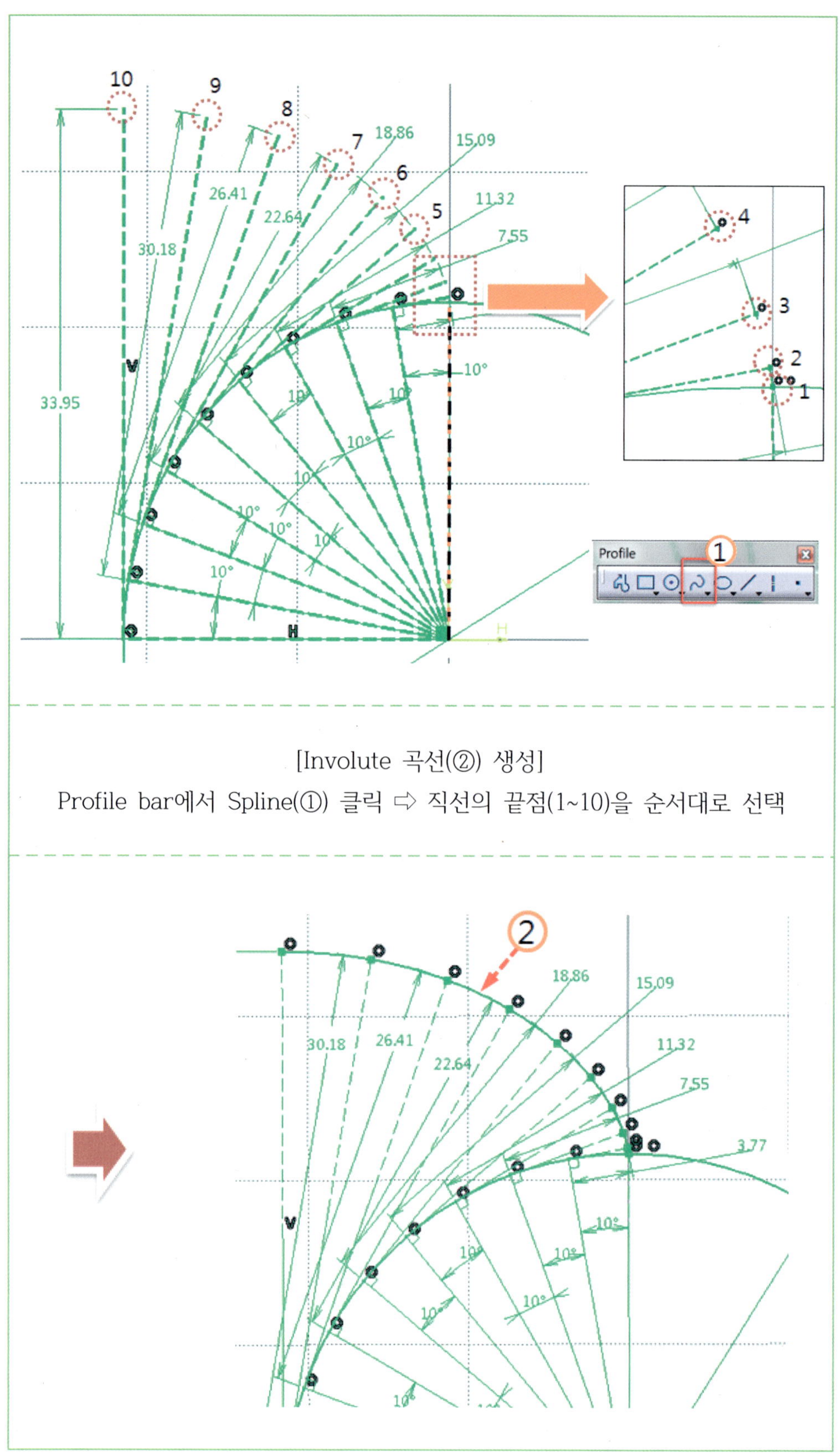

[Involute 곡선(②) 생성]

Profile bar에서 Spline(①) 클릭 ⇨ 직선의 끝점(1~10)을 순서대로 선택

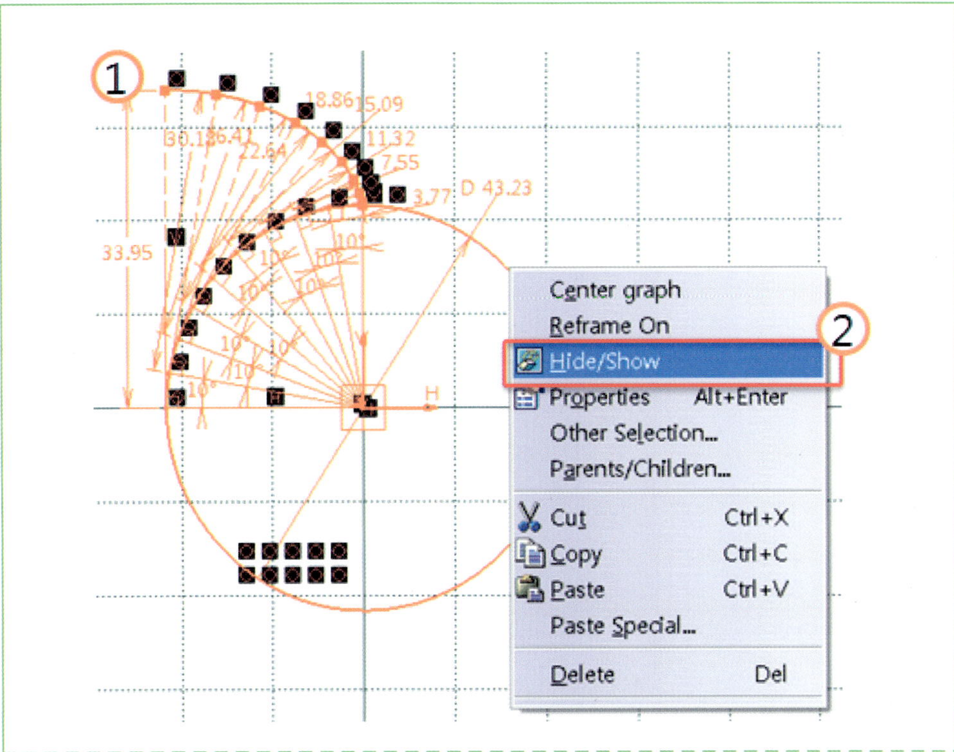

[1] 마우스를 드래그하여 모든 Element(선, 곡선, Constraints 등) 선택(①)

[2] 마우스 오른쪽 버튼을 누른 후, Hide/Show(②) 클릭

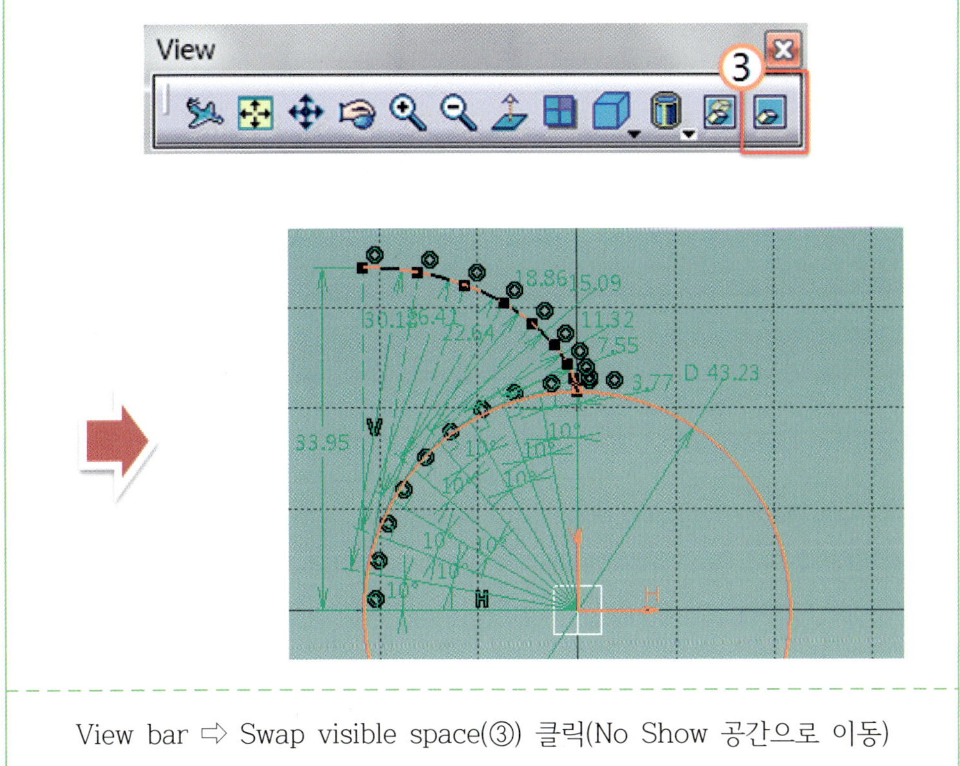

View bar ⇨ Swap visible space(③) 클릭(No Show 공간으로 이동)

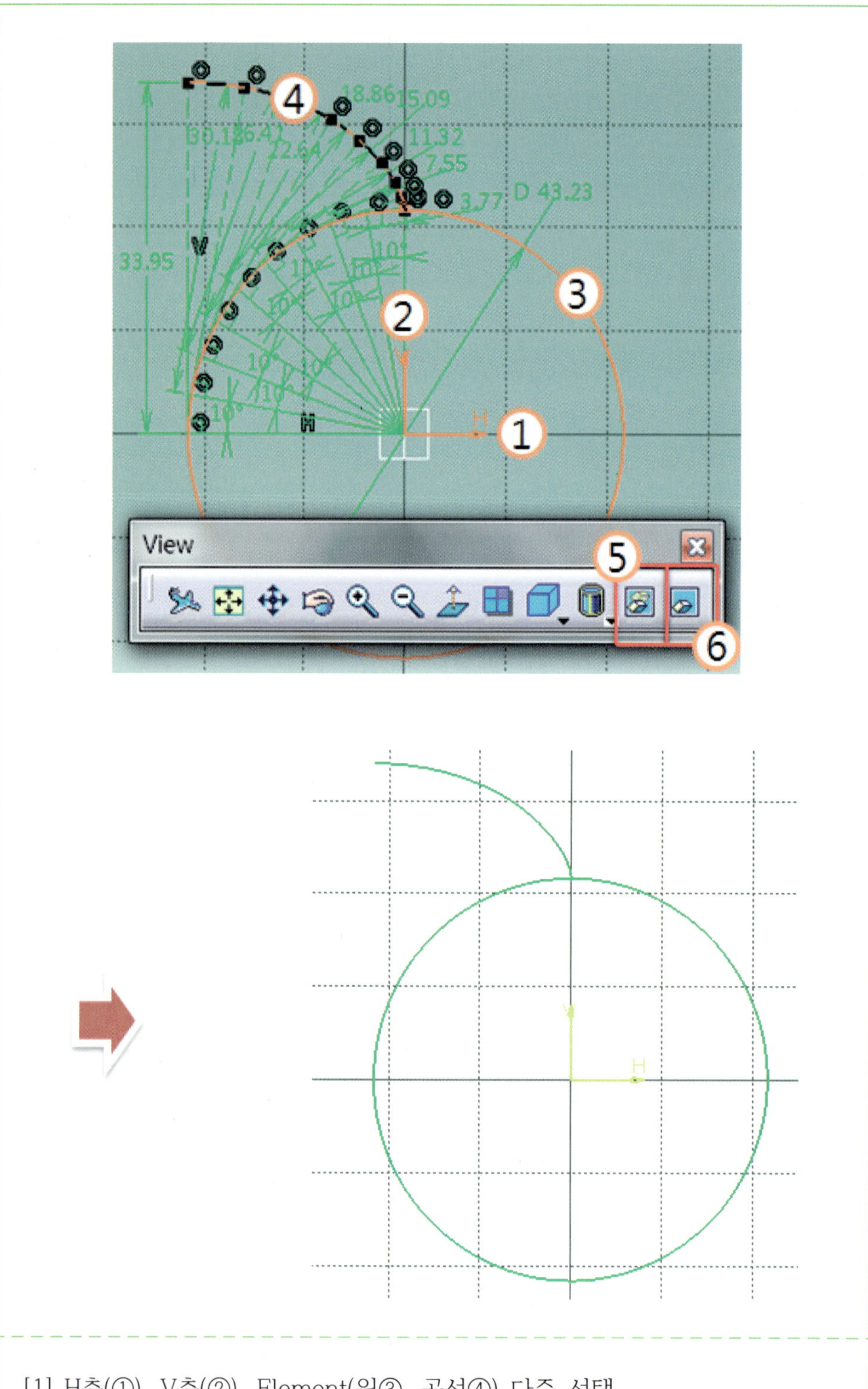

[1] H축(①), V축(②), Element(원③, 곡선④) 다중 선택

[2] View bar의 Hide/Show(⑤) 클릭

[3] Swap visible space(⑥) 클릭(현재 작업창으로 이동)

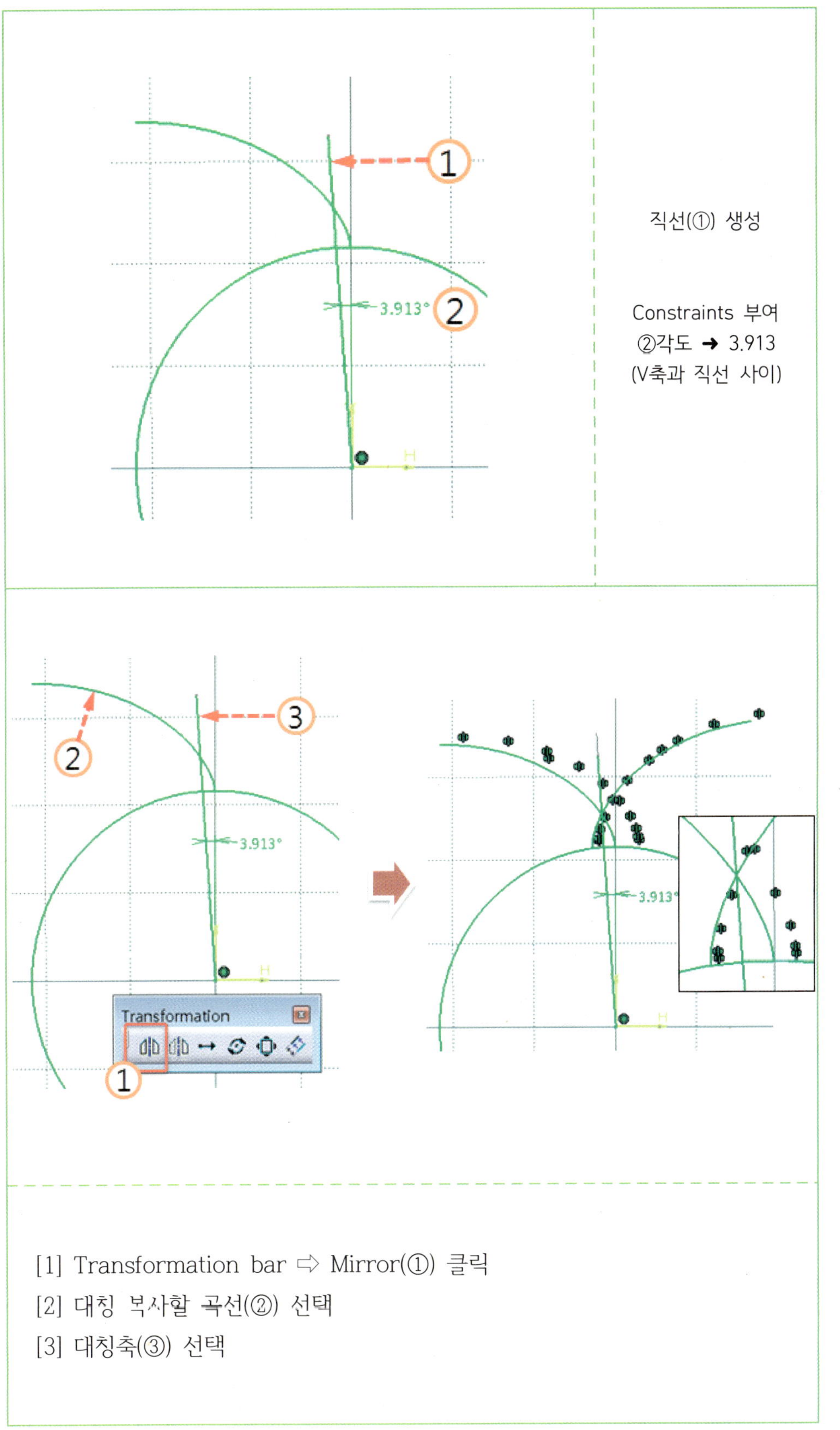

직선(①) 생성

Constraints 부여
②각도 ➜ 3.913
(V축과 직선 사이)

[1] Transformation bar ⇨ Mirror(①) 클릭
[2] 대칭 복사할 곡선(②) 선택
[3] 대칭축(③) 선택

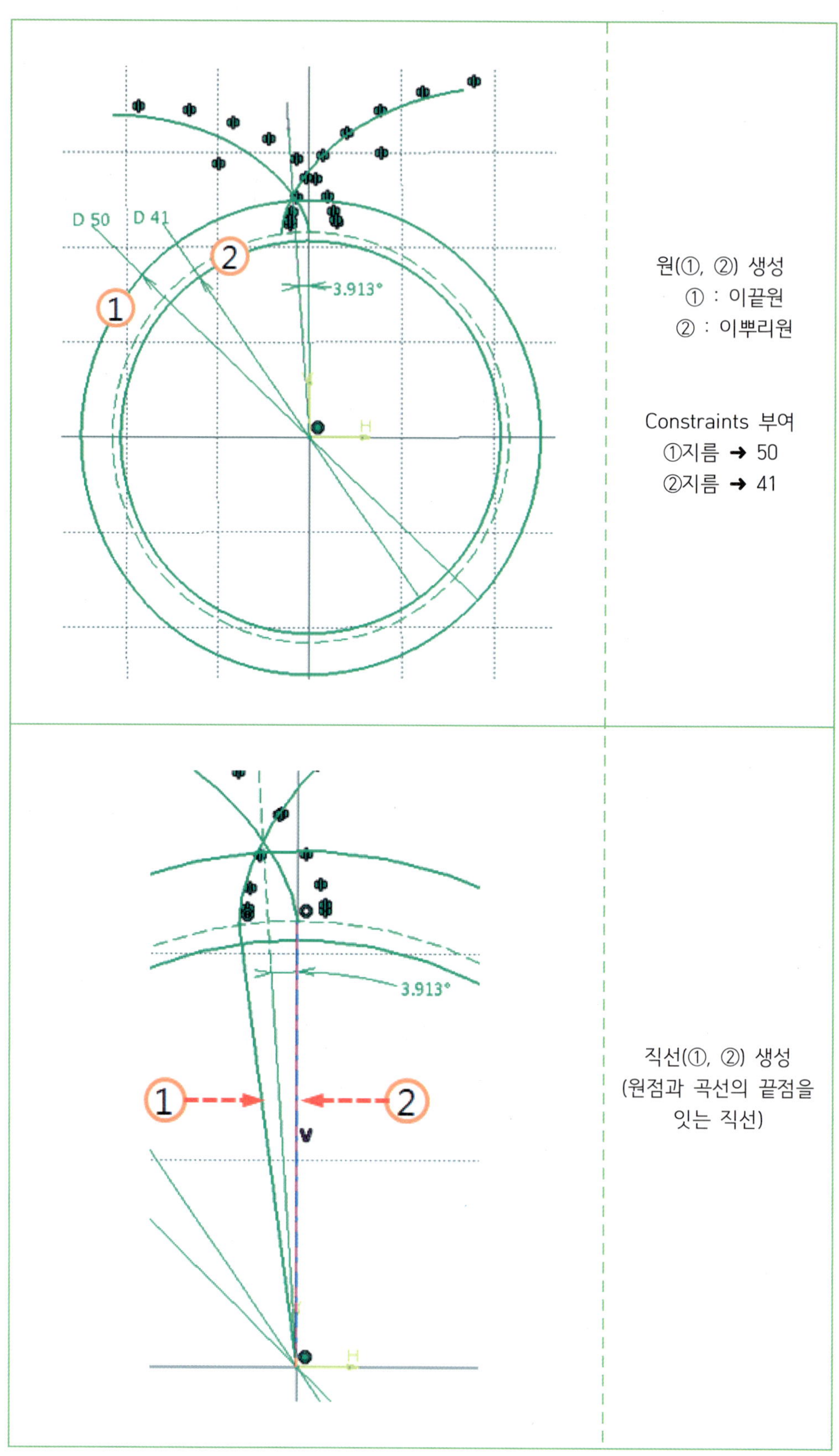
D 50
D 41
1
2
3.913°
H
원(①, ②) 생성
① : 이끝원
② : 이뿌리원
Constraints 부여
①지름 ➜ 50
②지름 ➜ 41
3.913°
1
2
V
H
직선(①, ②) 생성
(원점과 곡선의 끝점을
잇는 직선)

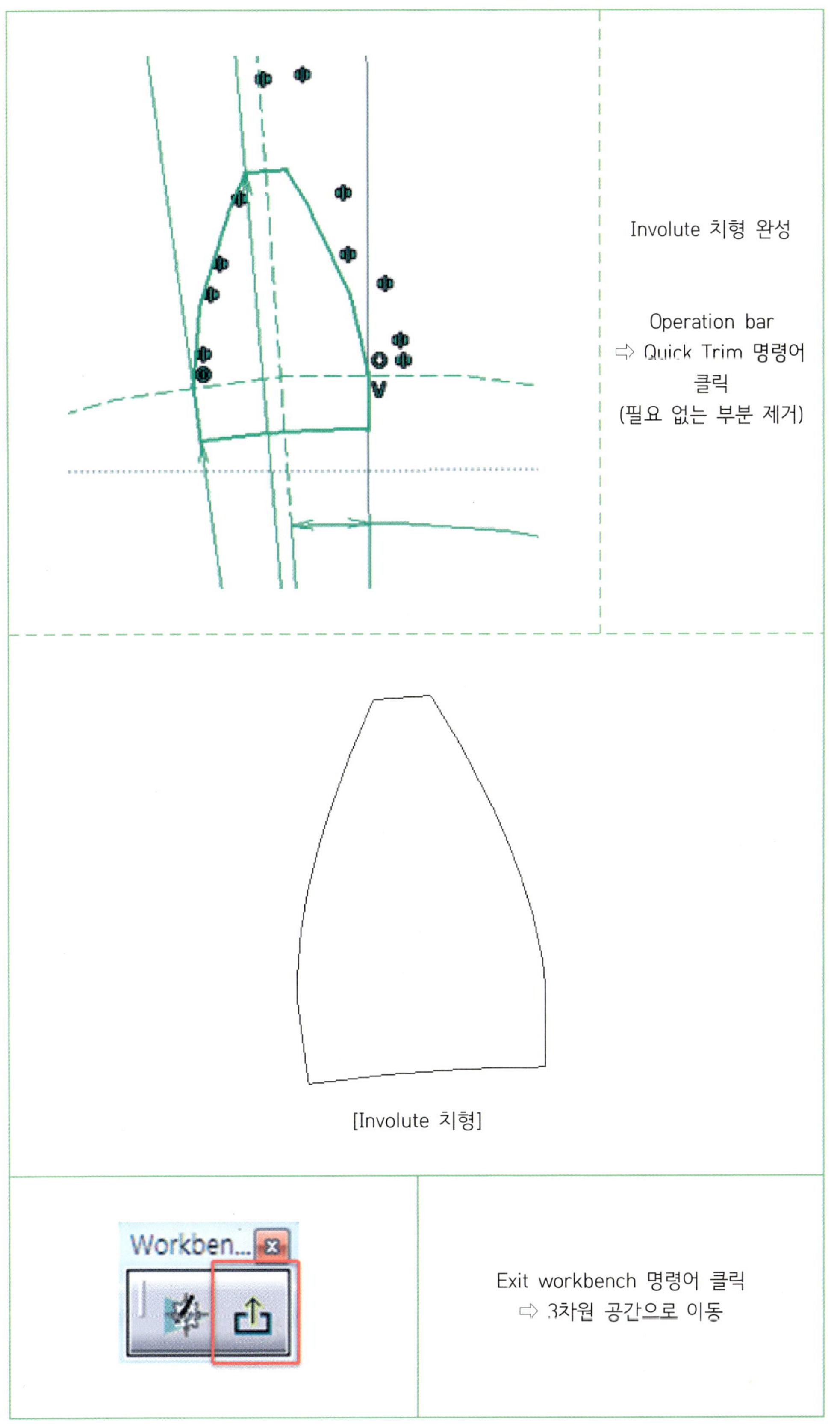

Involute 치형 완성

Operation bar
⇨ Quick Trim 명령어 클릭
(필요 없는 부분 제거)

[Involute 치형]

Exit workbench 명령어 클릭
⇨ 3차원 공간으로 이동

작업 단계	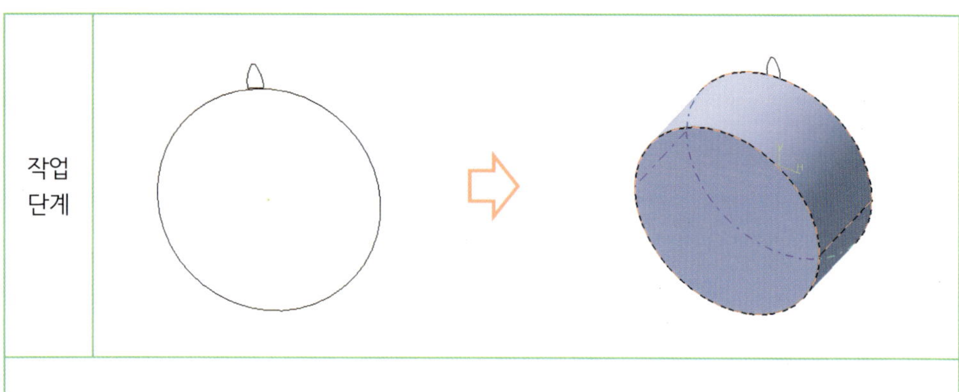

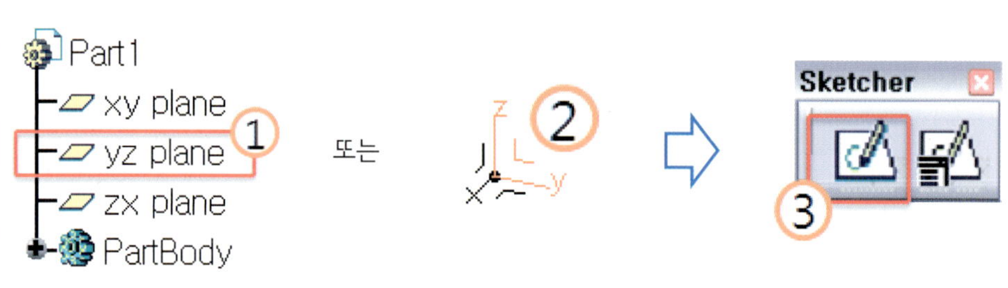

Sketch 평면으로 이동하기 위하여, yz평면(① 또는 ②)을 마우스로 클릭
Sketcher bar에서 Sketch 명령어(③)를 클릭

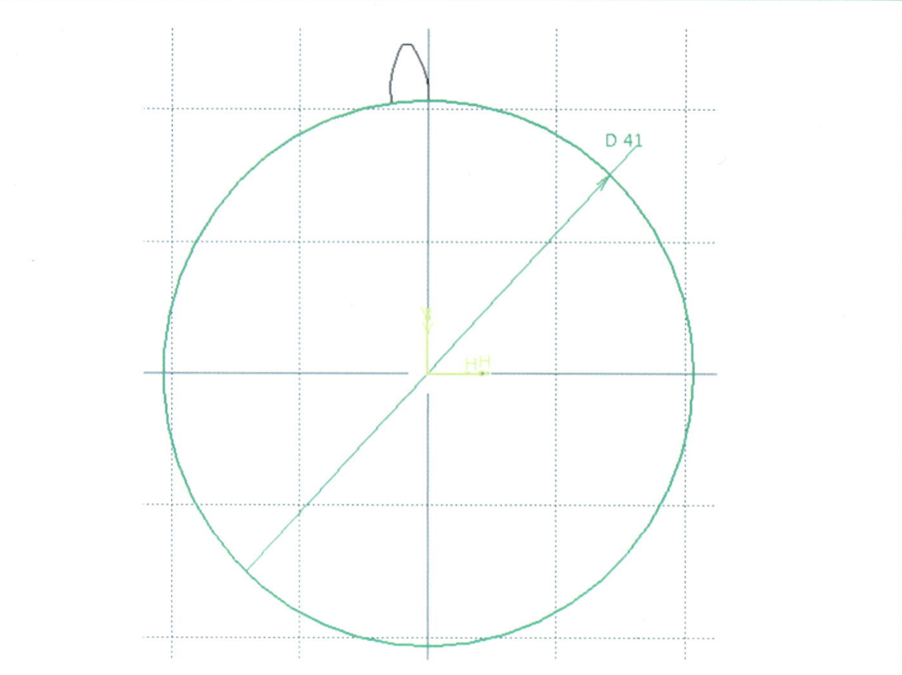

스케치(밑그림) 작성 : 이뿌리원 ⇨ Constraints 부여

☀이뿌리원 지름 = 피치원지름 - 2 × 이뿌리 높이 = 41

☀이뿌리 높이 = 모듈 + 0.25 × 모듈(압력각 20°인 경우)

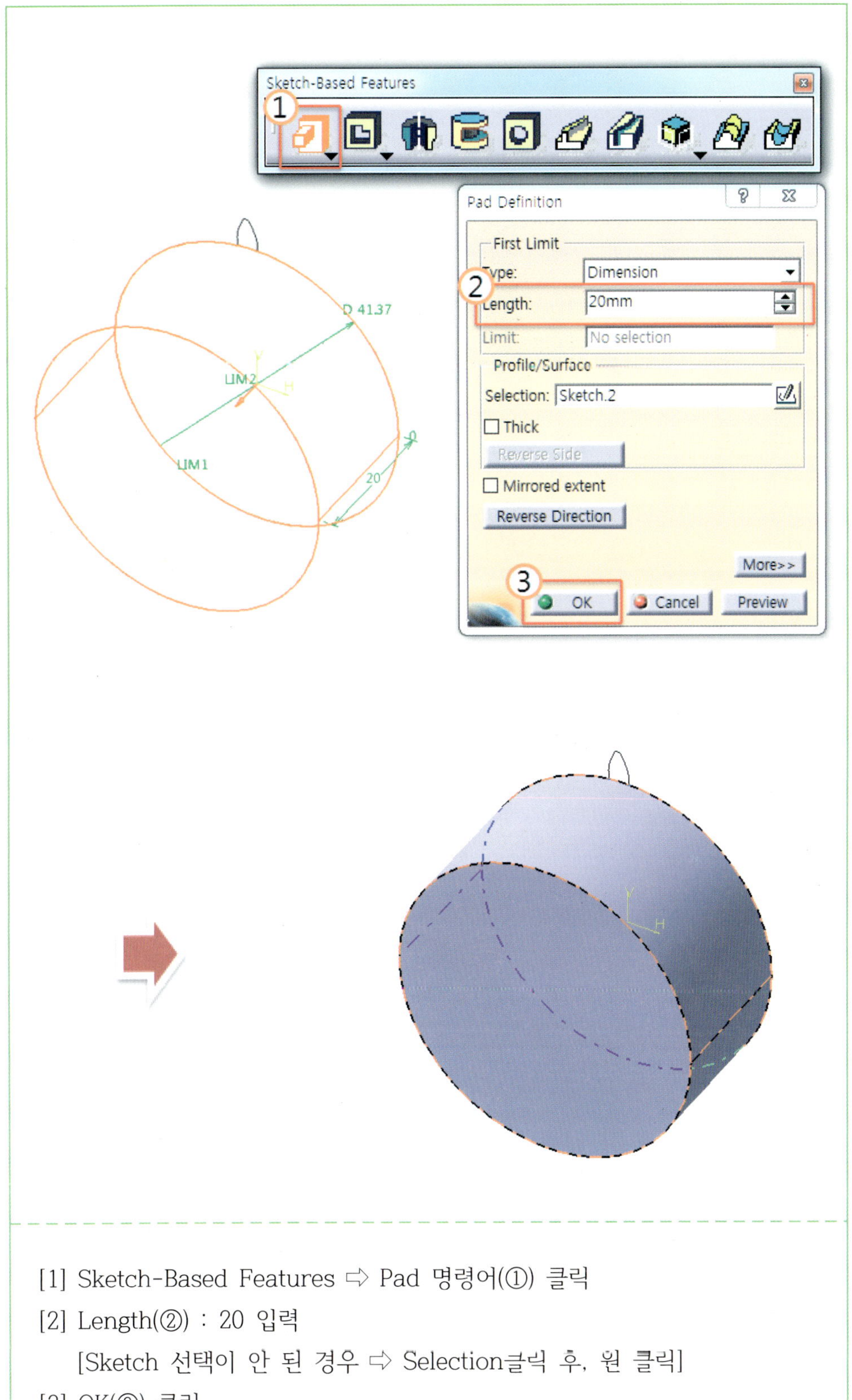

[1] Sketch-Based Features ⇨ Pad 명령어(①) 클릭

[2] Length(②) : 20 입력

[Sketch 선택이 안 된 경우 ⇨ Selection클릭 후, 원 클릭]

[3] OK(③) 클릭

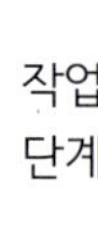 작업 단계	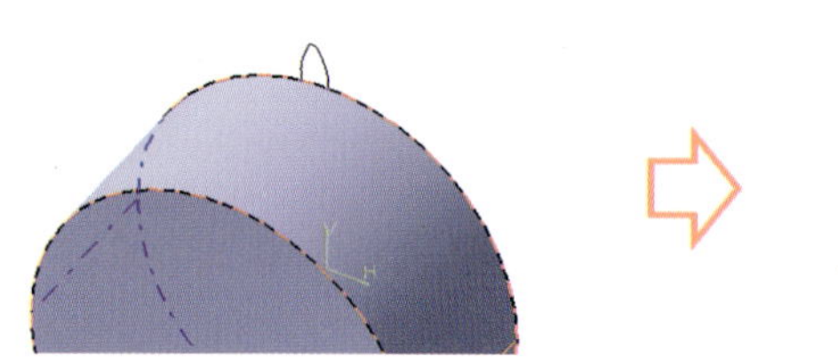 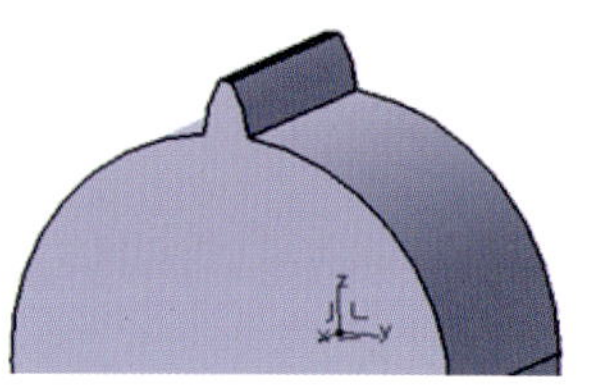

Exit workbench( ) 명령어 클릭 ⇨ 3차원 공간으로 이동

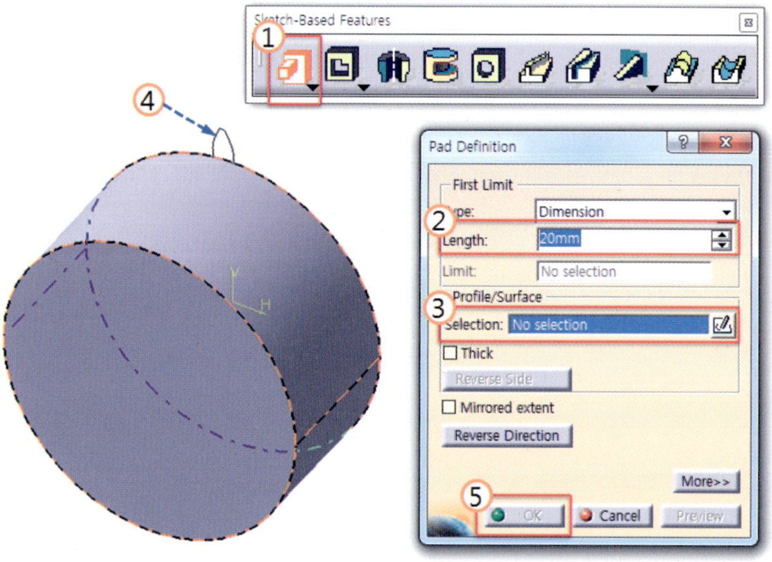

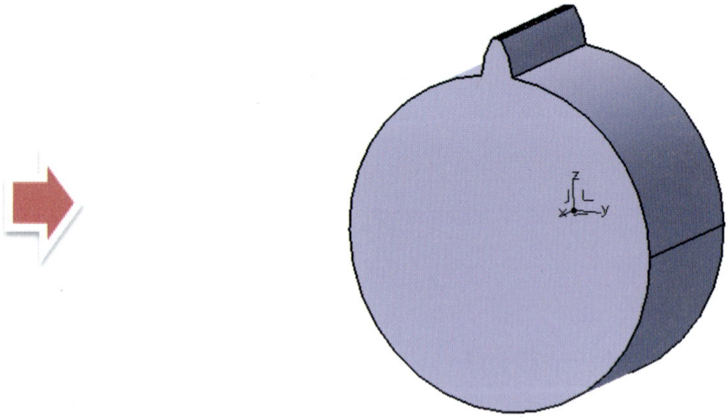

[1] Sketch-Based Features ⇨ Pad 명령어(①) 클릭

[2] Length : 20 입력

[Sketch 선택이 안 된 경우 ⇨ Selection(③) 클릭 후, 치형(④) 클릭]

[3] OK(⑤) 클릭

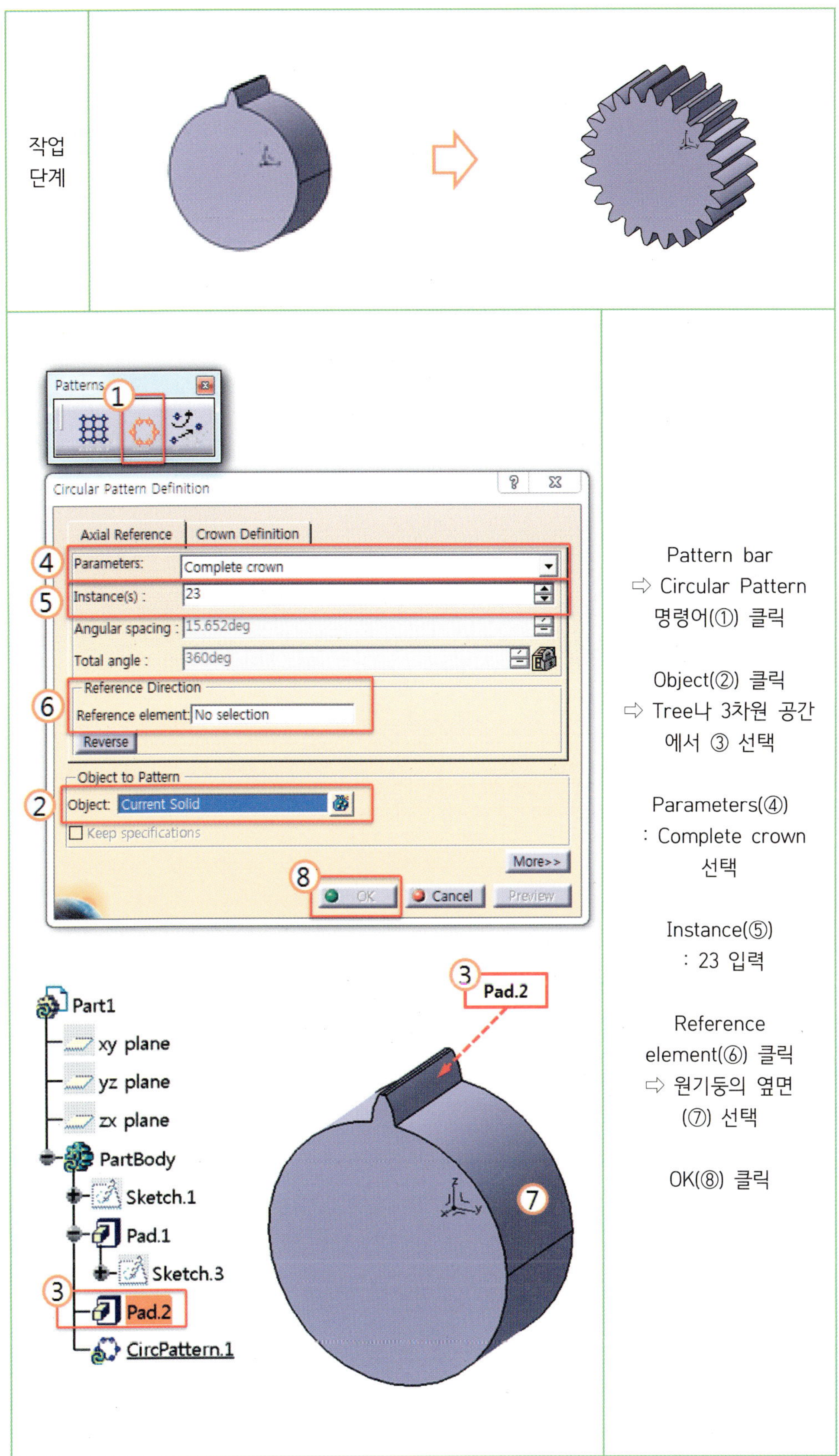

Pattern bar
⇨ Circular Pattern
명령어(①) 클릭

Object(②) 클릭
⇨ Tree나 3차원 공간
에서 ③ 선택

Parameters(④)
: Complete crown
선택

Instance(⑤)
: 23 입력

Reference
element(⑥) 클릭
⇨ 원기둥의 옆면
(⑦) 선택

OK(⑧) 클릭

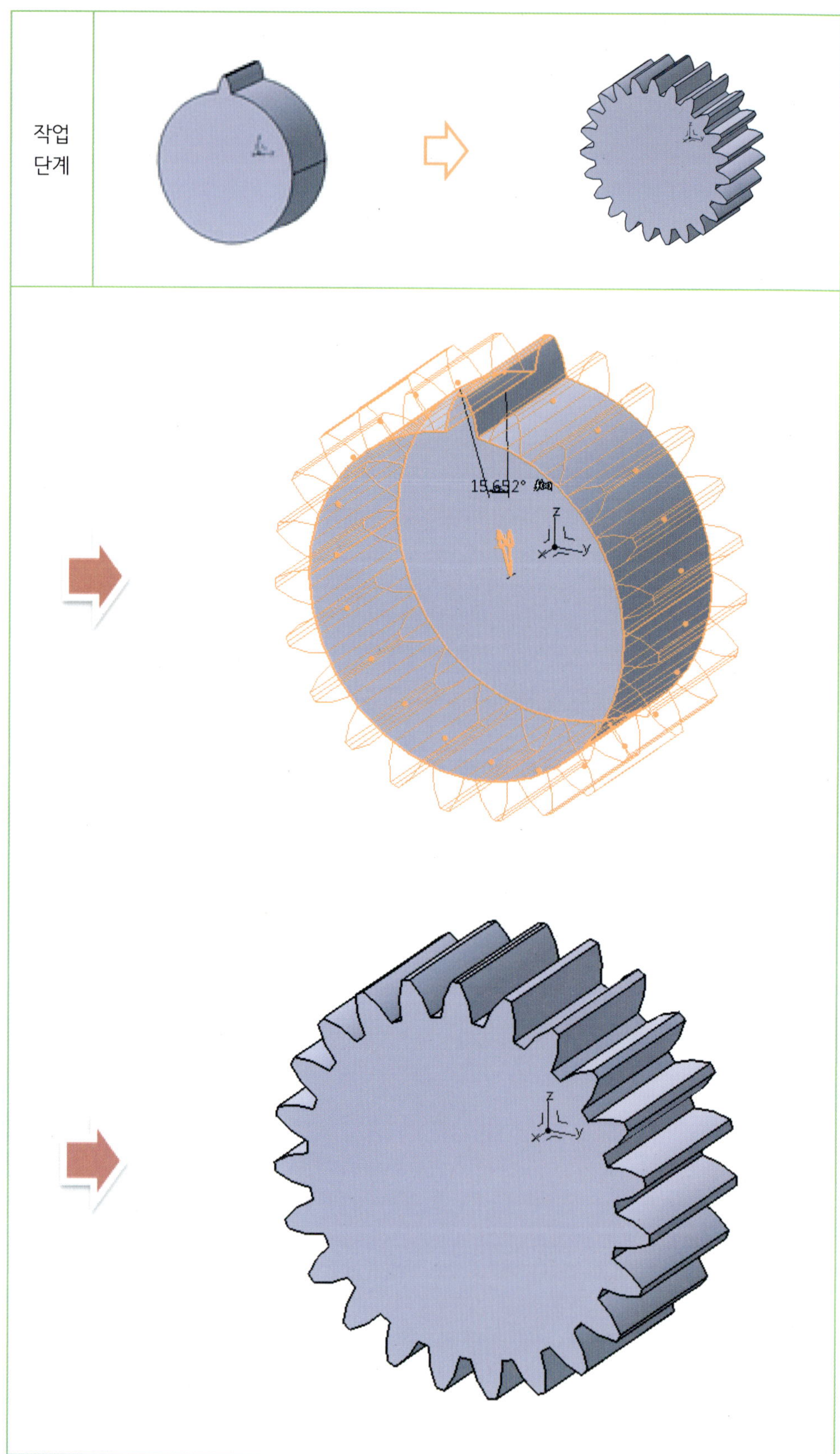
작업
단계
15.652°

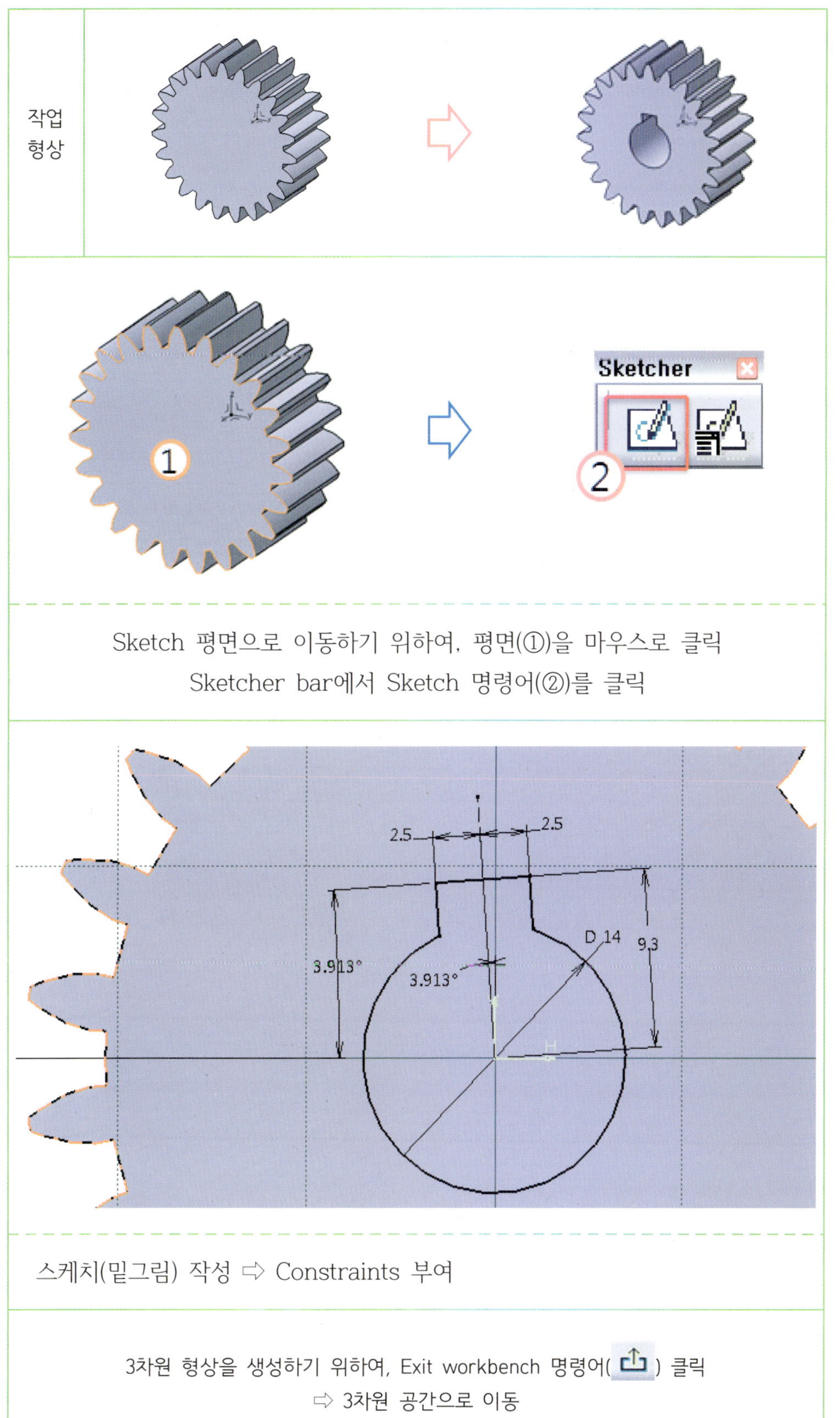
작업
형상
1
Sketcher
2
Sketch 평면으로 이동하기 위하여, 평면(①)을 마우스로 클릭
Sketcher bar에서 Sketch 명령어(②)를 클릭
2.5
2.5
D 14
9.3
3.913°
3.913°
H
스케치(밑그림) 작성 ⇨ Constraints 부여
3차원 형상을 생성하기 위하여, Exit workbench 명령어( ) 클릭
⇨ 3차원 공간으로 이동

작업 단계

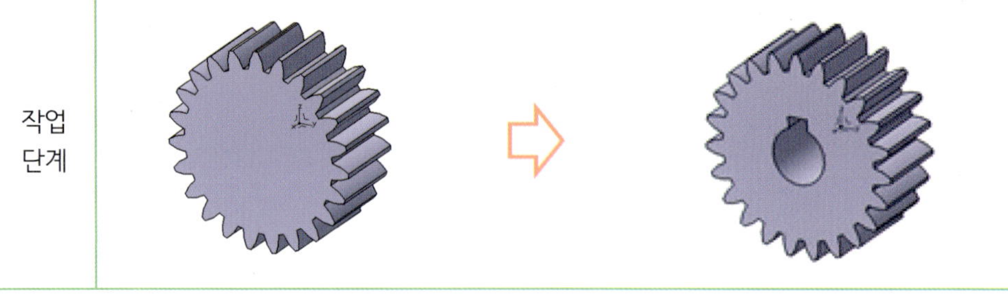

Exit workbench( ) 명령어 클릭 ⇨ 3차원 공간으로 이동

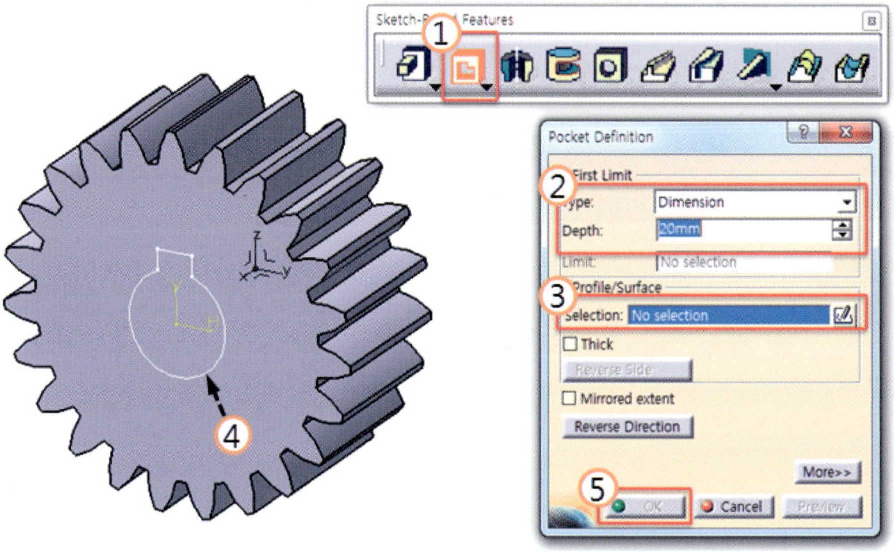

[1] Sketch-Based Features ⇨ Pocket 명령어(①) 클릭

[2] Depth : 20 입력(또는 Type : Up to next/Up to last 선택)

[Sketch 선택이 안 된 경우 ⇨ Selection(③) 클릭 후, 도형(④) 클릭]

[3] OK(⑤) 클릭

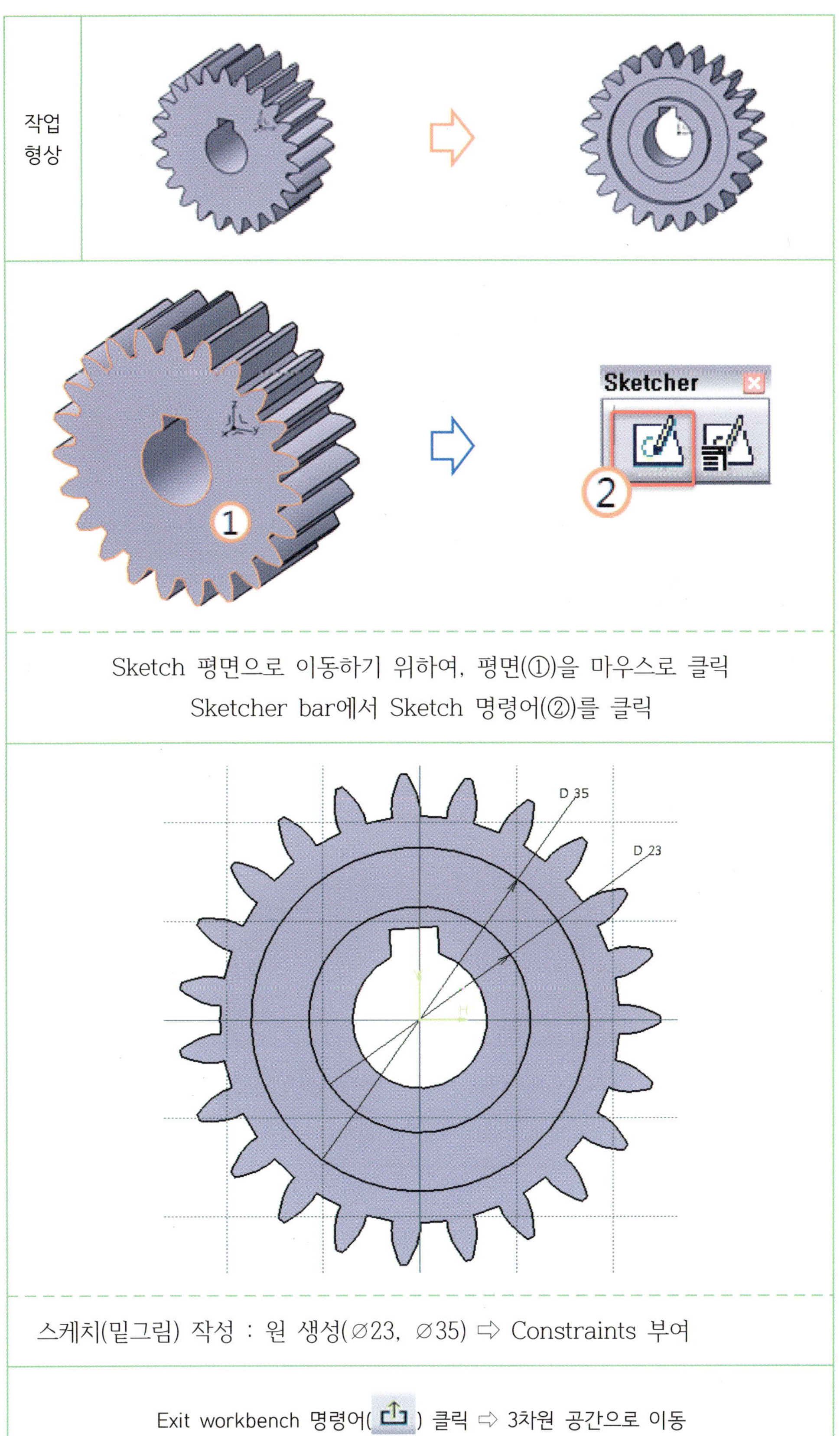
작업
형상
Sketcher
D 35
D 23
H
Sketch 평면으로 이동하기 위하여, 평면(①)을 마우스로 클릭
Sketcher bar에서 Sketch 명령어(②)를 클릭
스케치(밑그림) 작성 : 원 생성(∅23, ∅35) ⇨ Constraints 부여
Exit workbench 명령어( ) 클릭 ⇨ 3차원 공간으로 이동

작업 단계	  

Exit workbench( ) 명령어 클릭 ⇨ 3차원 공간으로 이동

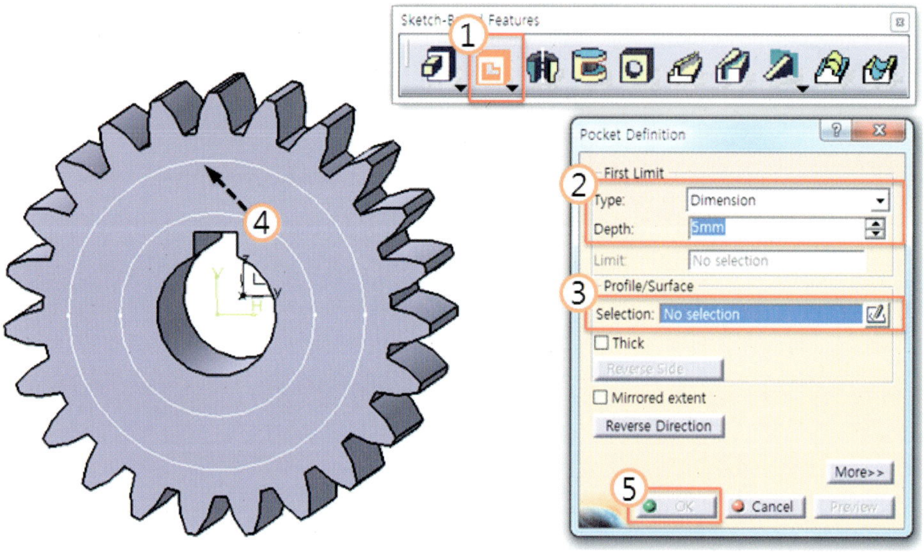

[1] Sketch-Based Features ⇨ Pocket 명령어(①) 클릭

[2] Depth : 5 입력

[Sketch 선택이 안 된 경우 ⇨ Selection(③) 클릭 후, 원(④) 클릭]

[3] OK(⑤) 클릭

작업 단계

Exit workbench( ) 명령어 클릭 ⇨ 3차원 공간으로 이동

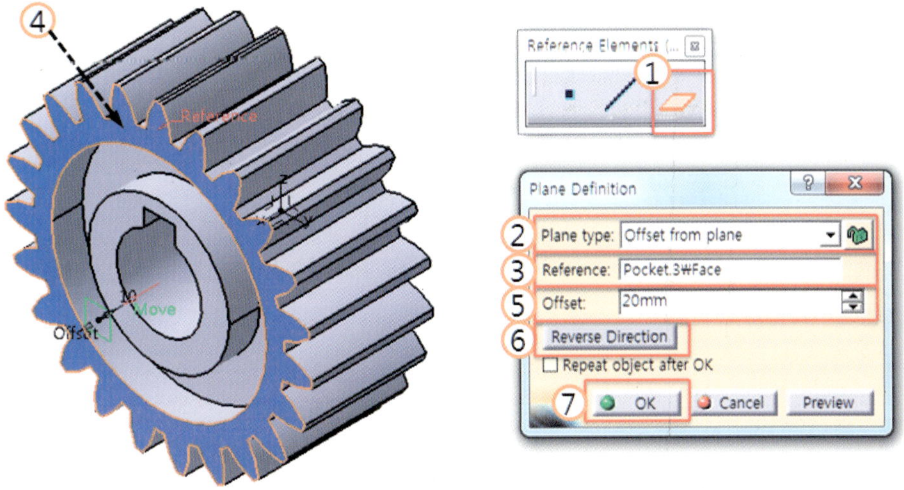

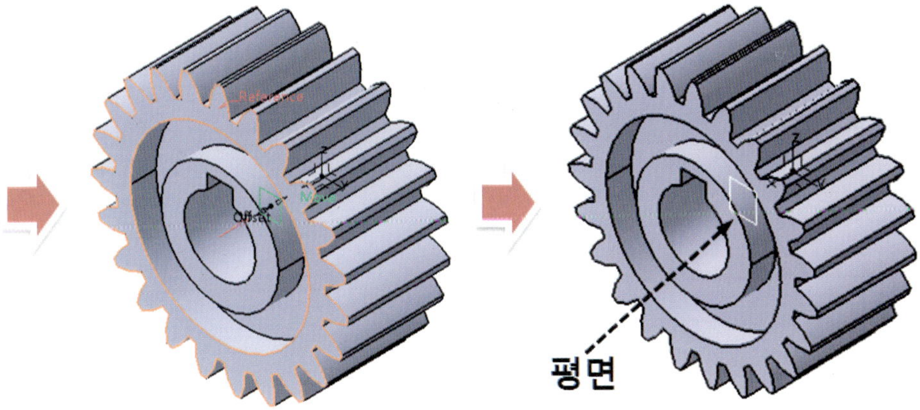

[1] Reference Elements bar ⇨ Plane 명령어(①) 클릭

[2] Plane type(②) : Offset from plane 선택

[3] Reference(③) 클릭 ⇨ 평면(④) 선택

[4] Offset(⑤) : 5 입력

[5] 평면 생성 방향 변경 : Revers Direction(⑥) 클릭

[6] OK(⑦) 클릭

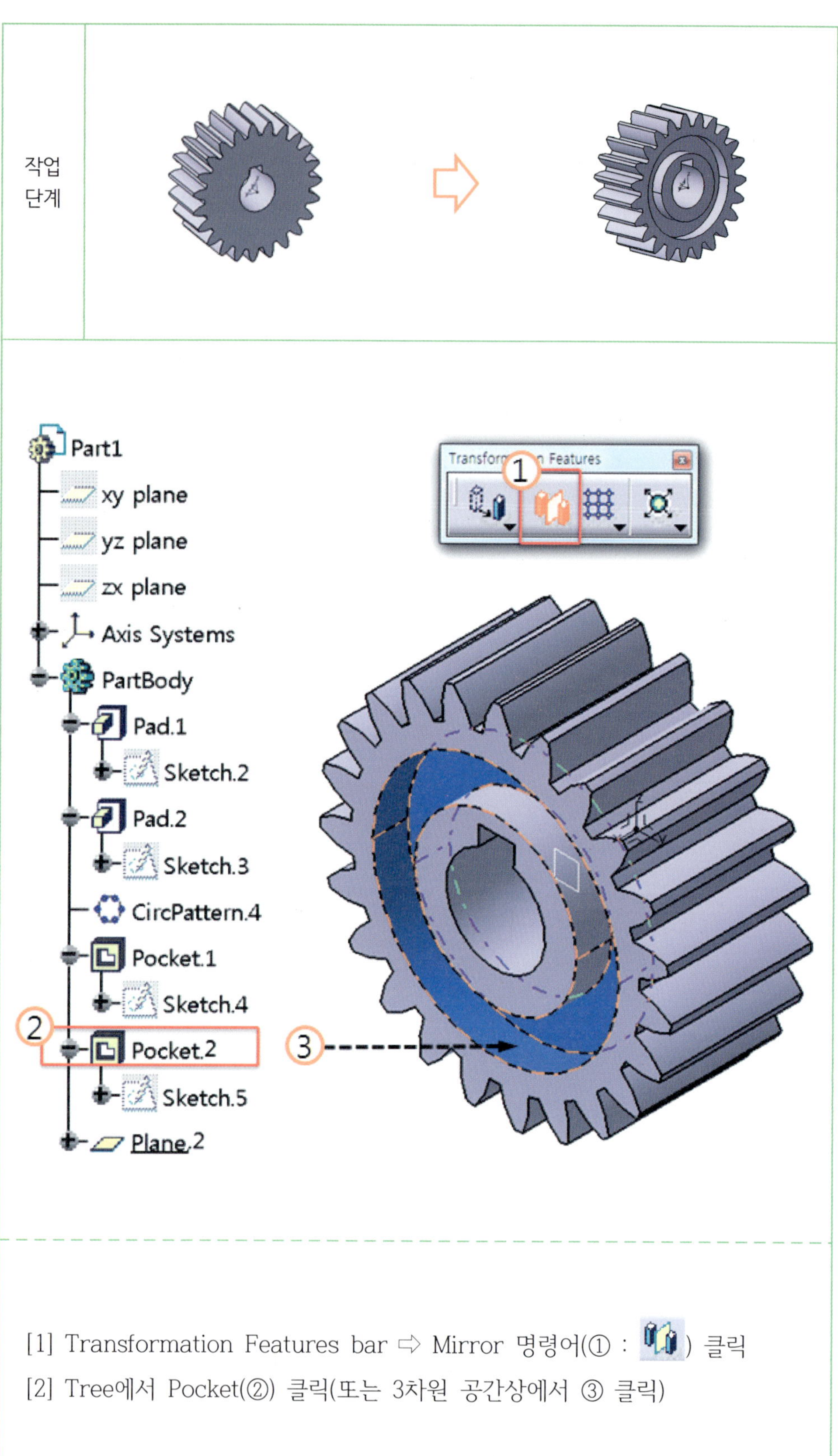

[1] Transformation Features bar ⇨ Mirror 명령어(① :) 클릭

[2] Tree에서 Pocket(②) 클릭(또는 3차원 공간상에서 ③ 클릭)

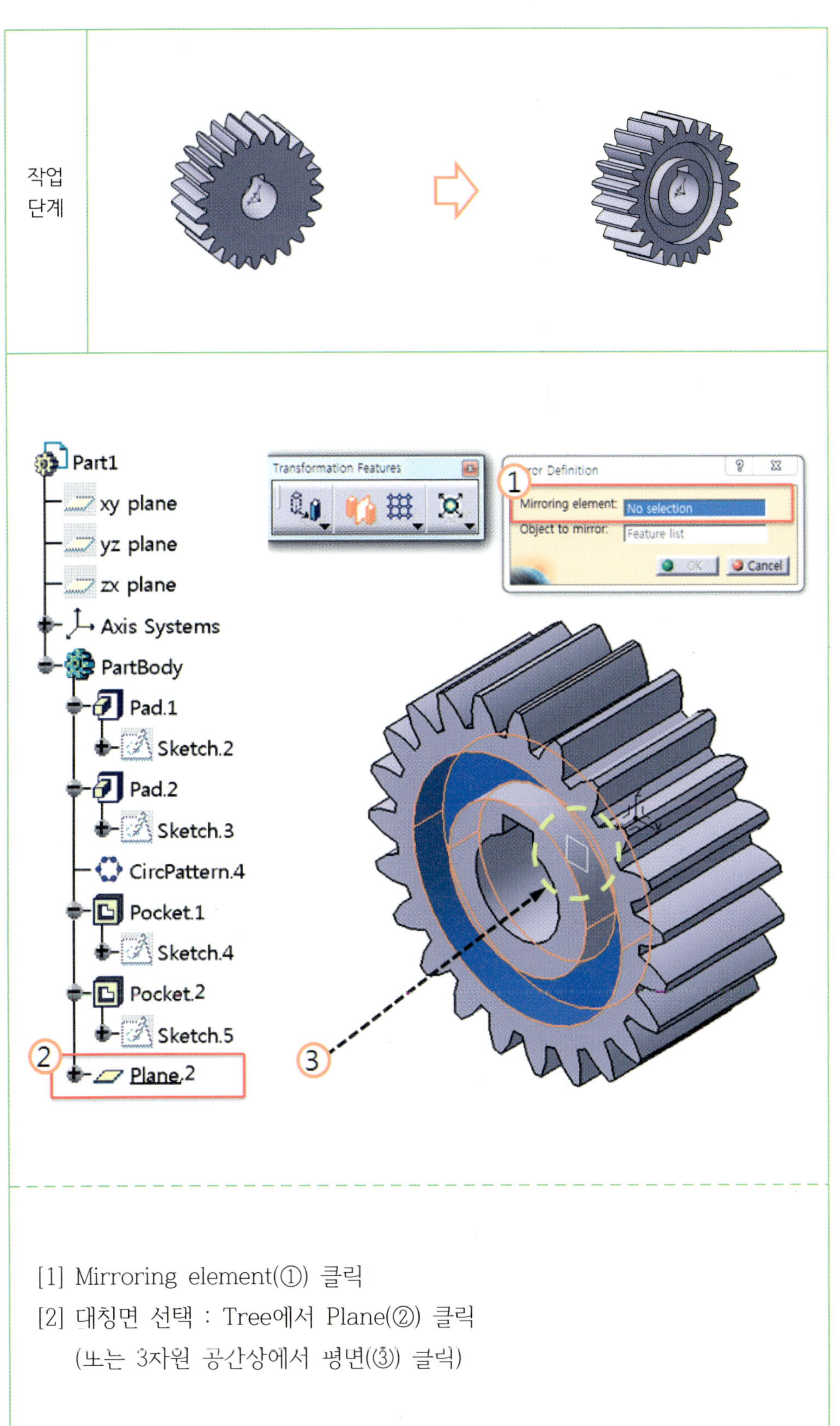

[1] Mirroring element(①) 클릭

[2] 대칭면 선택 : Tree에서 Plane(②) 클릭
(또는 3차원 공간상에서 평면(③) 클릭)

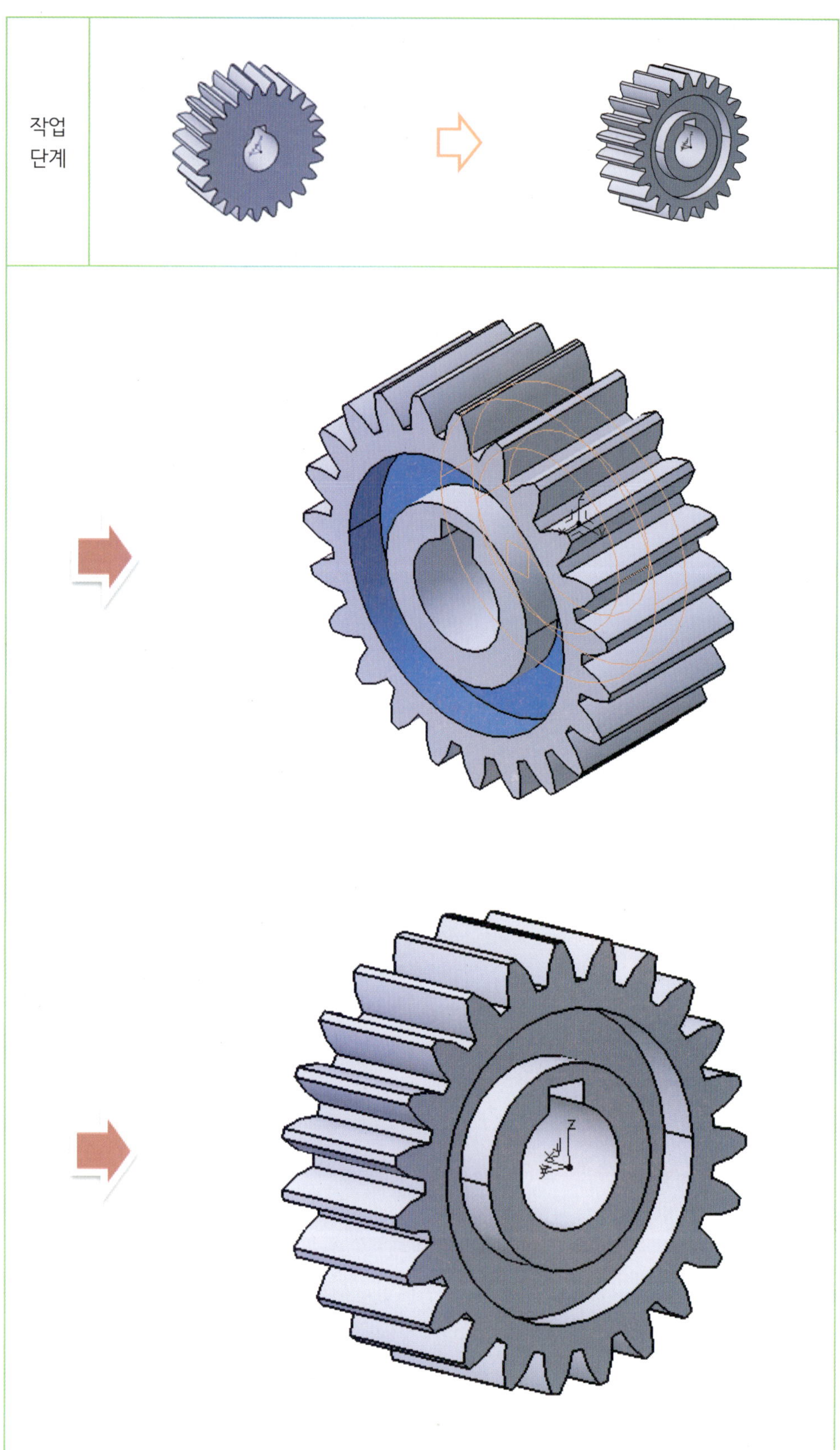
작업
단계

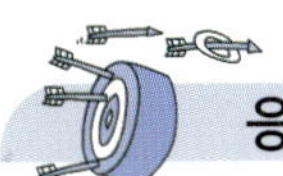

응용 : Circular-Pattern 명령어

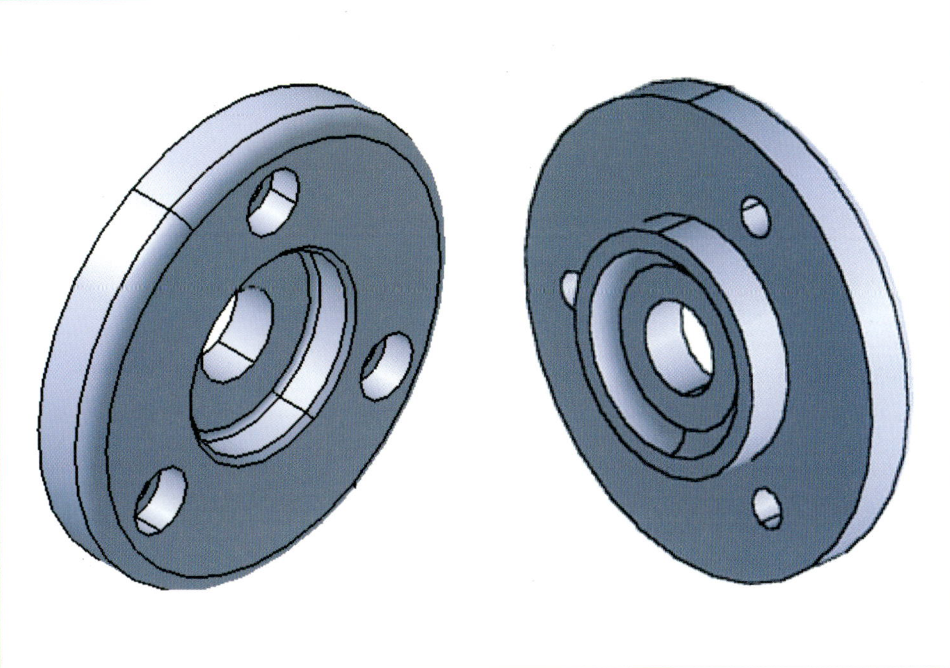

[ISO View]

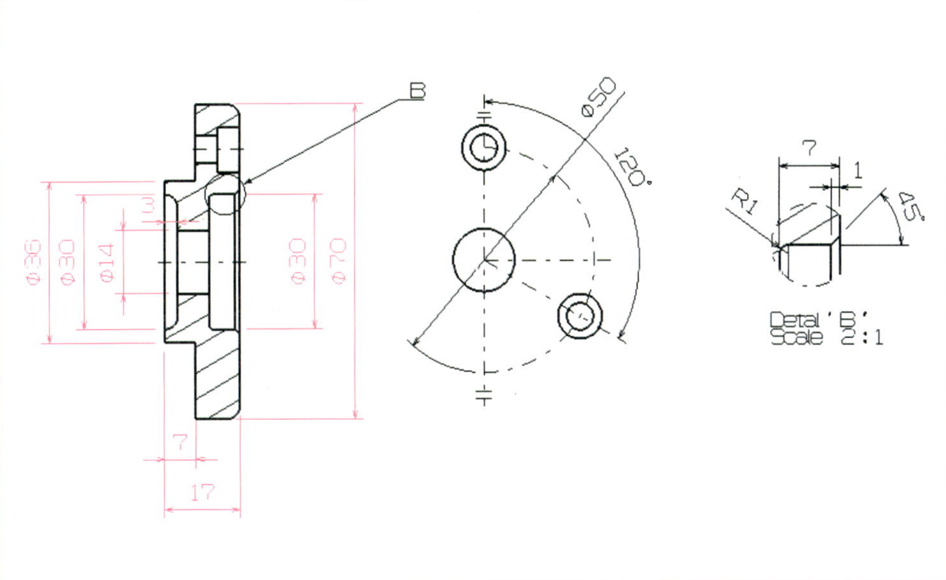

[도면]

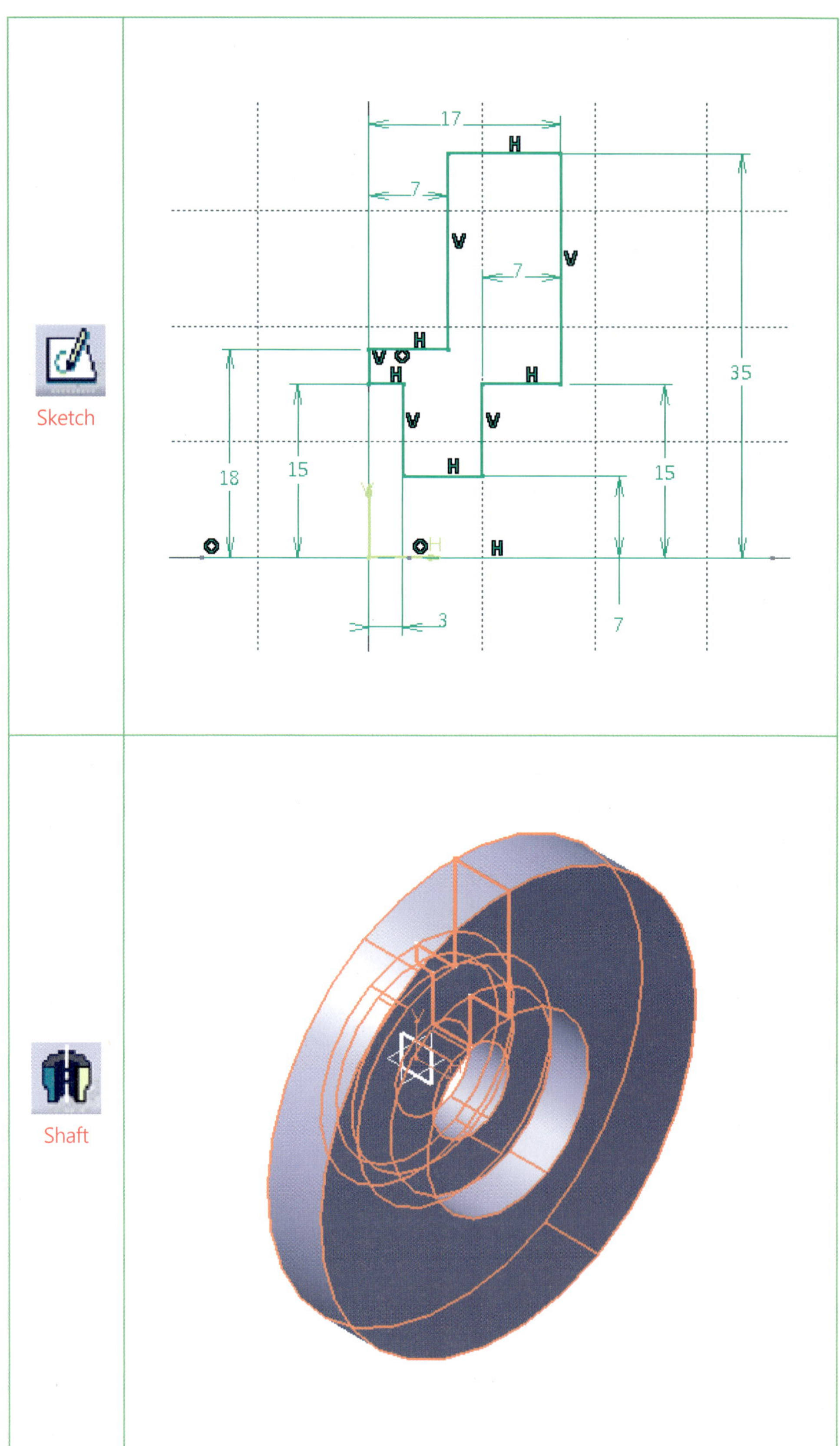
17
H
7
V
7
V
H
V
H
H
35
V
V
18
15
H
15
H
3
7
Sketch
Shaft

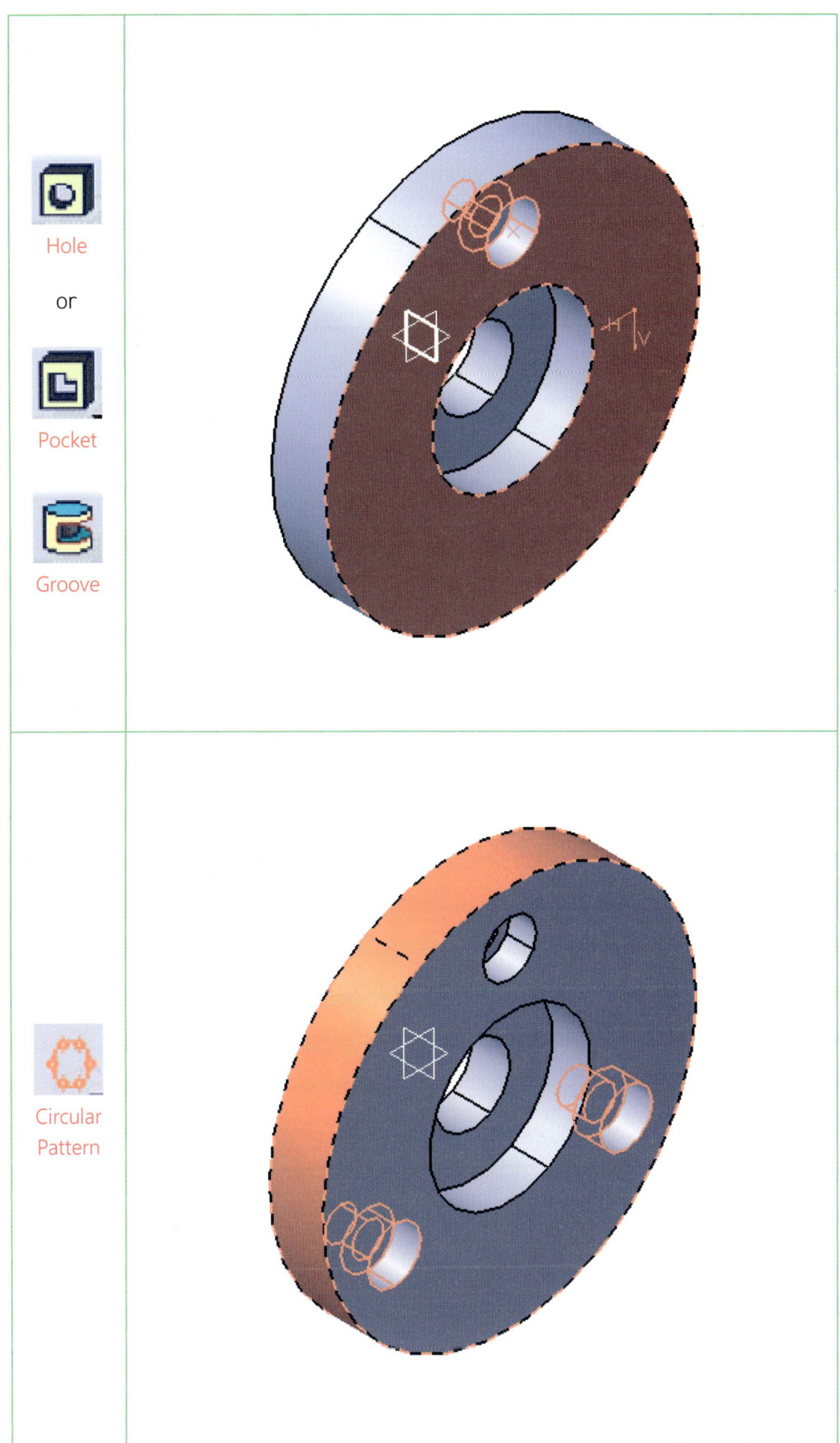
Hole
or
Pocket
Groove
Circular
Pattern

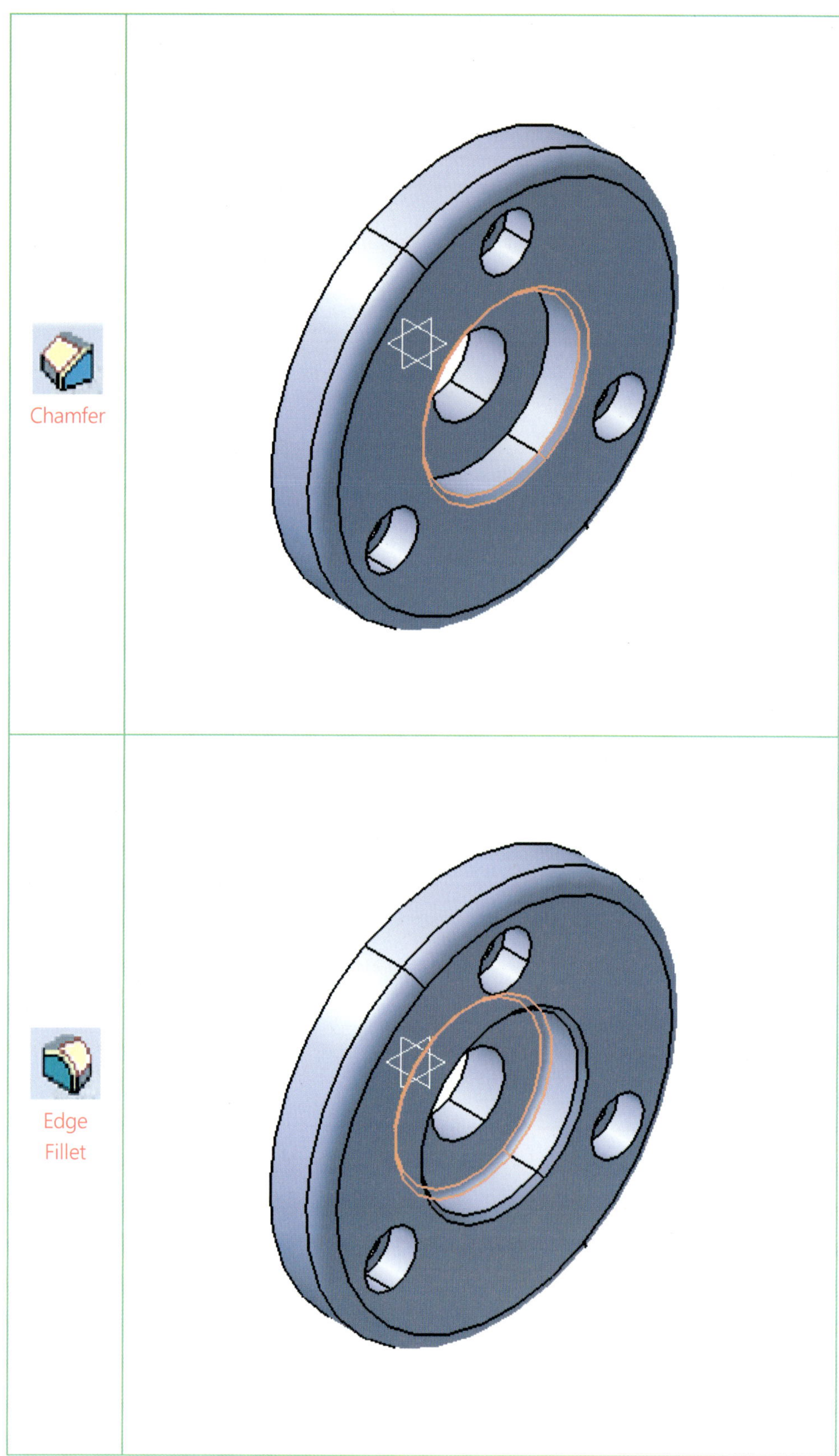
Chamfer
Edge
Fillet

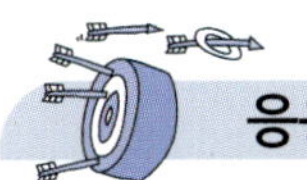

응용 : Circular-Pattern 명령어(스퍼 기어)

[ISO View]

스퍼기어 요목표		
기어치형		표준
공구	치형	보통이
	모듈	2
	압력각	20
잇수		25
피치원지름		56
전체이 높이		4.5

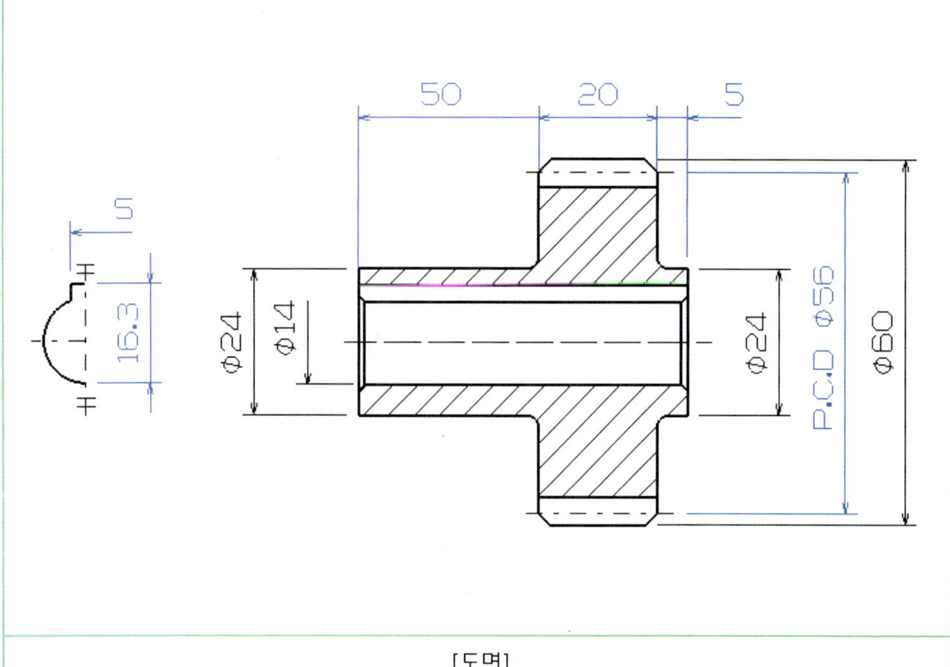

[도면]

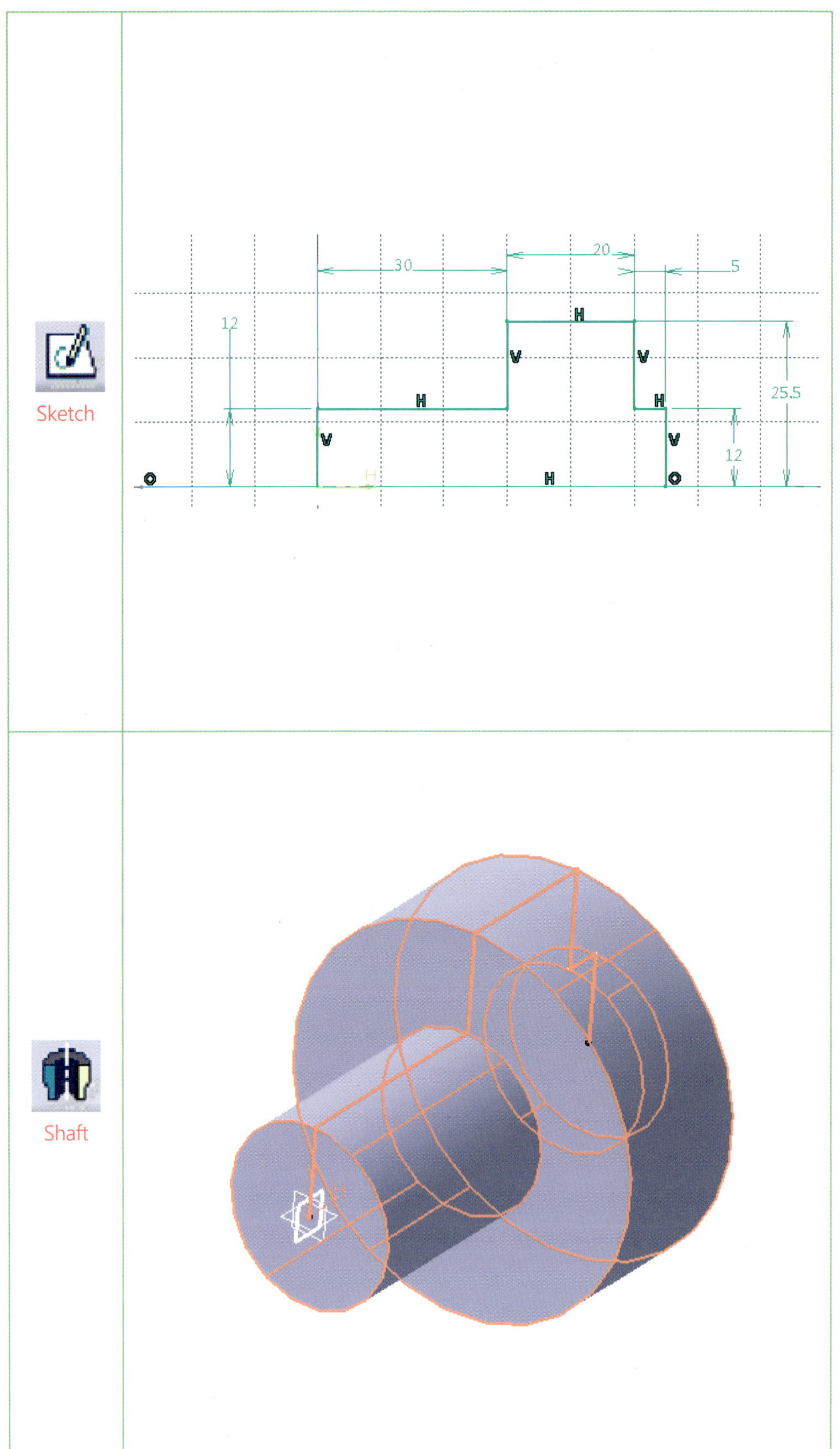

Sketch
30
20
5
12
25.5
12
Shaft

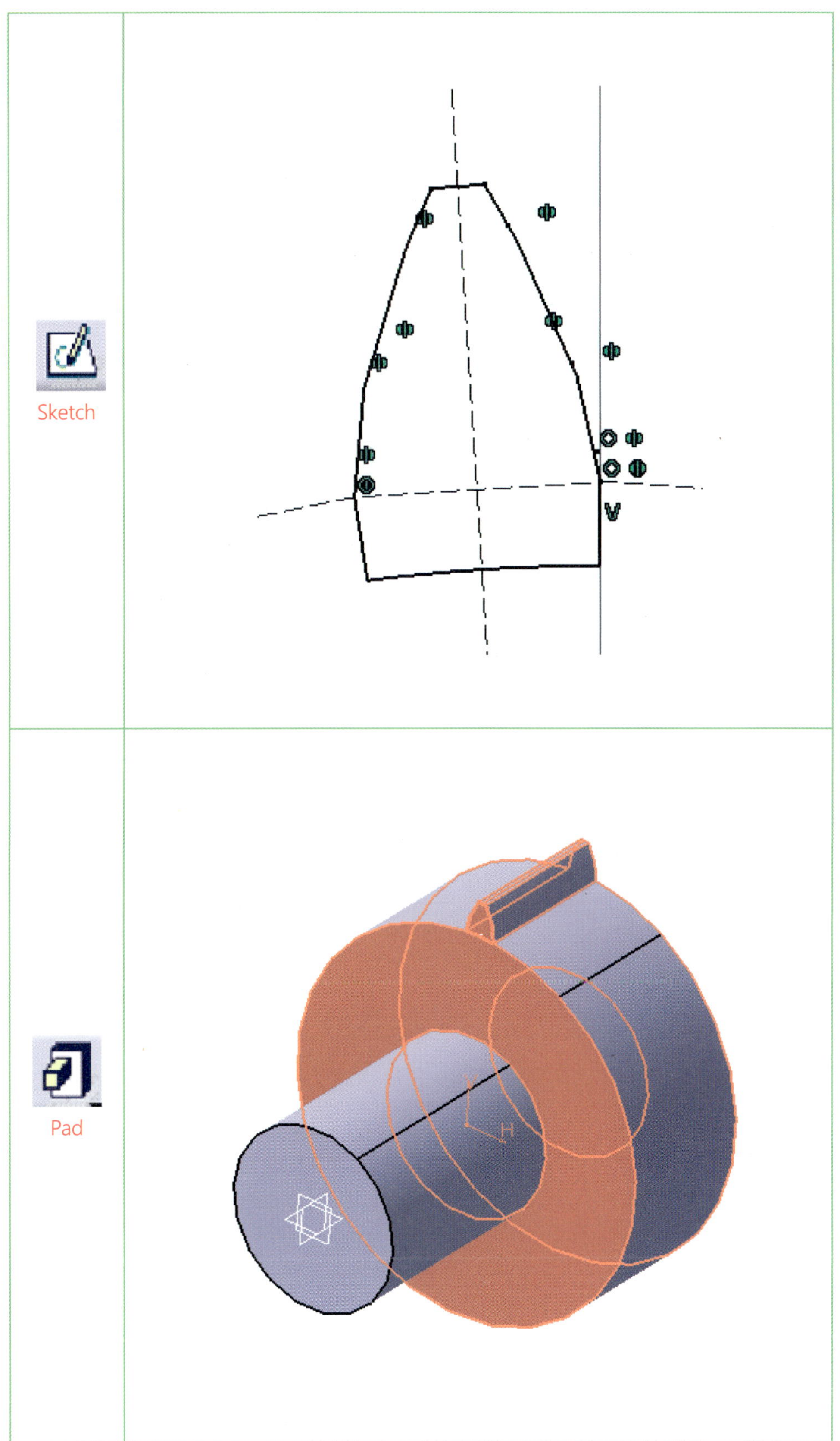
Sketch
V
Pad
V
H

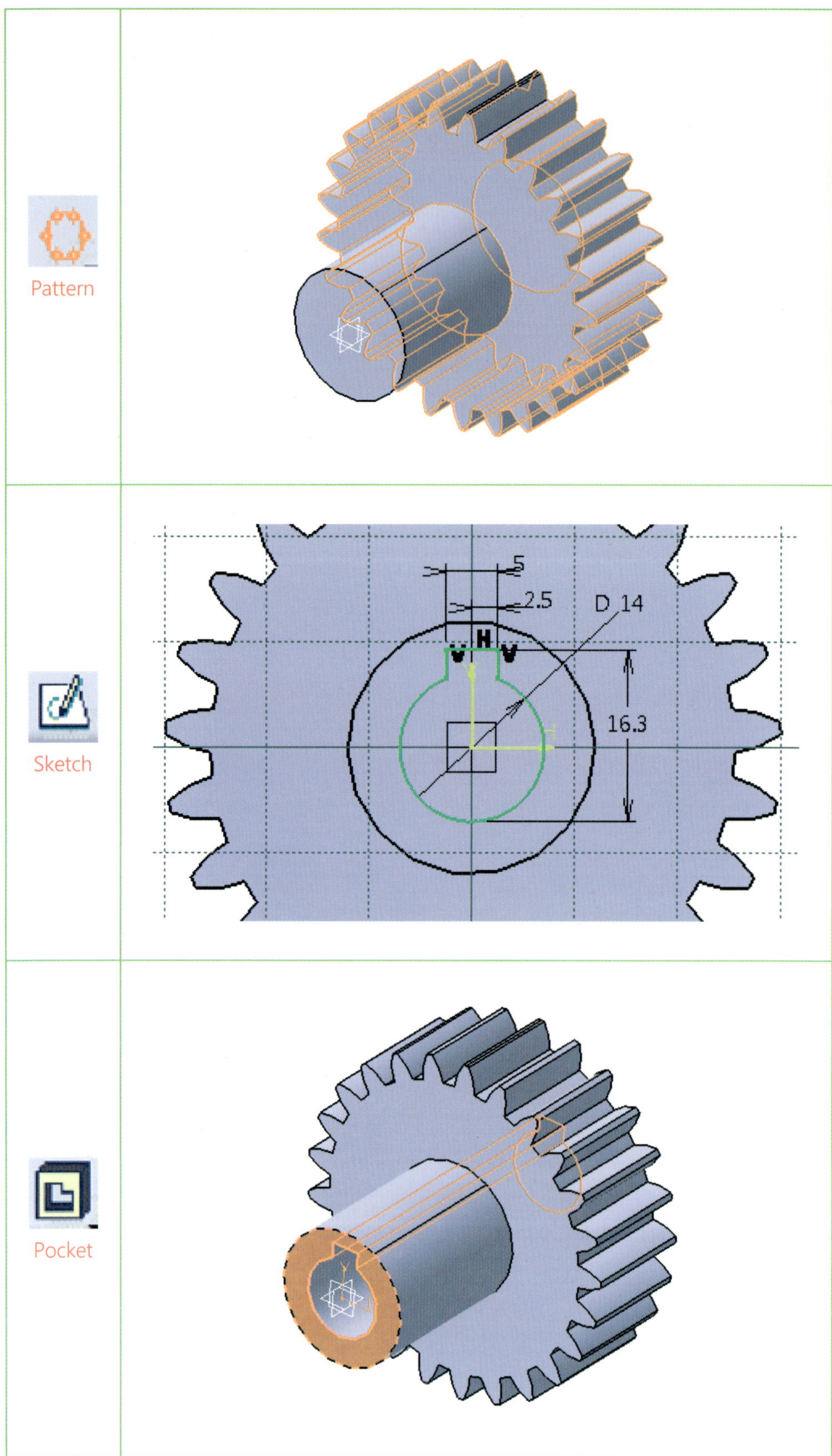
Pattern
Sketch
5
2.5
D 14
H
V
V
16.3
Pocket

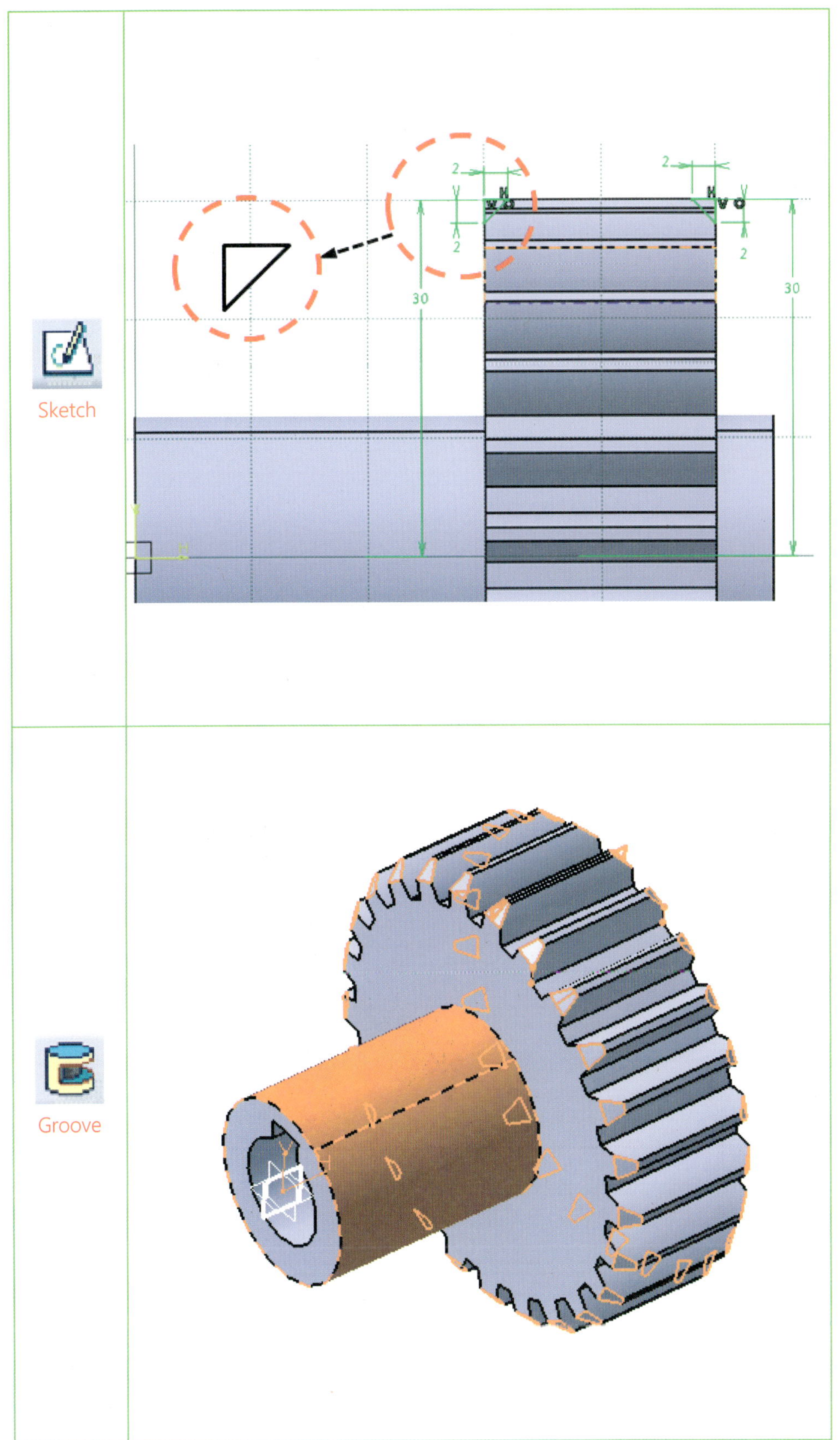
Sketch
2
2
30
2
2
30
Groove

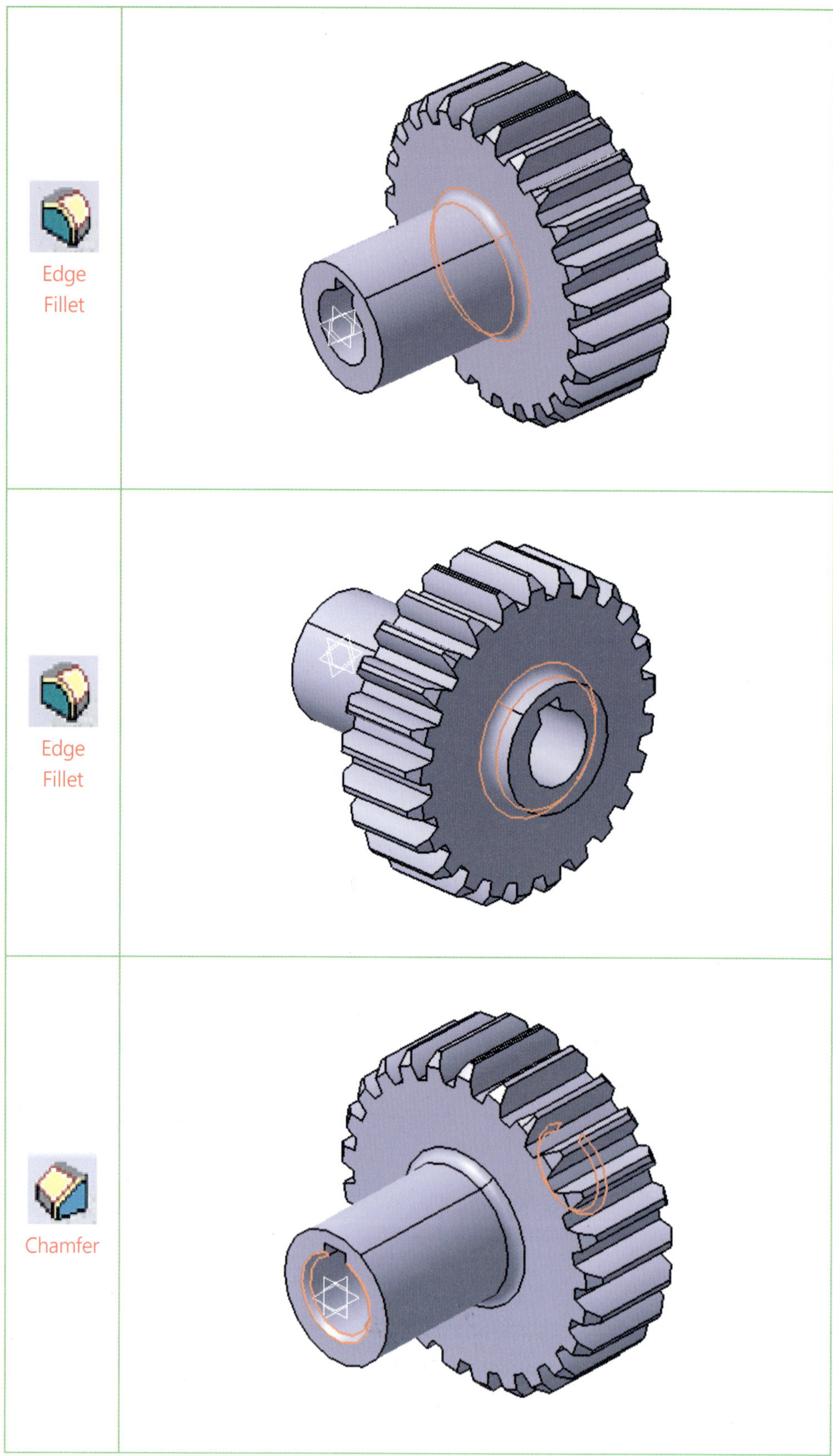
Edge
Fillet
Edge
Fillet
Chamfer

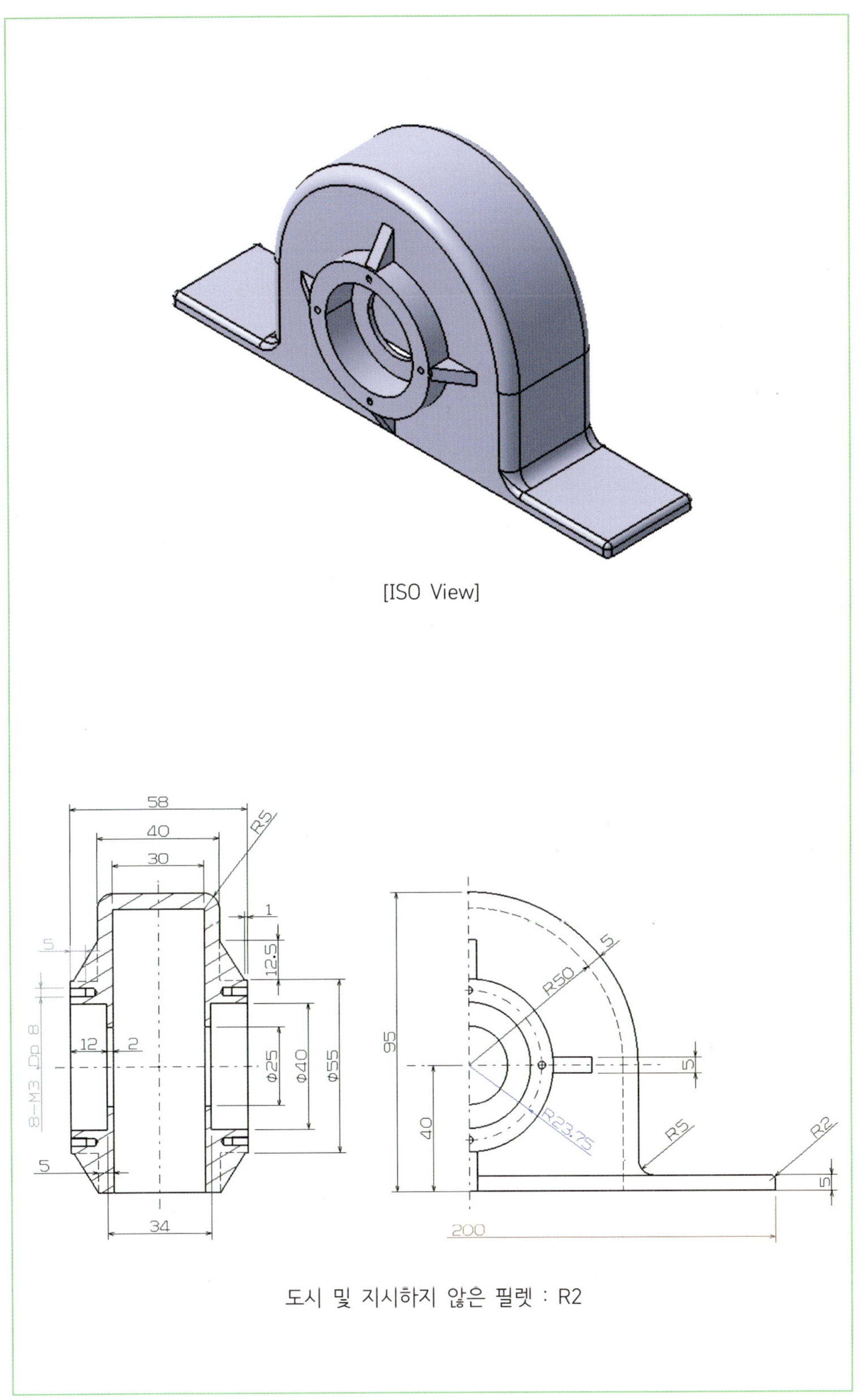

도시 및 지시하지 않은 필렛 : R2

1. PartDesign 들어가기

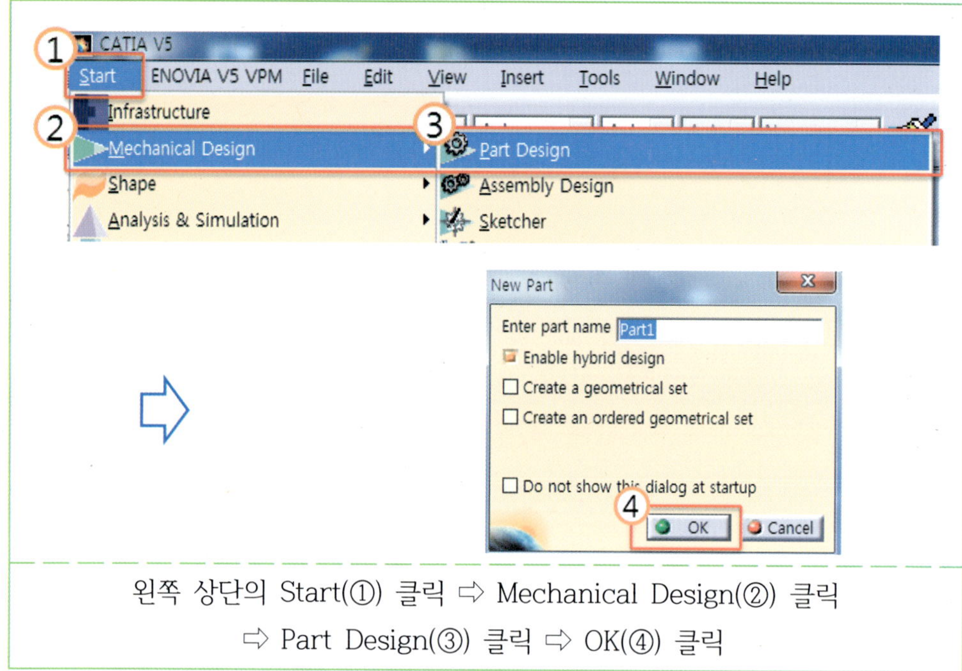

왼쪽 상단의 Start(①) 클릭 ⇨ Mechanical Design(②) 클릭
⇨ Part Design(③) 클릭 ⇨ OK(④) 클릭

2. 초기 설정 : Constraint의 SmartPick 일부 옵션 해제

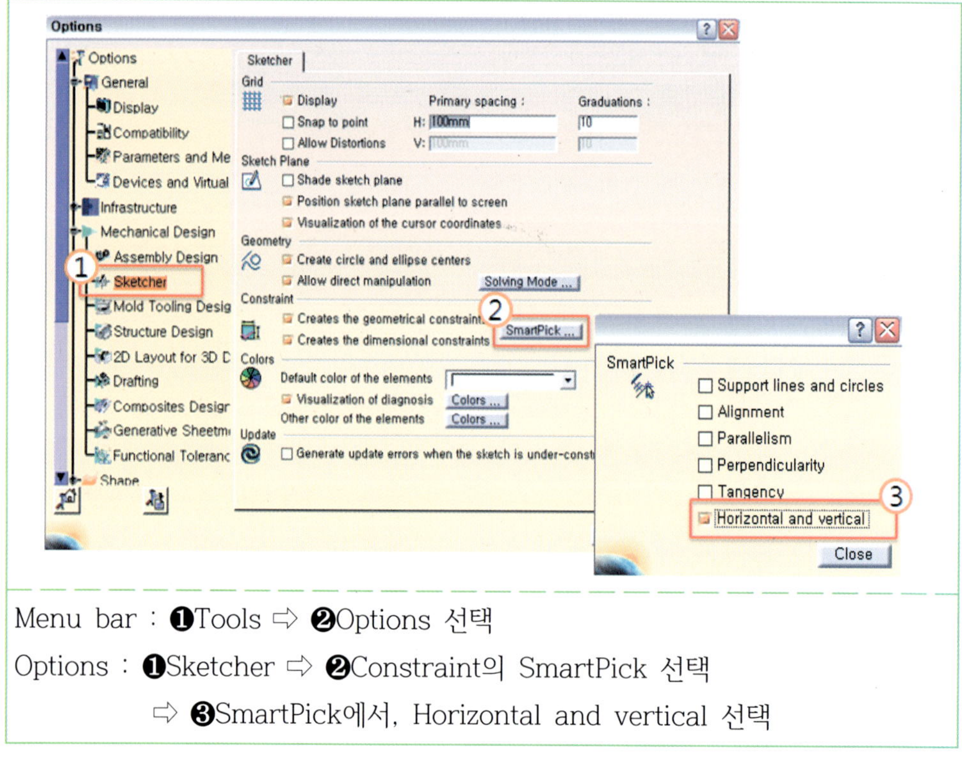

Menu bar : ❶Tools ⇨ ❷Options 선택
Options : ❶Sketcher ⇨ ❷Constraint의 SmartPick 선택
⇨ ❸SmartPick에서, Horizontal and vertical 선택

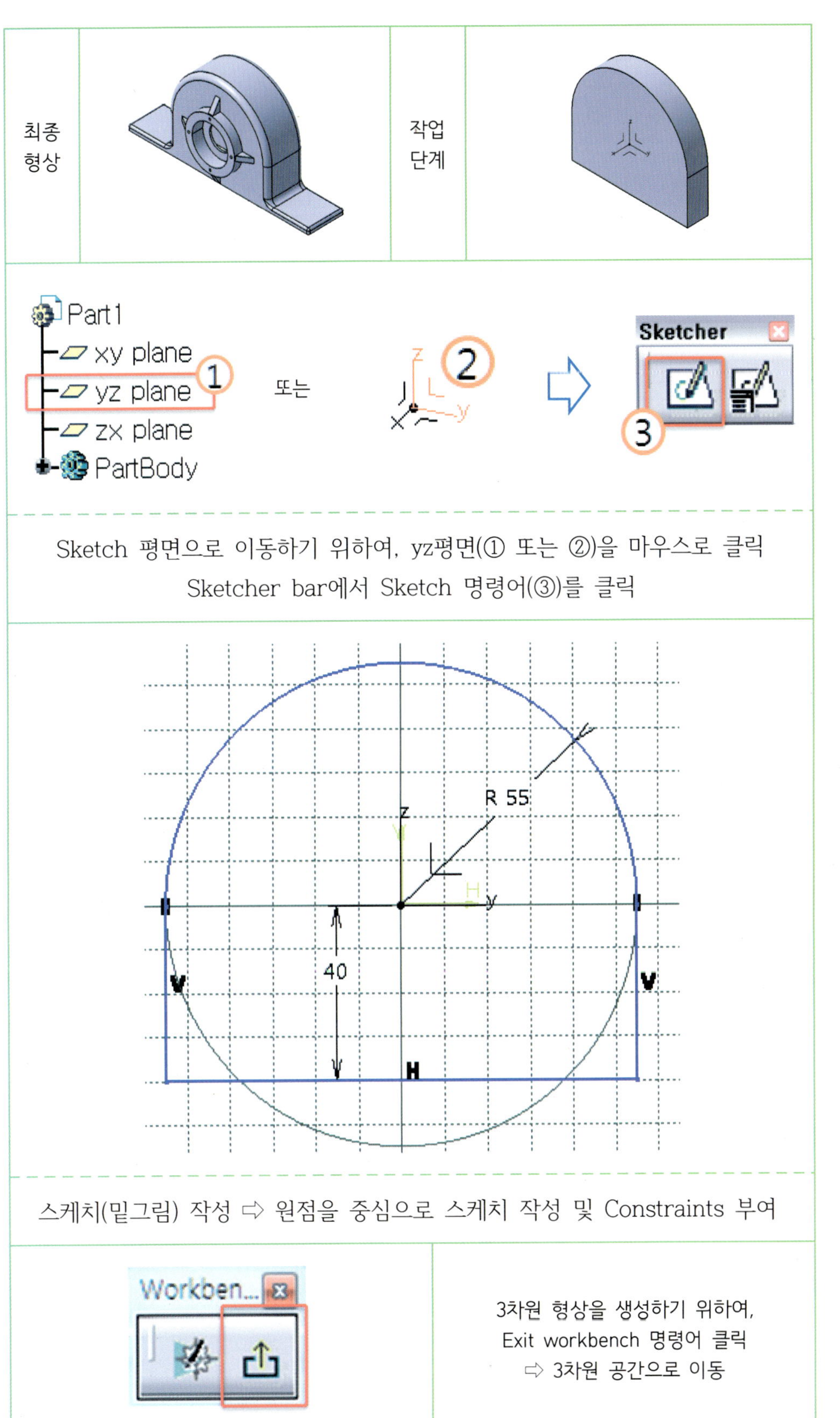
최종 형상
작업 단계
Part1
xy plane
yz plane
zx plane
PartBody
또는
Sketcher
Sketch 평면으로 이동하기 위하여, yz평면(① 또는 ②)을 마우스로 클릭
Sketcher bar에서 Sketch 명령어(③)를 클릭
R 55
40
스케치(밑그림) 작성 ⇨ 원점을 중심으로 스케치 작성 및 Constraints 부여
Workben...
3차원 형상을 생성하기 위하여,
Exit workbench 명령어 클릭
⇨ 3차원 공간으로 이동

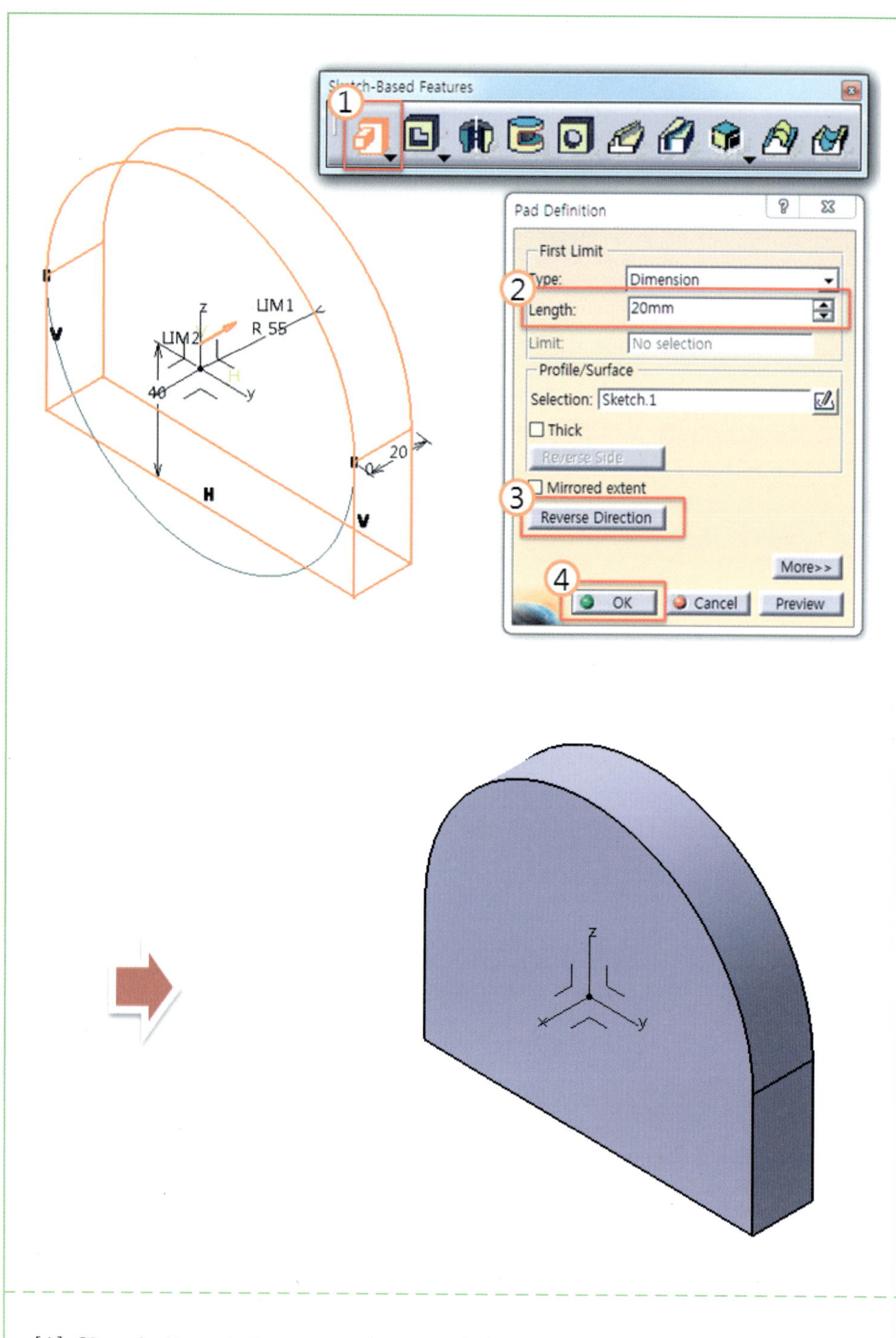

[1] Sketch-Based Features ⇨ Pad 명령어(①) 클릭

[2] Length(②) : 20 입력

[Sketch 선택이 안 된 경우 ⇨ Selection클릭 후, 원 클릭]

[3] PAD 방향 변경 : Reverse Direction(③) 클릭

[4] OK(④) 클릭

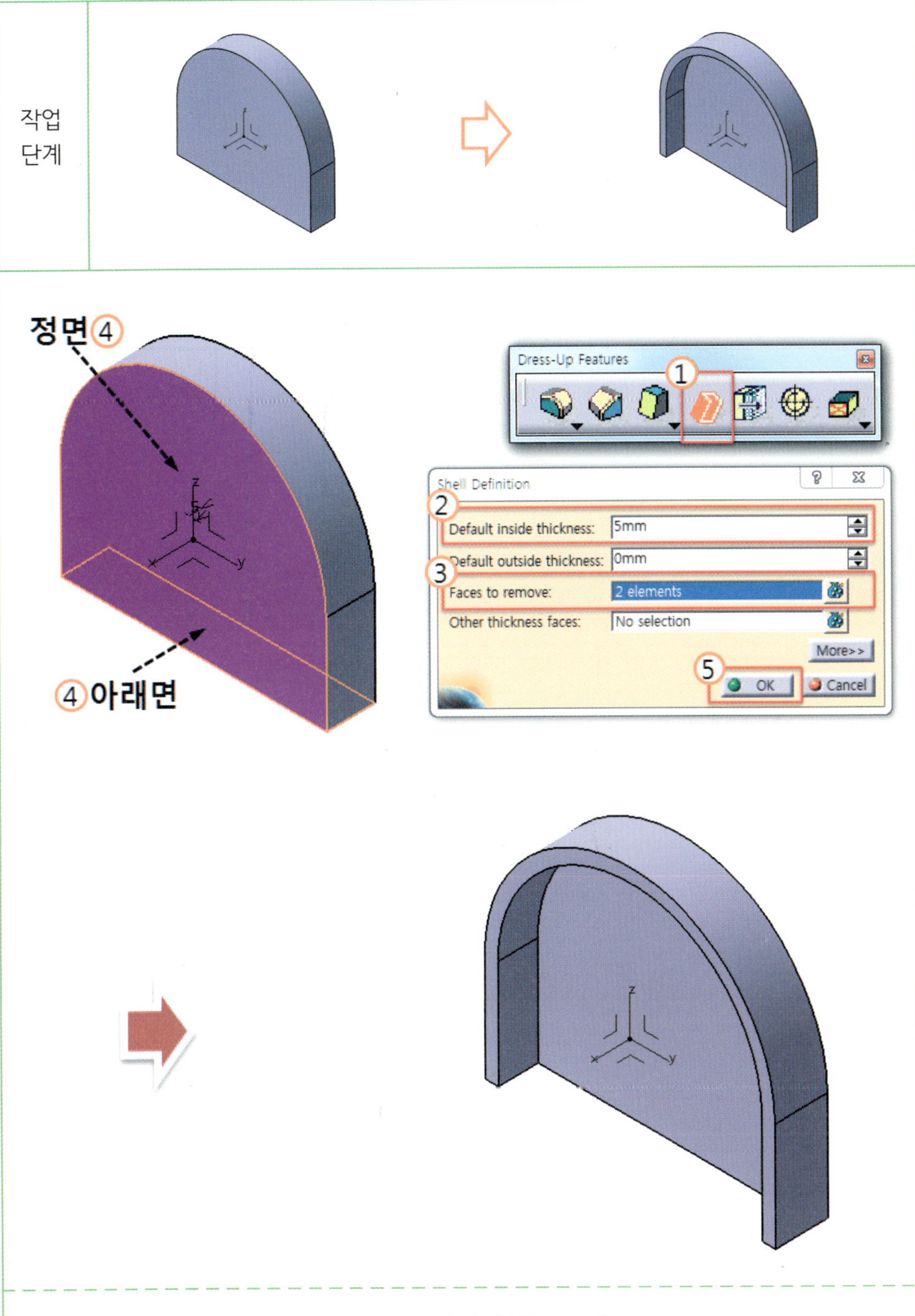

[1] Dress-Up Features ➪ Shell 명령어(①) 클릭

[2] Default inside thickness(②) : 5 입력

[3] 두께를 부여하지 않을 부분 선택 : 정면과 아래면(④) 클릭
[선택이 안 된 경우 ➪ Faces to remove (③) 클릭 후, 정면, 아래면(④) 클릭]

[4] OK(⑤) 클릭

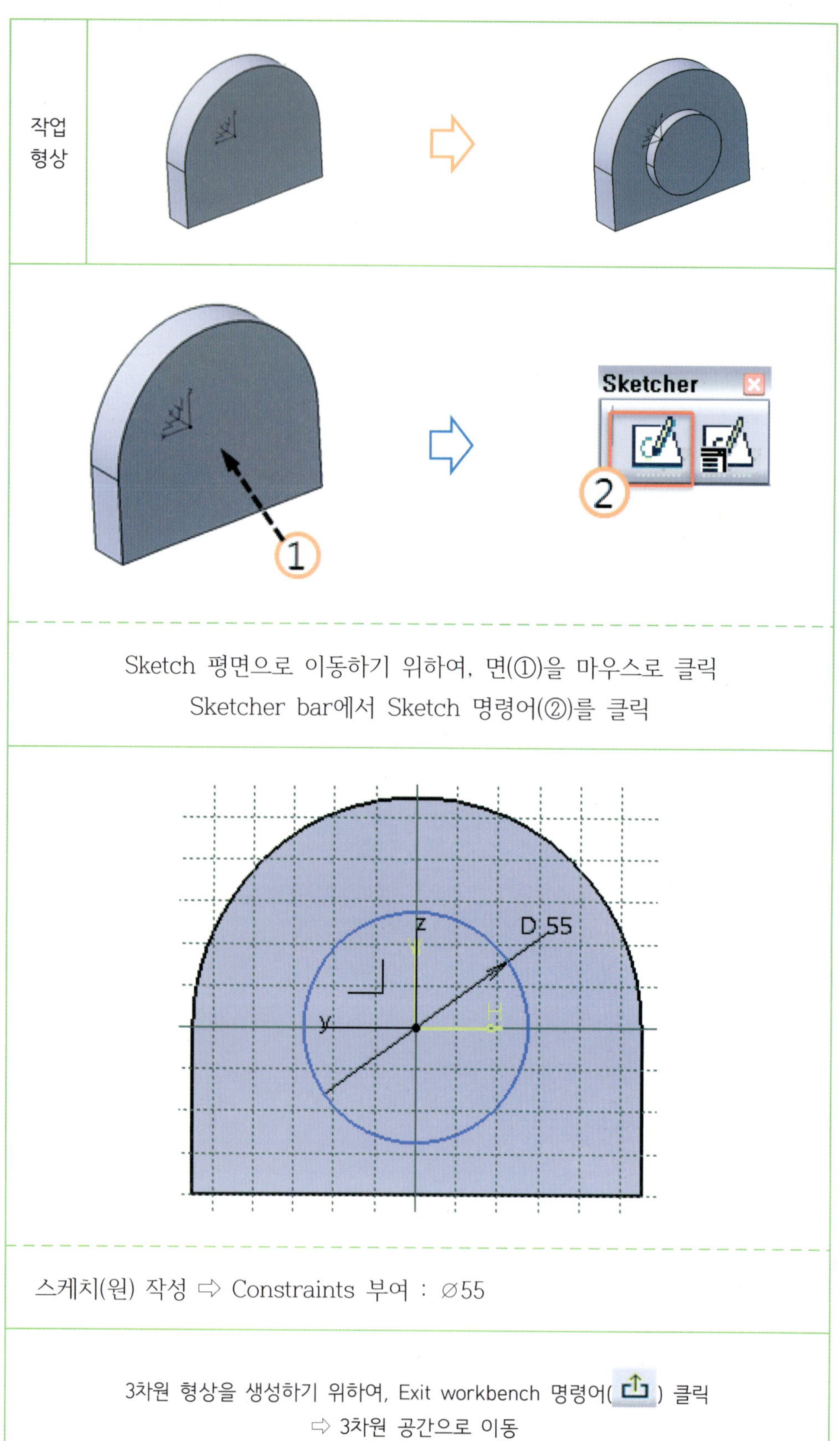

Sketch 평면으로 이동하기 위하여, 면(①)을 마우스로 클릭
Sketcher bar에서 Sketch 명령어(②)를 클릭

스케치(원) 작성 ⇨ Constraints 부여 : ⌀55

3차원 형상을 생성하기 위하여, Exit workbench 명령어( ) 클릭
⇨ 3차원 공간으로 이동

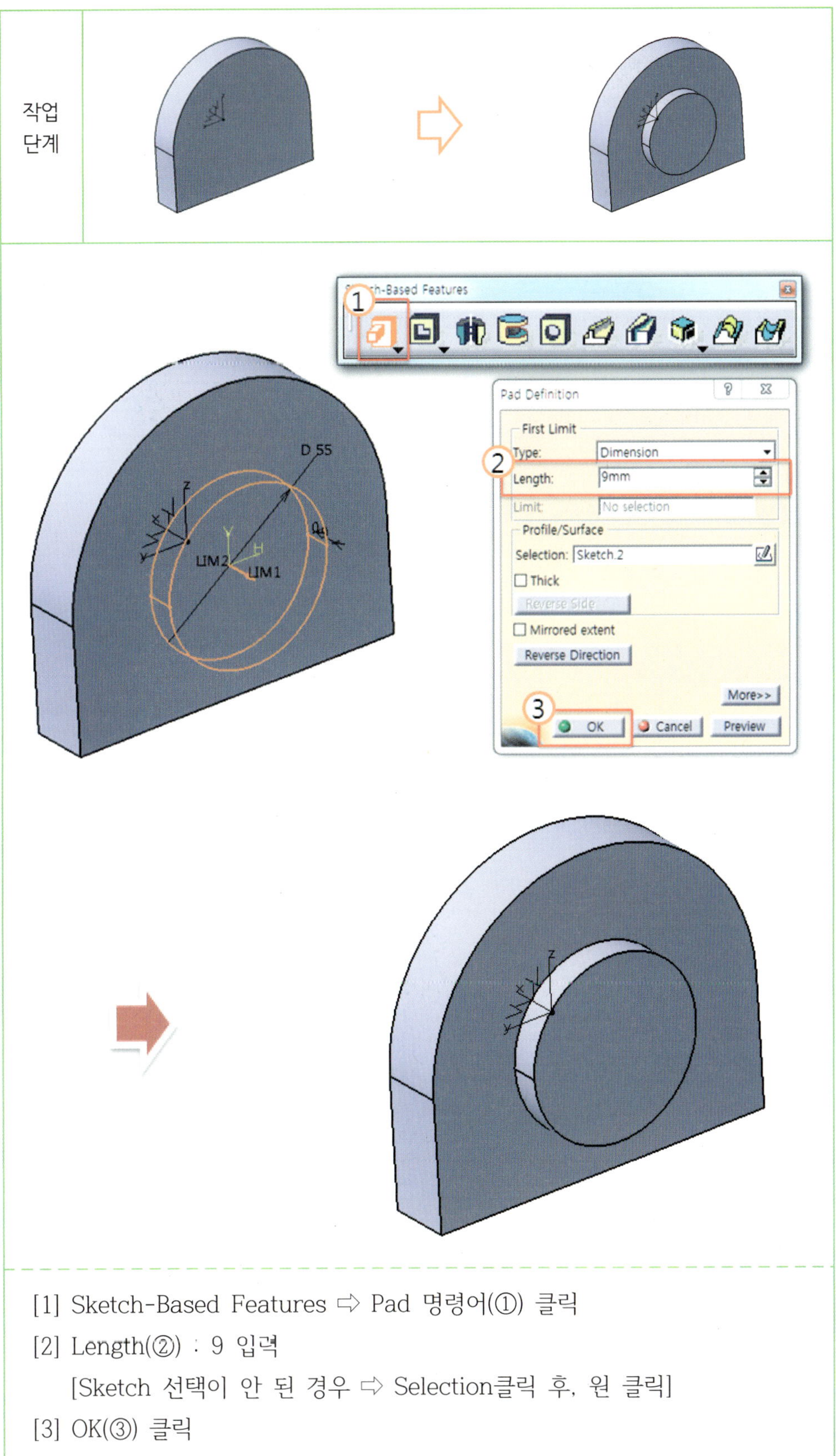

[1] Sketch-Based Features ⇨ Pad 명령어(①) 클릭

[2] Length(②) : 9 입력

[Sketch 선택이 안 된 경우 ⇨ Selection클릭 후, 원 클릭]

[3] OK(③) 클릭

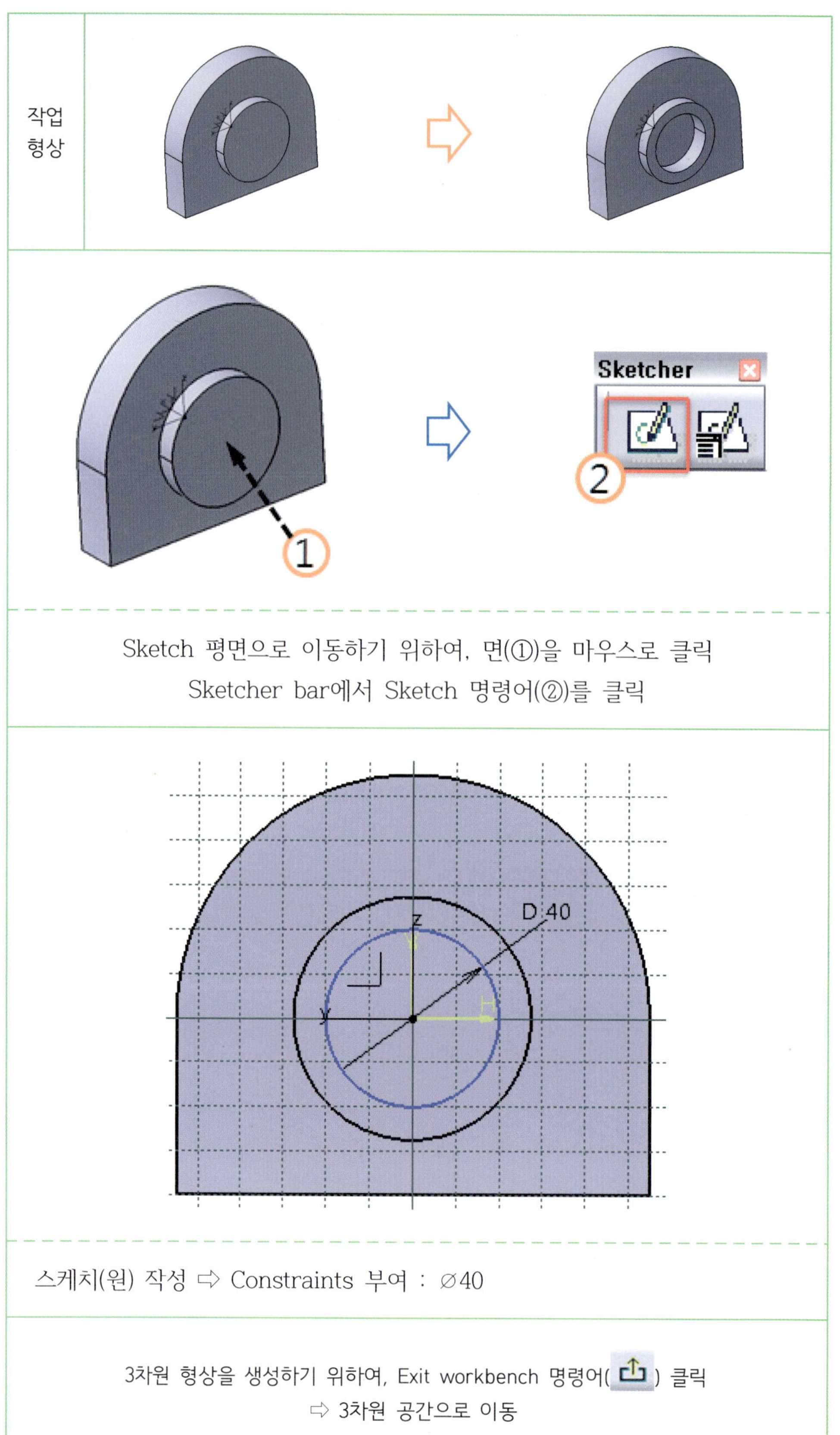
작업
형상
Sketcher
1
2
Sketch 평면으로 이동하기 위하여, 면(①)을 마우스로 클릭
Sketcher bar에서 Sketch 명령어(②)를 클릭
D 40
z
y
H
V
스케치(원) 작성 ⇨ Constraints 부여 : ∅40
3차원 형상을 생성하기 위하여, Exit workbench 명령어( ) 클릭
⇨ 3차원 공간으로 이동

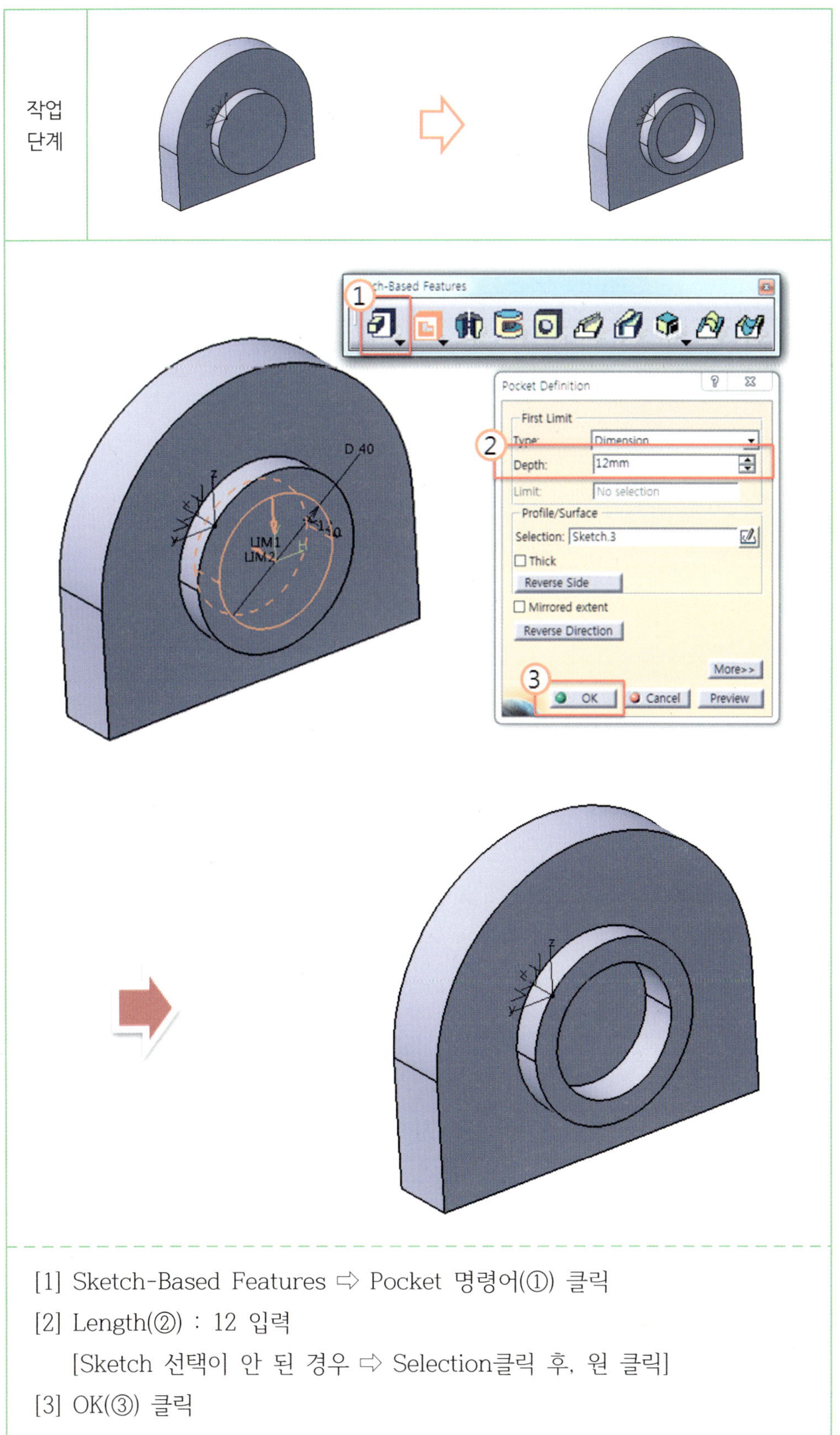

[1] Sketch-Based Features ⇨ Pocket 명령어(①) 클릭

[2] Length(②) : 12 입력

[Sketch 선택이 안 된 경우 ⇨ Selection클릭 후, 원 클릭]

[3] OK(③) 클릭

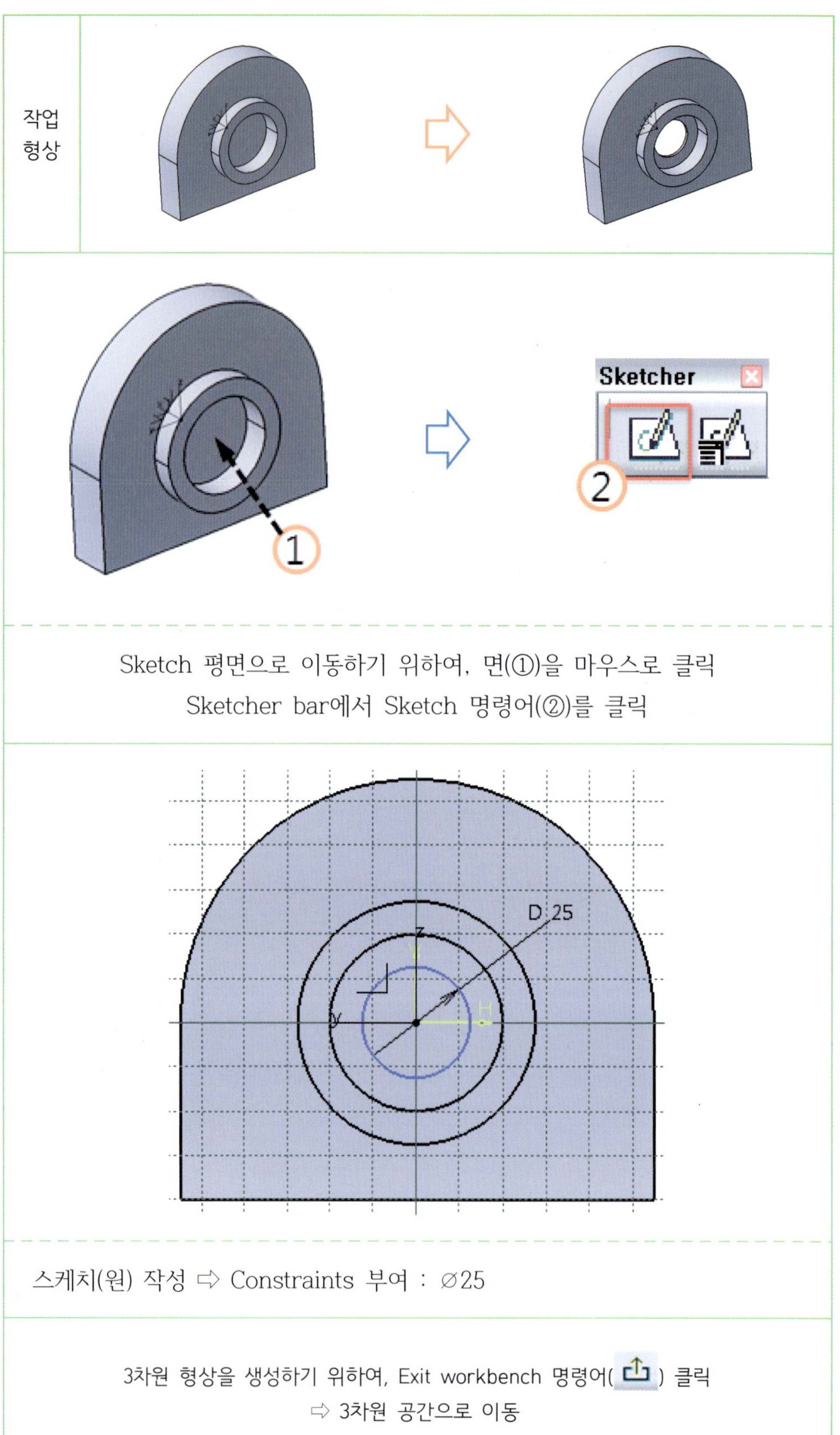

Sketch 평면으로 이동하기 위하여, 면(①)을 마우스로 클릭
Sketcher bar에서 Sketch 명령어(②)를 클릭

스케치(원) 작성 ⇨ Constraints 부여 : ⌀25

3차원 형상을 생성하기 위하여, Exit workbench 명령어( ) 클릭
⇨ 3차원 공간으로 이동

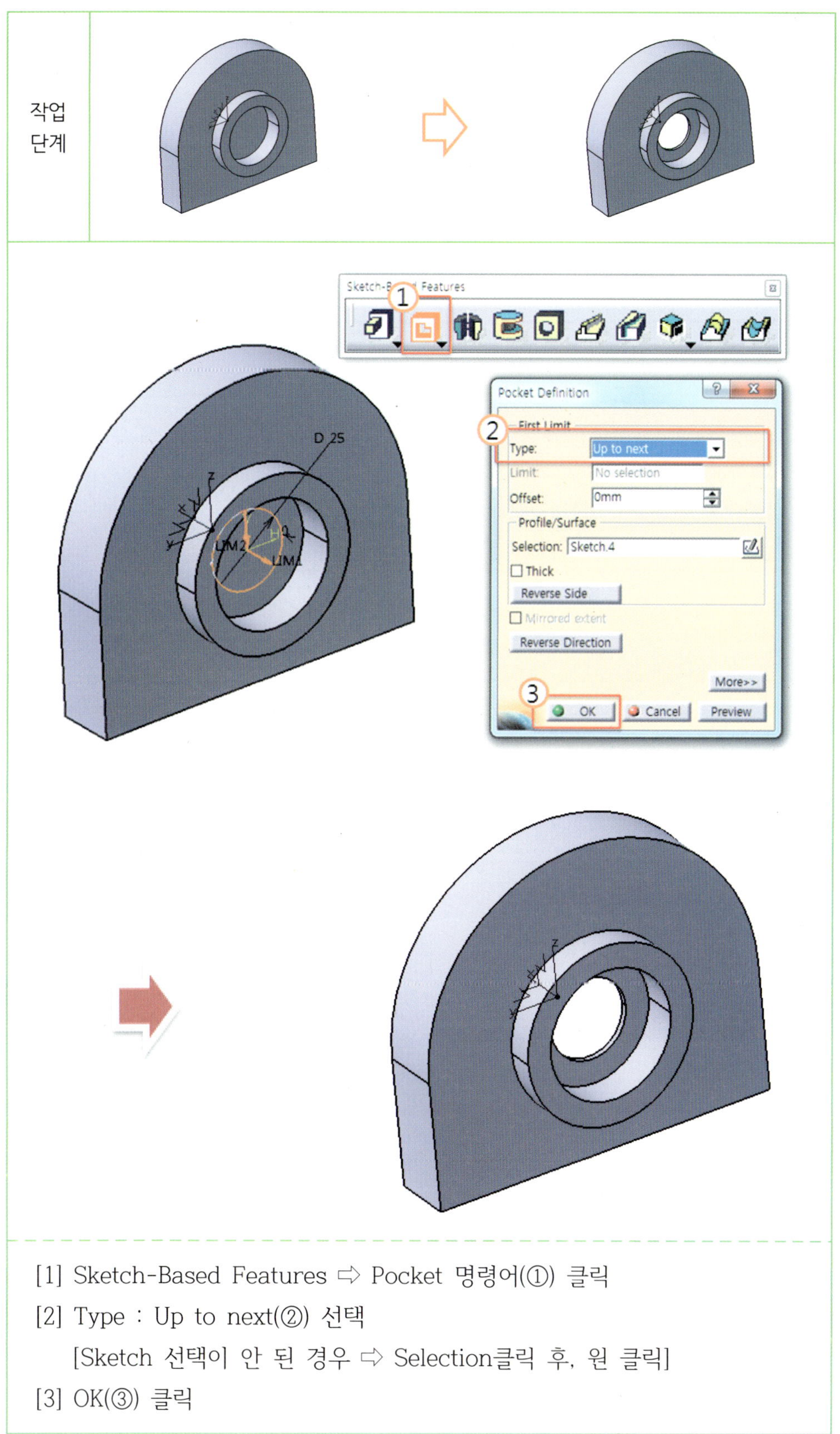

[1] Sketch-Based Features ⇨ Pocket 명령어(①) 클릭

[2] Type : Up to next(②) 선택

[Sketch 선택이 안 된 경우 ⇨ Selection클릭 후, 원 클릭]

[3] OK(③) 클릭

작업 형상

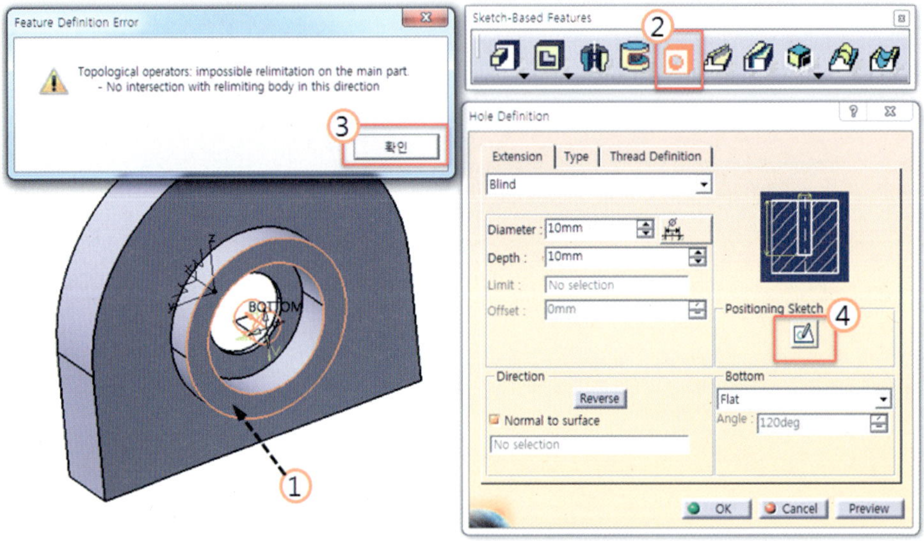

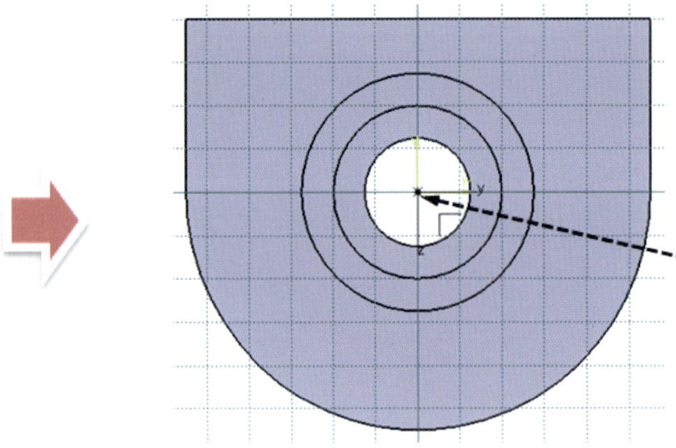

* : 포인트
(Hole의 중심)

[1] Hole을 뚫을 면 선택 ⇨ 면(①) 클릭

[2] Sketch-Based Features ⇨ Hole 명령어(②) 클릭

[3] Error 화면이 뜨면, 확인(③) 클릭

[4] Hole 중심 위치 지정 ⇨ Positioning Sketch Icon(④) 클릭

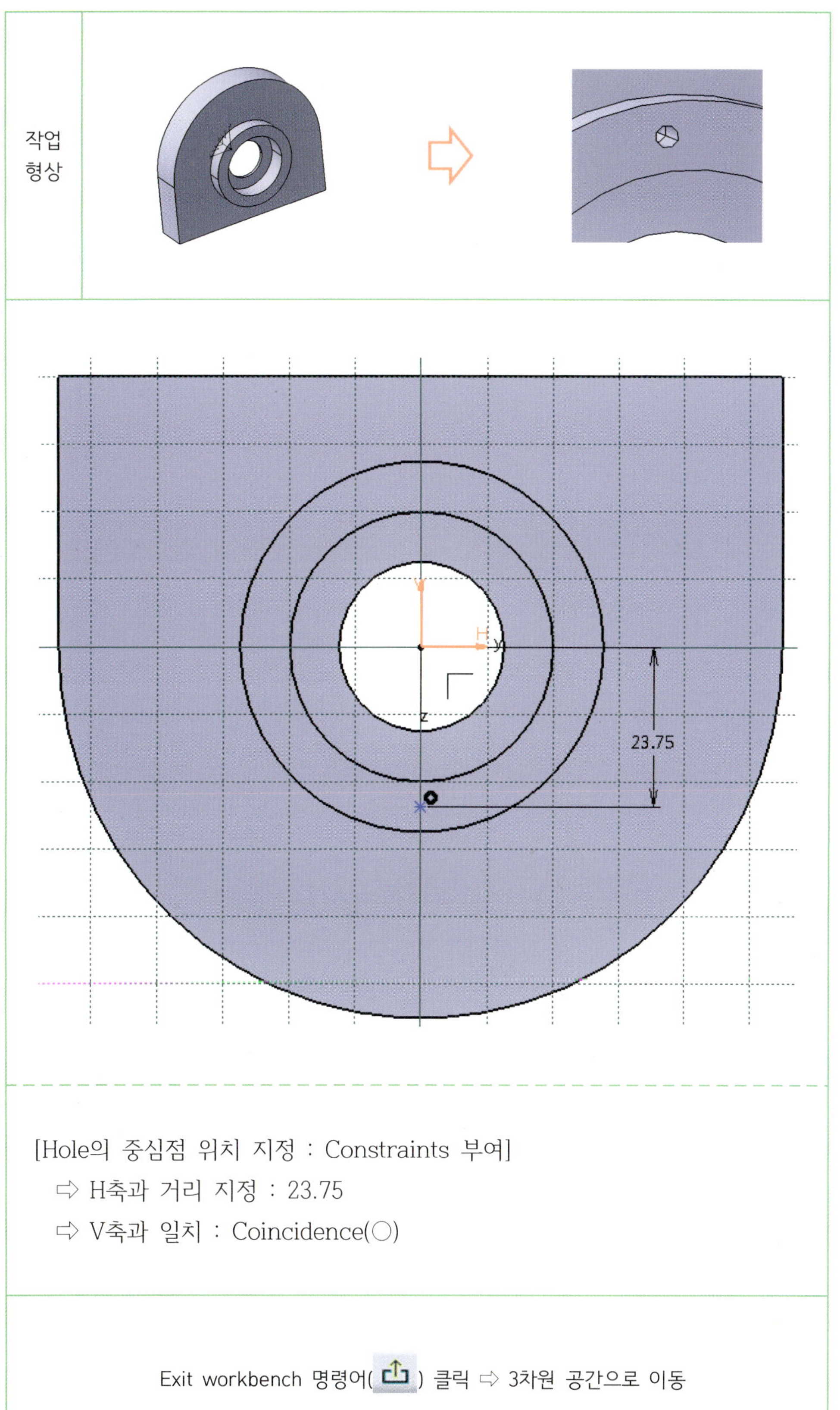

[Hole의 중심점 위치 지정 : Constraints 부여]

⇨ H축과 거리 지정 : 23.75

⇨ V축과 일치 : Coincidence(○)

Exit workbench 명령어( ) 클릭 ⇨ 3차원 공간으로 이동

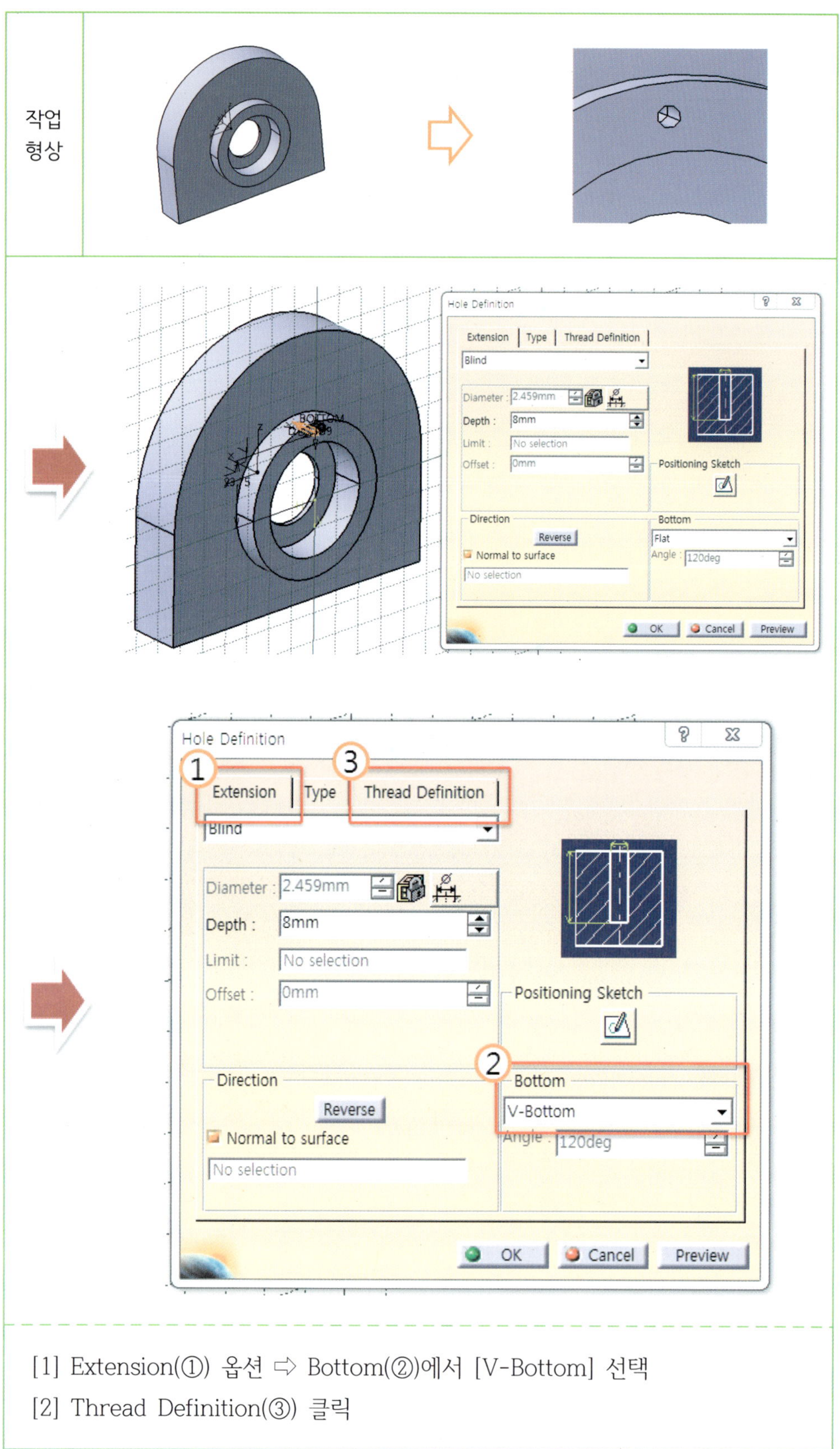

[1] Extension(①) 옵션 ⇨ Bottom(②)에서 [V-Bottom] 선택

[2] Thread Definition(③) 클릭

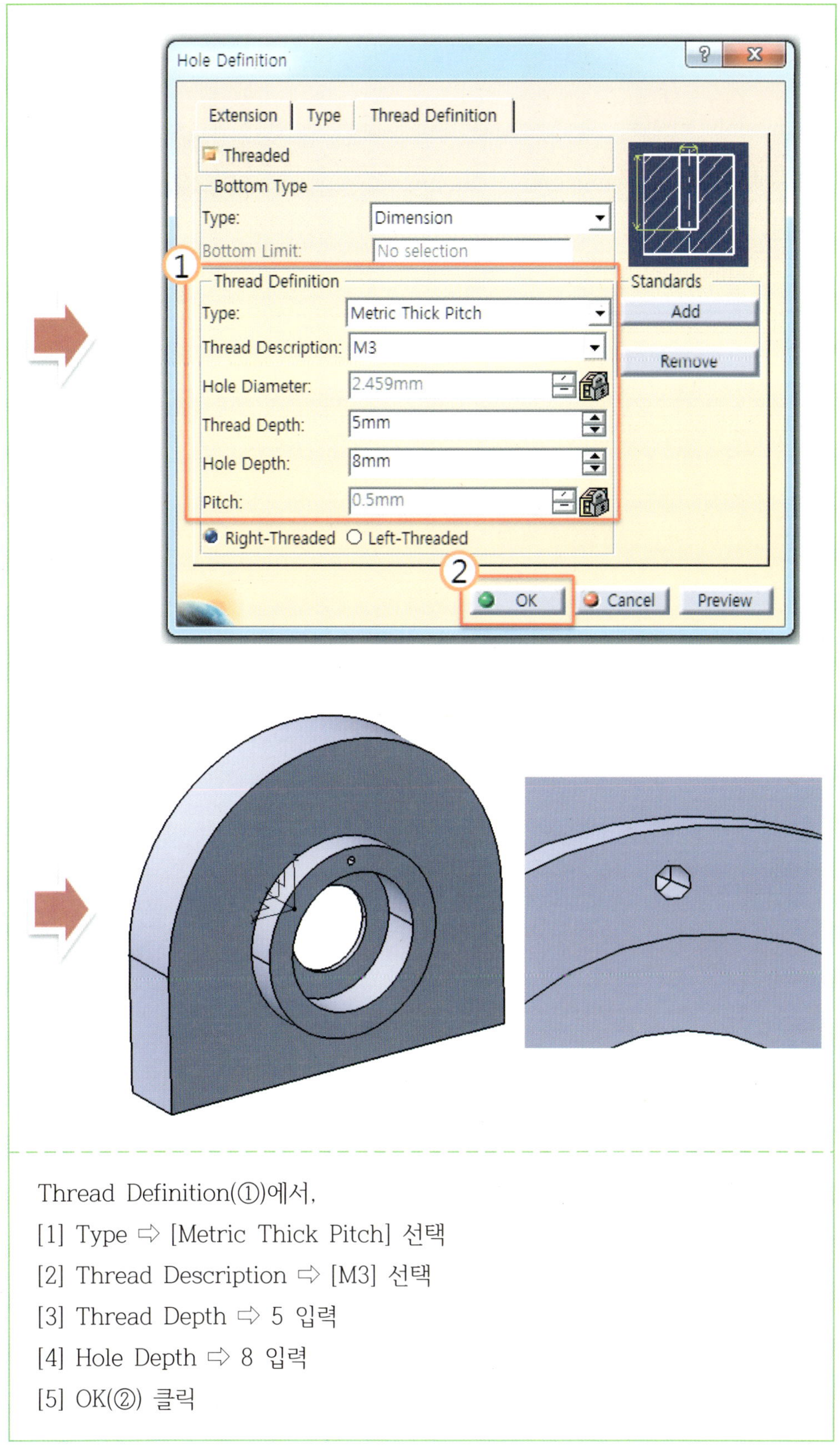

Thread Definition(①)에서,

[1] Type ⇨ [Metric Thick Pitch] 선택

[2] Thread Description ⇨ [M3] 선택

[3] Thread Depth ⇨ 5 입력

[4] Hole Depth ⇨ 8 입력

[5] OK(②) 클릭

작업 형상	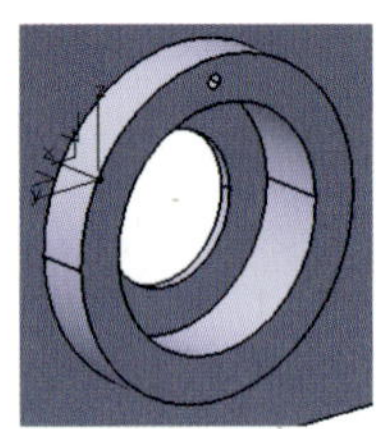  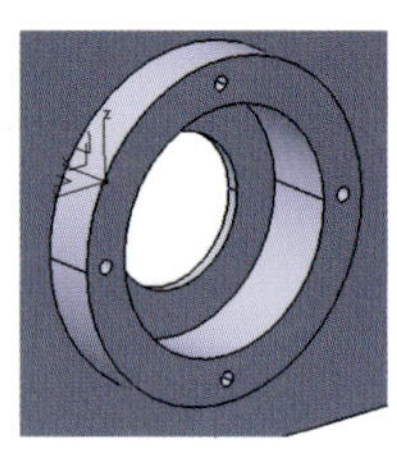

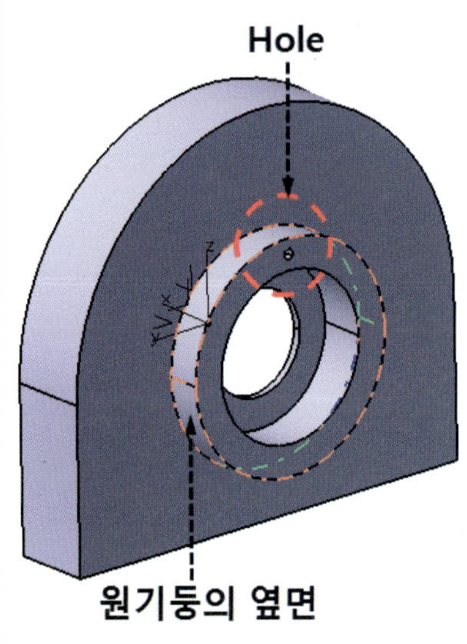

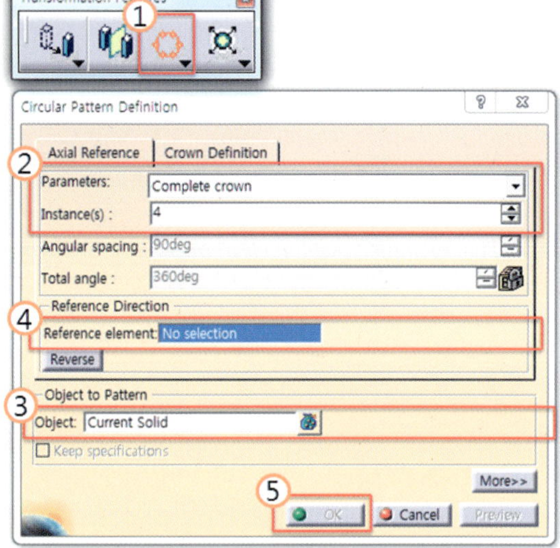

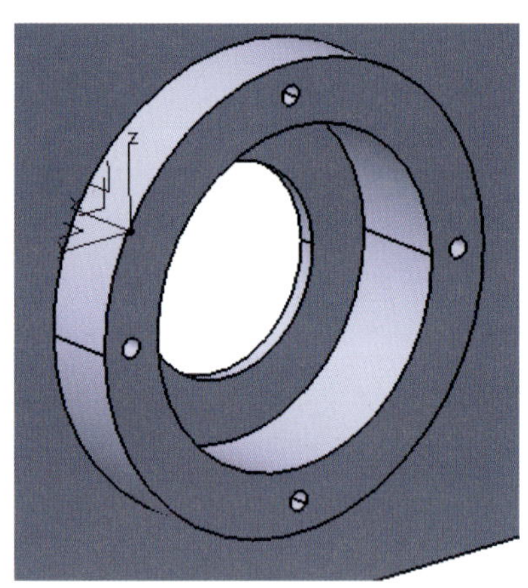

[1] Transformation Features ⇨ Circular Pattern(①) 클릭

[2] (②) Parameters ⇨ [Complete crown] 선택

Instance(s) ⇨ 4 입력

[3] Object(③) ⇨ Hole 선택

[4] Reference element(④) ⇨ 원기둥의 옆면 클릭

[5] OK(⑤) 클릭

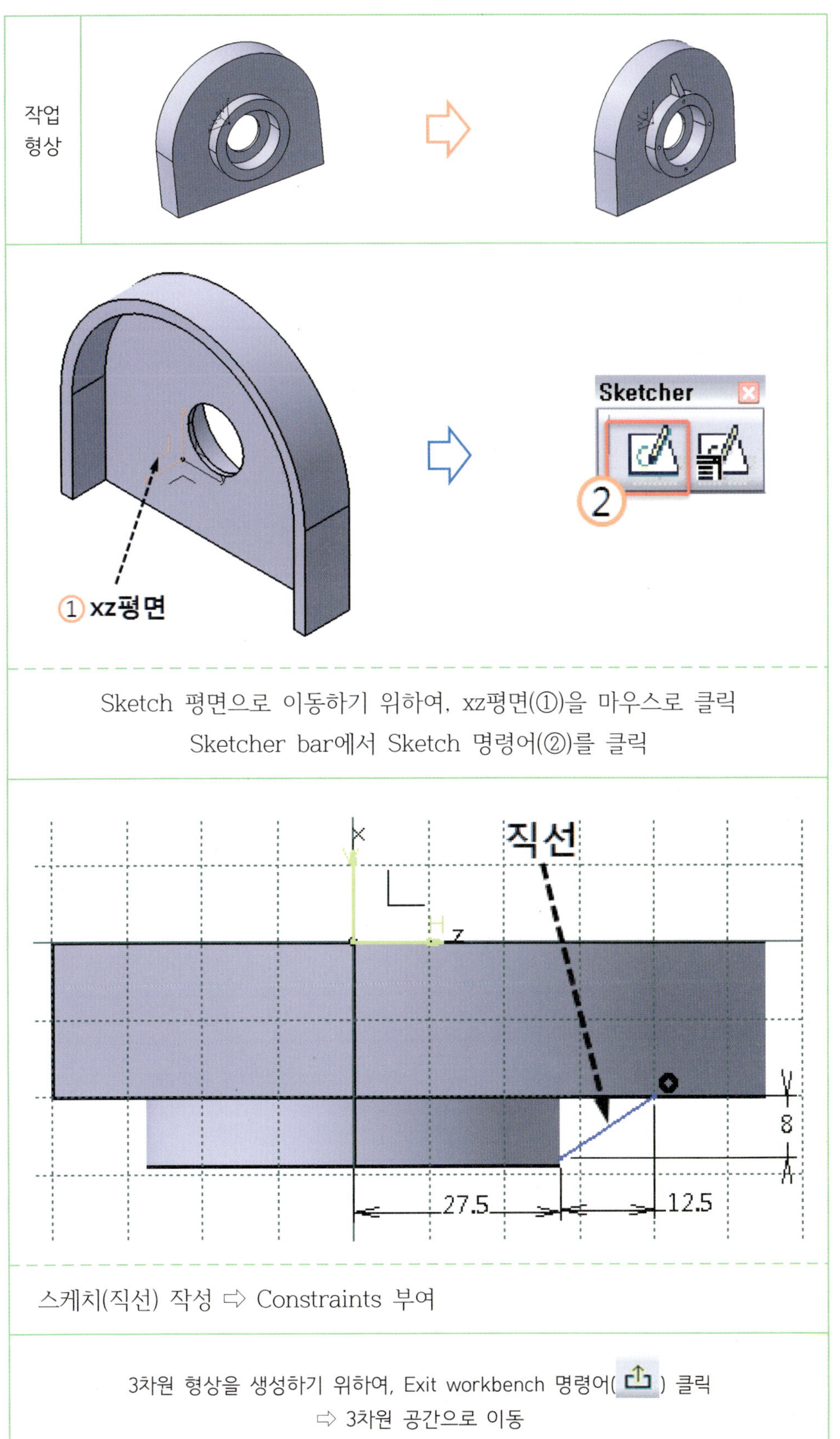

Sketch 평면으로 이동하기 위하여, xz평면(①)을 마우스로 클릭
Sketcher bar에서 Sketch 명령어(②)를 클릭

스케치(직선) 작성 ⇨ Constraints 부여

3차원 형상을 생성하기 위하여, Exit workbench 명령어( ) 클릭
⇨ 3차원 공간으로 이동

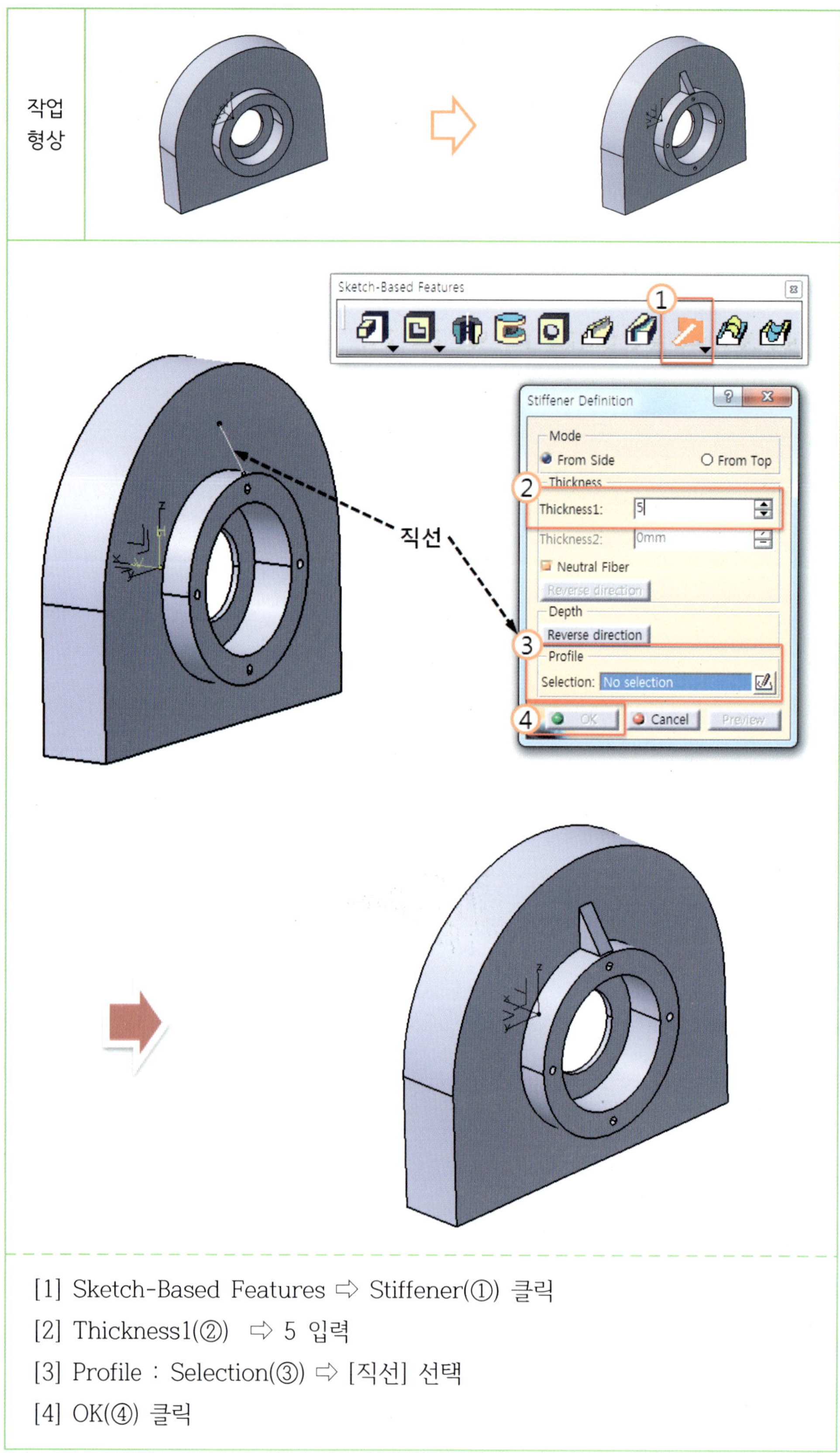

[1] Sketch-Based Features ⇨ Stiffener(①) 클릭

[2] Thickness1(②) ⇨ 5 입력

[3] Profile : Selection(③) ⇨ [직선] 선택

[4] OK(④) 클릭

작업 형상	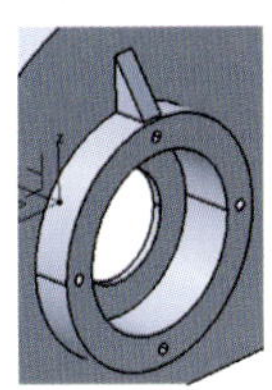  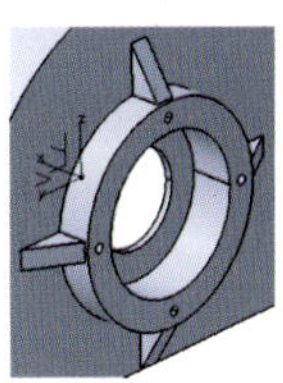

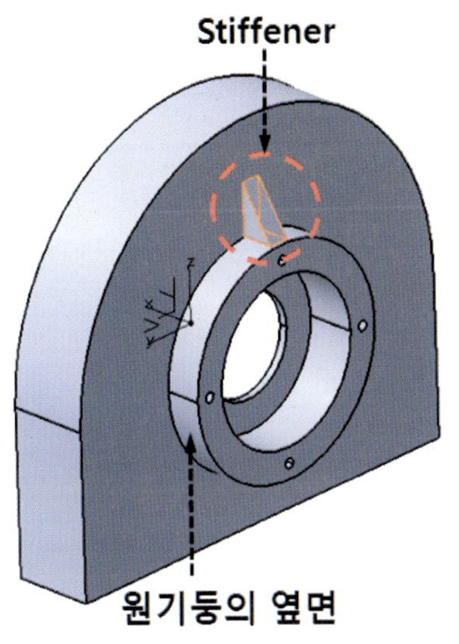

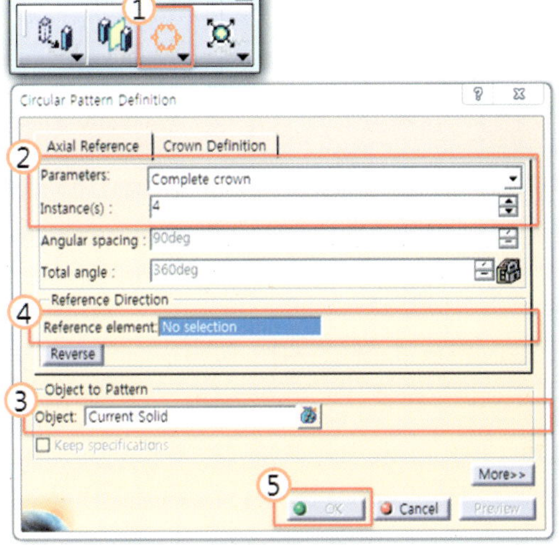

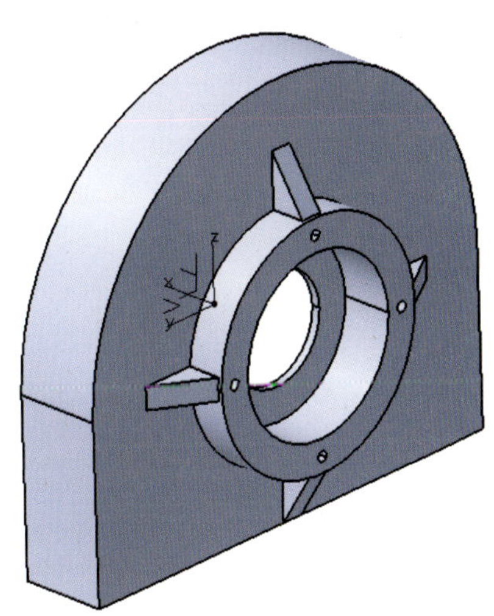

[1] Transformation Features ⇨ Circular Pattern(①) 클릭

[2] (②) Parameters ⇨ [Complete crown] 선택

Instance(s) ⇨ 4 입력

[3] Object(③) ⇨ Stiffener 선택

[4] Reference element(④) ⇨ 원기둥의 옆면 클릭

[5] OK(⑤) 클릭

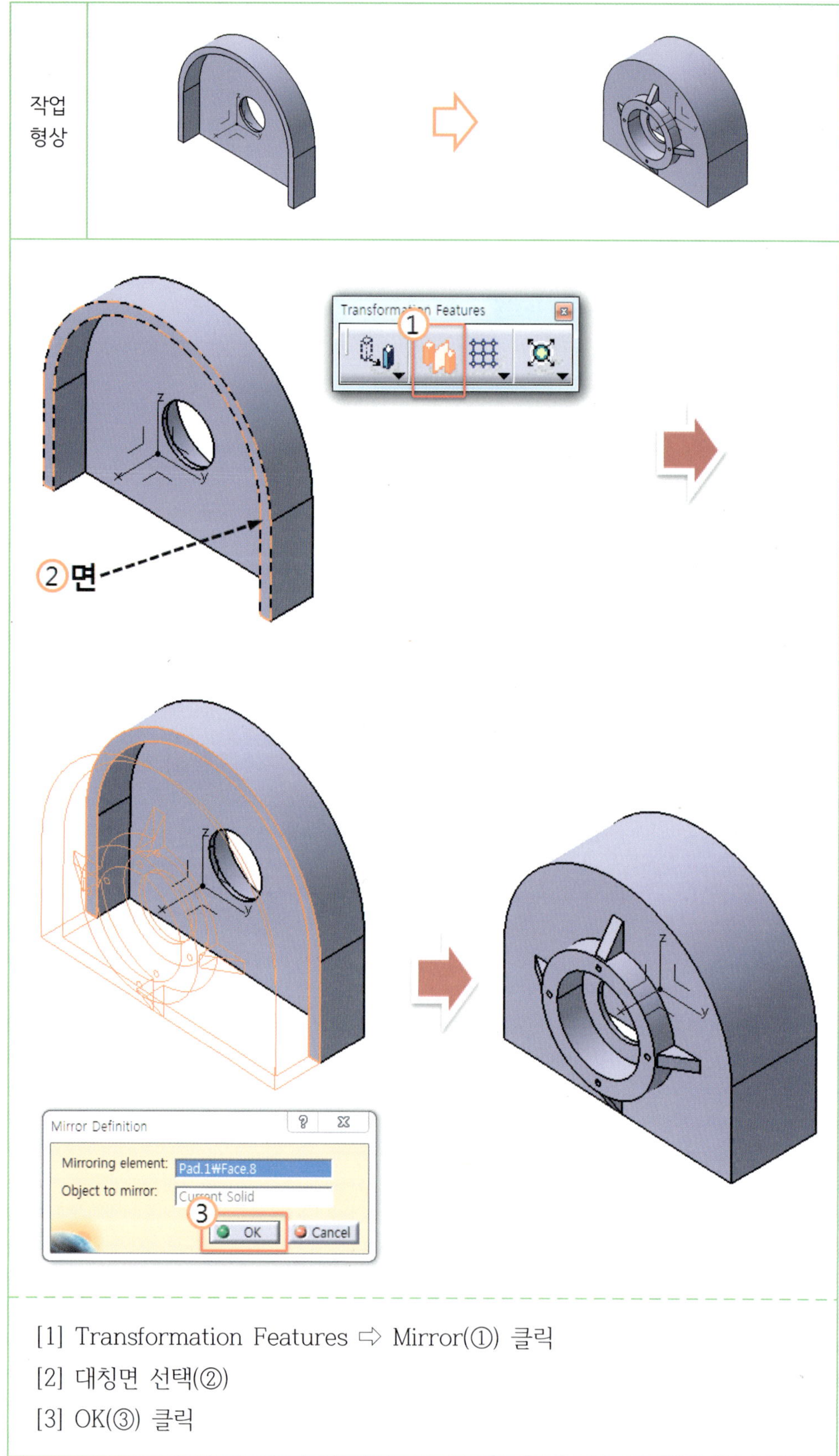

[1] Transformation Features ⇨ Mirror(①) 클릭

[2] 대칭면 선택(②)

[3] OK(③) 클릭

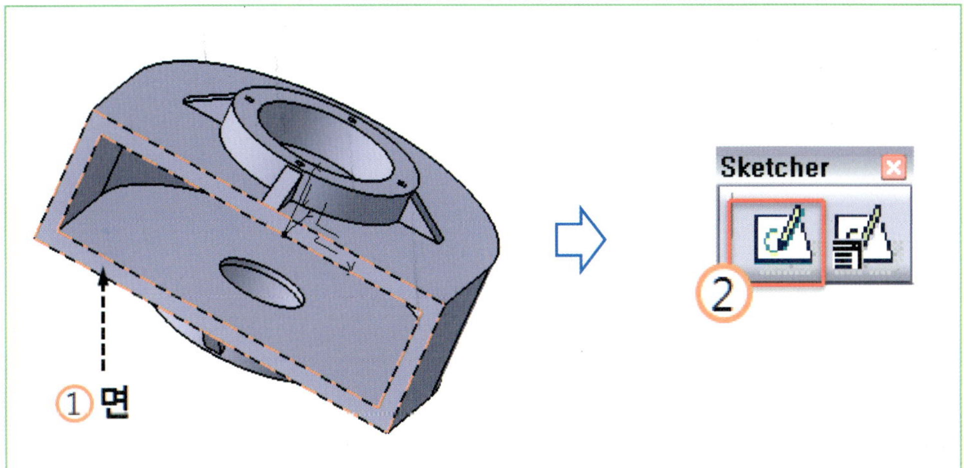

Sketch 평면으로 이동하기 위하여, 면(①)을 마우스로 클릭
Sketcher bar에서 Sketch 명령어(②)를 클릭

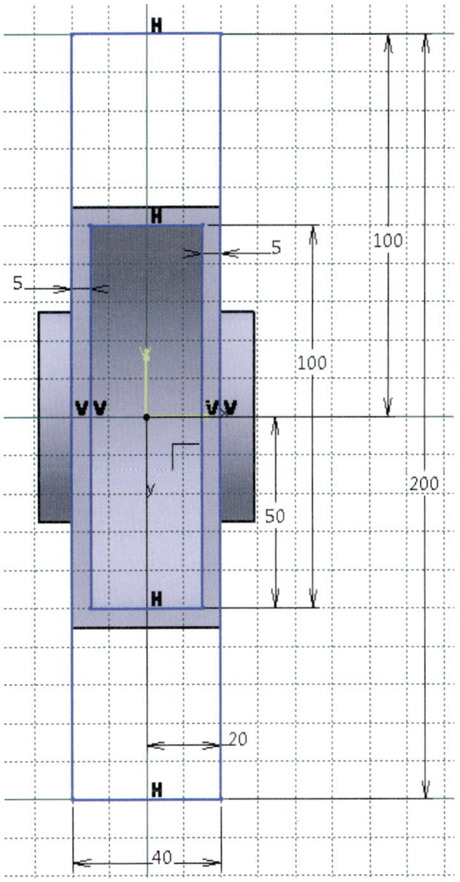

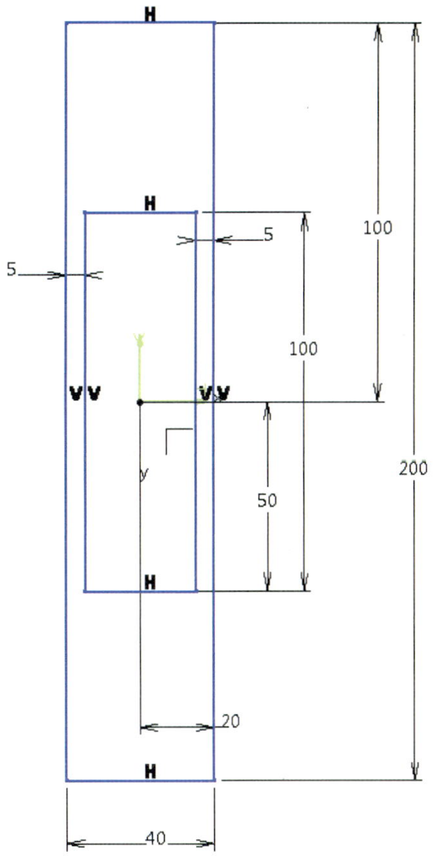

스케치 작성 ⇨ Constraints 부여

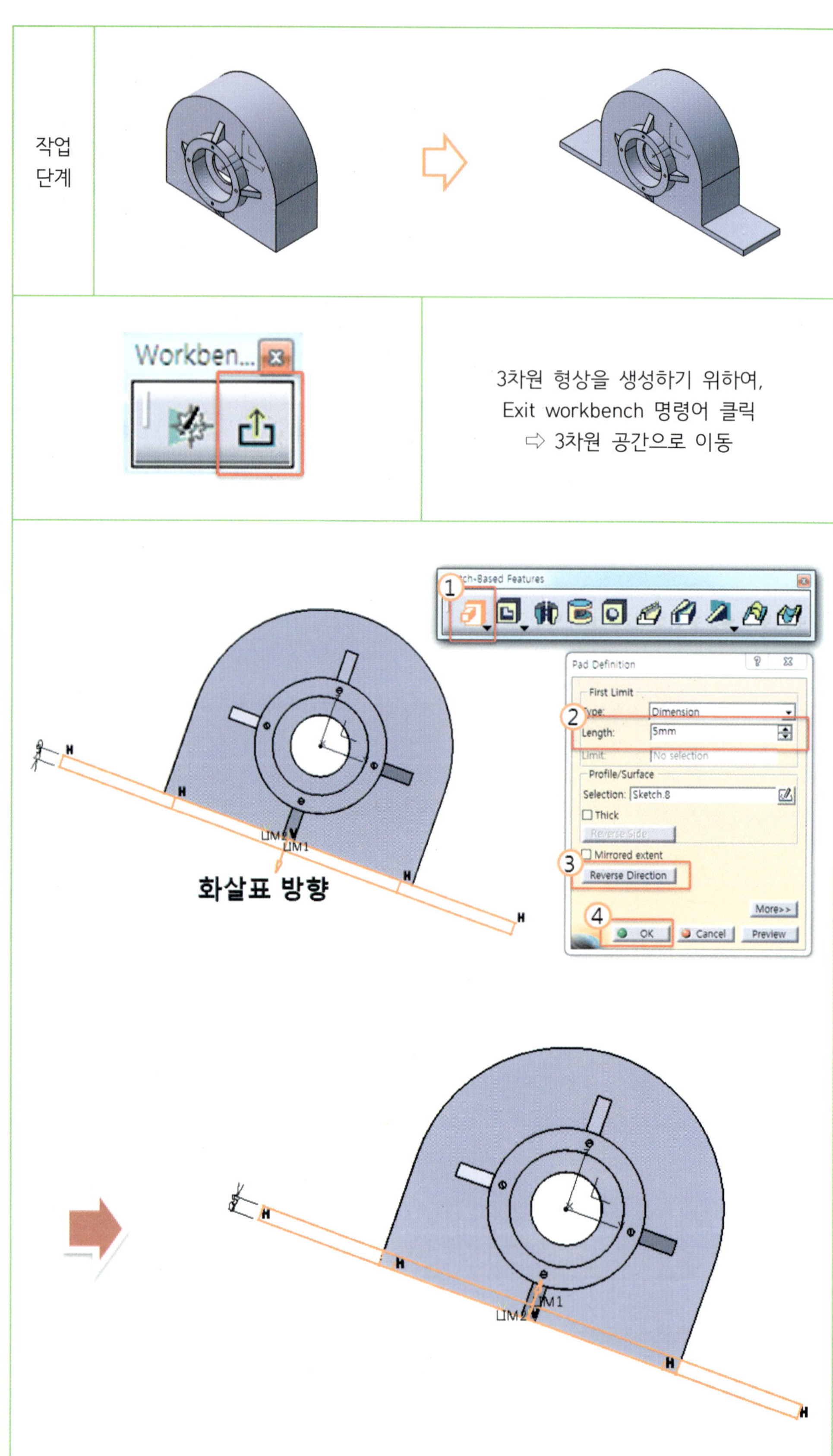
작업
단계
Workben...
3차원 형상을 생성하기 위하여,
Exit workbench 명령어 클릭
⇨ 3차원 공간으로 이동
1
2
3
4
Pad Definition
First Limit
Type:
Dimension
Length:
5mm
Limit:
No selection
Profile/Surface
Selection:
Sketch.8
Thick
Reverse Side
Mirrored extent
Reverse Direction
More>>
OK
Cancel
Preview
LIM2
LIM1
화살표 방향

작업
단계

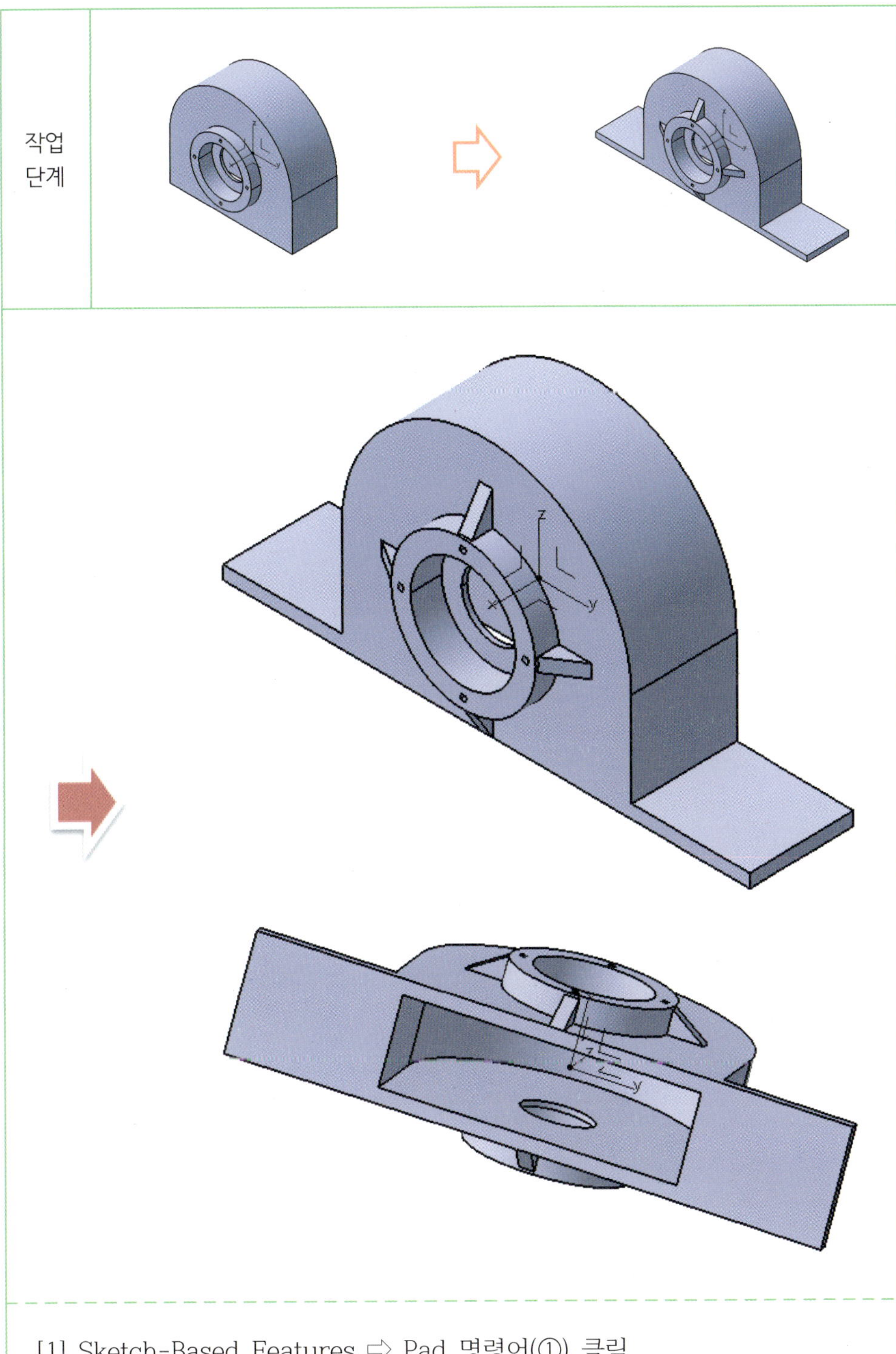

[1] Sketch-Based Features ⇨ Pad 명령어(①) 클릭

[2] Length(②) : 5 입력

[3] Pad 방향변경 : Reverse Direction(③) 클릭
(또는 3차원 공간상에서 화살표 클릭)

[4] OK(④) 클릭

작업 단계

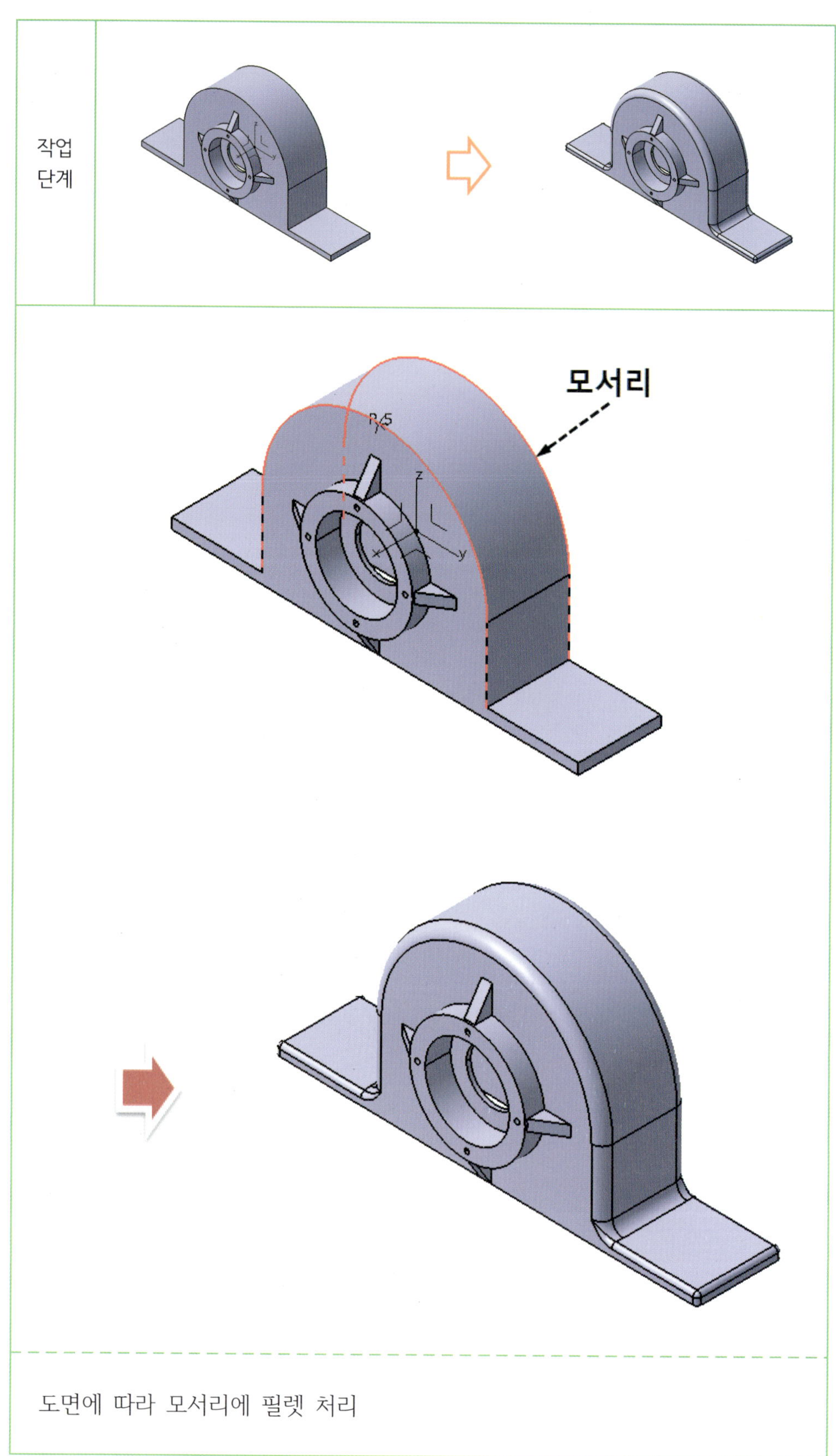

도면에 따라 모서리에 필렛 처리

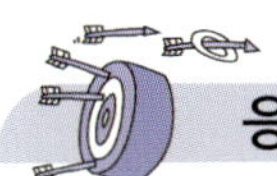

응용 : Shell, Hole, Pattern(기어 박스)

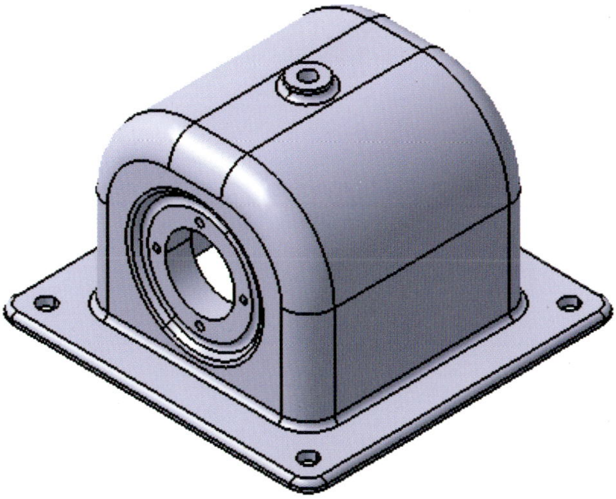

[ISO View]

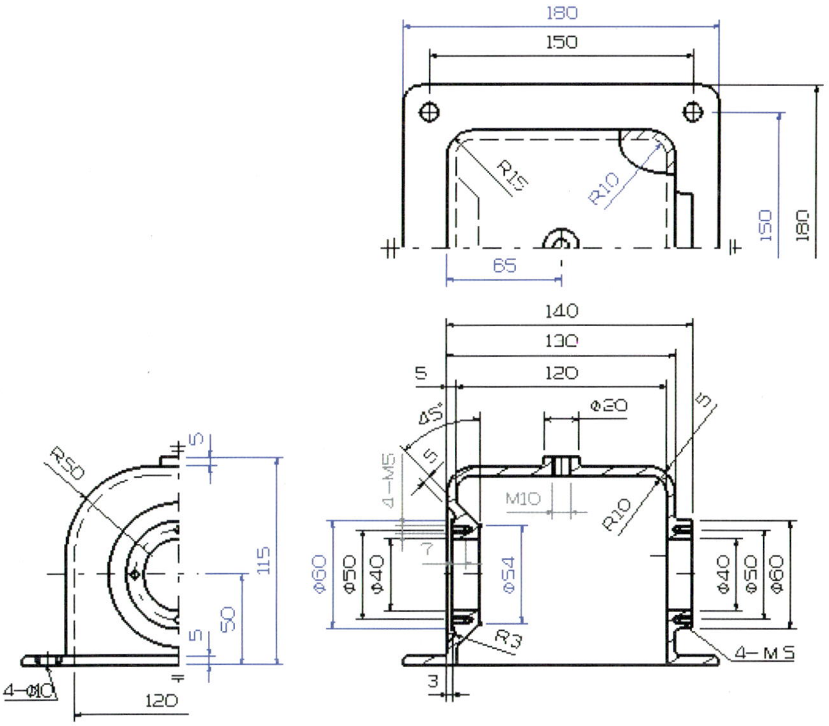

[도면]

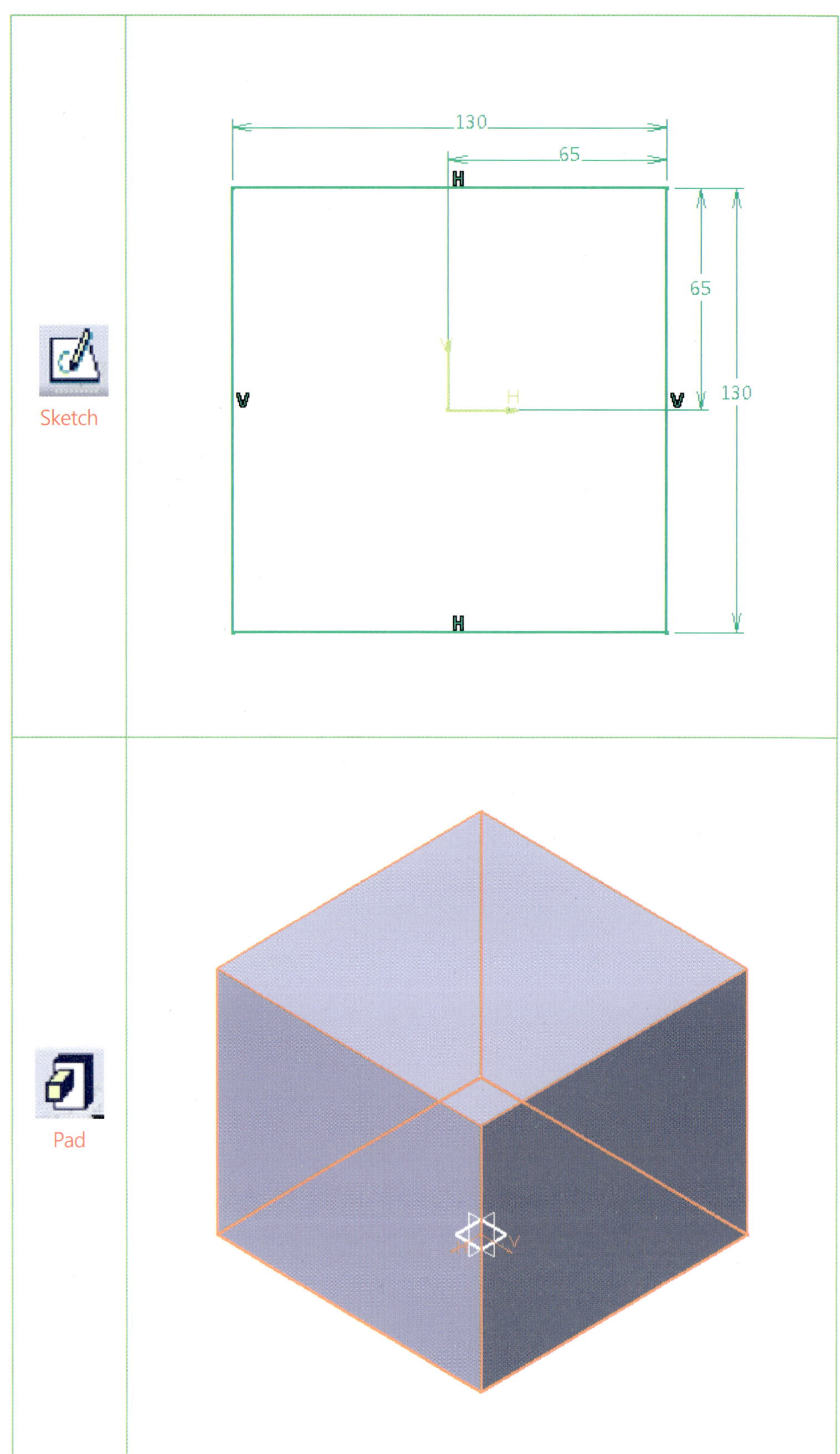

130
65
H
65
V
V
130
H
Sketch
Pad

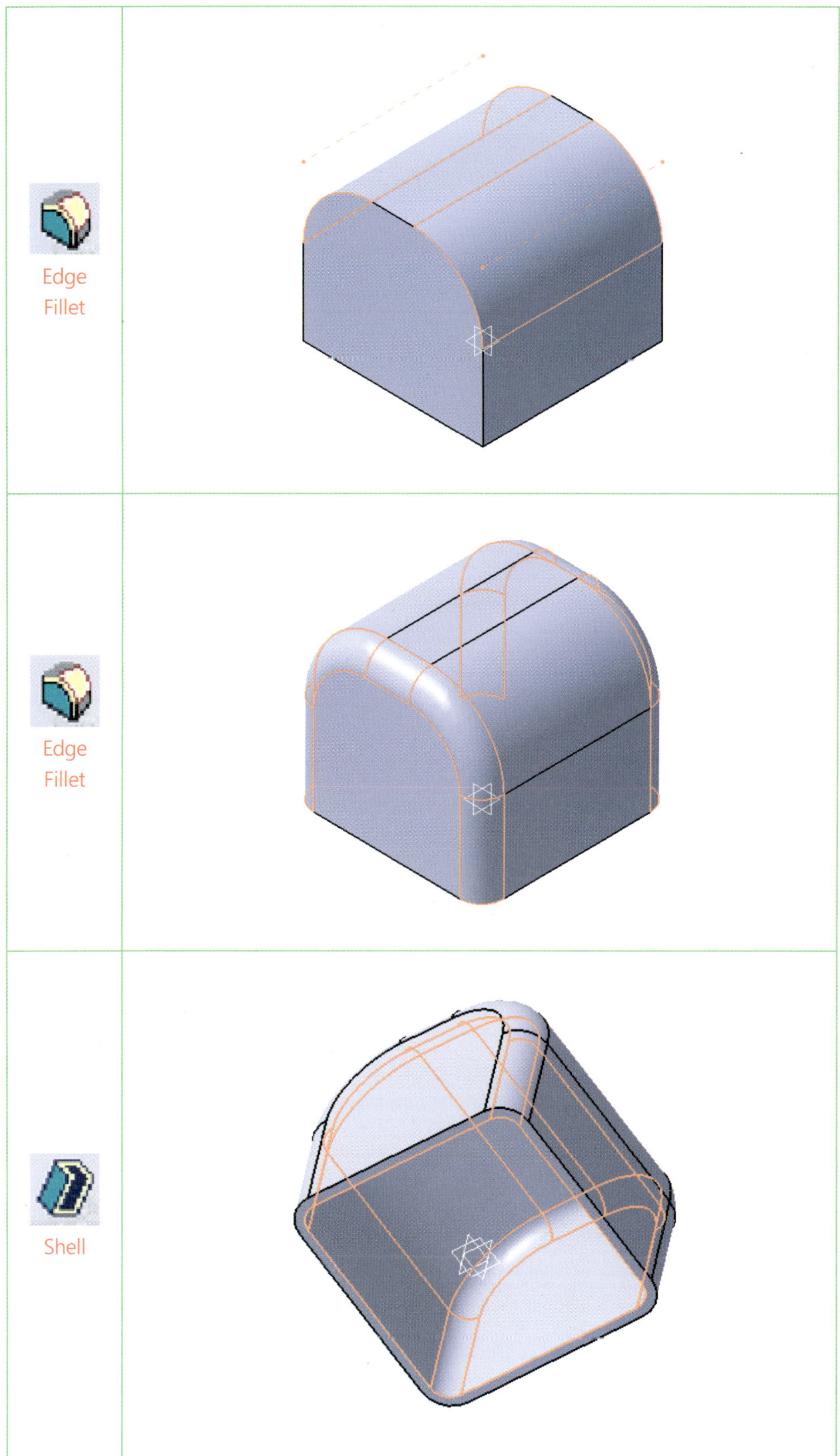
Edge
Fillet
Edge
Fillet
Shell

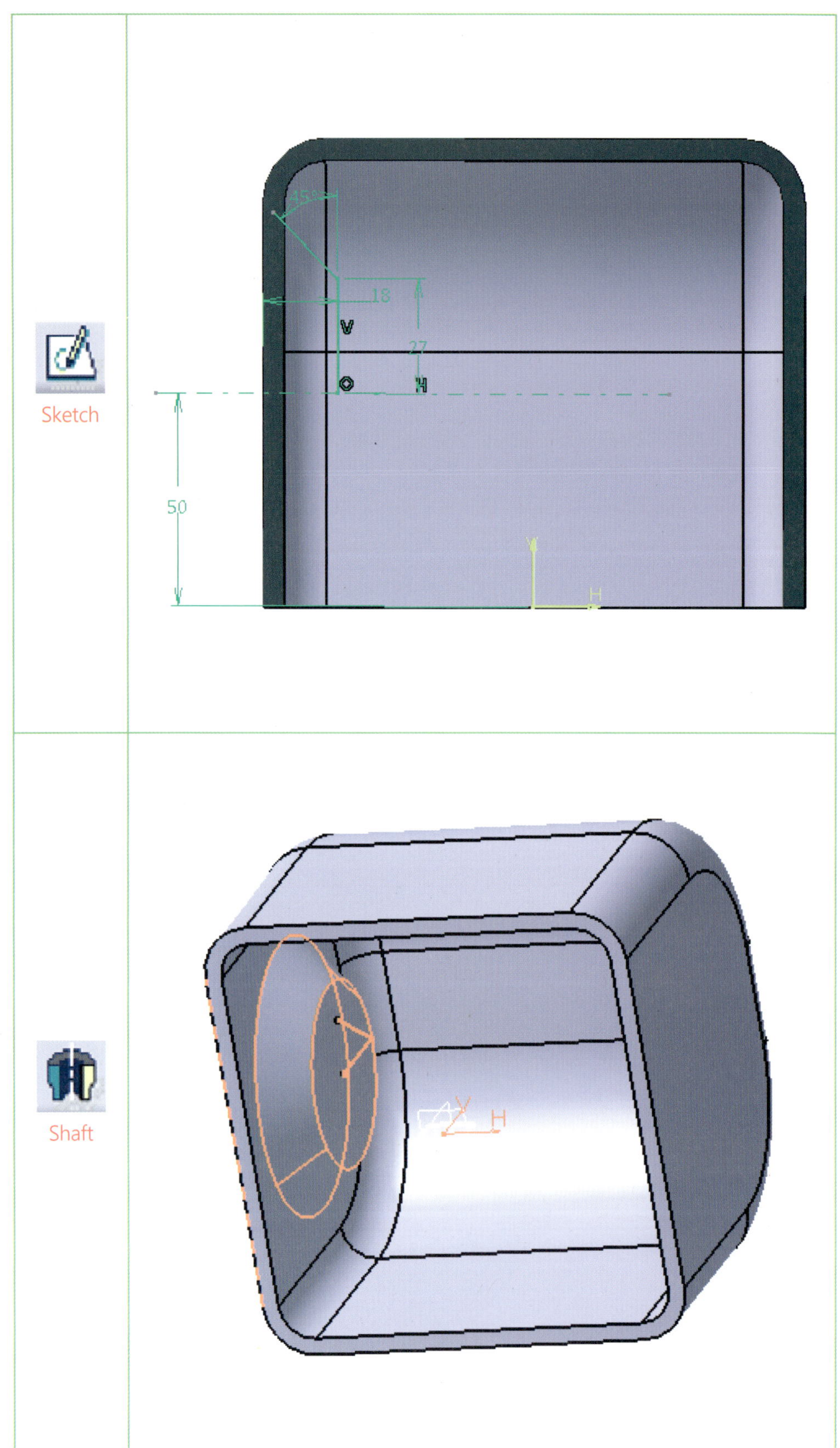
Sketch
45°
18
27
V
H
50
H
Shaft
V
H

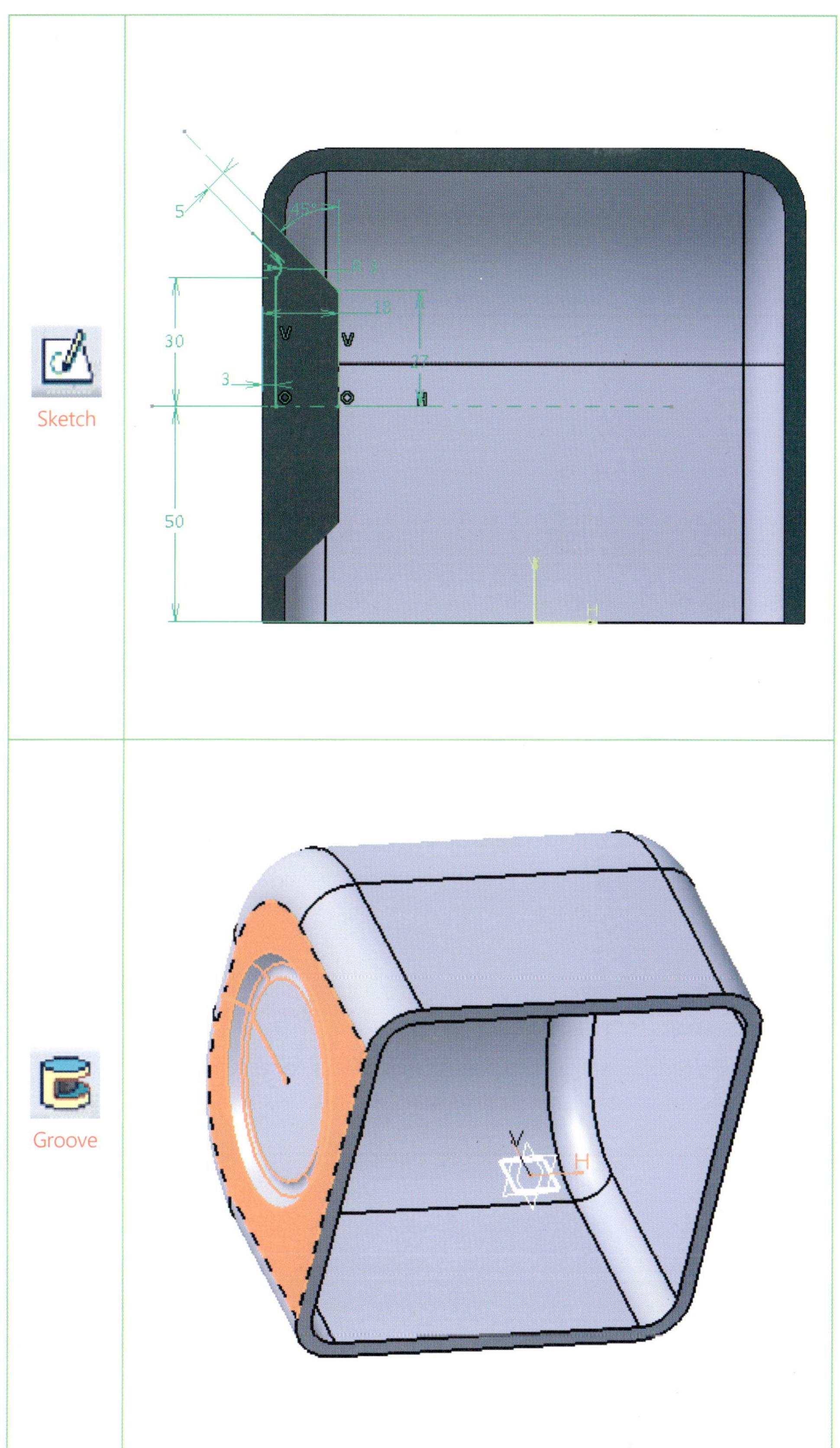
Sketch
5
45°
R 3
18
30
27
3
50
V
H
Groove
V
H

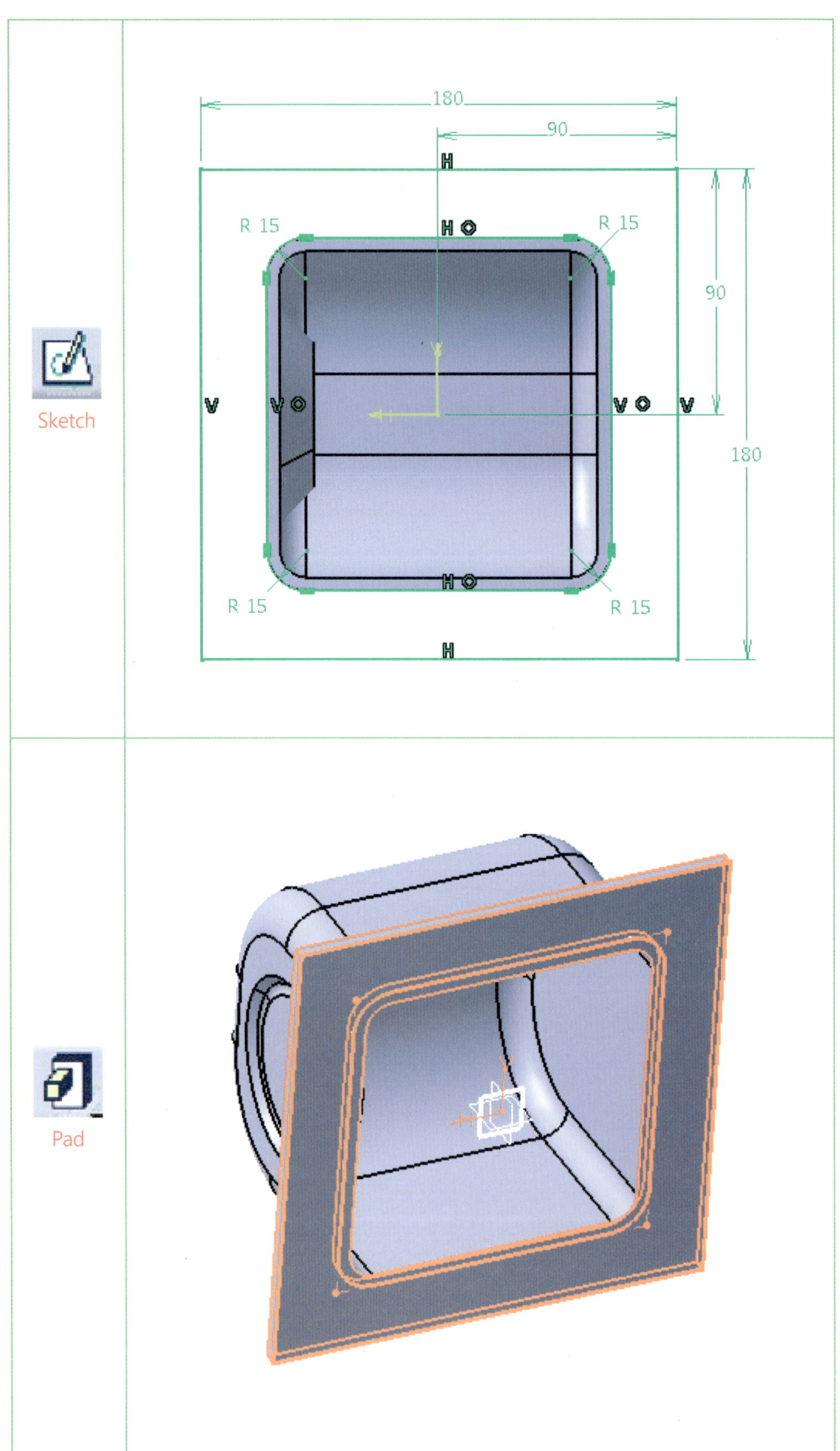
Sketch
180
90
R 15
R 15
R 15
R 15
90
180
Pad

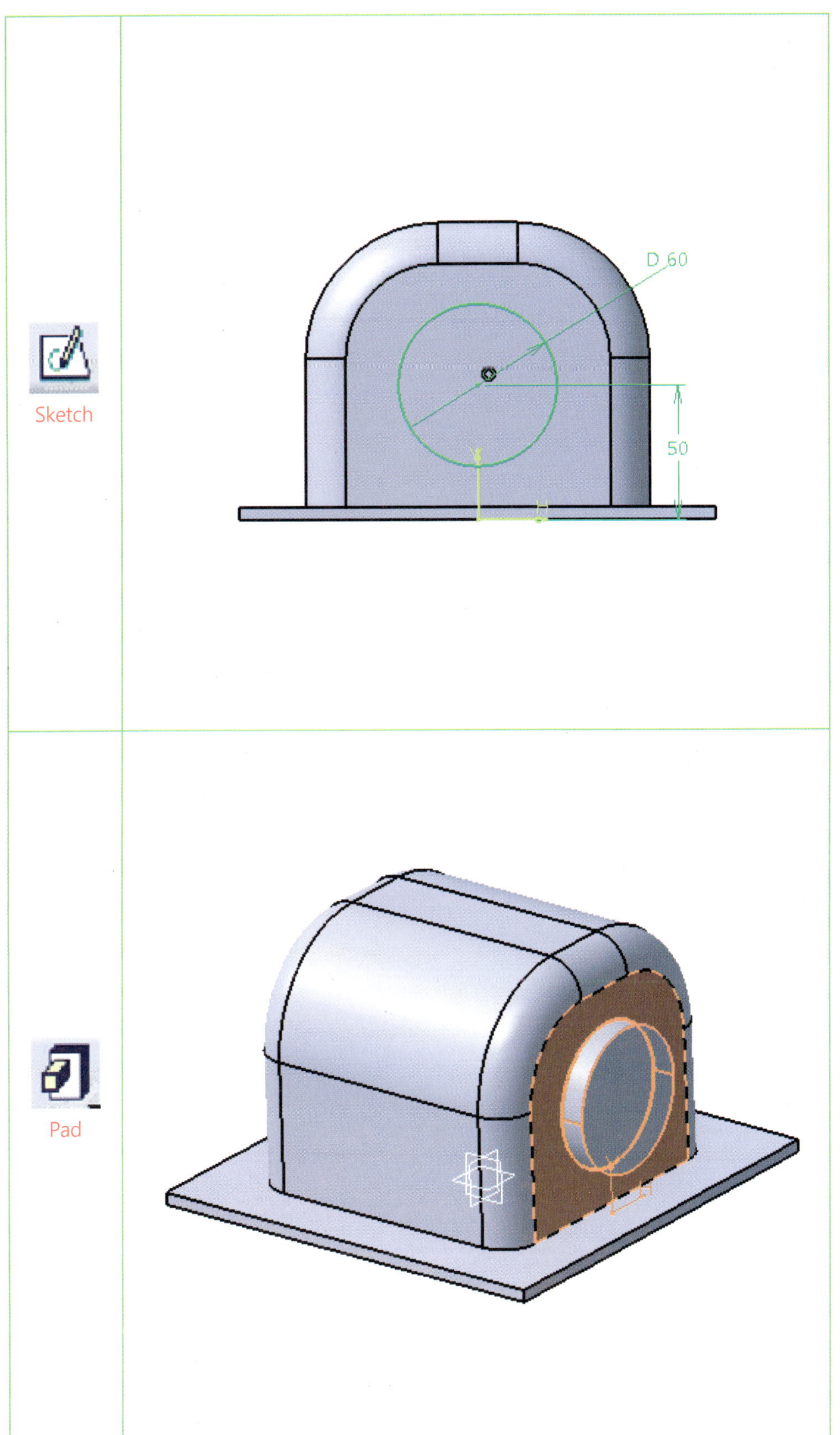
Sketch
D 60
50
Pad

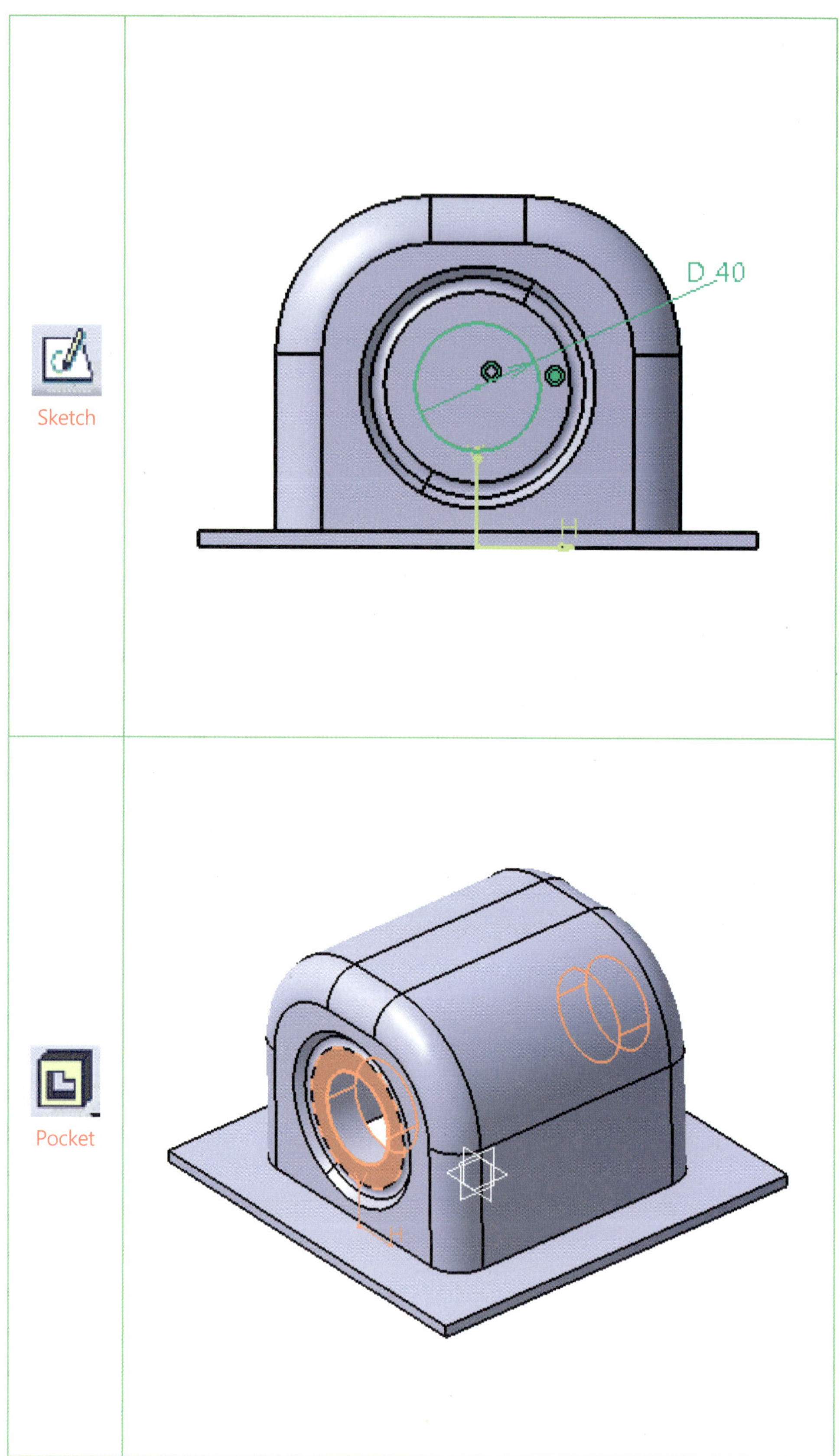

Sketch
D 40
H
Pocket
H

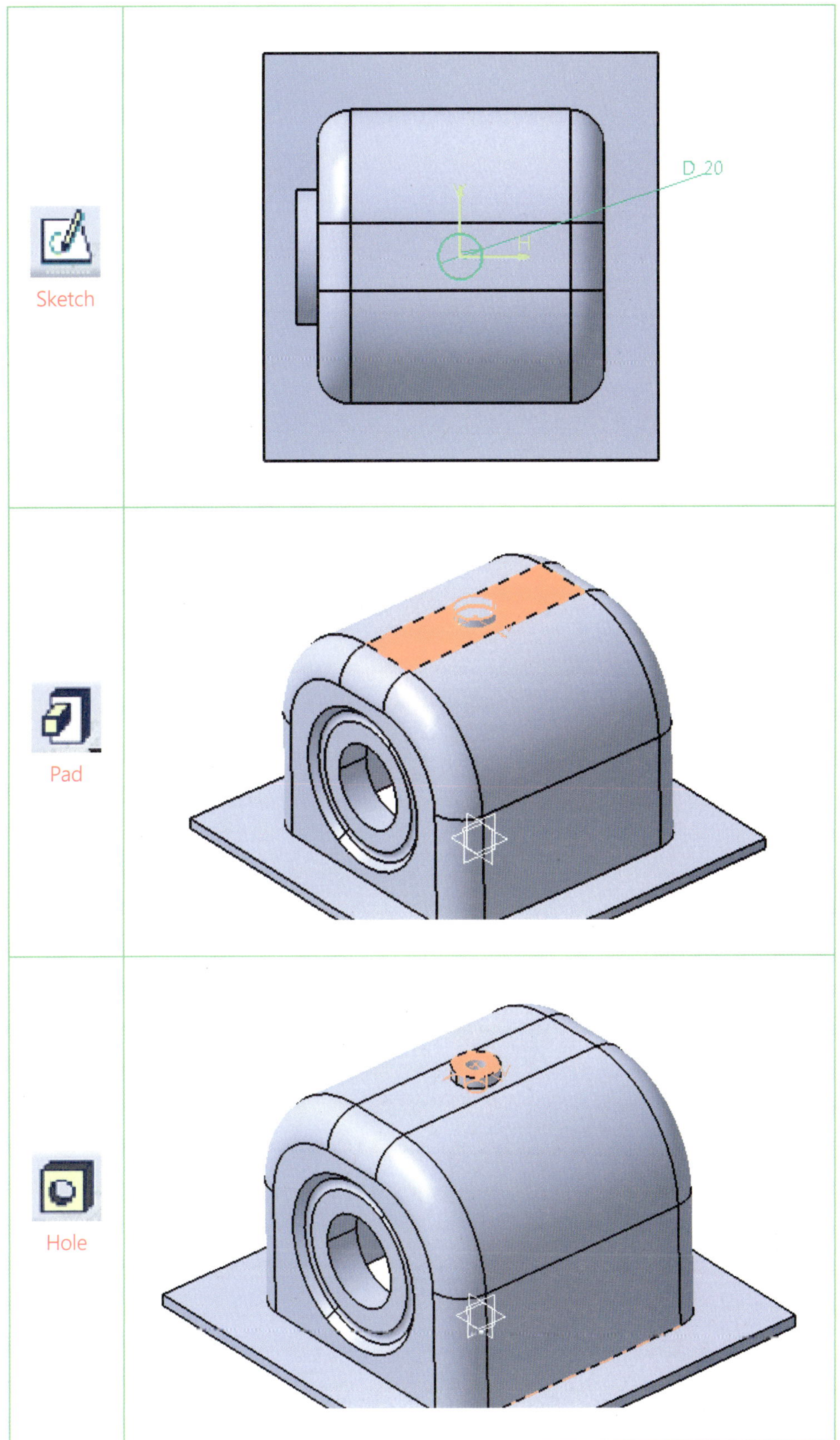

Sketch
D 20
H
Pad
Hole

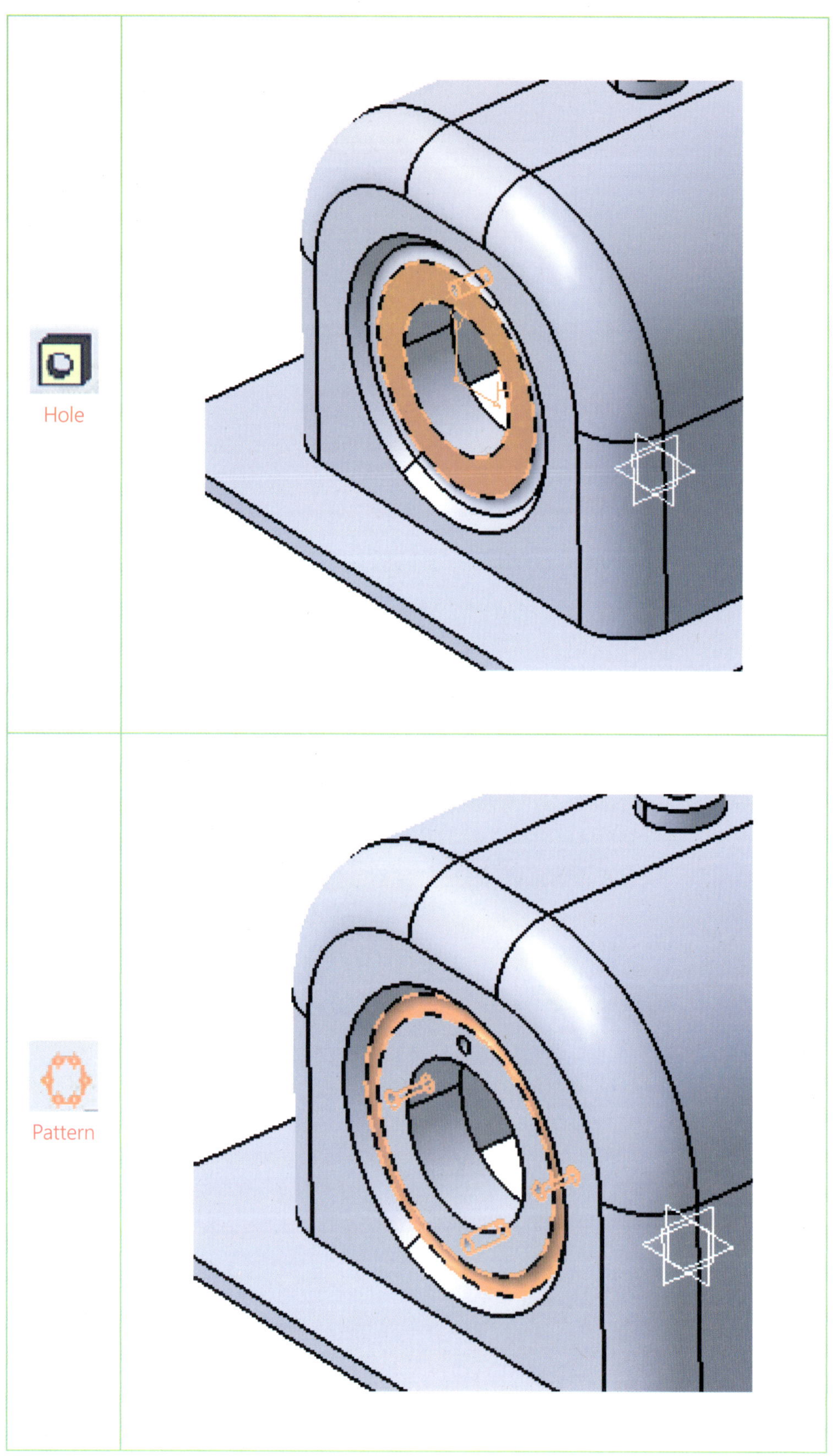
Hole
Pattern

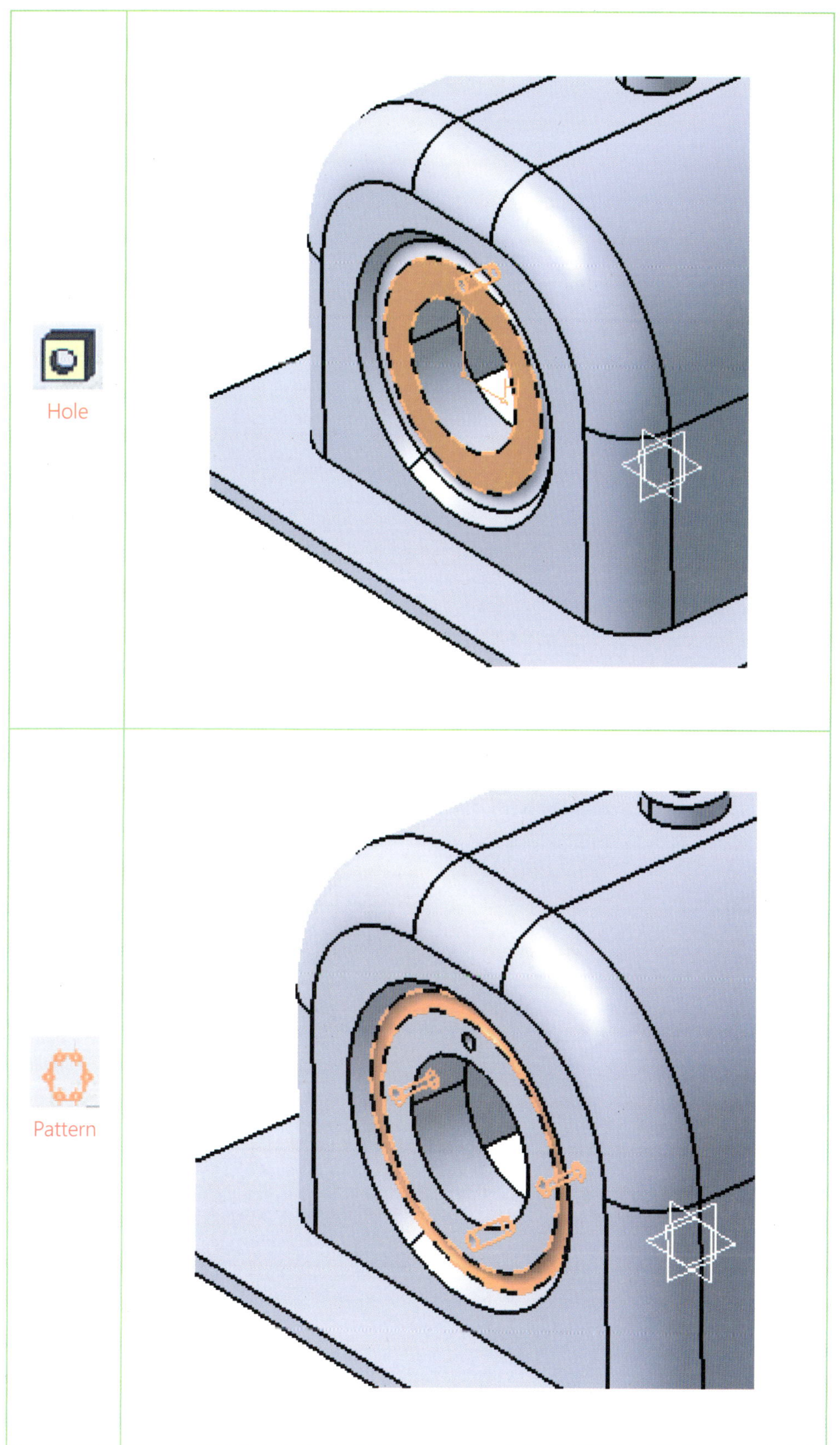
Hole
Pattern

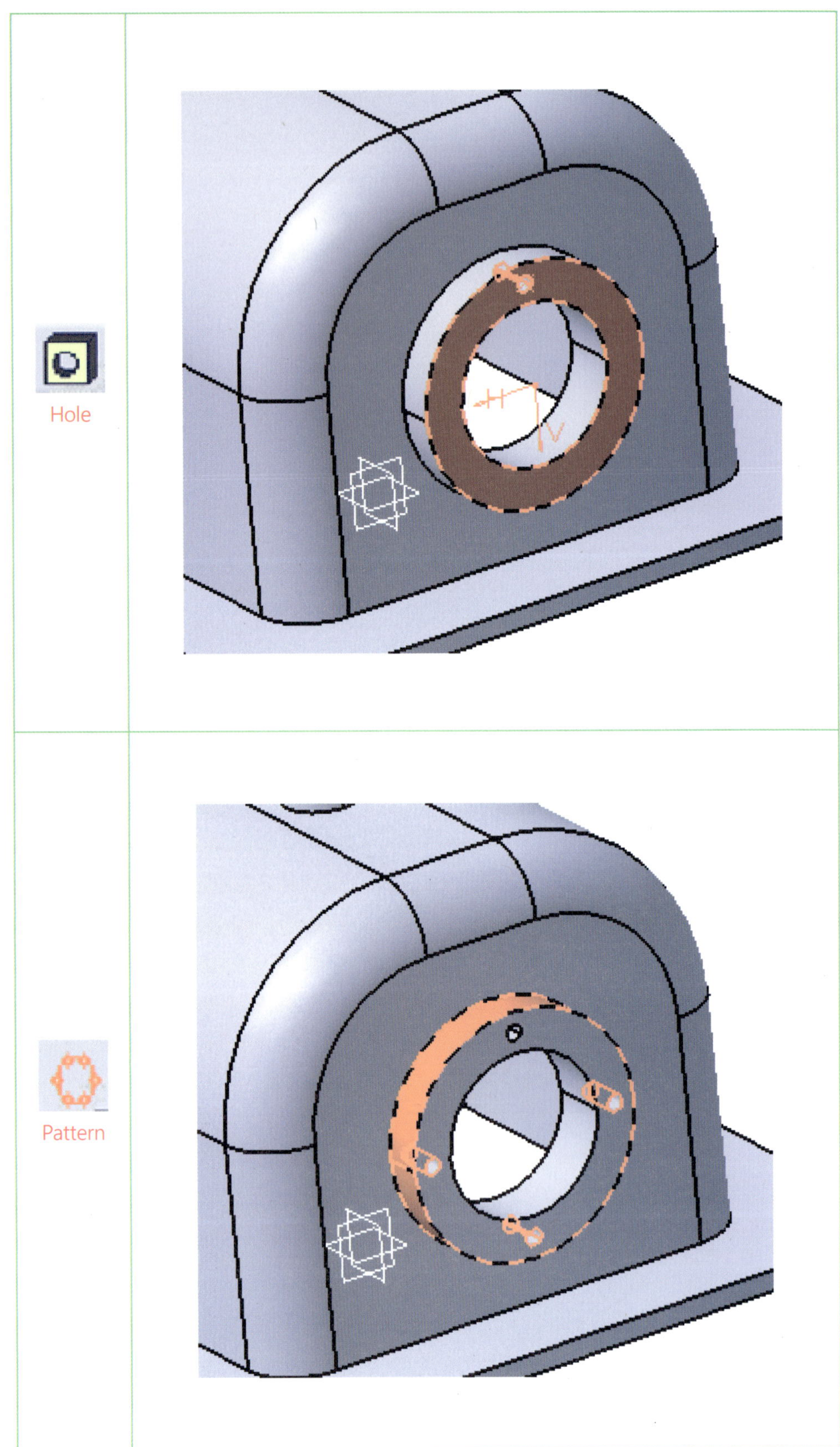
Hole
H
V
Pattern

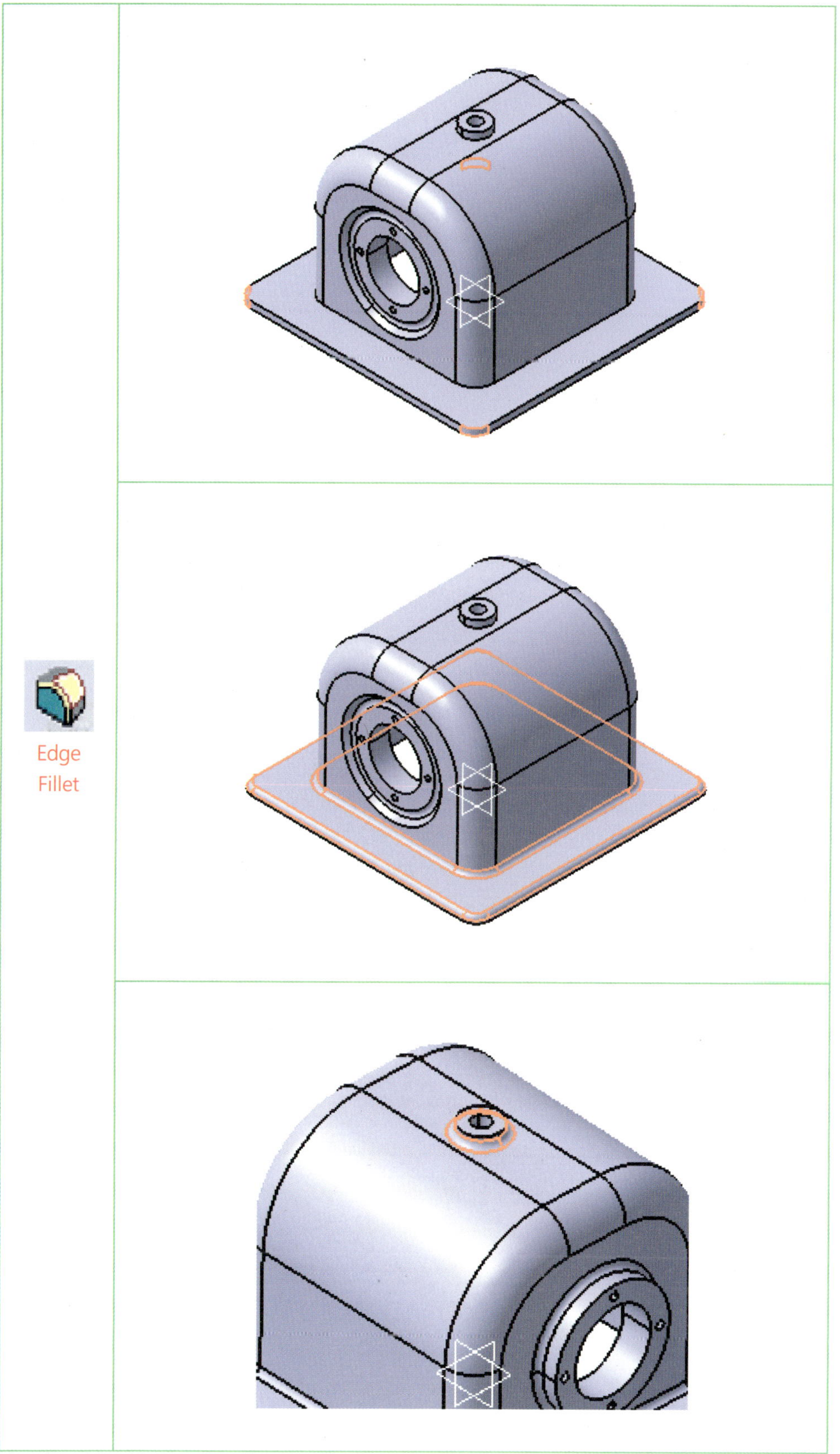
Edge
Fillet

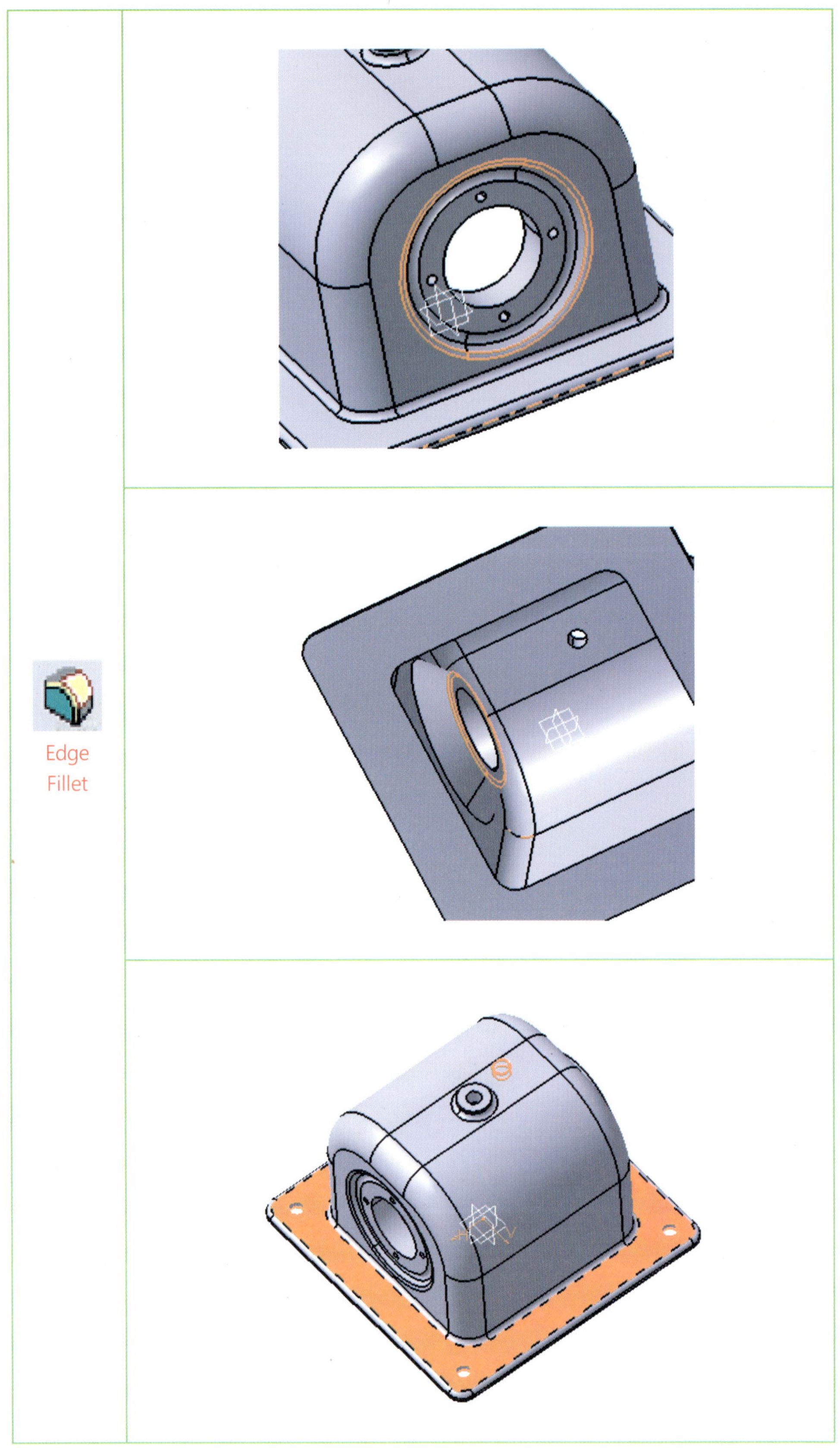
Edge
Fillet

따라하기 8 : Pad 옵션 활용

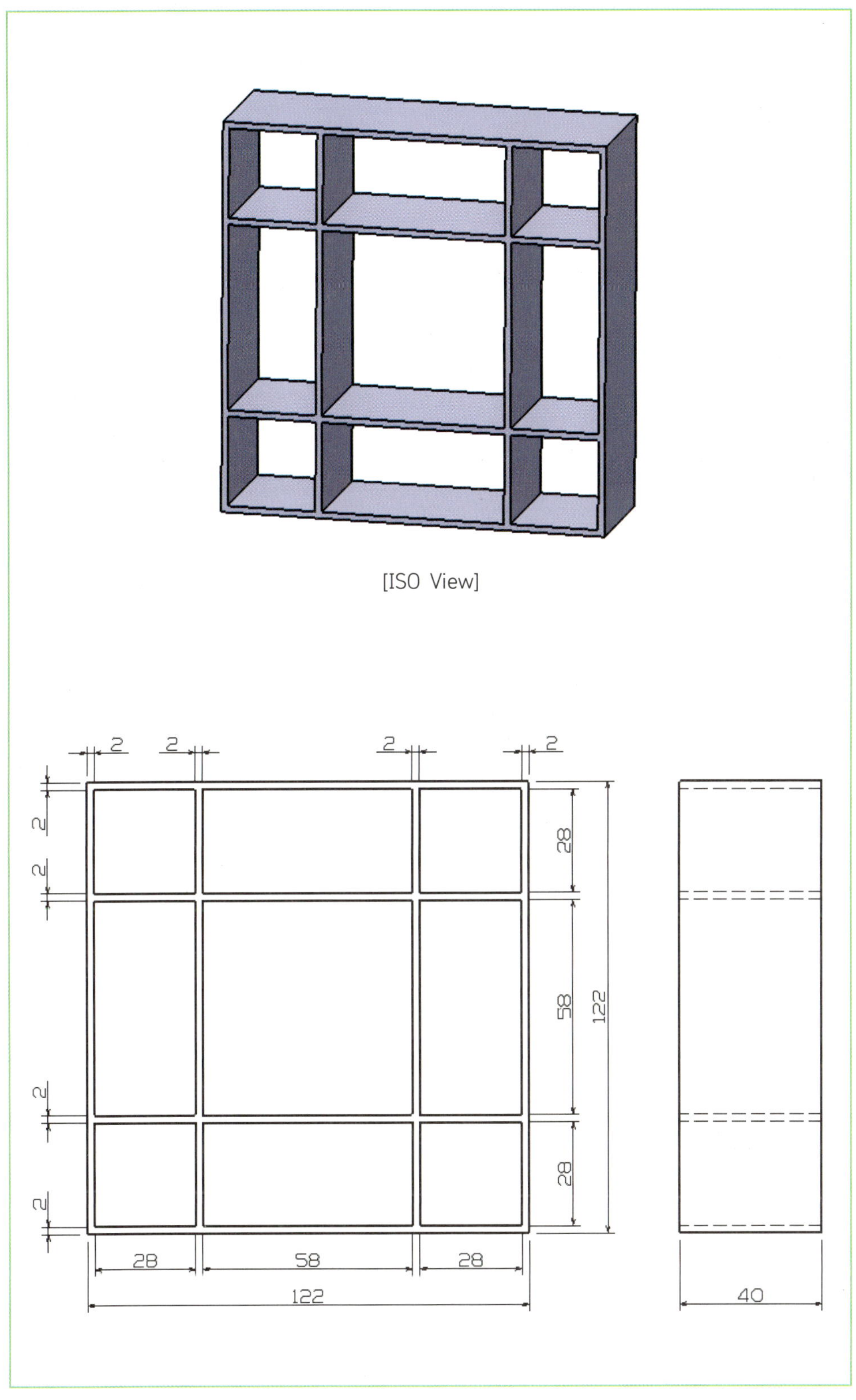

1. PartDesign 들어가기

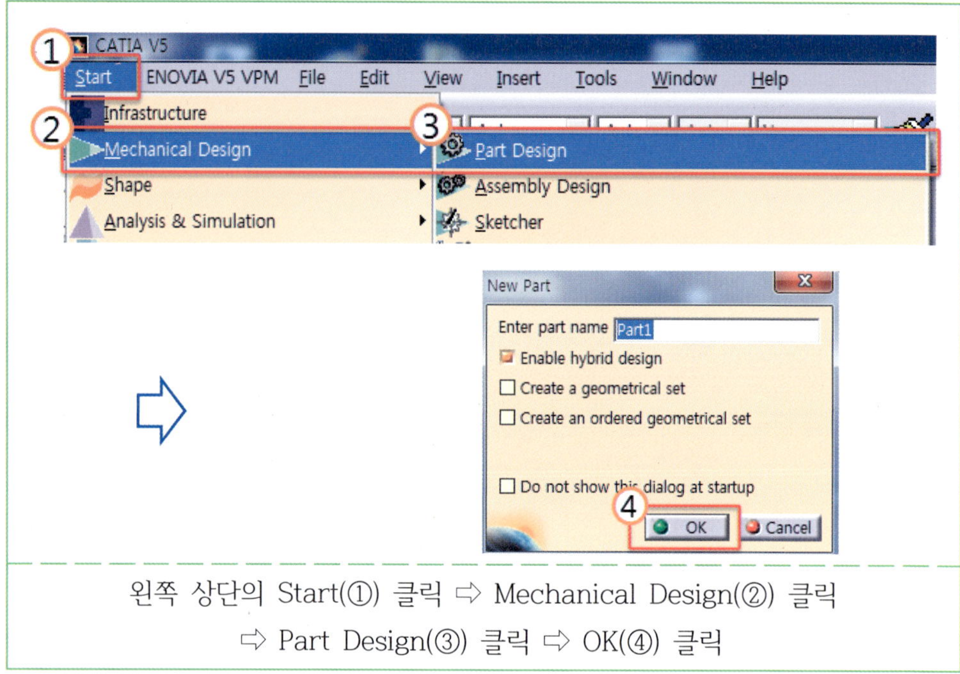

왼쪽 상단의 Start(①) 클릭 ⇨ Mechanical Design(②) 클릭
⇨ Part Design(③) 클릭 ⇨ OK(④) 클릭

2. 초기 설정 : Constraint의 SmartPick 일부 옵션 해제

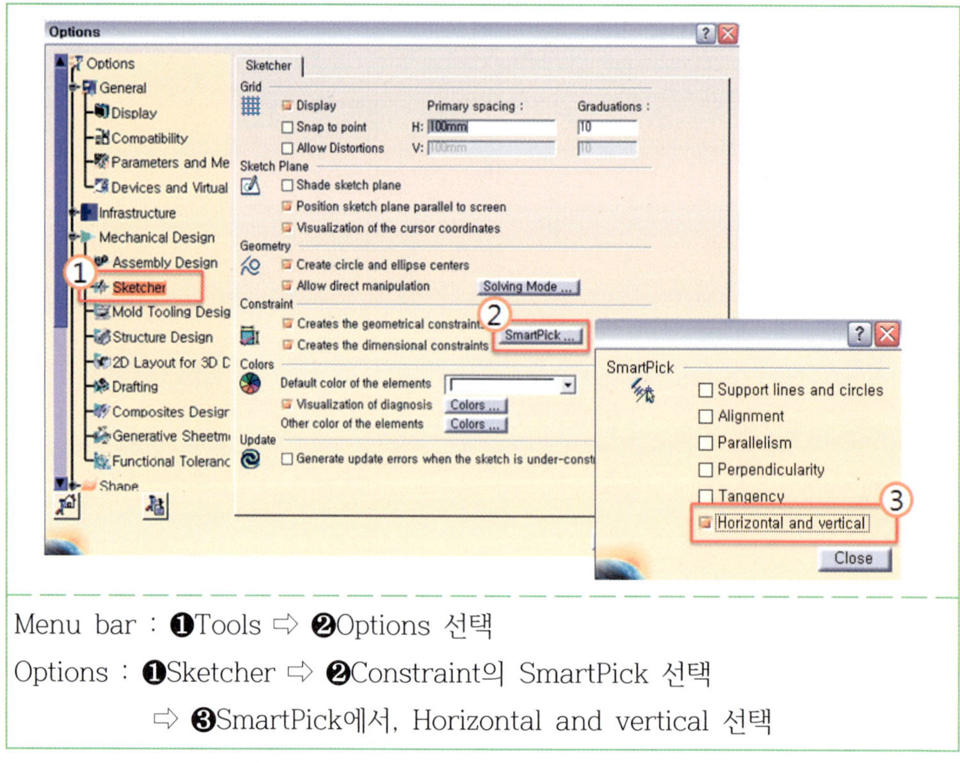

Menu bar : ❶Tools ⇨ ❷Options 선택
Options : ❶Sketcher ⇨ ❷Constraint의 SmartPick 선택
⇨ ❸SmartPick에서, Horizontal and vertical 선택

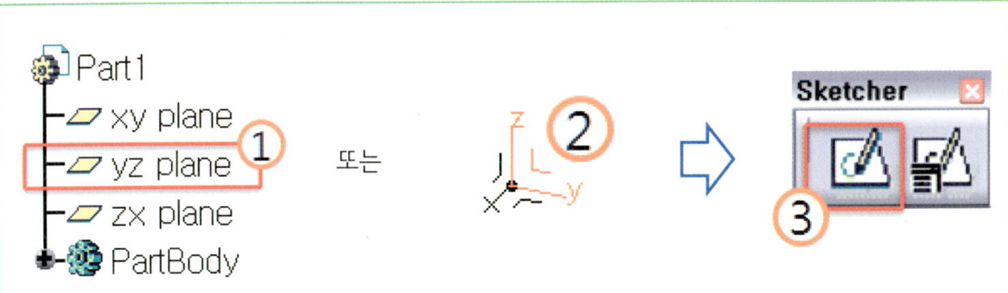

Sketch 평면으로 이동하기 위하여, yz평면(① 또는 ②)을 마우스로 클릭
Sketcher bar에서 Sketch 명령어(③)를 클릭

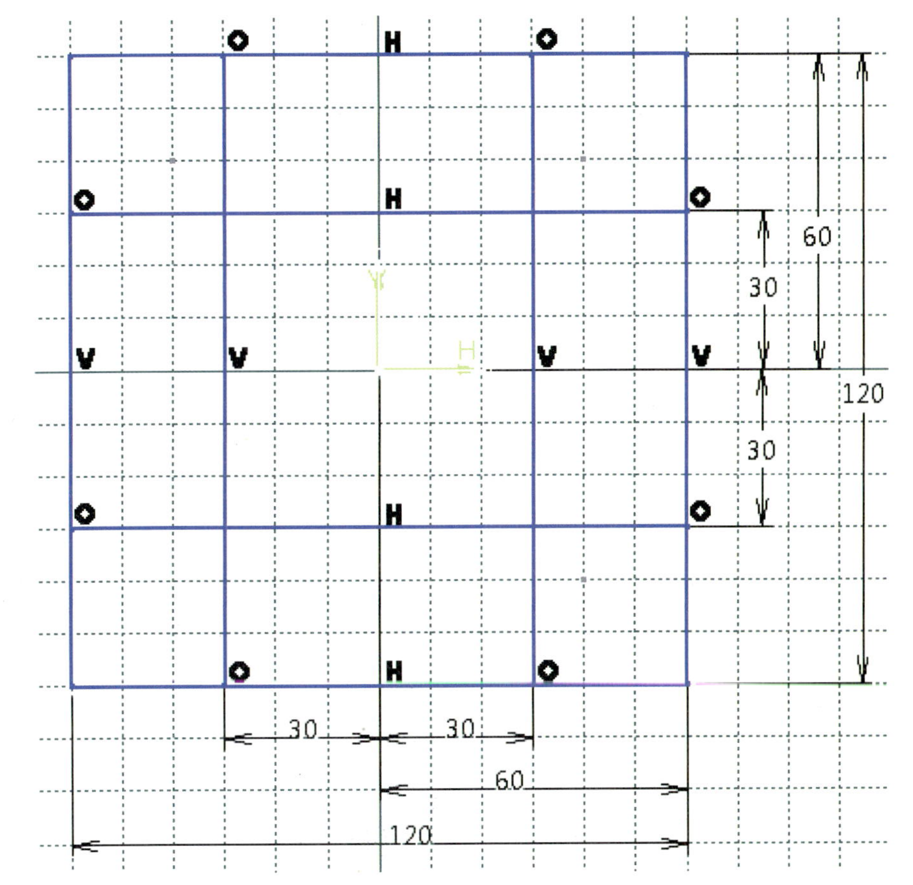

스케치(밑그림) 작성 ➪ Constraints 부여

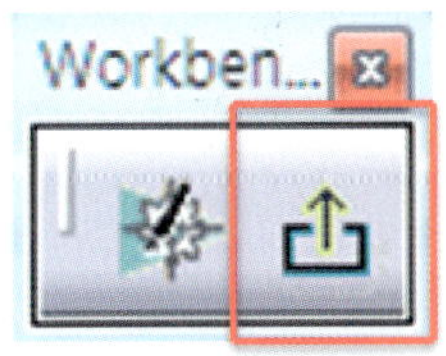

3차원 형상을 생성하기 위하여,
Exit workbench 명령어 클릭
➪ 3차원 공간으로 이동

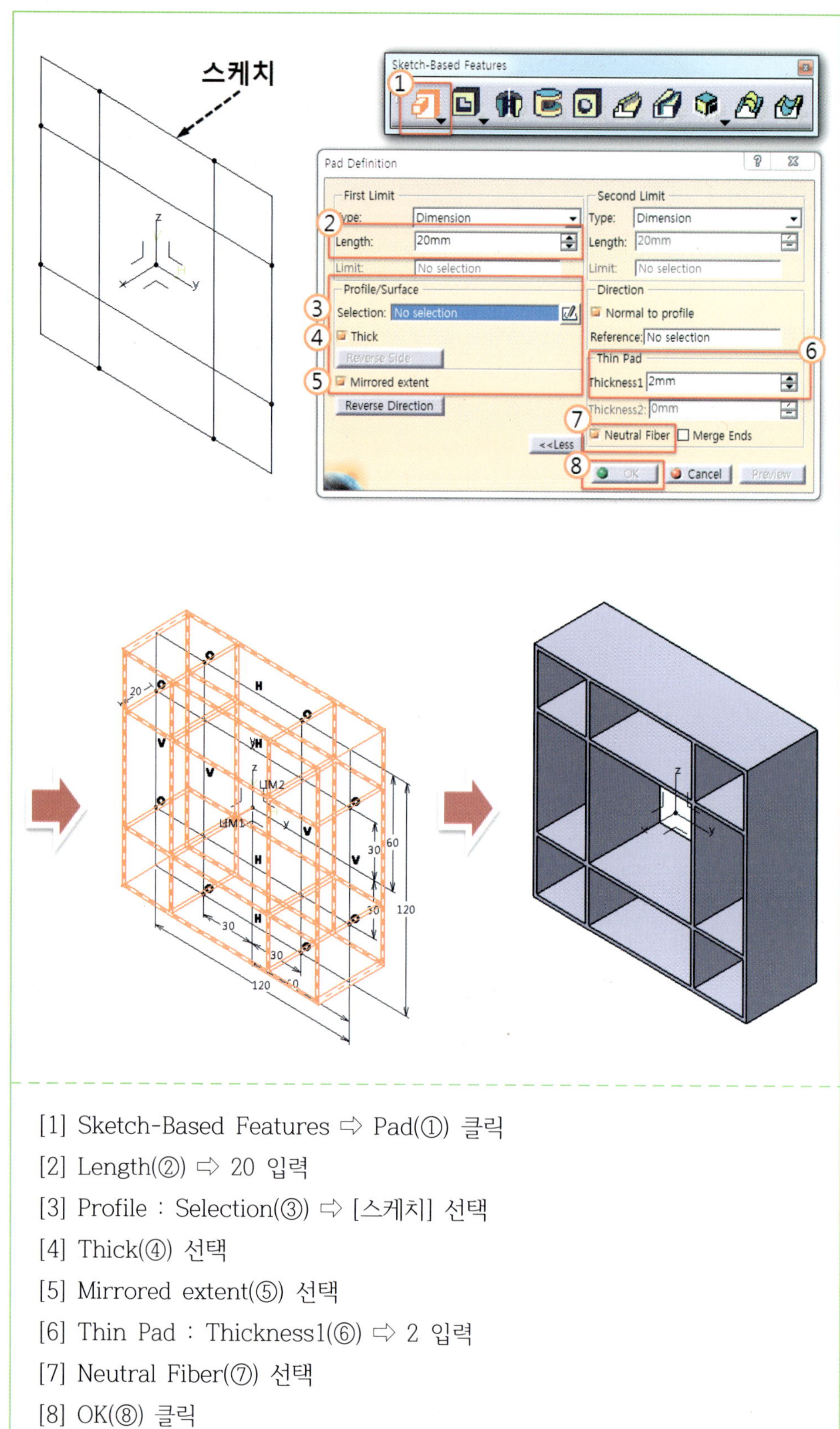

[1] Sketch-Based Features ⇨ Pad(①) 클릭

[2] Length(②) ⇨ 20 입력

[3] Profile : Selection(③) ⇨ [스케치] 선택

[4] Thick(④) 선택

[5] Mirrored extent(⑤) 선택

[6] Thin Pad : Thickness1(⑥) ⇨ 2 입력

[7] Neutral Fiber(⑦) 선택

[8] OK(⑧) 클릭

3. Neutral Fiber 적용시 : 도면과 스케치(Profile) 비교

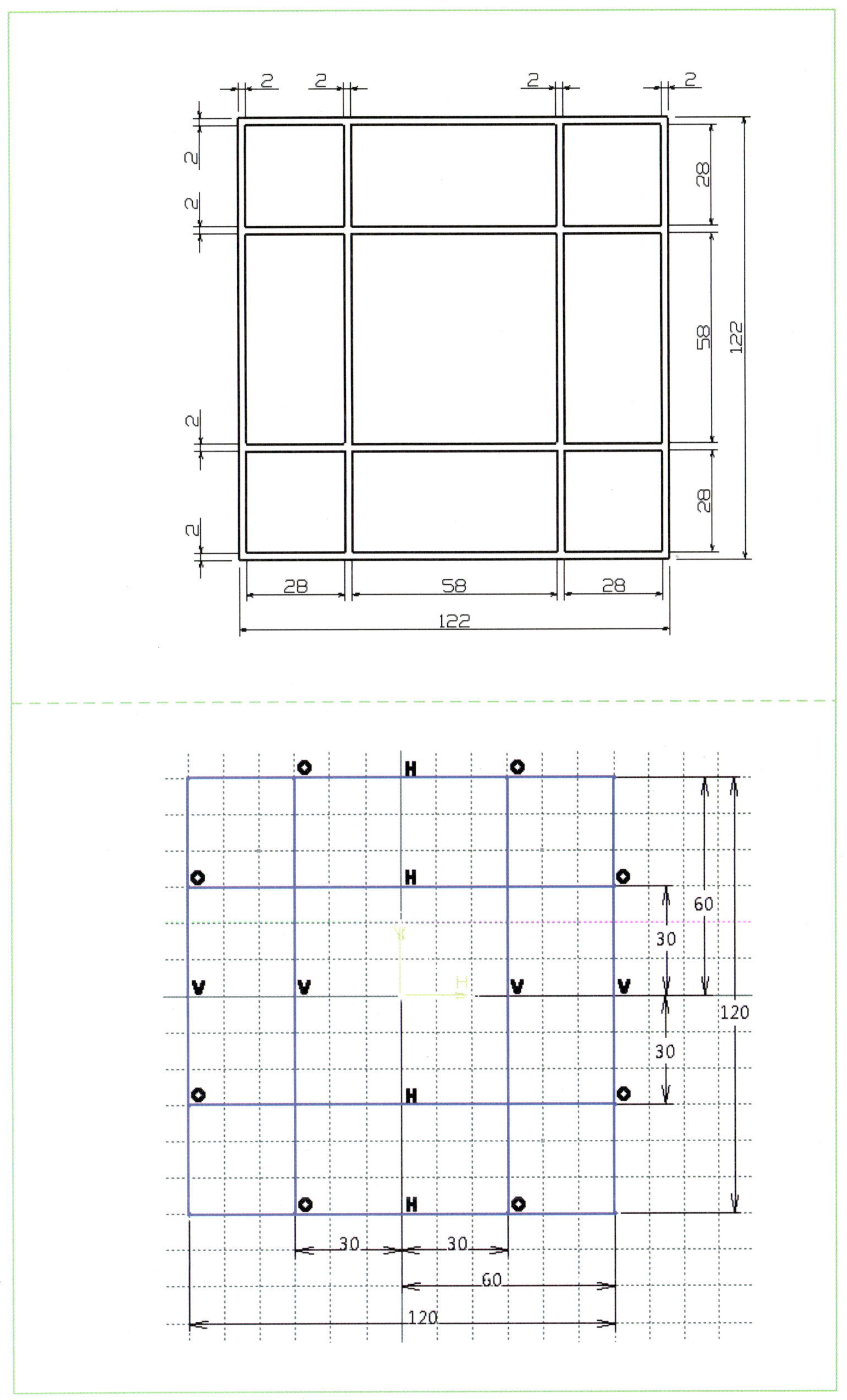

4. Neutral Fiber : 스케치(Profile)를 중심으로 양쪽으로 Thickness 부여

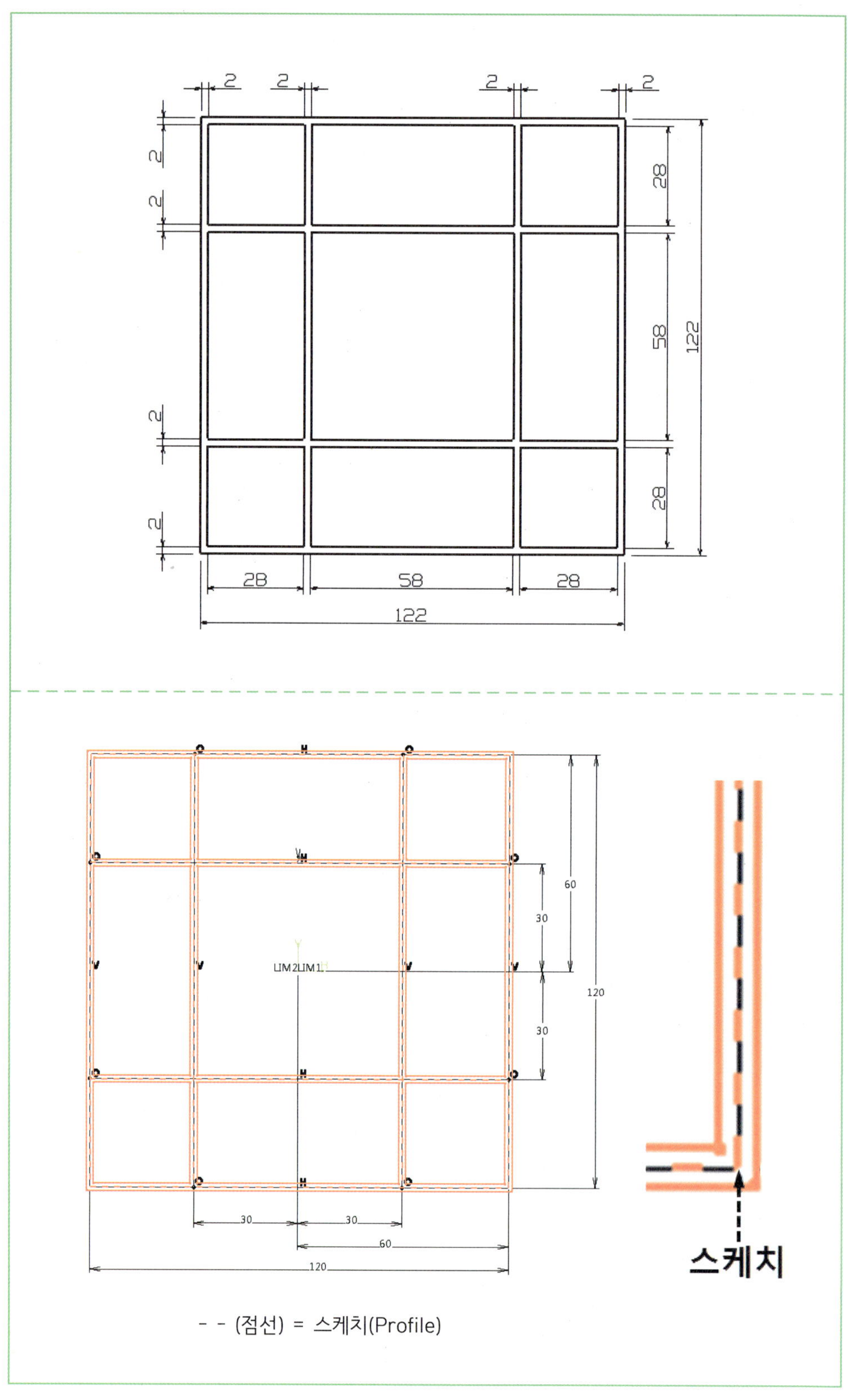

- - (점선) = 스케치(Profile)

CATIA 기초

지 은 이	이동우 · 심재준 · 최석창
펴 낸 이	김형근
펴 낸 곳	도서출판 기한재
주 소	경기도 파주시 회동길 56 (파주출판도시)
전 화	031)955-0900~2
팩 스	031)955-0100
등 록	1990년 3월 15일 제2-968호
발 행	2019년 3월 5일 1판 2쇄
정 가	20,000원

Published by Kihanjae Co.
ISBN 978-89-7018-773-0
http://www.kihanjae.com
E-mail : kihanjae@hanmail.net